21C 중국의 선택

평민신서 · 10

21C 중국의 선택

- 사회주의냐, 자본주의냐?

A Vision for China : 21C

by

Kim, Jung - Ke

평민사

서 언

나폴레옹은 말했다. "중국을 잠자게 두라. 중국이 깨어나면 세계가 불안하다."

역사학자 토인비는 예언했다. "19세기가 영국의 세기였다면, 20세기는 미국의 세기이고, 21세기는 중국의 세기가 될 것이다."

모두들 중국을 경계하는 말이다.

현실적으로 이제 중국은 12억 인구를 배불려야 하는 숨가쁜 체제의 실험을 끝냈다. 포스트 등소평시대 '중국 분열론'은 한낱 중국 경계론자들의 희망사항이었을 뿐, 중국은 개혁·개방을 넘어 시장화·도시화·세계화의 파도를 타고 초강국을 향해 질주하고 있다.

초강국 중국은 사회주의냐, 자본주의냐? 21세기 중국은 어디로 가고 있는가? 이는 바로 새 천년을 맞는 중국의 미래에 관한 물음이다. 본서는 이에 대한 해답을 구하기 위하여 시도되었다.

중국의 미래에 관한 연구에는 여러 가지 접근방법이 있다. 총체적으로는 위로부터 엘리트의 리더십과 아래로부터의 시민사회 개혁역량간의 역동적인 관계나 당과 사회의 관계, 중앙과 지방의 관계, 그리고 군·민관계 등을 중국정치의 장래를 결정짓는 중요한 요인으로 보기도 한다. 그러나 과거 동구공산권과는 달리 아직 시민사회의 역량이 미성숙 단계에 있고, 시민단체들도 당 및 국가와 대중간의 연결이라는 기능 이상이 아닌 중국의 경우, 그 정치변화과정과 미래의 정책방향을 조망하는 데 있어서 가장 적절한 접근방법은 역시 지도층 엘리트의 성분과 그들간의 내부적 역학관계에 관한 변화를 분석해 보는 것이라 생각한다. 더구나 법치보다 인치가 중국의 오랜 정치전통이며, 국가중심적 정치문화와 민주집중제의 원칙에 따라 최고정책결정권은 소수의 권력 엘리트에 집중되어 있는 것이 중국정치의 요체이기 때문이다.

그렇다고 해서 인민의 정치의식, 즉 그 정치문화나 이데올로기 및 당·정·군의 규범적 장치를 무시할 수는 없다. 왜냐하면 이들 문화적 가치나 규범적 장치가 비록 사회주의체제에서 그 역할이 크다고는 할 수 없지만, 체제에 대한 정당성이나 합법성을 제공한다는 측면에서 그 구속력은 막강하기 때문이다.

따라서 본 연구에서는 형식적인 분석의 틀로써 먼저 중국체제의 이데올로기와 권력구조를 분석하고, 다음 정책결정의 실질적인 요소로써의 파워 엘리트의 성분과 리더십 및 그들간의 역학관계를 분석한다. 물론, 등소평 사후 최초로 소집된 중국공산당 제15차 전당대회 이전까지의 이데올로기 및 권력구조와 파워 엘리트의 성분과 정책을 준거로 하여, 21세기 초 중국이 추진할 정책방향을 전망해볼 것이다. 왜냐하면 지속과 변화의 측면에서 미래를 바라보는 것이 더욱 바람직한 접근이라 보기 때문이다.

본서는 전 5장으로 나누어져 있다. 제2장에서는 20세기 중국공산체제의 파워 엘리트의 분/합과 정책노선의 발전과정을 총체적으로 검토해 봄으로써 21세기 중국체제의 변화방향에 대한 준거의 틀을 마련한다. 제3장은 정책결정의 규범적인 틀인 중국공산당의 지도이념과 권력구조 및 그 운영 메커니즘을 지속과 변화의 측면에서 분석하였다. 제4장은 정책노선 결정의 실질적인 요소인 최고지도자의 리더십 및 파워 엘리트의 성분과 정책성향, 그들간의 역학관계를 심층적으로 분석하였다. 그리고 제5장에서는 이상의 분석을 통해 21세기 중국체제의 방향을 정치·경제·대외관계적 면에서 전망해 보았다.

본서는 최신의 자료와 내용을 수록하여 현대중국정치에 관한 체계적이고 종합적인 교과서로 사용될 것을 염두에 두고 쓰여진 책이다. 또한 필자가 1990년 이후 지금까지 연구해온 '중국정치 관련연구'의 보완이다. 특히 본서는 이전에 자료의 미비에 의해 저질러진 통계의 오류를 바로잡는 데 주의를 기울였다. 과거 필자에 의해 연구된 저작물의 통계와 본서의 내용이 상이할 경우, 본서의 것이 정확함을 밝혀둔다.

미흡하나마 본서가 중국에 관심 있는 모든 분들에게 20세기 중국정치의 발자취를 뒤돌아보며, 21세기 중국을 전망해 보는 좋은 길잡이가 되었으면 한다.

끝으로 어려운 여건 속에서도 본서의 출판을 맡아주신 평민사 이정옥 대표님과 관계자 여러분께 깊은 감사를 드린다.

2000년 1월 1일
비슬산 자락 滋蘭館에서
저자 씀

차 례

서 언

제1장

21세기 중국미래의 접근방법

　지금 중국은 전환기에 처해 있다. 지난 20여 년간 추진되어 온 개혁·개방정책은 중국인의 삶의 질을 높이고, 중국의 국제적 위상을 제고시키는 데 획기적인 공헌을 했다. 반면, 개혁의 성과는 체제의 통제 및 통합능력에 부정적인 영향도 동반하고 있나. 21세기를 맞이하는 시점에서 바로 이러한 개혁·개방정책의 성과와 부작용은 모두 중국체제에 변화를 요구하고 있다. 여기다 개혁·개방정책을 주도하면서 최고지도자로 군림해온 등소평(鄧小平)의 사망은 중국의 변화에 새로운 전기를 제공했다.

　중국정치는 전통적으로 카리스마적 지도자가 정권의 안정과 정치적 통일을 유지하는 데 절대적인 역할을 하였다. 이런 관점에서 포스트 등소평시대 중국정치에 대해 크게 두 가지 의문점이 제기되어 왔다. 하나는 등소평 사후 권력을 승계한 강택민(江澤民) 체제가 자신의 정치적 위상을 공고히 하고, 정치체제의 안정을 유지할 수 있을 것인가, 다른 하나는 체제 및 정책방향은 어떻게 변화할 것인가 이다.

　첫째의 경우, 중국에서 체제의 통합은 강력한 지도자가 수행하는데, 선임자들과 비교하여 상대적으로 권위기반이 취약한 강택민 체제가 과연 권력을 확고히 장악하고 체제의 안정을 유지할 수 있을 것인가에 대한 의문이다. 즉 강택민은 선임자인 등소평이나 모택동(毛澤東)과 같은 혁명가도 아니고 카리스마적 리더십을 가진 자도 아님은 물론, 국민의 지지를 받는 지도자도 아니기 때문에 제기된 문제이다.

　둘째의 경우, 개혁·개방의 성공은 대내적으로 인민의 물질적 복지수준과 정치·사회적 자유화 수준의 향상을 가져왔고, 대외적으로 국가적 위상을 제고시켜 공산당의 통치기반을 강화하는 데 크게 기여한 바 있으나, 지역간·계층간 격차의 심화, 지방정부에 대한 중앙정부의 통제 약화, 인플레이션, 부정부패 등 부작용의 출현으로 새로운 전기를 맞고 있기 때문이다.

등소평 생전부터 등소평 사후 중국의 변화 방향에 대한 시나리오는 다각적으로 제기되어왔다. 대표적인 가상 시나리오는 다음과 같이 공산주의체제의 현상유지와 권위주의체제하의 점진적인 발전론, 그리고 중국 분열론과 보수로의 회귀로 대별되었다.[1)]

첫째, 등소평 생전의 노선을 그대로 유지하는 것이다. 강택민을 중심으로 하는 지도층의 세력균형 속에 집단지도체제가 당분간 지속되면서 경제적으로 등소평이 제창한 경제발전 제일주의의 입장에서 개혁·개방을 계속 추진하면서도 정치적으로는 보수적인 입장을 견지할 것이라는 가설이다.

둘째, 점진적인 민주화의 길을 가는 것이다. 당·정·군의 개혁세력과 민주파 세력간의 지배연합이 결성되어 공산당의 울타리 안에서 개혁을 계속한다는 것이다. 당내 개혁파와 민주운동권과의 타협이 이루어질 가능성은 희박하나, 경제적·사회적 혼란으로 체제위기를 맞을 경우 공산당을 유지하면서도 제한된 민주화의 방향으로 나아갈 가능성은 있다고 보는 입장이다.

셋째, 중국의 중앙정부가 붕괴하여 몇 개의 독립된 지방정부로 분열될 것이라는 가설이다. 중앙지도부의 권력투쟁이 격화되고 중앙의 통제력이 급속히 약화되면서 지방세력과 군벌의 할거, 소수민족의 독립을 포함하는 대란이 일어나 공산당이 붕괴하고 중국이 분열의 위기에 처할지도 모른다는 시나리오다.

넷째, 민주화 요구에 대한 반동으로 경제적으로 개혁·개방정책이 크게 후퇴하고, 정치·사회적으로도 이념이 강조되는 가운데 공산당의 사회통제가 강화된다는 것이다. 경제개혁까지도 '보수'로 회귀할 것이라는 극히 비관적인 주장이다.

여기서 현재 우리에게 주어진 과제는 어떠한 접근방법을 통해 위의 가설을 검증하고, 21세기 초 중국이 선택할 정책의 방향을 전망해 볼 것인가 이다. 이에 대한 접근에는 여러 가지 방법이 있다. 총체적으로는 위로부터의 엘리트의 리더십과 아래로부터의 시민사회의 개혁역량이라는 두 변수의 역동적 관계를 통하여 추론하는 경우와 또, 중앙권력 내부의 관계, 당과 사회의 관계 및 중앙과 지방의 관계, 그리고 군·민관계 등을 중국 정치의 장래를 결정짓는 중요한 요인으로 보는 입장이 있다.[2] 그러나 과거 동구공산권과는 달리 아직 시민사회의 역량이 미성숙단계에 있고,[3] 시민단체들도 당 및 국가와 대중간의 연결이라는 기능 이상을 수행하고 있지 못하기 때문에, 가장 적절한 접근방법은 지도층 엘리트의 성분과 그들 간의 내부적 역학관계에 관한 변화를 분석해 보는 것이라 생각한다. 더구나 법치(法治)보다 인치(人治)가 중국의 오랜 정치전통이며, 국가 중심적 정치문화와 민주집중제의 원칙에 따라 최고정책결정권은 소수의 권력 엘리트에 집중되어 있는 것이 중국정치의 요체이기 때문이다.[4]

물론 지도층의 성분과 파벌간의 역학관계를 분석하는 것만이 중국정치 변화의 모든 것을 설명해 주는 것은 아니다. 지도층의 성분, 파벌간의 역학관계, 대립 - 타협 및 경쟁의 내용을 검토해 봄으로써 적어도 특정 시점에서 중국의 체제가 추구하는 정책의 내용을 알 수 있고, 정치변화의 향방에 관한 단초를 찾아낼 수 있다는 점에서 권력내부 수뇌부들의 성분과 그들간의 역학관계를 중시할 수밖에 없다.[5] 현실적으로도 모택동시대뿐만 아니라 등소평시대의 정책변화의 방향 역시 크게 지도부 내부의 역학관계에 의해 결정되어왔기 때문에 당 내부 지도자간의 성분과 역학관계를 살펴보는 것은 특정지도자가 정치전면에서 퇴장한 이후 전개될 정책의 변화과정을 분석하는 데 매우 유용한 방법이라 보겠다. 칼 백(Carl Beck) 등도 이와 유사한 분석의 틀로써 공산국가 엘리트의 특성과 정책결과간의 상관관계를 규명하고 있다.[6]

그렇다고 해서 인민의 정치의식, 즉 그 정치문화나 이데올로기 및 당·

정·군의 규범적 장치를 무시할 수는 없다. 왜냐하면 이들 문화적 가치나 규범적 장치는 비록 사회주의체제에서 그 역할이 크다고는 할 수 없지만, 체제에 대한 정당성이나 합법성을 제공한다는 측면에서는 구속력이 크기 때문이다. 특히 중국의 경우 유교적 인치주의 및 엘리트주의 정치문화유산[7]은 그 정책에 특유의 영향을 미치고 있다.

따라서 본서에서는 형식적(규범적·제도적)인 분석의 틀로 먼저 중국체제의 이데올로기와 권력구조를 분석하고, 정책결정의 실질적인 요소로써의 파워 엘리트의 성분과 리더십 및 그들간의 역학관계를 분석한 다음, 이와 상관하여 21세기 초 중국체제의 방향을 전망해본다. 물론, 등소평 사후 최초로 소집된 중국공산당 제15차 전당대회 이전까지의 파워 엘리트의 성분과 정책을 준거로 하여, 21세기 초 중국이 추진할 정책방향을 전망해볼 것이다. 왜냐하면 지속과 변화의 측면에서 미래를 바라보는 것이 더욱 바람직한 접근이라 보기 때문이다.

여기서 규범적·제도적 틀이라 함은 <중국공산당장정>(이하 '당장'이라 약칭)이나 최고지도자의 <정치보고> 및 <헌법>에 규정된 지도이념과 권력구조에 관한 주요 내용을 의미하며, 파워 엘리트는 소위 중국의 최고 정책 엘리트를 일컫는다. 중국의 정치관례상 최고지도층(領導層)이라 함은 중국공산당의 경우 당내 직위가 중앙서기처 서기 이상인 자, 국가의 경우 '4부4고(4副4高)' 이상인 직위, 즉 국가 부주석·전국인민대표대회 상무위원회 부위원장·국무원 부총리 및 중국인민정치협상회의 전국위원회 부주석, 최고인민검찰원 검찰장과 최고인민법원 원장을 일컬으며, 군의 경우 당·국가 중앙군사위원회 위원 이상인 자를 통칭한다. 그러나 이들 중 실세상 중국의 최고정책결정권자는 당 중앙정치국 위원을 지칭한다. 왜냐하면 중앙정치국 위원은 제도적으로나 실질적으로 중국의 정책노선을 결정하는 위치에 있으며, 겸직 메커니즘에 의해 모두 당·정·군·대중 단체의 최고직책을 겸임하고 있기 때문이다. 따라서 본서의 주된 엘리트 성분분석의 대상은 당 중앙정치국 위원이다.

□ 1장 주석 □

1) 등소평 사후 중국정치변화에 대한 예측 시나리오를 개괄적으로 소개한 것으로는 Richard Baum, "China after Deng: Ten Scenarios in Search of Reality", *The China Quarterly*, 145(March 1996), pp.153 - 175 참조.

2) Richard Baum, "Political Stability in Post - Deng China: Problems and Prospects", *Asian Survey*, Vol. 32, No. 6(June 1992); Harry Harding, "On the Four Great Relationships: The Prospects for China", *Survival*, Vol. 36, No. 2, Summer 1994.

3) 아직은 밑으로부터의 민주화 요구가 당·국가체제를 근본적으로 위협할 수 있는 조직적 사회세력들을 형성시켰다고 보지 않는다. 서진영, "中國의 改革政治와 新權威主義論",『中國研究』1:4(1993년 겨울호), pp.134 - 157; 서진영, "중국적 사회주의 미래는 무엇인가",『계간 사상』(1993, 가을), pp. 9 - 34.

4) 김정계,『중국의 권력구조와 파워 엘리트』(평민사, 1994).

5) 이홍표, "등소평 이후 중국의 정치변화", 김동성 등 공저,『중국의 개혁과 정치변화』(세종연구소, 1996), p. 14.

6) Carl Beck *et al., Comparative Communist Party Leadership*(New York, David McKay Co., 1973), p. 10.

7) 도이치는 중국전통정치문화의 특징으로 ①유교적인 인간관계의 유형으로써의 五倫, ②官治主義와 官人의 특징으로의 학자관료제, ③人本主義를 중국의 정치전통으로 들고 있다(Karl W. Deausch, Politics and Government : How People Decide Their Fate, Boston, Houghton Mifflin Co., 1974, pp. 499 - 502). 에스트만은 중국전통정치문화의 특징으로써 ①사회관계에 있어서의 권위·종속유형, ②개인의 권위에 대한 과도한 종속, ③인격적 인간관계의 중시, ④추상적인 원칙에 대한 관심의 상대적인 결핍 등을 든다. 따라서 중국인은 권위에 순종하며, 이데올로기의 공통성보다는 인정이나 개인적 유대를 토대로 행동하기 때문에 추상적 원칙보다는 개인적인 인간관계가 앞선다고 했다(Lloyd. Eastman, The Abortive Revolution: China under Nationalist Ruler, 1927 - 1937, Cambridge, Havard University Press, 1974, p. 310). 타운센트는 중국의 정치전통으로써 ①정치적 권위에 있어서의 엘리트주의와 계층제, ②지방의 자율성, ③공식 이데올로기로서의 유교의 통합력을 들었다(James R. Townsend, Politics in China, Canada, Little, Brown and Co., 1980, pp. 32 - 42).

제2장

20세기 중국 파워 엘리트의 분/합과 정책노선의 변화과정

제1절 초기 공산주의 노선투쟁과 현대중국의 시대구분

1. 초기 공산주의 노선투쟁

중국공산당은 1921년 7월 23~31일, 상해(上海)의 프랑스 조계 망지로 (望志路)에서 57명의 당원을 대표한 13명의 지역소조 대표가 출석하여, 코민테른을 대표하는 마링(C. G. Maring)의 지도하에 제1차 전국대표대회를 개최하였다. 이것이 바로 중국공산당(이하 중공 또는 당이라 약칭)의 창당 이다.[1] 이후 1934년 강서(江西)근거지를 떠나 장정(長征)에 오르기까지의 기간은 대체로 소련지배의 시대였다. 중국공산당이 코민테른을 통한 레닌 의 정치공작의 산물이었다는 점에서 소련에 의한 지배는 당연한 논리적 귀결이었다.

1927년 5차 대회까지 진독수(陳獨秀)[2]가 소련의 비호아래 국민당과 동 맹관계를 유지하면서 중국공산당대표(중앙 서기)로 당을 이끌었다. 그러나 1927년 4월 국민당 우파(蔣介石)의 공산당에 대한 공격으로 국공합작은 붕괴되었다. 이를 계기로 중국공산당은 당의 지도체제가 바뀌고 정책과 노 선의 변화를 가져오게 된다. 그 해 7월 당 중앙은 긴급회를 소집하고 진 독수를 '우경투항주의'·'기회주의자'라고 비판하는 한편, 소련파(국제파)

인 구추백(瞿秋白)[3]을 당대표(총서기)로 선출하였다. 정책노선은 표면상 국민당 우파와의 연합을 표방하였지만, 실제적으로는 소련의 지령하에 남창(南昌) 및 광주(廣州)폭동을 주도하는 등 과격정책과 모험주의노선을 추구하게 된다.

군사봉기가 실패로 돌아가자 1928년 모스크바에서 소집한 중공 제6차 대회에서는 당의 노선을 신중주의 노선으로 전환한다. 그리고 구추백을 '좌경맹동주의자'로 비판하고 향충발(向忠發)[4]을 당대표(당 중앙 총서기)로 추대하였다. 그러나 실질적인 권력 조종자는 중앙정치국 위원 겸 선전부장이던 이입삼(李立三)[5]이었다. 이입삼은 다시 과격모험주의노선(소위 입삼노선)을 추구하여 '전국 중심도시의 무장폭동을 조직하고 전국의 홍군력을 집중하여 중심 도시를 공격하는 계획'을 결의하였다. 운대영(惲代英) 등의 반대파를 '조화주의'라고 몰아치면서 장사(長沙)폭동(1930년)을 주도하였다. 그러나 이 역시 실패하고 1931년 1월 중공 6대4중전회(제6기 전국대표대회 제4차 중앙위원회 전체회의의 약칭)에서 이입삼은 구추백과 함께 '좌경맹동주의자'로 비판받고 당의 지도권을 국제파인 왕명(王明)[6]에게 넘겨준다. 왕명은 주은래(周恩來) 등과 연합하여 이입삼과 구추백의 '좌우경노선'을 청산하고 당의 노선을 다시 신중노선으로 선회하였다. 그러나 1931년 9월 왕명이 코민테른 주재 중공 수석대표로 부임하자 왕명을 대신하여 국제파인 박고(博古)[7]가 당대표(중앙 총서기)를 맡는다. 준의(遵義)회의에서 장문천(張聞天)에게 당대표를 물려줄 때까지 국제파인 박고가 명목상 당을 이끌었다. 그리고 1930년 10월부터 시작된 장개석의 5차에 걸친 공산당 청소작전(掃共戰)에 밀려 1934년 10월 15일 이른바 역사적인 대장정의 길에 오른다.

1935년 1월 연안(延安)으로 향하던 도중 귀주성(貴州省) 준의에서 개최된 중앙정치국 확대회의에서 모택동은 장국도(張國燾)[8]를 누르고 중국 공산당의 실질적인 지도권을 확립한다. 준의회의에서 모택동은 국제파를 패배주의, 기회주의로 몰아붙이는 한편, 항일을 위한 북상정책을 천명함으로써 박고를 당대표에서 몰아내고 국제파인 장문천[9]을 당대표로 추대하였

다. 그러나 모택동이 중앙군사위원회 주석에 선출됨으로써 군권을 장악,
장정 중 군(이전의 중앙군사위원회 주석 주은래는 부주석으로 강등)을 이
끄는 실질상의 군사지도자가 되었다. 이후 1976년 9월 9일 모택동이 사망
할 때까지 41년간 중국은 모택동의 지배하에 있었다.[10] 그러나 준의회의
이후 모택동이 당권을 장악한 1943년까지 모택동과 소련파(국제파, 진소우
·박고·장문천·장국도 등)간에는 격렬한 노선대립으로 점철된 투쟁의
세월이었다. 모택동은 '마르크스주의의 중국화'를 주장하는 한편, 모택동의
소위 '중국식 마르크스주의' - '농촌노선,' '유격주의,' '통일전선전략' - 를
비난하는 국제파를 '교조주의 · 우경기회주의 · 신투항주의'로 몰아 공격
했다.

모택동은 국제파(수련파)와의 노선투쟁에서 승리한 결과, 1943년 3월 연
안에서 개최된 중앙정치국회의에서 당의 통제권을 장악하였다. 이후 1945
년 4월 23일~6월 11일 중공 7대1중전회에서 중앙위원회 주석, 중앙정치
국 주석, 중앙군사위원회 주석, 중앙서기처 서기직을 한몸에 장악하였다.
그리고 그의 사상, 즉 마르크스주의를 중국화한 이른바 중국식 마르크스주
의를 <당장>상 중국공산당의 지도사상으로 공식 채택함으로써 모택동사
상은 당의 지도노선이 되었다. 이로써 명실상부한 모택동시대가 열렸다.
1949년 10월 1일, 마침내 모택동은 중화인민공화국 중앙인민정부 주석에
선임되어 천안문(天安門) 광장에서 중화인민공화국의 건국을 선포함으로
써 새로운 중국의 현대사가 열렸다.

2. 현대 중국정치사의 시대구분

1949년 중화인민공화국 정부수립 이후 오늘에 이르기까지 중국정치사를
크게 두 시기로 획분한다면 대체로 중공 11대3중전회를 분수령으로 모택
동시대와 등소평시대로 구분된다. 요컨대, 중국체제의 발전과정을 국가발
전이념(생산관계와 생산력 발전)과 엘리트의 성분(專과 紅, 보수와 개혁)
을 기준으로 크게 개혁·개방 이전과 이후로 획분된다. 개혁·개방 이전

은 모택동사상이 지배하던 시대로 중국의 모순을 계급의 '불평등(생산관계)'에서 찾고 국가발전의 이념을 '계급투쟁'에 둔 시기로, 엘리트간의 갈등은 혁명(紅)과 발전(專)간 투쟁의 반복이었다. 반면 개혁·개방 이후는 등소평 사상이 지배하던 시대로 중국의 모순을 '생산력의 저발전(생산력)'에서 찾고, 1개 중심(경제 건설)과 2개 기본점(4개 원칙 견지와 개혁·개방)의 '경·중'과 개혁의 '폭'과 '속도'를 두고 보수와 개혁파간에 갈등의 순환이 연속되는 시기다.

그러나 두 시대 내에서의 노선과 정책의 발전과정에 대한 시대구분은 학자에 따라 다양하다. 현재까지 중국대륙에서 출판된 중국현대사에 관한 입문서를 종합해 보면, 중국현대정치의 발전은 여느 나라와 마찬가지로 그 첫 단계로 우선 정권을 수립하는 단계를 거쳐 이에 걸맞는 체제의 확립단계, 그리고 이를 바탕으로 발전 건설하는 단계로 진전되어 왔다. 그러나 발전, 건설이 시행착오를 거치면서 이에 대한 수정이나 조정을 거치는 동안 복잡한 권력투쟁을 동반하면서 혼란과 발전을 반복하였다.[11] 즉 중국현대정치사를 ①중국사회주의 국가 건국 - 부흥기, ②사회주의체제로의 개조 - 제1차 5개년 계획, ③사회주의건설의 매진 - 대약진, ④사회주의건설의 조정 - 조정기, ⑤문화대혁명기, ⑥문혁후기 및 과도기, ⑦사회주의 현대화 시기, ⑧사회주의 시장경제체제기 등으로 구분하고 있다. 그리고 1978년 이후 등소평시대 중국체제를 개혁의 진전정도에 따라 ①체제개혁의 초보 탐색시기(1978. 12~1984. 9), ②체제개혁의 돌파진전기(1984. 10~1987. 9), ③체제개혁의 심화·확산시기(1987. 10~1991. 12), ④전면적인 체제개혁기(1992~   )로 세분하기도 한다.[12]

일본인 에토신키치(衛藤瀋吉)는 정책집행에 있어 '온건'과 '급진'이라는 사이클로 중국의 현대정치과정을 시대구분하였다. 즉 1949년 건국 초에는 온건정책을 채택하였으며, 1950년부터 한국전쟁의 발발 및 반혁명운동 진압 등에 직면해서는 급진으로 변했고, 1952년의 토지개혁을 거쳐 한국전쟁의 휴전이 실현된 1953년부터는 다시 온건정책을 썼다. 1958년 대약진 정책으로 온건에서 급진으로 대전환하였으나, 1958년 12월 당 8대6중전회 이후 대약진정책을 서서히 수정하여 1961년에는 온건상태로 회귀하였다. 그리고 1965년 이후 문화대혁명까지 급진으로 급격한 전환이 시작되었다. 그러나 4인방 축출 후 당 11대3중전회를 거치면서 온건으로 고착화되고 있다고 에토신키치는 분석하였다.[13] 이와 같은 온건과 급진의 진자현상에 의한 분석 방법은 일찍부터 주목받아 엑스타인(Alexander Eckstein), 스키너(G, William Skinner), 타운센드(James R. Townsend), 파이(Lucian W. Pye), 모리카즈코(毛里和子) 등에 의해서도 시도되었다.[14]

안병준 교수는 공산정치는 권력투쟁·정책논쟁·이념토론을 각기 분리할 수 없다는 전제하에 ①인물(권력), ②정책, ③이데올로기를 기준으로 변혁기와 공고기로 나누고, 모택동시기 중국공산정권의 변화과정을 7단계로 구분하였다. 단 변혁과 공고라는 이 두 현상은 어디까지나 ㄱ것의 발현 정도 또는 강도의 차이이며, 흑백과 같이 다른 종류의 것은 아니라는 것이다. 예컨대, 변혁기에는 평등이 공고기에서 보다 더 많이 강조되었고, 능률은 상대적으로 보다 적게 강조되었다는 점이다.[15] 7개 사이클에서 발견할 수 있는 일관된 현상은 일반적인 동양국가의 정치전통이 그러하듯이 중국의 공산정치 역시 인물 중심의 파벌정치라고 했다. 1949년 공산정권 수립 이후 인물중심 파벌간의 분/합을 기준으로 하여 중국정치사를 개관할 때 3개의 분수령을 찾을 수 있는데, 그것은 대약진·문화대혁명 및 모택동의 사망이라고 했다.[16]

한편 정치노선(파벌)과 정책의 관계에 있어, 정치노선과 정책이 반드시 일치하는 것이 아니고, 계파간의 갈등 후의 정책변화는 반드시 전면적이 아니라는 주장이 있다.[17] 왜냐하면 중국의 정책은 계파간 갈등의 산물로 한 계파가 완전히 주도하는 것이 아니라 왕왕 계파간의 갈등과 절충에 의해 좌우되는 것이며, 또 계파간에 논쟁이 되는 이슈-범위(issue-area)를 보는 시각에서 어느 정도 차이는 있을지 몰라도 계파간에도 기본적인 컨센서스가 있기 때문이다. 그래서 중국의 정치계파간의 정책에 대한 갈등은 결코 목적에 대한 것이 아니고 수단과 방법의 차이에 연유하고, 방향의 상이점에 있는 것이 아닌 속도의 완급에 기인한다고 보았다. 동시에 논쟁의 범위 역시 결코 무제한적으로 변천되어온 것이 아니고 각종 객관적 조건의 제한을 받을 것이라고 했다.[18]

이상 여러 학자들의 연구 결과와 역대 중국공산당의 지도 이념, 권력구조와 파워 엘리트 그리고 정책변화의 관계를 종합해보면 다음(본장 제2절, 제3절)과 같이 중국 정치의 변화과정을 정리할 수 있겠다. 요컨대, 정치지도층의 성분 및 그들간의 갈등(分)과 연합(合)을 중심으로 현대 중국의 정치발전과정을 정리해보면, 중국의 체제적 특성 또는 노선은 크게 '좌(左)'와 '우(右)' 그리고 '보수'와 '개혁'의 양 측면을 '점진'과 '급진'의 속도로 왕래하였고, 혁명(紅)과 발전(專)이라는 두 목표를 동시적으로 조화시킬 수 없었기에 그 우선 순위에 있어서 자리바꿈이 계속 되어왔다고 보겠다.[19]

제2절   모택동시대 파워 엘리트의 분/합과 정책노선 변화

1. 엘리트 대연합과 소련식 국가발전 전략(1949~1957년)

1949년 10월 1일 모택동[20]이 북경(北京) 천안문(天安門)광장에서 '중화인민공화국 중앙인민정부'의 수립을 선포함으로써 중국은 모택동을 수반으로 한 '인민민주주의 독재국가(人民民主專政)'로 탄생하였다.[21] 이 새로운 중국의 탄생은 중국국민당과 중국공산당이 정치적 균형을 서서히 잃게 되었던 22년간에 걸친 혁명전쟁의 귀결이었으며, 제국주의 열강과의 투쟁을 통해 반(半)식민지 중국이 통일과 독립을 쟁취한 민족혁명의 일대 승리를 의미했다.

그러나 정권수립 당시 중국이 당면한 상황은 그 혁명과정 이상으로 매우 큰 어려움에 처해 있었다. 그 일부는 혁명투쟁의 직접적인 결과였고, 다른 일부는 한 세기에 걸친 외국지배의 유산이었으며, 또 다른 일부는 전통적으로 지속되어 온 유교적 보수주의와 같은 이념적인 것도 있었다.

따라서 건국 당시 중국은 비록 넓은 국토, 거대한 인구 및 풍부한 자연자원(地大物博)을 보유하고 있어 이른바 자급자족 내지 자기완결적 경제체제의 논거를 구비하고 있었으며, 훌륭한 문화 유산과 전통을 갖고 있어 대제국으로서의 위용을 갖추고 새 정부를 수립하였다 할지라도, 오랜 국내외 전쟁으로 인한 정치적 혼란과 경제적 피폐는 완벽한 통일정부로서의 기반을 갖추기에는 미흡한 상태였다.

이러한 현실적 상황에서 공산정권 수립 당시의 중화인민공화국도 여느 혁명정권과 마찬가지로 혁명질서를 확립하고 경제를 부흥시켜 새로운 정권기반을 공고히 하는 과제가 남아있었다.

▶ 엘리트 대통합에 의한 연합정부

따라서 이 시기 중국공산당 최고지도층(제7기 중앙정치국 위원)의 진용도 모택동을 중심으로 한 하나의 엘리트 연합이 불가피하였다. 건국 당시 당의 최고지도부는 1945년 당 7전대회에서 조직된 중앙서기처 및 중앙정치국으로 모택동을 중심으로 한 주덕(朱德), 유소기(劉少奇), 주은래, 임필시(任弼時), 진운(陳雲, 이상 서기처 서기 겸임), 강생(康生), 고강(高崗), 팽진(彭眞), 동필무(董必武), 임백거(林伯渠), 장문천, 팽덕회(彭德懷) 등 13인으로 구성되었다. 이들 중 모택동은 중국인민혁명군사위원회 주석, 주덕·유소기·주은래·팽덕회는 그 부주석을 겸직하였다.22) 건국 당시 이들의 평균 연령은 51.2세로 새 국가를 일으키겠다는 열정이 왕성한 나이였다. 그리고 이들의 대부분은 국내에서 사범교육(모택동, 고강, 팽진) 및 고급군사교육(주덕, 팽덕회)을 받았으며, 그 외는 모두 고학(근공검학)으로 프랑스에서 유학을 하였거나 코민테른이 모스크바에 설립한 교육기관에서 유학한 엘리트들로 중화민족의 부흥과 중국의 재건에 이견이 있을 수 없는 패기에 찬 지도자들이었다.

이들 중 모택동과 동필무는 중국공산당 창당 멤버이며, 장문천은 소위 국제파에서 남은 유일한 인물이었다. 주덕과 팽덕회는 1935년 준의회의에서 모택동이 국제파로부터 군사지휘권을 탈취 장악하는데 큰 힘이 된 군사지도자다. 이들이 장정 이후 공산치하 이른바 '홍구'(紅區)에서 활약한 지도자들이라면, 유소기·팽진 등은 국민당 치하, 즉 '백구'(白區)에서 지하당을 이끌던 지도자들이었다. 홍구에서는 대중운동과 동원을 통하여 혁명투쟁을 전개했지만, 백구에서는 엄격한 당기율 하에 세포조직을 결성했고 때로는 타협과 협조를 통한 '통일전선'을 구축했던 것이다.[23] 이처럼 당시 최고지도층은 '백구' 출신의 유소기, '국제파'의 장문천, 군의 원로 등 비록 경험과 견해가 다른 인물이 포함되었지만 이들이 새로운 정치질서를 수립하는 데 있어서 모택동을 당·정·군의 대표로 추대하고 대동단결할 수밖에 없었던 것은 당시 시대적 상황의 산물이었다. 국·공전쟁 후기에 발표된 <신민주주의론>, <연합정부론> 등은 이와 같은 엘리트 연합을 합리화한 이론의 일면이라고 볼 수 있다.

엘리트 연합은 1949년 3월 당 7대2중전회에서 결정된 건국 이후의 정책방향에 잘 나타나 있다. 그것은 '반동분자'를 제외한 모든 사람이 참가하는 새로운 '정치협상회의'를 소집하고 '민주연합정부'를 수립할 것과 당의 공작 중심을 농촌에서 도시로 옮길 것을 결정한 정부수립 후의 '신민주주의의 기본 임무와 기본정책'이었다.[24] 이는 '신민주주의'[25]에서 '사회주의 국가'로 전환시키는 과정에서 제기되는 과도적 과제로 혁명질서를 확립하여 정권체제를 공고히 하는 것이었다.

그리고 이러한 정책은 권력구조에도 반영되었다. 신 정권이 수립되자 이들 당 지도자들은 공산당 단독으로 정권을 구성하지 않고, <공동강령>의 정신[26]에 따라 민주당파를 비롯한 각계 인사들을 망라하여 연합정부를 구성하고, 모택동을 중앙인민정부위원회 주석으로 선출하였다.[27] 이들 비공산당원들을 포함시킨 이유는 소위 연합정부수립의 명분으로 새로운 중국을 탄생시킨 모체가 오직 공산당만이 아닌 국민당 반동세력에 반대하는 광범한 통일전선이라는 사실을 국내외에 과시하기 위해서였다. 물론 그것은 실질적으로 공산당이 국민당 정부를 무너뜨리고 정권을 장악하긴 했으나, 그 세력기반이 취약하였기 때문에 취한 불가피한 과도적 조치라 보겠다.

따라서 공산당 지도자들은 새로운 헌정제도가 마련되기에 앞서 정치적 강화에 대한 지지를 불러일으키기 위하여 강력한 대중동원과 예비적 사회개혁을 추진해 갔다. 즉 유교적, 봉건적, 제국주의적, 자본주의적 유산을 청소하고 사회주의 건설의 기초조건을 마련하는 것이었다. 1950년부터 1952년 사이에 전국적으로 빠른 속도로 확산시켜 나간 일련의 대중운동 – 토지개혁, 축첩제의 폐지와 새로운 혼인법 제정, 항미원조, 애국증산절약, 사상개조, 3반·5반 운동 등이 바로 그것이다. 그리고 1950년 3월 <국가재정경제공작의 통일에 관한 결정>을 공포하고 국가재정수지의 균형 도모, 식량과 그 밖의 생필품 등 중요 물자의 수급 조정, 전국의 현금을 중국인민은행에 집중 관리하였다. 또 당시 무역을 위시한 대외관계는 <공동강령>의 기조28)에 따라 소련일변도(向蘇一邊倒) 정책에 의해 주로 소련을 필두로 한 공산권 국가와 이루어졌다. 미국이 대만을 지지하지 않고 있는 상황에서 미국과 일본세력을 견제하기 위한 불가피한 대외정책이었다.

이러한 대중동원운동과 중앙집중적 경제정책 및 대외관계는 전체적으로 대중단체의 증가, 정부선전망의 확립, 새로운 적극분자와 당원의 모집, 반혁명분자의 제거, 그리고 새로운 사회관계의 도입 및 경제회복29) 등을 가능케 하였다. 이는 결과적으로 중국공산당정권이 사회주의로 이행하기에 앞서 그 정치·경제적 기반을 강화시키는 데 크게 기여하였다. 따라서 사회주의 국가건설을 위한 정치적·경제적·사회적 기초조건을 어느 정도 마련할 수 있었다.

▶ 1차 5개년 계획과 고강·요수석의 당 중앙에 대한 도전

공산당 지도자들은 이제부터 중국이 갖고 있는 모든 역량을 사회주의 개조에 투입할 수 있다고 보고, 이에 '과도기의 총노선'을 국가의 목표로 제시한다. 총노선의 본질은 신정부 수립 초기 신민주주의사회를 전민소유·집단소유의 기초아래 사회주의사회로 개조하는 것이며, 사회주의 경제가 국가와 사회제도의 중요한 경제기초가 되도록 하는 것이다. 그 임무로는 상당한 기간 내에 기본적으로 국가 공업화를 실현하고 농업·수공업과 자본주의적 상공업을 사회주의로 개조(합작화)하는 것이었다.[30]

따라서 중국은 과도기의 총노선과 총임무에 근거하여 국민경제발전 제1차 5개년 계획[31]을 수립하게 되는데, 그것은 소련모형 스탈린식 발전전략을 모방한 것이었다. 소련식 중앙집중적 계획경제모델[32]은 풍부한 천연자원과 숙련노동을 갖고 있으면서도 상대적으로 경제가 낙후되었던 소련이 급속한 공업화를 달성하고 군사력의 증강을 도모하기 위해 채택한 전통적인 발전전략이었다. 소련이 이러한 모형을 적용하게 된 동기는 중앙관리체제하의 사회경제적 비용을 감수하고서라도 노동과 자본의 총체적 동원을 통하여 급속한 경제성장과 산업의 구조적 변화를 가져와 서구에 버금가는 국력을 증대하자는 데 있었다. 당시 신생중국 역시 이러한 소련의 동기와 부합되는 조건에 처해 있었다.[33]

이처럼 당시 중국은 인적·물적·재정자원의 한계를 극복하고 본격적인 사회주의개조와 조속한 생산력 발전을 위해 정부의 관료조직을 고도로 집중시키고, 경제계획은 경제관계부처에 의하여 통제·관리하며, 평등(紅)보다는 능률(專)을 극대화할 수 있도록 관료조직을 전문화할 필요가 있었다. 이를 뒷받침하기 위해 국가계획위원회를 신설하고, 정치제도화의 기초 - 헌법 제정 - 도 마련하는 등 중앙집권적인 계획체제로 당·정·군을 제도화·정규화해 나갔다.

그러나 이상과 같은 과도기 총노선을 위한 중앙집중적인 관리체제의 정비과정에서 예기치 못한 권력투쟁이 일어나고 있었다. 고강[34]과 요수석(饒漱石)[35]의 '반당연맹'사건이 바로 그것이다. 당 중앙은 제1차 5개년 계획의 실시에 따른 중앙권력의 강화에 대비하여 1953년 지방의 6대 행정구[36]를 폐지하고, 동북의 실력자인 고강에게는 신설한 국가계획위원회 주임직을, 화동군정위원회 주석인 요수석에게는 당 중앙조직부장을 맡겨 북경으로 끌어들였다. 당시의 정부조직법상 국가계획위원회는 정무원과 병렬적인 동격의 위치였고, 당조직부장은 예나 지금이나 당의 조직과 인사를 관장하는 막강한 기구로 실세가 아니면 맡을 수 없는 직위다.

그 즈음 당 지도부 내에서는 과도기의 총노선을 둘러싼 논의와 지도체제 재편 문제가 표면화되고 있었다. 고강은 그것을 권력재분배의 호기로 삼아 당내 서열 3·4위(실질적으로는 2·3위)인 유소기(중앙정치국 부주석 겸 서기처 부주석)와 정무원(1954년 이후 국무원으로 개칭) 총리 주은래[37]를 대신하려 했으며, 요수석은 '유소기를 성토하고 당 중앙조직부 부부장인 안자문(安子文)을 타도(討劉倒安)'하는 역할을 함으로써 고강의 활동을 지지했다. 고강이 자신의 야심을 정당화하기 위해 제기한 것은 '두 개의 당론'이다. 즉 중국공산당을 '근거지와 군대'의 당과 '백구'의 당으로 구분하고, 정권은 반드시 근거지와 군대의 당 손안에 집중시켜야 하며, 백구의 당 손안에(유소기와 주은래는 모두 백구 당에서 일어난 인물임) 집중시켜서는 안 된다고 하였다. 이것은 과도기의 총노선에 따라 중앙에 권력이 고도로 집중된 통치체계를 추진하던 당론에 정면으로 배치되는 것이었다. 또 유소기가 백구의 당 책임자에 불과했던 데 반해 섬감녕변구(陝西·甘肅·寧夏邊區) 창설자의 한 사람인 자신이야말로 '근거지와 군대의 당'을 대표하는 인물이라고 주장하며, 이러한 논리로 당 지도부, 특히 군부 지도자 중에서 지지자를 구하여 책동했다.[38]

따라서 당 중앙은 고강과 요수석이 동북지방과 화동지역의 특수성을 이유로 중앙의 지휘와 감독에 대항하고 당 중앙의 노선(중앙집중적 정권 구축)과 정책의 집행을 거부하여 그들 자신이 관할하는 지역을 독립왕국으로 만들려 했다는 이유로 이들을 숙청한다. 이 사건은 중화인민공화국 수립 이후 중국공산당 지도부 내에서 처음으로 발생한 심각한 권력투쟁의 전초였다.

▶ 고강·요수석의 숙청과 등소평·임표의 부각

당시 고강의 행동에 대한 등소평의 증언을 요약해 보면, 1953년 말 들어 고강의 움직임이 매우 대담했던 것은 임표(林彪)의 지지를 얻었기 때문이라고 했다. 그리고 당시 동북지방은 고강 자신의 기반이었고, 중남지방에는 임표, 화동지역에는 요수석이 있었으며, 등소평 자신이 책임지고 있던 서남지방에 대해서도 자기편이 되어 달라는 포섭정책을 취하였다고 했다. …고강은 또 진운에게도 접근하여 부주석 자리를 몇 개 신설하여 그대와 내가 하나씩 차지하면 어떻겠느냐는 제의를 했으나, 진운과 등소평 자신은 문제의 중대성을 느껴 즉시 모택동에게 보고하고 주의를 환기하도록 촉구했다고 한다.39)

여기서 고강이 임표의 지지를 먼저 얻으려고 했던 것은 그들의 관계를 놓고 볼 때 크게 이상할 것이 없다. 왜냐하면 고강은 국공내전기간 중 동북지방에서 임표의 협력자로 고락을 함께 했고, 중일전쟁 승리 직후부터는 임표(당·군 최고책임자) 다음의 위치에 있었으며, 내전 말기에 임표가 관내로 이동한 후 그 뒤를 이어 고강이 동북지구의 당·정·군의 최고책임자가 되었기 때문이다. 그러나 고강사건이 터지고 고강이 숙청되자 그 후임으로 그 자리(중앙정치국 위원)에 오른 인물이 임표라는 것이 오히려 묘한 일이다. 임표는 죄를 문책 당하기는커녕 오히려 승진되는 영광을 안게 되었다. 그것은 고강사건에서의 공적을 인정받은 것으로 볼 수 있다. 고강사건의 열쇠를 쥐고 있던 임표가 모택동에게 결정적인 단서를 제공하였기 때문이었다. 임표는 그 후 급속히 성장하여, 얼마 후 팽덕회 대신 국방부장의 지위를 차지하게 되는데 그 길은 이때 열렸던 것이다.40)

고강과 요수석에 대한 공식적인 탄핵이유는 고강과 요수석이 당 중앙에 대한 '반당행위' 및 동북지역을 '독립왕국'으로 만들었다는 죄목 이외에 또한 소련과의 내통문제도 거론되었다. 여기에는 동북의 '독재자' 고강을 비난하는 것만이 아닌 고도의 정치적 함의가 담겨져 있었음에 틀림없다.

중화인민공화국 수립 전부터 만주를 무대로 소련과 독자적으로 교류를 해왔던 동북이라는 자산에다가 대소관계의 무기를 갖고 있는 고강에게 제1차 5개년 계획의 최고책임자직을 맡긴 것은 모택동의 고도의 계략으로 볼 수 있다. 먼저 고강에게 국가계획위원회 주임직을 주어 동북에서 빼냄으로써 대행정구의 폐지에 따르는 고강의 불만과 반발을 무마할 수 있는 동시에,[41] 동북의 거물인 고강의 힘을 자를 수 있었다고 볼 수 있다. 다른 한편 고강을 이용해 제1차 5개년 계획에 소련의 원조를 끌어들일 수 있다는 일거양득의 계책이었다고도 볼 수 있다.

고강은 비록 대행정구의 폐지로 자신의 독립왕국건설이 무산되긴 했으나, 소련(스탈린)이 권력의 배후로 작용하는 한 중앙권력도 장악할 수 있다는 한 가닥 기대를 걸고 중앙으로 진출하였다.[42] 그러나 스탈린이 갑자기 사망했기 때문에 고강은 권력상실의 두려움 때문에 역공세를 폈을 것으로 보여진다.[43] 반면 스탈린 사망 이후 후계 지도체제가 구축되기 전에 동북에서의 소련의 영향력을 배제하기 위하여 모택동이 고강을 제거한 것이라는 설도 있다.[44] 따라서 음모활동이 제1차 5개년 계획 초에 해당하는 1953년에 최고조에 달했다고 하는 사실은 결코 우연이 아니었던 것이다.

1955년 4월, 7대4중전회는 그 해 3월 당 전국대표대회에서 통과된 <고강·요수석 반당연맹에 관한 결의>를 비준함으로써 이 사건을 마무리하였다.[45] 그리고 1949년 이래 존속되어 온 당 기율검사위원회 대신 <당의 중앙과 지방의 감찰위원회 설립에 관한 결의>와 그 인선을 비준함으로써 당의 지방적 할거를 일소하고 중앙집중화를 강화하는 방침을 확고히 했다.[46] 이로써 당의 일원화 통치와 민주집중제는 더욱 강화되었다. 그리고 동 회의는 숙청된 고강과 사망한 임필시의 결원을 이 사건 처리의 공로자인 임표와 등소평으로 보선하였다. 그리고 사건 적발에 커다란 단서를 제공했던 것으로 보여지는 등소평은 당 중앙위원회 비서장이라는 요직을 겸임하게 되었다.

이상의 고찰로 미루어보건대, 고강과 요수석을 비롯한 반당집단의 제거는 한 사건으로써 독립된 성격의 것이 아니라, 중국공산당이 신중국 수립 후 중앙통치기구를 집권화의 방향으로 재편하고, 그것을 더욱 강화하는 과정에서 파생한 사건[47]으로 볼 수 있다.

공산당의 집권적 일원화 통치의 일면은 1954년 <제정헌법>에 의해 새로 구성된 국가지도체제의 구성에 극명하게 나타난다. <54헌법>에 의해 조직된 국가기구의 골격은 공동강령 및 관련 법규에 규정된 것과 큰 차이가 없었다. 다만 정치협상회의가 인민대표대회로 대치되는 점이 다를 뿐이었다. 정치협상회의는 그 때문에 헌법규정에서 빠지고 이후 통일전선조직으로 존속하게 되었다. 자본주의국가의 국회격인 최고 권력기구로서의 전국인민대표대회와 그 상무위원회를 두고, 국가를 대표하는 국가 주석직을 신설하였으며, 최고 행정기구로서 정무원을 국무원으로 개칭하였다. 동시에 정무원과 동격이었던 국가계획위원회를 국무원의 관할하에 둠으로써 국무원의 권한을 강화하였다. 그리고 최고 사법기구로 최고 인민법원과 최고인민검찰원, 최고군사자문기구로 국방위원회를 두었다.[48]

1954년 제1기 전국인민대표대회에서 선출된 국가지도체제의 경우, <공동강령>시기와 특이한 것은 소위 통일전선적 연합정부의 색채가 사라진 점이다. 즉 국가주석단(주석 모택동, 부주석 주덕)이나 국무원(총리 - 주은래, 부총리 - 진운·임 표·팽덕회·등소평·등자회·하룡·진의·오란부·이부춘·이선념)에 비공산당원이 1명도 포함되지 않았다. 다만 자문기구인 국방위원회는 비당원 약간 명이 포함되었다.[49] 물론 형식적인 국민대표기관인 전인대에는 민주당파 및 무당파 인사 약간 명이 포함되었는데,[50] 이는 현재도 마찬가지다.

이는 신중국 수립 후 어느 정도 정권의 기반이 확립되고 국가의 경제도 회복되었기 때문에 정치협상회의나 <공동강령> 등 임시적 제도로 국가를 경영하는 데는 한계가 있었다는 것이다. 분산된 권력으로써는 모든 국가의 에너지를 효과적으로 결집시킬 수 없었다. 때문에 사회주의 개조와 제1차 5개년 계획의 실현에 걸맞은 장치 - 중앙집권적인 계획체제 - 로 당·정·군을 제도화·정규화 시켜나가게 된 것이다.

▶ 소련식 발전모형 원용의 명암

제1차 5개년 계획은 생산력 발전이라는 물질적 기초에 입각하여 한편으로 중공업 우선과 국영기업의 공업력을 강화하고, 다른 한편으로 농업과 수공업 및 상공업의 사회주의화(합작화)를 강력히 추진하였다. 그 결과 중국은 신민주주의에서 사회주의로의 전환을 성공적으로 실현시켜 노동인민의 사유제와 민족자산계급의 사유제를 집단소유제와 전민소유제로 개조하게 되었다. 그리고 계획된 생산과 건설지표를 초과 달성하였다. 구체적으로 1953~1957년 기간의 공업생산액의 연평균 성장률은 18%, 농업은 4.5%로써 공업의 생산고는 초기의 계획을 173%로 초과하는 것이며, 1957년의 생산고는 1952년에 비하여 2.3배에 달하는 것이었다.[51]

이처럼 제1차 5개년 계획의 성과는 대체로 괄목할 만한 것이었다. 그러나 실시 결과 몇 가지 모순과 문제점도 노정되었다. 그것은 첫째, 농업생산합작화의 문제다. 중국의 농업생산합작화는 농민의 사회주의 사상의 각오나 농민경영의 집단화를 위한 물질적인 여건이 구비되지 못한 상황에서 추진되었고, 주로 당의 정치경제적 압력하에서 추진되었다. 때문에 농업합작사의 기초는 대단히 취약한 것이었고, 단시일 내에 있어서 사유재산의 전면적인 몰수를 의미하는 사회주의 '고급합작사' 조직으로 몰고 가는 급진정책은 '사유관념'이 뿌리 깊게 박혀 있었던 농민들에게 커다란 실망을 안겨주었다. 토지개혁으로 농토를 소유하게 되었다고 기뻐하던 농민들은 농토뿐만 아니라 농기구나 가축까지도 합작사에 빼앗기는 것을 의미하는 고급합작사운동에 실망, 완전히 생산의욕을 잃어가 농토를 황폐하게 방치하고 가축을 닥치는 대로 잡아먹는 현상이 전국적으로 퍼져갔다.[52]

둘째, 그 결과 농업생산성이 급격히 하락하고 그 여파는 공업분야에까지 파급되어 공업화의 장애요인이 되었다. 1차 5개년 계획 기간 동안 농업은 국가재정수입의 54~58%를 차지하였고, 경공업 원료의 약 80%, 수출의 75%를 점하여 공업화에 필요한 기계수입의 재원이 되고 있었기 때문이다.

셋째, 소상점이나 수공업의 합작화가 너무 성급하고 무계획적으로 추진되었기 때문에 생산과 유통면에서 혼란이 초래되었고 도시주민 생활에도 커다란 영향을 준 공황이 발생하였다.

넷째, 공업화 우선 정책과 농업생산성의 하락으로 인하여 도(공업) · 농간에 소득의 격차가 확대되었다. 능률(專)지상적 관념의 만연으로 평등주의적 이데올로기(紅)는 새로운 계층제와 불평등의 결과를 가져왔다.

다섯째, 중앙계획에 의한 기업과 노동자의 자율성 억제, 그리고 의사결정의 과도한 집중화에 따른 경제운영의 효율성 정체와 중앙정부의 권력이 비대화됨으로써 새로운 관료주의가 재등장되는 등 병폐를 낳게 되었다.

한편, 정치적으로 제1차 5개년 계획의 추진은 중앙집중적인 관료조직과 제도화 및 전(專)우위를 강조하며 정책을 실제로 집행했던 유소기와 등소평 등 실무 엘리트들의 위상을 제고시키는 계기가 되었다.

2. 모택동 – 실무 엘리트간의 갈등과 대약진 · 조정정책
(1957～1965년)

모택동은 제1차 5개년 계획의 실시 결과 야기된 이상과 같은 모순과 실무파 전문관료 엘리트의 역할우위에 일종의 위협을 느꼈다. 특히 1956년 당 제8기 <당장>에서 마르크스 레닌주의와 함께 당의 지도이념이었던 '모택동사상'을 삭제 당한 것은 치명적인 위신손상이었다. 즉, 당 8전대는 "마르크스 · 레닌주의 이론과 중국혁명의 실천을 결합하여 만든 사상이 모택동사상이고, 이 사상은 중국공산당의 모든 업무의 지침"이라고 규정한 7대 <당장>의 총강 부분을 "중국공산당은 마르크스 · 레닌주의를 공산당 행동의 지침으로 한다"고 개정함으로써 모택동사상을 <당장>에서 완전히 지워버린 것이다.53) <당장>은 또 총강에서 "당의 민주집중제에 따라 어떠한 조직도 모두 반드시 집단지도와 개인책임이 결합된 원칙을 엄격히 준수하여야 하며, 어떠한 당원이나 당의 조직도 반드시 당의 위로부터 아래로의 감독과 아래로부터 위로의 감독을 받아야 한다"54)고 규정함으로써 개인을 당이라는 집단 위에 올려놓는 행위를 용납하지 않게 하여 모택동 우상화를 배제하였다.

▶ 실무파의 역할 우위에 대한 모택동의 반격 - 대약진정책

이러한 1인 독재를 배제하는 집단지도체제의 원칙은 당 기구개편에도 잘 반영되었다. 중앙조직의 경우 첫째, 중앙위원회의 폐회기간 중에는 중앙정치국과 그 상무위원회가 중앙위원회의 직권을 행사하도록 명문화함으로써 이들이 실질적인 중국의 최고정책결정기구임을 분명히 밝히고 있다. 둘째, 중앙위원회 부주석제 부활 및 중앙정치국 상무위원회의 신설과 중앙서기처의 기능전환이 이루어졌다.[55] 즉 7기(1945년)에서 폐지한 중앙정치국 상무위원회를 부활하고, 중앙정치국 상무위원회가 없었던 시기(1945~1956), 이에 버금가던 중앙서기처는 "중앙정치국과 그 상무위원회의 지도하에 중앙의 일상업무를 처리한다"고 규정함으로써 최고 집단 정책결징기구로서의 중앙정치국 상무위원회와 그 행정기구로서의 중앙서기처[56]를 기능적으로 구분하였다. 이처럼 당 중앙위원회 부주석직을 신설하고, 중앙정치국 상무위원회를 부활하는 한편, 당 중앙위원회 주석과 중앙서기처의 주석직 겸직을 폐지하고 중앙서기처에 총서기를 별도로 둠으로써 권력의 분산을 시도하였다. 8전대회 이전까지 모택동은 당 중앙위원회 주석과 중앙서기처 주석, 그리고 중앙정치국 주석직을 겸임함으로써 당의 모든 권력이 모택동 1인에게 집중되어 있었다.

이와 같이 모택동사상을 삭제한 것이나, 모택동 1인 독재를 배제한 것은 모택동의 당내 지위의 약화라고 볼 수 있을 뿐만 아니라, 제1차 5개년 계획을 추진해 왔던 실무그룹의 부상 때문이다. 왜냐하면 1인 독재와 개인 우상화의 배제 및 집단지도체제의 강화는 유소기의 <정치보고>와 등소평의 <당장 개정에 관한 보고>에서도 언급된 점으로 미루어 보아 그렇게 해석할 수 있다. 그리고 모택동이 권력을 완전 장악하였거나 그 세력이 막강하였다면 감히 모택동사상을 삭제할 수 없었을 것이기 때문이다.[57] 또한 이는 같은 해(1956) 2월에 개최되었던 소련공산당 제20차 전당대회에서 흐루시초프의 스탈린 격하운동에 영향을 받은 것으로 볼 수 있다. 역시 같은 해 5월 중국공산당이 전개한 '백화제방(百花齊放)'과 '백가쟁명

(百家爭鳴)' 운동이 이를 잘 증명해 주고 있다.

　이러한 기구개혁의 정신은 당 지도체제의 개편에도 반영되었다. 당대표인 중앙위원회 주석(모택동이 유임)과 신설된 중앙위원회 부주석(유소기·주은래·주덕·진운), 그리고 중앙서기처 총서기(등소평)는 권력 및 기능분담의 원칙에 따라, 부활된 중앙정치국 상무위원회 위원들(모택동·유소기·주은래·주덕·진운·등소평 등 6명)이 겸직하였다. 정치국 위원의 경우, 이상 상임위원 외에, 임표·임백거·동필무·팽진·팽덕회 등 11인(64.7%)이 7기에서 유임되었으며, 나영환(羅榮桓)·진의(陳毅)·이부춘(李富春)·유백승(劉伯承)·하룡(賀龍)·이선념(李先念) 등 군 원로 및 실무인이 대거 기용되었다. 그리고 국제파의 잔류인 장문천과 강생이 위원에서 후보위원으로 강등되고, 오란부(烏蘭夫)·육정일(陸定一)·진백달(陳伯達)·박일파(薄一波)가 새로 후보위원으로 선출되었다. 그리고 중앙서기처의 경우 총서기 등소평 외에, 팽진·왕가상(王稼祥)·담진림(譚震林)·담정(譚政)·황극성(黃克誠)·이설봉(李雪峰) 등과 유난도(劉瀾濤)·양상곤(楊尚昆)·호교목(胡喬木) 등이 각각 서기와 후보서기로 발탁되어 당 중앙의 실무를 분담하였다. 이밖에 신설된 중앙감찰위원회 서기에 당 원로며 법률전문가인 동필무가 기용되었다.

　7기 중앙정치국 위원 중 사망자(임필시)와 숙청자(고강), 그리고 후보위원(강생·장문천)으로 강등된 사람을 제외하고는 모두 유임되었으며, 특히 중앙위원들 대부분(93%)이 재선출되었기 때문에 겉으로 보기에는 1949년 출범했던 엘리트 연합에는 변화가 없었던 것으로 분석된다. 그러나 제1차 5개년 계획의 추진으로 인한 유소기(수석 부주석)58)와 등소평(중앙서기처 총서기)59) 등 실무파 관료 엘리트(이선념·이부춘 등)들의 부상과 군사지도자들(나영환·진의·유백승·하룡 원수 등)의 대거 진출 및 강생의 후보위원 강등(지병으로 요양) 등은 모택동 1인 독재의 폭을 좁혀 놓았다.

　따라서 모택동은 자신의 권위 저하와 전술한 소련식 발전전략의 모순과 특히 혁명정신의 소진 및 실무파 전문관료 엘리트그룹의 역할우위에 위기를 느낀 나머지 연안에서 경험한 농촌식 사회주의를 재생시키려했다. 이에 반하여 기타 당 지도자들, 특히 유소기·등소평·진운·팽덕회 등 실무 엘리트들은 도시중심의 공업화를 계속할 것을 원했다.[60] 유소기는 1956년 8월 당 8전대회에서 당의 노선을 설명하면서 중국에 있어서 기본적인 모순은 선진사회제도와 후진한 생산력간에 존재한다고 했다. 따라서 그는 당의 임무는 생산력을 최대한 발전시켜 공업화를 추진하는 것이라고 말했다. 이처럼 당 지도층의 다수는 제1차 5개년 계획의 정책을 고수했다. 그러나 모택동은 이러한 논쟁을 결국 계급투쟁으로 규정짓고 그에 반대하는 자를 '우파보수주의자'로 몰아 반우파 투쟁을 전개하는 한편, 그의 의도대로 평등주의, 정치제일, 대중노선의 원칙을 내세운 대약진정책(사회주의건설의 총노선, 인민공사운동을 포함하여 삼면홍기운동이라 함)을 추진한다. 즉 대약진은 구체적 경제계획이기보다는 정치적인 분위기나 사고방식에 의하여 형성된 일련의 정책으로, 중소균열의 심화와 병행하여 진행되었다. 지금까지 중국의 발전전략은 소련만 쳐다보고 소련의 경험에 따라 전개해 왔던 사회주의 개조였다. 그러나 당시 흐루시초프의 평화공존정책과 스탈린 격하운동 등으로 중국과 소련 사이에 미묘한 긴장관계가 형성되어 중국은 1차 5개년 계획 당시와 같은 소련의 원조를 더 이상 기대할 수 없었다. 뿐만 아니라 국내적으로도 국제정세의 영향으로 민주화를 부르짖는 움직임이 나타나자 이를 빌미로 반우파투쟁의 전개로 이어져 지식인이나 민족자본가들의 적극적인 협력을 기대할 수 없는 상황이었다. 대약진운동은 바로 이러한 정세를 배경으로 채택된 정책이다.

대약진정책의 바탕이 된 원칙은 다음의 네 가지로 요약된다.

첫째, 경제사회 어느 한 부문도 낙오 없이 산업을 골고루 동시에 발전시켜 나가야 한다는 '사회주의건설의 총노선'과 정사합일(政社合一)체인 '인민공사'의 건립.

둘째, 대중동원의 원칙으로 투자재원의 결핍을 인민의 보다 열성적인 노동과 창의력으로 대체한다는 대중노선 견지.

셋째, 투철한 이데올로기와 목표(紅)가 관료적 혹은 전문적인 것(專)보다 중시되어야 한다는 정치제일주의(政治卦帥) 강조.

넷째, 중앙집권적인 관료체제의 폐해를 보완하고 대중의 자발성과 열성을 축출해 내기 위한 지방분권주의 실시 등이다.

이처럼 대약진이야말로 모택동이 늘 강조해왔던 평등주의, 대중운동 및 계속혁명을 가장 잘 실현시킬 수 있는 전형적인 발전모형이었다. 이러한 대약진정책의 추진에 맞추어 당의 인사보완도 단행되었다. 1958년 5월, 8대5중전회를 소집하여 임표를 중앙위원회 부주석 겸 중앙정치국 상무위원으로 발탁하고, 가경시(柯慶施), 담진림(譚震林)을 중앙정치국 위원으로 기용하는 등 모택동은 친자파 인사를 지도부에 보완하였다.

결국 대약진정책은 현실을 넘어선 무리한 계획의 추진, 소련의 원조중단,61) 자연재해 등의 원인으로 좌절되었다. 그러나 보다 근본적인 원인은 모택동이 당내의 지지를 받지 못한 비현실적인 정책노선을 강행했기 때문이었다. 당시 모택동은 사회주의혁명에 대한 대중의 열의와 창의성에 대해 낭만적인 신뢰를 가지고 '대중노선'의 방식으로 '기술혁명'과 '문화혁명'을 아울러 일으키면 사회주의건설은 급속히 달성되리라고 기대했다. 그러나 모택동의 이러한 낙관적 기대는 허황된 꿈에 그치고 말았다.

요컨대, 대약진기를 풍미했던 평균주의적 공산풍(共産風)은 일하지 않아도 동일한 분배를 받을 수 있다는 풍조를 사회 전반에 만연시켰고, 또한 '정사합일(政社合一)'의 관리제도는 행정명령과 행정수단으로써 경제를 관리하게 되어 경제적 자주권이 위축되어 결국 생산단위가 행정기구의 부속물로 전락하고 말았다.

▶ 국방부장 팽덕회의 축출과 임표의 부각

대약진정책에 대한 수정은 당내에 일찍부터 제기되었으며, 그러한 비판은 대약진정책의 실패에 따라 팽덕회사건으로 노정되었다. 1958년 8대6중전회가 무창(武昌)에서 개최되었는데, 이 회의는 모택동의 소위 '대약진 - 삼면홍기' 모진(冒進)정책이 당 내외의 커다란 반대에 직면한 가운데 소집되었다. 이 '무창회의'에서 대약진정책을 반대하는 세력들이 실제적인 반모(反毛)투쟁을 시작하게 된다. 회의는 격렬한 투쟁 속에 전개되어 모택동으로 하여금 차기 '국가주석직'을 포기하도록 압력을 가하는 동시에 도시인민공사운동을 늦추고 농촌인민공사운동의 과열을 교정하도록 결정함으로써 지도부의 갈등은 증폭되어 갔다.

1959년 7월 14일 국방부장 팽덕회[62]는 모택동을 소부르주아적 인물로 당을 좌경화시키려는 잘못을 범하고 있으며, 구체적인 계획도 없이 무모하게 정책을 추진하여 중국을 위기로 몰아가고 있다고 비난하였다. 이에 모택동도 1959년 7월 중앙위원회 공작회의와 8월 여산(廬山)에서 개최된 8대8중전회에서 중앙위원들에게 자신과 팽덕회 중 한 사람을 택하라고 협박하는 한편,[63] 임표·강생 등 추종자들의 힘을 빌려 국방부장 팽덕회(중앙정치국 위원, 부총리, 중앙군사위원회 부주석) 및 인민해방군 총참모장 황극성(黃克誠, 중앙서기처 서기, 부총리), 국방부 부부장 소극(蕭克)·이달(李達) 장군 등 군의 수뇌들을 모든 보직으로부터 해제시킨다. 장문천(당시 외교부 부부장)도 이때 직위 해제되었다.[64]

반면, 제4야전군 지도자로 팽덕회와 자웅을 겨루던 임표[65]를 국방부장 겸 당 중앙군사위원회 제1부 부주석(이밖에 부주석은 하룡·섭영진·유백승·서향전 장군이 겸임)에 임명하고, 나서경(羅瑞卿)을 총참모장에 임명한다. 후임 국방부장이 된 임표는 모택동사상에 따라 군의 사상을 혁명화하는 운동을 전개하고, 1960년 10월 20일에는 "모든 군부대는 사상운동을 강화해야 한다"는 결의를 당 중앙군사위원회가 채택하도록 하였다. 이에 유소기와 등소평 등 실무파는 지방에서의 권한을 장악하기 위하여 중앙당의 간부들을 지방으로 파견하는 한편, 고강 - 요수석 사건으로 폐지된 6개의 지구국을 1960년 7월 북대하(北戴河) 중앙위원회 공작회의에서 부활시켰다. 이 회의에서 유소기·등소평·팽진과 많은 당원들은 모택동이 중국경제를 파탄에 이르게 하였다고 비난을 퍼부었다.[66]

여기서 당을 장악하고 있는 유소기·등소평 등 실무파와 모택동·임표 등 군을 중심으로 세력을 확장하고 있는 군권파간의 대립양상을 볼 수 있다. 이 두 파벌간의 대립은 정책간의 대결을 넘어 권력투쟁으로 확전되고 있었다. 유소기가 국가주석으로 부각되자 두 계파간의 투쟁은 노골화되는데, 모택동집단은 강청·임표 등으로 대표되는 극좌적 세력이었고, 그 반대세력은 유소기를 정점으로 등소평·하룡·팽덕회·나서경 등 온건형 실무그룹이었다. 1962년 8월 북대하(北戴河)에서 개최된 당 중앙공작회의와 9월에 개최된 8대10중전회에서 모택동은 "역사적으로 사회주의로 가는 단계에서는 계급투쟁이 있게 마련이다. 이러한 투쟁과정에서는 자본주의와 사회주의간의 노선투쟁이 있다. 그러므로 사회주의화 과정에서 자본주의노선으로 선회할 위험성이 있기 때문에 사회주의교육을 철저히 실시하여 계급투쟁에 대해 정확히 이해시켜 이러한 위험에 대처할 필요성이 요구된다"라고 말하여 노선투쟁, 즉 유소기·등소평 등을 자본주의의 길을 걷고 있는 무리들(走資派)로 간주하여 이들과의 투쟁을 암시하였다.

이처럼 1960년대 초반에는 당권을 장악하여 다수파로 유리한 위치를 점하고 있던 유소기 중심의 실무 엘리트 세력과 이에 반하여 상대적으로 세력이 위축되어 소수파로 전락한 모택동·임표 중심의 군권파 세력간의 권력투쟁은 갈수록 심화되고 있었다. 그러나 모택동은 대약진의 실패를 책임지고 국가주석직을 유소기에 넘겨주게 되었고, 따라서 유소기·등소평·팽진 등 실무 엘리트들에 의해 조정정책을 추진하게 된다.

▶ 대약진의 실패와 실무 엘리트들에 의한 조정정책

유소기는 1962년 초 소위 '7천인 대회'에서 대약진 이래의 정책의 결함과 오류로 빚어진 사회·경제적 문제점을 다음과 같이 요약하였다.[67]

(1)지나치게 높은 공업생산계획지표, 과대한 기본건설투자로 국민경제부문 - 소비와 적립의 균형관계를 파괴시킴. (2)농촌공작에 있어 집단소유제와 전민소유제의 경계가 불분명하고 집단소유제(인민공사) 내부관계의 급격한 변화로 '공산풍'과 '평균주의'의 오류 - 노동에 따른 분배(按勞分配)와 등가교환원칙의 위반 - 가 발생하였으며, 수공업과 상업분야에서 집단소유제로부터 전민소유제로의 무리한 추진. (3)중앙의 지방에 대한 지나친

권력하방으로 심각한 권력의 분산주의 경향 조장. (4)농업의 증산속도를 과신하여 건설사업을 지나치게 서두름으로써 도시인구와 직원·노동자 수가 급증되어 이들에 대한 공급(식량·주택 등)과 농업생산(노동력 부족)의 곤란을 가중시킨 점 등이다.

물론 이들 실무 엘리트그룹은 모택동과 마찬가지로 공산주의를 신봉하고 있었다. 그러나 그 방법과 수단에 있어서 정치제일주의(紅)를 주장하지 않고 경제문제를 보다 우선적으로 고려하여야 한다고 믿고 있었다. 때문에 그들은 생산성(능률)과 전문기술(專)을 중시하고 있었고, 모택동의 혁명정신과 평균주의에 대해서는 부정적인 입장을 취하거나 유보적 자세를 견지하고 있었다. 즉 이들은 현대화의 필요성을 강조하면서도 현대화는 정밀한 과학기술과 효과적인 관리체제에 의하여 달성될 수 있는 것이며 모택동이 강조하는 바와 같은 대중동원의 방식에 의해서는 결코 달성될 수 없다는 입장을 취했다. 특히 모택동은 개인의 물질적 자극은 집단화의 기본정신에 부합되지 않을 뿐만 아니라 사유재산은 집단경제의 화근이 된다고 믿었던 데 반해 유소기는 물질자극은 생산증가에 불가결한 요소가 된다고 보았다.68)

이에 따라 유소기와 등소평은 우선적으로 농업생산의 저조를 만회하기 위하여 1960년 12월 초 당 중앙은 <농촌공작긴급지시> 12개조를 공포하고, 이 지시를 기초로 <농촌인민공사공작조례>를 공포하여 인민공사를 재편하는 조치를 취하는 한편, 1961년 1월 당 8대9중전회에서 조정정책 - 조정·공고·충실·제고의 8자 방침 - 을 공식적으로 결정·공포하였다.

국민경제의 조정내용은 ①농업, 경·중공업간의 균형을 가져오고, ②생산재와 소비재 생산의 균형을 가져오고, ③국가건설과 인민생활을 함께 고려하여 전면적으로 조정하는 것이다. 따라서 새로운 경제조정정책의 기조는 농업을 기초로 하여 공업을 발전시킨다는 '농업기초론'으로써 농업부문의 위기를 치유하는 것이 우선이었다. 농업은 기초분야이고, 공업은 선구분야라는 새로운 구호를 내걸었다. 보다 나은 경제계획과 조정, 더 많은 소비재의 생산, 그리고 공업생산품의 양질화와 다양화를 강조하였다. 또한 공업부문에서 기업관리의 합리성을 고려할 것과 기본건설 투자를 대폭 삭감할 것도 결정하였다.

그리고 국가지도체제의 조정도 이루어진다. 물론 대약진 초기의 국가권력구조는 <5·4헌법>체제 그대로 존속되었다. 그러나 1959년 제2기 전인대에서 국가주석과 전인대 상무위원장을 각각 모택동에서 유소기, 유소기에서 주덕으로 교체하는 등 지도체제의 개편이 있었다. 국무원 총리는 주은래가 유임되고, 부총리는 임표·진운·등소평·하룡·진운·오란부·이부춘·이선념·담진림·섭영진·박일파·육정일·나서경(이상 유임)·가경시·도주(陶鑄)·사부치(謝富治) 등이 선임되었다. 국무원 구성에서는 조정정책을 진두 지휘할 수 있는 실무파가 포진하게 되었다.

한편, 국민경제의 '조정·공고·충실·제고'의 8자 방침에 따라 국가관리체제의 조정도 이루어졌다. 당 중앙은 다시 권력의 집중통일을 강조, 1958년 이래 지방으로 하방·분산되었던 기업과 사업단위를 중앙부문의 관리로 회수하기에 이른다. 그것은 대약진기에 하방시켰던 국가행정관리체제의 권력을 중앙으로 다시 집중(收)시키는 조치였다.

대약진기에 시작된 국가간부의 하방은 지속되었으나, 대약진기에는 국가의 고급간부를 하방한 데 반해, 조정기에는 기층의 하급간부를 하방하여 개조시키고자 한 점에서 차이가 있다. 이는 당시 공산당지도자들이 중국관료제에 내재한 병리의 근원을 어디에서 찾았느냐에 기인한 것이다. 하나는 간부의 문제를 어떻게 정의하느냐에 관한 문제이고, 다른 하나는 어느 계층의 간부 문제가 가장 중요한가 이다.[69]

조정정책은 결과적으로 효과를 보아 1962년부터 국가경제는 서서히 회복하기 시작하여 1965년 말에 이르러서는 마침내 조정의 임무를 성공적으로 마치게 되었다. 첫째, 농·공업의 생산이 역사상 최고의 수준에 올랐고,[70] 둘째, 농·공업간, 경·중공업간의 균형을 이루었으며,[71] 셋째, 소비와 적립관계가 정상화되었다. 넷째, 재정수지가 균형을 이루어 시장(물가)이 안정되고 인민생활도 현저하게 호전되었다. 대약진운동기간 국가재정지출이 수입을 초과하여 재정의 불균형을 가져왔다.[72]

그리고 경제건설의 성과는 문화교육·과학기술분야의 발전을 촉진시켰다. 물론 경제와 마찬가지로 문교방면도 그동안 조정과 정돈을 통하여 회복되고 발전해왔다.[73] 조정기를 통하여 과학기술에 대한 착오를 바로 잡고 제도를 개혁하여 정상적인 활동을 할 수 있게 되자 지식인 및 과학기술인재들이 적극성과 창의성을 발휘하게 되어 과학기술공작도 현저한 성과를 거두게 되었다. 1964년 10월에 중국이 원자탄 시험발사에 성공한 것은 바로 중국의 과학기술을 집단적으로 반영한 것이다.

이상과 같이 조정정책은 대약진의 착오를 바로 잡고 사회주의 현대화 건설의 물질적 기초를 다질 수 있었다. 그러나 이러한 유소기·등소평 등 실무파 전문관료 엘리트의 주도하에 추진된 조정정책의 결과 당정과 경제가 회복되었을 때, 능률과 전문가(專) 우위의 풍조는 새로운 불평등(계급제도)과 관료주의를 조장하였다. 그리고 정치적으로 실무파의 부각을 뚜렷이 해주었다. 반면 모택동은 그 정책뿐만 아니라 리더십까지 훼손 당하게 되면서, 정치적으로 새로운 탈출구를 찾게 된다.

3. 문화대혁명기 – 모택동사상의 현실적 적용(1966~1976년)

1960년대 초반 실권을 장악하며 다수파로 유리한 위치를 점하고 있던 유소기 - 등소평 중심의 실무파 세력과 이에 대항하여 소수파로 전락한 모택동 - 임표 중심의 급진세력간의 권력 투쟁은 시간이 갈수록 심화되었다. 그러나 소수파로 전락하여 정치적 영향력을 상실한 모택동 등은 통상적인 투쟁방법으로는 반대세력인 유소기·등소평 등이 이끄는 실무파를 타도할 수 없었기 때문에 모택동은 인민해방군 세력의 임표 및 4인방 세력과 제휴하여 무산계급 문화대혁명이라는 전대미문의 혁명적 방법을 동원하여 잃었던 정치권력을 탈취하려 했다. 이것이 바로 문화대혁명이다.

문화대혁명의 배경에 대해 제임스 왕(James Wang)은 당시의 여러 자료를 정리하여 몇 가지 근본적인 내용을 제시하고 있는데, 이에 설명을 덧붙이면 다음과 같다.[74]

첫째, 문화대혁명을 정치사상개혁으로 설명하고 있다. 즉 조정정책을 분수령으로 중국공산당 초창기의 대중과 평균주의에 대한 신뢰와 농민유격전 경험에 의해 조성된 혁명정신이 점차 소진되어 가는 것을 방지하는 데 목적을 두고 있었다. 이와 밀접히 연관된 문제는 당과 정부내 관료주의의 팽창을 근절시키기 위하여 모택동이 농촌의 사회주의교육운동으로 ‘계급투쟁’을 크게 추진해야 한다고 주장하면서 철저한 정풍운동을 전개한 점이다.

둘째, 모택동과 실무파 세력간에 발생한 권력투쟁의 산물이다. 조정정책의 결과, 중국경제는 다시 활기를 찾게 되었고, 동시에 유소기와 등소평이 정치·경제업무에 있어서 최전면에 나서게 되었으며, 이를 계기로 그들은 당 내외에서 점차 실질적인 주도권을 장악하게 되었다. 그러나 이러한 정책들은 모택동에게 ‘자본주의 부활’의 위험을 인식시켰고, 더구나 그 자신도 정치의 제1선에서 물러난 만큼 위기의식과 불만은 점점 증폭되어, 결국 대란을 불러일으킨 것이다. 모택동이 1962년 9월의 당 8대10중전회에서 “계급과 계급투쟁을 절대로 잊어서는 안 된다”라고 부르짖게 된 배경에는 이와 같은 사정이 깔려 있었던 것이다.

셋째, 문화대혁명의 발발을 중소관계의 악화와 미국의 베트남전쟁 개입 고조와 관련시키는 경우다. 즉 1965년 베트남에 미군개입이 극에 달했을 때 이에 대한 반격조치로써 소련이 중국에 대해 공동작전(국제전선)을 제의한 것이 중공지도층에 정책갈등을 야기시키는 촉매작용을 했다는 것이다. 베트남전쟁의 확대에 직면하여 나서경 인민해방군 총참모장은 1965년 5월, 군의 현대화와 소련을 포함한 국제통일전선 형성을 강조했다. 그러나 국방부장 임표는 같은 해 9월 <인민전쟁 만세>라는 논문을 통해 모택동 사상을 통한 군의 정치화를 강력히 주장하면서 나서경의 전략을 통렬히 비판했다. 얼마 후 나서경은 수정주의로 몰려 파면 당했다. 후임에는 임표계 제4야전군의 양성무(楊成武)가 임명되었다. 이어 1966년 5월 4일~26일 북경에서 소집된 중앙정치국 확대회의에서 북경시 제1서기 팽진(후임 李雪峰) 당 중앙 판공청 주임 양상곤(楊尙昆), 당 중앙 선전부장 육정일

(陸定一) 등과 함께 '수정주의 반당착오'자로 몰려 숙청당하였다.75) 이 시기 중소관계는 흐루시초프 등장 이후부터 야기된 중소논쟁의 격화, 기술원조의 중단 등으로 화해할 수 없는 상태로 치닫고 있었기 때문에 그만큼 '현대수정주의'를 타도하고 '계급투쟁'을 견지해야만 한다는 모택동의 신념은 당면한 적으로서의 실무 당권파 타도와도 연결되어 있었던 것이다.

요컨대, 문화대혁명은 정치제일(紅), 생산관계(평등주의), 계속혁명을 강조하는 모택동 세력(좌파)이 1959년 여산회의 이후 다수파로 실권을 장악한 유소기 - 등소평 일파를 타도하기 위한 정치적 투쟁의 산물이었다. 모택동의 노선을 적극 지지한 것은 인민해방군을 이끄는 임표였다.

▶ 모택동 · 임표의 제휴와 유소기 · 등소평 실무파의 숙청 - 재약진 정책

1966년 8월, 당 8대11중전회에서 모택동은 강청(江靑)76)을 중심으로 한 4인방 세력의 극좌파 및 임표와 손을 잡고 대약진정책의 극단적 현실적용을 주장하며 문화대혁명을 전개하는 한편, 실무파 전문관료 엘리트 집단을 수정주의자 주자파(走資派)로 몰아 실권을 박탈하고 추방하기에 이른다. 즉 이 회의에서 모택동은 <무산계급 문화대혁명에 관한 결정>을 채택하게 되는데, 여기서 문혁의 목적은 "자본주의 노선을 걷는 주자파를 타도하는 것"이라고 하였다. 그리고 '문혁소조'가 문혁을 지도하는 권력기관77)이라고 명문으로 규정하고, 모택동 자신이 문혁의 지도권을 장악, 전국적으로 홍위병을 동원하는 '조반(造反)운동'의 기틀을 구축하였다. 중앙문혁소조에 모택동의 심복인 진백달(陳佰達)을 조장, 강생을 고문, 강청 · 장춘교(張春橋)를 부조장으로, 그리고 왕력(王力) · 관봉(關鋒) · 척본우(戚本禹) · 요문원(姚文元) 등 극좌파를 조원으로 임명하였다.

이로써 모택동은 1949년 이래 사회주의국가건설이라는 공동의 목표 아래 연합전선을 구축해왔던 유소기를 중심으로 한 '백구'출신 간부들, 팽덕회 계열의 제1야전군계통 군사지도자들 및 등소평 · 진운 등을 중심으로 한 실무파 관료들과의 결별을 선언하는 한편, 강청 등 극좌세력 및 임표

계열 제4야전군계통의 군사지도자들과 손을 잡고 새로운 좌파연합을 결성하였다.

이에 따라 1966년 8월 12일에는 중앙의 지도체제를 혁명적으로 개조하였다. 즉 모택동은 이 대회에서 반모(反毛) 세력을 몰아내고 모택동이 당 중앙의 영도권을 회복하게 된다. 정치국 상무위원도 7인을 11인으로 확대 개편하는 한편, 권력서열도 임표를 모택동 다음으로 끌어올리고 서열 2위였던 유소기는 8위로 밀어낸다. 또한 중앙문혁소조의 중심세력인 강생·진백달이 정치국상무위원으로 발탁되었다. 회의에서는 중앙위원회 부주석을 선출하지 않았고, 원래 부주석이던 유소기·주은래·주덕·진운의 부주석명은 당의 문건이나 신문 잡지 등에서 사라지고, 다만 임표만을 부주석(서열 2위)이라 불렀다. 이때부터 임표는 모택동의 후계자(接班人)로 주목되었으며, 이로써 '모(毛)·임(林)의 연합전선'이 구축되었다.

정치국 상무위원 서열 역시 바뀌었는데, 모택동·임표·주은래·도주·진백달·등소평(1967 해임)·강생·유소기·주덕·이부춘·진운 순으로 자리바꿈 되었다. 유소기는 이 대회에서 서열 2위에서 8위로 밀려난 후, 1968년 10월 8대12중전회에서 당으로부터 영원히 추방되었다. 이 대회에서 선임된 신임 정치국 위원은 임표 휘하 제4야전군 출신 및 서남군구 출신인 도주, 모택동의 정치비서 출신인 진백달, 강청의 동향으로 모와 강을 만나게 한 강생과 군원로로 순수 무골출신인 서향전(徐向前)·섭영진(聶榮臻)·섭검영(葉劍英) 등 6인인 반면, 실무파의 거두인 팽진·등소평(1967 해임)은 파면되었다. 후보위원으로는 오란부·박일파가 유임되고 이설봉(북경시위 제1서기)·사부치·송임궁(宋任窮)이 발탁되었다. 후보위원 육정일 역시 이때 파면되었다. 육정일은 팽진·나서경과 함께 중앙서기처 서기직에서도 파면되었다. 후임 서기는 사부치·유영일(劉寧一)로 채워졌다.

이처럼 전열을 가다듬은 혁명파는 유소기와 등소평 등 당권파를 완전 제거하기 위하여 홍위병이라는 이름의 청소년을 동원하였다. 당 중앙군사위원회와 인민해방군 총정치부도 임표의 제의에 따라 긴급지시를 내려

"공작조 철수 후 군대 학교의 문혁 운동은 당해 학교 당위원회가 지도한다"는 규정을 취소한다고 선언하고, 당 중앙은 이 긴급지시를 즉각 전 당에 하달하였다. 이로부터 전국에서 당권파의 서식처인 각급 당위를 때려부수는 혁명의 물결이 고조되고, 지도간부들은 비투(批鬪)의 대상이 되었으며, 일부 당·정 기관은 마비상태에 빠졌다.

그러나 모택동의 입장에서 보면 공산당 기능의 완전마비를 초래하면서까지 문혁의 달성은 진정한 의미에서의 성공이라 할 수 없었다. 따라서 모택동으로서는 붕괴된 정권조직의 재건이 가장 시급한 과제였다. 그래서 모택동은 1967년 1월 상해에서 전면적인 탈권이 이루어진 후, 파괴된 당조직 및 마비된 행정기능을 복원시키기 위하여 하나의 임시권력기구로서 혁명위원회를 성립시켰던 것이다. 혁명위원회는 인민해방군 지좌(支左) 대원이 주동이 된 주비소조의 지도하에 각 조반파 조직 대표, 인민해방군 대표, 당·정 지도간부 등 이른바 '3결합'에 의해 구성하기로 하였다. 그러나 선출과정에서 실세였던 군부세력이 그 대부분을 장악하였다.78)

혁명위원회는 당정합일(黨政合一), 정기합일(政企合一)체로서 관여하지 않는 활동이 없었다. 이러한 체제는 계급투쟁의 확대화의 수요에는 적합하였지만, 사회주의 현대화 건설의 요구에는 부적합하였다. 특히 혁명위원회는 내부의 파벌이 복잡하여 분규가 끊이지 않았기 때문에 전국의 정세가 안정되지 못하였다. 또한 당시 중국공산당조직은 기층에서 중앙까지 모두 정상적인 기능을 회복하지 못하였다. 따라서 모택동은 당의 조직을 재건설하기 위하여 당 8대12중전회를 소집, 여기서 유소기를 영원히 당적으로부터 출당, 제명시키고 당 내외의 모든 직위를 박탈하는 한편, 9전대회 소집을 준비하기 시작하였다.

▶ 문혁의 승리와 4인방 및 임표 세력의 급팽창

문화대혁명 초기의 전면동란으로 경제발전에 심각한 타격을 받자, 모든 인민은 동란을 혐오하고, 사회안정과 생산발전을 희망하였다. 모택동 역시 정치국면이 단결, 안정되기를 바랬다. 따라서 모택동은 1969년 4월, 당 9전대회에서 문혁의 종결을 선언하기에 이른다.

당 8대11중전회가 문혁의 서막이었다면, 9전대회는 문혁의 승리를 의미하는 장이었다. 이 대회에서 모택동과 임표는 <당장>을 수정하고, 지도체제를 강화하여 문혁의 이론과 실천을 보다 체계화시키고 합법화시키는 한편, 문혁 지지자들을 대거 기용하여 문혁의 정치기반을 다졌다. 즉 모택동은 임표가 이끄는 군부의 지원을 받아 유소기·등소평 중심의 실무파 전문관료 엘리트들을 타도하고 명실상부한 '모(毛)·임(林)체제'를 확립하였다.

개정된 <당장>에는 8전대회에서 삭제하였던 모택동사상을 다시 살려 마르크스·레닌주의와 더불어 "모택동사상을 중국공산당의 최고 지도노선으로 하고 모택동을 당의 최고 통수자로 한다"고 규정하는 한편, "임표 동지는 모택동 동지의 친밀한 전우이며 후계자"라고 명시하였다.79) 그럼으로써 8대 <당장>에서 강조된 마르크스·레닌주의의 이론적 기초 및 민주집중제와 집단지도체제의 원칙은 파괴되고, 모택동의 개인우상화가 다시 부각되었으며, 임표가 모택동의 후계자라는 것이 공식적으로 확인되었다. 또 당원의 자격요건에 관해 아무런 제한도 두지 않았던 8기 <당장>과는 달리, 개정 당장에서는 '노동자, 빈농, 중하층 농민, 특히 인민해방군의 병사와 기타 혁명분자들'만이 중국공산당원이 될 수 있다80)는 자격기준을 삽입함으로써 무산계급독재를 강조하였다.81)

당기구의 개편도 따랐는데, 주석과 부주석을 당·정·군의 일상업무를 통수하는 실질적인 최고의 실권자로 규정하였다. 반면 당원의 권리에 관한 절을 삭제하고, 중앙서기처와 중앙감찰위원회를 폐지하였으며, 전국대표대회의 직권을 언급하지 않음으로써 당의 집권화를 더욱 강화시켰다. 1969년 <당장> 제6조는 "당의 최고지도기관은 전국대표대회와 그것이 선출하는 중앙위원회다"고 규정함으로써 전국대표대회와 중앙위원회를 병렬적인 위치에 두었다. 그리고 8기 <당장>까지 존재하던 중앙서기처를 폐지하고 대신 '정간(精干)기구'를 설치하였다. 즉 신<당장> 제9조 최후단에서는

"주석·부주석과 중앙정치국 상무위원회의 지도하에 약간의 필요한 정간기구를 설립하여 당·정·군의 일상공작을 처리한다"고 규정하였다.

8기 <당장>의 중앙서기처와 9기 <당장>의 정간기구는 일견 비슷한 기능을 수행하는 것 같지만 자세히 들여다보면 상당한 차이와 권력의 음모가 내포된 것으로 풀이된다. 중앙서기처는 중앙정치국과 그 상무위원회의 지도하에서만 업무를 집행하는 것으로 되어있는 반면, 정간기구는 정치국 상무위원회의 지도는 물론 주석과 부주석의 지도도 받도록 되어있는 점이 특이하다. 즉, 1969년 개정 <당장>에서는 1956년 <당장>에서 상무위원회라는 집단지도체제에 의하여 각기 기능적으로 분담된 업무를 중앙서기처 서기가 집행하던 것을, 중앙위원회 주석과 부주석이 당·정·군의 일상업무를 직접 장악할 수 있도록 명문화함으로써 주석은 물론 부주석의 권한을 강화시킨 것으로 볼 수 있다. 9대1중전회에서 임표를 부주석으로 선출한 점과 모택동의 후계자로 명문화한 점 등을 고려해 보면, 이는 집단보다는 개인, 공식적인 당기구의 기능보다는 인물을 중요시하겠다는 의지의 반영이라 하겠다.

이상과 같은 당노선의 변경과 당기구의 개편에 따라 대폭적인 인사의 개편이 있었다. 먼저, 당대표인 중앙위원회 주석은 모택동이 유임되고, 부주석은 임표가 8대11중전회에서 유임되어 모택동의 후계자로 지목되었다. 그리고 중앙정치국 상무위원의 경우 8대11중전회의 상무위원 중 모택동·임표·주은래·진백달·강생 등 5인만 유임되었다. 반면 주덕은 상무위원에서 정치국 위원으로 강등되고, 유소기는 영원히 당으로부터 추방당했으며, 진운·등소평·이부춘·진운은 숙청되었다. 도주는 문혁에 비협조적 인사로 지목되어 추방당했다가 사망하였다.

정치국 위원의 경우, 교체상황을 보면 중앙정치국 위원 21명 중 11명이 새 인물이었다. 구체적으로 모택동·임표·진백달(8대11중전회에서)·주은래·강생·섭검영·유백승·주덕·이선념·동필무가 유임되었고, 그 외 섭군(葉群)·강청·허세우(許世友)·진석련(陳錫聯)·이작붕(李作鵬)·오법헌(吳法憲)·장춘교·구회작(邱會作)·요문원(姚文元)·황영승(黃永勝)·사부치 등 문혁공로자들이 대거 기용되었다. 반면 문혁에 소극적이었던 서향전 장군과 문혁에 반기를 들었던 섭영진 장군(이상 8대11중전회 기용)·하룡 장군(1야), 그리고 진의 장군(3야), 실무파 경제전문가인 이부춘, 등소평의 고향 사천성 당위원회 제1서기 이정천(8대5중전회 기용), 농업정책 전문가였던 담진림(8대5중전회 기용) 등은 숙청당하고, 나영환과 가경시(8대5중전회 승진)는 사망하였다. 문혁에 적극적이었던 강생(7기 위원)이 후보위원에서 승진하였다.

그리고 정치국 후보위원에는 이설봉 혼자만이 유임되고, 서남군구에서 등소평(정치위원) 휘하 부정치위원으로 있었던 송임궁과 섭영진 계열(화북군구)의 박일파는 유소기 노선에 동조했다는 이유로 숙청당한다. 반면, 문혁에 적극성을 보였던 기등규(紀登奎)·이덕생(李德生, 안휘군구 사령관, 소장)·왕동흥(汪東興, 8341공안부대장, 소장)이 발탁되었다.

따라서 9기 중앙정치국 위원(후보위원 제외)은 47.6%(10명)가 유임되고 52.4%(11명)가 교체되었다.[82] 7기(53.8%)와 8기(64.7%)의 유임률을 비교해 볼 때 9전대회를 전후하여 지도부의 권력투쟁이 얼마나 치열하였는가를 엿볼 수 있다. 특히 중앙정치국 상무위원(1966.8, 8대11중전회에서 개편) 가운데서 과반수 이상(11명 중 6명)이 숙청당하거나 강등된 사실은 이를 잘 입증해준다.

둘째, 9기 최고지도층의 평균연령은 62.7세로 8기(1956년) 정치국 위원 평균연령(58.2세) 보다 상향되었다. 그러나 12년 반만에 전당대회가 열린 것을 감안한다면 새로운 피가 많이 수혈되었음을 알 수 있다. 즉 많은 당·군의 원로들이 수정주의 주자파로 몰려 숙청당한 자리에 젊은 문혁 적극분자들이 대거 기용되었기 때문에 그 평균연령이 자연증가 분을 따르지 못했던 것이다. 예컨대, 요문원과 같은 문혁극좌 인사는 당시 38세에 불과했고, 그 외 대부분의 군 출신 신임 정치국 위원들은 50대 초·중반층이었다. 반면, 숙청된 원로들은 대부분 70세 전후였다.

셋째, 정치국 위원의 출신지역별로는 호북성 출신이 6명으로서 단연 1위를 차지하였다. 임표를 비롯해 신임 군출신 진석련·황영승·사부치가 호북성 출신이다. 이들과 성향은 다르지만 원로인 이선념과 동필무도 호북 출신이었다. 이는 바로 유소기를 제거하고 난 직후인 당시, 임표의 위세가 어떠하였는지를 가히 짐작할 수 있는 일이다.

넷째, 정치국 위원의 교육정도 및 해외경험 상황을 보면, 7·8기에 비해 대학 이수자 비율(7명, 33.3%)은 오히려 줄어들었고, 군사학교 출신(7명)이 늘어났다. 이는 현역 군 장성들의 정계진출과 비례한 것이라 보겠다. 대졸자 전원이 인문사회계 전공자였다. 그리고 학력 미상인 자(5명)가 많은 것은 국공전 및 중일전쟁시기의 농공유격대 출신들이 많이 기용되었기 때문인 것으로 풀이된다. 모택동은 문혁 중 바로 그러한 성분을 가진 자들을 자극하여 주자파 수정주의자들을 타도하게 한 것이다. 해외경험자 역시 7·8기에 비해 줄어들었다(7명, 33.3%). 이 역시 교육정도와 맥을 같이 한다고 보겠다. 즉 초기 유럽이나 소련 등에서 공산주의 정치이론을 학습한 당 원로들은 문혁 중 대부분 숙청당하거나 피해를 입었기 때문이다.

마지막으로 군 경력을 보면, 최고지도층 중 모택동은 중앙군사위원회 주석으로서 군 통수자였으며, 부주석인 임표(국방부장 겸임)·섭검영·유백승 원수(이밖에 진의·서향전·섭영진 장군이 군사위원에 유임)를 제외한, 해방군 총참모장 황영승 상장·심양군구 사령관 진석련 대장·총후근부장 구회작 상장·남경군구 사령관 허세우 상장·해군정치위원 이작봉 제독·공군사령관 오법헌 중장·공안군 사령관 사부치 상장, 그리고 후보위원인 이덕생 소장·8341부대장 왕동흥 소장 등은 모두 현역 군인이다. 따라서 모두 11인이 상장 이상의 계급을 수여받은 군사 고위지도자다. 이와 같이 현역 군장성들의 정치국 진출이 현저히 증가한 것은 문혁 중 타집단에 비해 군의 공헌이 훨씬 컸음을 반영한 것이라고 볼 수 있다. 개인적으로 볼 때는 문혁에 협조한 군장성들에 대한 모택동의 배려라고 볼 수 있다.

결국 제9기 중앙정치국은 문혁에서 공을 세운 군 간부와 조반파 세력이 현저히 당지도부를 장악하게 된 것이다. 반면 당·정 관료 출신은 주은래가 한 줄기 명맥을 유지했을 뿐 완전 파멸하였다.[83] 이는 유소기 - 등소평 실무관료 엘리트그룹에 대한 모택동의 철저한 보복의 결과라 보겠다. 특히 이들의 계파적 성분을 보면, 허세우를 제외하고는 친 임표 또는 강청의 측근으로 채워졌음을 알 수 있다. 임표의 처인 섭군을 비롯하여 육·해·공군을 망라한 해방군 총참모장 황영승 장군, 부총참모장 겸 해군사령관 이작봉·공군사령관 오법헌·총후근부장 구회작(육군) 등은 모두 임표의 영향권 내에 있었다. 황영승과 오법헌·이작봉·구회작 등은 실제 제4야전군에서 임표의 부하로 있었던 장군들이다. 한편 공안부장 사부치, 상무위원 강생 그리고 4인방의 일원인 장춘교·요문원은 강청 집단의 주요 멤버다. 왕동흥(후보위원)은 모택동의 분신이나 다름없는 인물이다. 그러나 훗날의 행적으로 보아 그는 친 임표 계열도 친 강청 집단도 아니었다. 이 밖에 허세우·진석련·이덕생(후보위원) 등은 군구를 대표한 인물이며, 이설봉(북경, 후보위원)·기등규(하남, 후보위원)는 성을 대표한 인물이다. 허세우를 기용한 배경에 대해서는 설이 분분하였다. 즉 팽덕회(1야)·하룡(1야)·서향전(화북야전군)·섭영진(화북야전군) 등의 숙청은 결국 임표의 세력만 키워주는 것이 되므로, 제3야전군의 허세우를 내세워 정치국 내에서 임표를 견제하기 위한 모택동의 책략이었던 것으로 본다. 허세우는 소림사(少林寺) 출신으로 성격이 거칠고 곧으며 장정 20여 명을 한 손으로 때려눕힐 수 있는 장사로 임표와 강청을 싫어했다. 그러나 모택동에 대한 충성심은 대단했다. 진석련과 이덕생은 원래 제2야전군에서 등소평과 맥을 같이 한 인물이지만 문혁에 동조했다. 이 두 사람의 정확한 성분은 알 수 없으나, 훗날 임표와 강청의 추락과 운명을 함께 하지 않았다는 점으로 볼 때, 임표와 강청 집단의 일원은 아닌 것 같다.

모택동은 이처럼 문혁을 통하여 유소기를 축출한 권력의 공백을 임표의 군대와 강청의 4인방 세력으로 채워나갔던 것이다. 특히 5명의 부주석(유소기·주은래·주덕·진운) 중 임표만이 그 자리를 유지, 후계자로까지 지목되었다는 점은 9대1중전회는 임표 세력의 급부상을 입증해 준다. 그러나 주은래를 비롯하여 유임된 당과 군의 원로세력 - 동필무·유백승·주덕·이선념·섭검영 등은 당·군의 원로자격으로 유임 - 은 문혁 중에서 비록 잠복 중이긴 했으나, 기회가 왔을 때는 언제든지 규합할 수 있는 노력성과 잠재력을 가지고 있었다는 것은 간과할 수 없는 일이다.

▶ 모택동·4인방·주은래의 연합과 임표의 몰락

문혁이념 구현을 위한 표면상의 노력과 합의의 이면에는 문혁 이후 득세한 새로운 지도층내 파벌간의 치열한 권력투쟁이 전개되고 있었다. 특히 문혁 후 군부의 정치적 영향력의 급부상은 모택동의 소위 "당이 군을 지배한다(以黨領軍)"는 당·군관계의 원칙에 정면으로 위배되는 것이었고, 모택동의 병약은 권력의 중추를 흔들리게 하였으므로 엘리트 내부의 권력투쟁은 더욱 심화되어가고 있었다. 그 결과 발생한 것이 1971년 9월의 소위 '임표사건'이다.

임표사건의 원인과 경위에 대해서는 명확한 자료가 없다. 다만 당시의 정치정세로 모아 다음의 몇 가지를 그 원인으로 추측할 따름이다.

첫째, 군을 중심으로 한 임표 세력의 부상에 대한 모택동의 우려와 견제로 해석할 수 있다. 모택동은 문혁기간 중 유소기를 치기 위해서 소위 '적을 이용하여 적을 제압하는(以夷制夷)' 전법에 의해 임표를 이용했으나, 임표가 급부상하자 '크기 전에 자르라'는 전술의 일환으로 잘라버렸던 것이다.

둘째, 이와 유사한 해석으로 임표사건은 문혁에 의해 파괴된 당의 조직과 행정기능이 서서히 재건됨에 따라 모택동이 이당영군(以黨領軍)의 원칙을 이행하려는 의도에서 비롯된 사건으로도 볼 수 있다. 즉 문혁기간에 모택동은 본래 군대(임표)의 힘을 빌려 당을 정비하려는 입장이었고, 문혁파가 세력을 얻은 다음에는 당의 힘을 빌려 군을 정비하려 했다고 보겠다. 따라서 후계자를 놓고 경쟁관계에 있던 강청 중심의 강경좌파나 주은래를 필두로 한 온건좌파는 결코 임표에 협조적일 수 없었고, 모택동은 이들을 이용해 임표 세력을 꺾는 '이이제이' 전법을 썼다고 보겠다.

셋째, 이런 이유 등으로 임표 일파는 모택동의 원모(遠謀)에 대하여 의

구심을 품기 시작했고, 지난 몇십 년간의 역사를 돌이켜 보건대 1954년의 고강, 1959년의 팽덕회, 1966년의 유소기 등, 하나같이 모택동에 의해 추켜 세워진 사람은 없고 마지막에도 역시 그에 의하여 정치적 사형을 당하지 않은 사람이 없음을 깨닫게 되어 먼저 선수를 친 것이라고도 보여진다.

이상을 종합컨대, 당·국가의 권위를 마비시키고 사회를 혼란의 소용돌이 속으로 휩쓸어 넣었던 2년간의 대중동원 이후, 당의 최상층부에는 세 가지 세력이 경합하고 있는 가운데, 그 누구에게도 특별한 힘을 키워주기를 원치 않았던 모택동의 원모가 작용한 것이 가장 유력한 이유라 보겠다. 말하자면 상대적으로 힘이 약한 두 세력을 이용해 힘이 강한 한 세력을 뒤엎는 것은 세력균형을 위해 필요 불가결한 정치전략이다.

세 가지 세력이란 주은래, 임표, 강청 세력을 지칭한다. 즉 그 하나는 국무원 총리로서 정부 행정조직을 이끌고 있던 주은래인 바, 그는 문혁에서 살아남은 정부관료는 물론 문혁 수혜 핵심당원들, 그리고 숙청당한 실무파 당간부들로부터 신분상의 기대와 지지를 받고 있었다. 다른 집단은 문혁 주동자 그룹인 강경좌파 세력으로서 임표와 강청으로 대표되고 있었다. 이 중 임표 세력은 군대를, 강청 일파는 대중운동그룹을 지배하고 있었다. 모택동은 이 세 집단의 가운데에 위치, 이 세 세력과 친밀한 관계를 유지하면서도 견제와 균형을 꾀하고 있었다. 당·국가의 관료조직을 관리할 때는 주은래를, 문혁의 이념적 정당화와 대중동원을 위해서는 4인방을, 그리고 사회질서를 유지하고 군부를 통제하기 위해서는 임표를 이용했다고 볼 수 있다.

따라서 어느 한 세력도 관료와 군과 대중을 완전 장악하지 못하고 있었다. 때문에 이들 세력들은 정치적 이해관계에 따라 연합하기도 하고 대립의 관계를 유지하기도 했다. 1966년 문혁 초기에는 임표와 강청 세력이 이해를 같이 했다. 양자 모두 당권파인 유소기·등소평 세력을 공동의 적으로 삼고 힘을 합하여 모택동사상을 앞세워 그들을 타도하는 데 목숨을 걸었다. 그러나 문혁이 승리하자 그 논공행상을 놓고, 대중조직과 군부지도자간에 마찰이 생기자, 이 두 세력은 상호 이해가 대립하게 되었다. 지방

수준에서 군부와 대중운동 지도자간의 대립은 물론, 중앙수준에서도 대립은 가열되었다. 9기 중앙위원회의 구성문제를 놓고, 4인방은 문혁의 주동자인 대중운동지도자들을 대거 발탁하기 원했으며, 주은래는 핵심관료들의 입지가 강화되기를 원했다. 임표는 군지도자들이 중앙위원회에 대거 진입할 것을 희망했다.

그러나 결과는 상술한 바와 같이 인민해방군이 가장 많은 수혜자 그룹이 되었다. 중앙정치국 위원의 경우, 정원 21명 중 10명이 신임이었는데, 그 중 5명이 임표 세력이었고, 강청 세력은 4명이었다.84) 이러한 강청과 임표의 라이벌 관계는 주은래의 비중을 높여주었다. 주은래는 어려운 정치여건 속에서도 자신의 힘과 영향력이 허락하는 한, 당·정 관료들을 보호해 주었고, 다른 엘리트 집단과의 이해관계 때문에 더 이상 보호할 수 없는 경우에도 분파이익의 옹호자가 되기보다는 사심 없이 중재자 혹은 조정자로서의 역할을 다했다. 주은래의 능숙한 정치적 수완, 변치 않는 중도적 입장, 그리고 여러 가지 제약 속에서도 모택동의 정책을 충실히 수행하려는 그의 태도는 핵심간부들의 신뢰와 모택동의 신임은 물론 공정한 행정가라는 대중적 이미지를 풍기고 있었다. 그리고 문혁의 혼란된 질서를 유지하기 위한 임시방편으로 군(임표)을 끌어들인 것이지 '당이 총구를 지배한다'는 원칙에는 변함이 없던 모택동과 새로 성립된 지방권력기구에 대중운동지도자들의 정치적 영향력을 증대하는 것이 유리하다고 판단했던 강청 집단이나 군사력의 사용은 단지 내전을 방지하기 위한 수단에만 국한하여야 한다는 생각을 가진 주은래는 상호 시각을 같이 하고 있었다.

따라서 문혁 승리 후 점증하는 군대의 정치적 영향력은 임표를 경계하는 세력들의 공동의 정적으로 변하고 있었다. 특히 모택동이 이를 경계하는 여러 조치를 취하자, 이에 반격을 가하려다 실패한 것이 임표사건이다. 다음 사실들이 이를 입증한다.

임표사건 후 당 중앙문건 발표에 의하면 임표와 그의 추종세력들은 9대 2중전회에서 유소기의 숙청과 함께 폐지된 국가주석직을 요구했다가 모택동에게 거절당한 것으로 되어있다. 진백달이 제의하고, 후보위원인 이설봉도 진백달에 동조했다가 진백달[85]은 먼저 숙청당한다. 임표의 주요 핵심 엘리트인 황영승 인민해방군 총참모장·오법헌 공군사령관·이작봉 해군 정치위원·구회작 인민해방군 총후근부장 등도 비판을 받았다. 임표 역시 모택동으로부터 "다시는 과오를 되풀이하지 말라"는 경고를 받은 것으로 알려지고 있다.

이밖에 대외관계에 있어서도 임표의 대미·대소 2정면 강경노선에 대해 모택동과 주은래는 미국과 중국간의 관계개선을 통하여 중국의 외교적 고립을 타개하려는 전략을 선호하였다. 또한 1969년 진보도(珍寶島)의 중·소 무력충돌 이후 임표는 전쟁준비라는 명목으로 국무원 대신에 많은 분야의 산업을 군이 장악하도록 군의 권한을 확장해 나갔으나, 모택동은 모든 산업을 이전처럼 국무원이 총괄하도록 돌려놓았다. 이처럼 군의 정치적 영향력 증대에 비례해서 임표의 정책은 모택동과 주은래에 의해 크게 수정되거나 아예 취소되기도 하였다. 강청 집단 역시 임표의 독주를 견제한다는 측면에서 이의가 없었다.

이상 일련의 사태에 덧붙여 모택동은 임표의 움직임에 대처하여 그의 지위를 약화시키는 여러 가지 추가 조치를 취하였다. 모택동은 인민해방군에 대해 '오만과 자만에 반대하는' 운동을 전개하여 군의 기풍을 수정하도록 지시했으며, 이 운동의 지도자로 주은래를 임명했다. 또한 중앙군사위원회에 군 원로인 섭검영을 배치해서 '분위기'를 바꾸었을 뿐만 아니라, 임표에게 충성하던 제38사단을 북경외곽으로 몰아내고 북경군구를 재편성하였다. 모택동은 이와 같은 스스로의 작전을 '임표의 아성을 파헤치는' 전략이라고 불렀다.[86]

9대2중전회 이후 임표는 이처럼 자파의 핵심 엘리트들이 숙청되거나 비판을 받게 되고 또 자신의 정책이 사사건건 모택동과 주은래에 의해 수정되거나 파기되는 현실을 보자, 평화적 정권계승이라는 자신의 계획이 실패로 돌아가게 되었을 뿐만 아니라, 오히려 그것이 폭로됨으로써 위기에 처하게 되었음을 깨닫게 되었다. 그리하여 임표는 자신의 음모가 곧 발각될 것을 예감하고 황영승·오법헌 등에게 일단 표면적으로 자아비판을 하는 한편, 당 중앙에 대응하면서 새로운 음모를 신속하게 획책해 나갔던 것이다. 이것이 바로 임표사건의 진행과정이다.

임표사건 이후 임표 일파는 자살하거나 속속 잡혀 숙청당하였다. 혐의를 받고 체포된 요인은 모택동의 정치비서출신 진백달, 참모총장 황영승, 공군사령관 오법헌, 해군정치위원 이작봉, 공군후근부장 구회작, 남경군구 공군 정치위원 강등교(江騰蛟) 등이었다. 이를 '9·13사건'이라고도 부른다.

임표사건 후 모택동은 문혁 초기 파괴되었던 당·정 조직과 대중조직을 복구하는 한편, 군관(軍管)제도를 약화시켜 나갔다. 모택동은 당 중앙에 대한 당의 일원화 지도를 더욱 강화할 것을 강조하는 한편, 1962년 7천인대회에서 자신이 천명한 "공·농·상·학(學)·병(兵)·정(政)·당 등 7개 부문은 당이 모든 것을 지도한다"는 것을 반복하여 선전하였다. 1972년 8월, 당 중앙과 중앙군사위원회는 <3지양군(三支兩軍)의 약간의 문제에 관한 결정>(초안)을 발표하고, 당의 일원화 지도를 강화하기 위하여 군관을 실시하는 지방과 단위는 당위를 건립한 후에 군관을 즉각 철폐할 것을 지시하였다. 그리고 이미 당위를 건립한 지방과 단위에서는 군 선전대를 즉각 부대로 철수시키고, 각급 지좌(支左)의 지도기구 및 사무기구 역시 즉각 폐지할 것을 지시하였다. 아직도 지방에 남아있는 군대간부는 지방 당위가 통일 관리하도록 하였다.

각급 혁명위원회와 당조직의 건립·복구와 동시에 문혁 초기에 파괴된 노동조합(工會)·공산주의청년단(共靑團)조직·부녀조직 등 대중조직의 정돈과 복구에도 착수하였다. 그러나 이들의 조직과 기능은 문혁 이전과 비교할 수 없을 정도로 침체되어 있었다. 다만 이는 국가 정치생활의 정상화를 향한 일보였다는 점에서 의의가 있었다.

▶ 4인방 / 주은래 세력간의 각축과 화국봉 등 모택동 친위 그룹의 부상

임표가 제거된 후인 1973년 8월 24일부터 5일간의 회기로 북경에서 당 10전대회가 열렸다. 이 대회는 통상 대회(5년마다 소집)와는 달리 4년 4개월만에 소집되었고, 그 회기 역시 짧았으며, 비밀리에 진행되었다. 이 대회에서는 주은래의 <정치보고>와 왕홍문의 <당장> 개정에 관한 보고가 있었다. 주은래는 보고에서 임표와 그 추종세력은 무산계급독재하에서의 계속혁명론에 반대, 근본적으로 수정주의 노선과 다를 바 없는 반혁명적 죄악을 범해 가차없이 숙청되어 마땅하다고 주장하였다.

 새로운 <당장>에서는 당연히 "임표 동지는 모택동 동지의 친밀한 전우이며, 후계자이다"라는 등 1969년의 <당장> 총강 중 임표 관련 내용 전부를 삭제하였다. 그리고 "반세기 이래 모택동 동지는… 마르크스·레닌주의의 보편적 진리를 혁명의 구체적 실천과 상호 결합하여 마르크스·레닌주의를 계승, 수호, 발전시켜 마르크스·레닌주의를 한 단계 새로운 단계로 올려놓았다"고 하는 모택동의 개인 업적을 부추기는 내용도 삭제했다. 대신 모택동 사후의 권력 승계를 겨냥하여 노·중·청 '3결합의 원칙'을 명문화하였다.[87] 이는 개인의 우상화를 강조하고, 특정 인물(임표)에 대한 신임을 부여한 1969년 <당장>에서 집단지도체제(1956년의 당장)로의 복귀를 의미하는 것으로 풀이된다. 모택동은 자신의 후계자 선정이 초래했던 위기를 극복함에 있어 특정 인물에 대한 신임보다 서로 견제와 균형이 가능한 집단간의 권력 분배가 오히려 권력을 유지해 가는데 있어 유익한 조치라고 파악했기 때문일 것이다.

 이처럼 당의 기본방향이 정해진 다음, 당기구에 관한 개편도 있었다. 전술한 바와 같이 문혁으로 중국공산당조직은 사실상 마비되었고, 대신 각급 혁명위원회가 지방의 권력기구로서 그 기능을 수행해왔다. 그러나 새 <당장> 제7조는 "국가기관·인민해방군과 민병, 노동조합, 빈·하·중농협회, 부녀연합회, 공산주의청년단, 홍위병, 홍소병 및 기타 혁명대중조직은 모두 반드시 당의 일원화된 지도를 받아야 한다"고 규정하였다. 그럼으로써 10전대회에서는 파괴된 당조직을 복구하고, 당이 정치·경제·사회·문화·군사 등 모든 영역에서 우위를 견지할 뿐만 아니라, 일원화된 통제를 가할 수 있는 최고권력기관임을 분명히 하였다. 이는 문혁 중 '군(총검)이 당을 지배'하는 체제에서 '당이 군을 지배'하는 체제로의 전환을 의미하는 확고한 당 지도부의 의지 표명이라 하겠다.

10전대회는 이와 같이 임표사건을 마무리하는 차원에서 <당장>의 개정과 더불어 지도체제에 대한 대대적인 개편도 있었다. 당대표인 중앙위원회 주석에는 모택동이, 부주석에는 임표를 대신해 주은래와 4인방의 왕홍문(王洪文), 강청의 신임을 받고 모택동의 측근인 강생, 그리고 군 원로인 섭검영 원수와 문혁에 협조적이었던 현역 이덕생 장군 등을 나란히 포진시켰다. 정치국 상무위원은 임표와 진백달을 숙청하고, 모택동·주은래·강생(이상 유임)·왕홍문·섭검영·주덕·이덕생·장춘교·동필무로 구성하였다. 중앙정치국위 원의 경우, 먼저 그 구성을 보면 9기 때 임표 계열로 분류되던 황영승·오법헌·섭군·이작봉·구회작 등과 임표의 국가주석직 야심에 방조했던 진백달(상위) 등은 모조리 숙청되었다.[88) 반면 상해 급진노동자조직의 지도자였던 왕홍문이 37세의 젊은 나이로 중앙위원회 부주석(당서열 3위) 겸 정치국 상무위원에 파격적으로 발탁되었다. 왕홍문은 장춘교와 요문원이 모택동에게 추천했기 때문에 기용될 수 있었다. 그리고 이덕생은 후보위원에서 정치국 위원 - 상무위원 - 부주석으로 3단계 승진하였다. 왕동흥·기등규는 후보위원에서 승진되었고, 모택동의 고향 호남성 서기 화국봉과 군노장이며 광동성 제1서기 위국청(韋國淸), 농민대표로 전국 모범농업노동자로 선발된 산서성 혁명위원회 주임 진영귀(陳永貴), 길림성 제1서기 오덕(吳德) 등이 새로 중앙정치국에 진입하였다. 모택동·섭검영·주덕·장춘교·주은래·강생·동필무·유백승·강청·허세우·진석련·이선념·요문원 등은 유임되었다. 강청 계열의 사부치는 사망했다. 후보위원으로는 이설봉이 해임되고, 노동자 대표인 예지복(倪志福)과 섬서성의 오계현(吳桂賢), 그리고 문혁시 신강에서 모(毛) - 임(林)노선을 지지했던 새복정(賽福鼎) 및 호남성(모택동의 고향) 출신으로 임표 계열로부터 밀려났던 소진화(蘇振華, 해군 정치위원 출신) 등이 기용되었다.

이상과 같이 임표 세력이 대거 축출되긴 했으나, 강청을 중심으로 한 4인방 집단과 주은래를 필두로 한 원로세력이 그대로 건재함으로써 21명의 정치국 위원 중 13명(61.9%)이 유임되었다. 9기(47.6%)에 비해 적은 정치변화를 예측케 한 것이다.

둘째, 정치국 위원의 연령구조를 보면, 40대가 이하가 1명, 40대가 1명, 50대가 8명, 60대가 4명, 70대가 7명으로 연령의 안배(노·중·청 3결합)를 적절히 고려한 흔적이 보인다. 평균연령은 63.3세로 9기(62.7세)와 비슷하다.

셋째, 출신지역과 지역별 분포를 보면, 9기에 비해 비교적 고른 편이다. 9기에서 임표의 동향 호북성 출신이 가장 많은 분포를 보였으나, 10기에 들어 임표의 숙청과 더불어 호북성 출신이 반감되었다.

셋째, 정치국 위원의 교육정도 및 해외경험의 경우, 대졸정도 학력자(4명, 19.0%)가 전기에 비해 줄어든 반면, 9기처럼 군사학교 출신(8명)과 무학력자 및 중졸 이하가 상당한 비율(7명)을 차지하고 있다. 후자의 경우 노동자 및 대중지도자 출신의 진입이 늘어났기 때문인 것으로 분석된다. 해외경험자(33.3%) 역시 대졸출신자의 감소추세와 같이 9기(38.1%)보다 줄어들었다.

끝으로 이들 최고지도층 중 군 보직자는 모택동이 중앙군사위원회 주석으로서 군을 통수하고, 부주석은 섭검영과 유백승 원수가, 그리고 그 상무위원(75. 2 성립)은 심양군구 사령관 진석련 상장·8341부대장 왕동흥 소장·해군부사령관 소진화 제독(후보위원)과 왕홍문·장춘교가 겸임하였다. 그리고 허세우 상장이 국방부 부부장 겸 남경군구 사령관직을, 이덕생 소장이 인민해방군 총정치부 주임을 겸직하고 있었다. 그러나 군 계급이 부여된 순수 군인 수(8명)는 9기(11명) 보다 현격히 줄었다. 이는 임표 계열 현역군인(황영승·구회작·오법헌·이작봉)들이 대거 숙청당하였기 때문이다. 특히 현역의 경우 후보위원인 소진화 제독을 포함해도 현역은 겨우 5명으로 9기에 비해 2분의 1로 줄어들었다. 군 간부의 감소는 당 중앙지도부에서 뿐만 아니라, 지방 및 성급 수준에서도 비슷하게 나타났다. 성급 권력기관에 종사하는 군 간부는 1971년 8월 전체의 62%, 1973년 7월 48.6%, 1974년 12월엔 45.1% 그리고 1975년 12월에는 34%를 차지하는 등해를 거듭할수록 줄어들고 있다.[89] 이는 임표 세력의 축출과 더불어 군세력의 퇴조에 기인한 것이라고 보겠다.

따라서 중국공산당 10전대회를 전환점으로 임표를 중심으로 한 극좌 군대세력이 제거된 반면, 그 공백에 강청을 중심으로 한 4인방 문혁 극좌세력과 관료 및 원로들의 지지를 받는 주은래 세력(온건좌파)이 각축을 벌이는 형세를 보이고 있는 가운데, 화국봉을 비롯한 모택동 친위그룹이 부상한다고 할 수 있다.

구체적으로 중앙정치국 상무위원의 경우 9명 중 주은래와 섭검영·주덕·동필무 등 당·군 원로를 제외한 왕홍문·장춘교·강생 등은 친 강청 계열 급진좌파에 속하는 인물이었다. 왕동흥은 모택동의 직속 친 화국봉 세력이며, 이덕생은 등소평계 제2야전군 출신이었으나, 비교적 형세에 민감한 그는 모택동의 문혁 발동을 지지하여 승승장구하던 인물이었다. 특히 섭검영은 군 원로로 임표 세력 제거의 뒷마무리를 하였다. 정치국 위원의 경우, 강청·요문원은 4인방 극좌세력, 유백승·이선념은 당·군의 원로, 진석련·기등규·오덕은 후에 화국봉과 운명을 같이하는 문혁 수혜 친모세력이다.[90] 그리고 허세우는 순수 무골이면서도 모택동에 협조한 제3야전군 출신 장군이다. 농부로 알려진 진영귀는 상징적인 인물로 발탁된 문혁 수혜자 친 모택동 - 화국봉 계열이다. 이밖에 군원로 세력의 경우 위국청 상장은 소수민족 출신으로 탁월한 군사지도자이다.

▶ 온건파 문혁 생존자 그룹·화국봉 집단의 연합과 4인방 세력의 숙청 - 재조정 정책

그러나 이상 3세력 중 제일 수확을 거둔 세력은 역시 4인방 세력이다. 결국 모택동의 지지를 유지하며, 화합을 이루려는 주은래의 타협적인 태도 때문에 강청 집단은 10전대회에서 상당한 성공을 거둔 셈이다. 특히 대중 및 젊은 세대의 대표격인 왕홍문을 당 중앙위원회 부주석으로 추커 올린 것은 대단한 수확이었다.[91]

그러나 좀더 자세히 들여다보면 강청 집단 역시 취약점이 드러난다.92) 첫째, 그들은 정치국 내에서 다수를 차지하지 못했다. 강청·왕홍문·장춘교·요문원·강생 등 모두 5표밖에 되지 못하였다. 따라서 4인방이 정치국을 통제하기 위해서는 화국봉을 중심으로 한 친 모택동 계열인 문혁 수혜세력의 지지가 없이는 불가능했다.

강청 집단의 또 다른 심각한 문제점은 지방의 세력기반이 매우 취약했다는 점이다. 제10기 중앙위원회의 대중지도자들 중 어느 누구도 지방당 내의 실력자가 아니었다. 더구나 중앙위원회의 대중지도자들 가운데 28명은 성급 당위원회의 위원이 아니었다. 이들의 대다수는 민병대를 통제하던 지방노동조합의 주임 또는 부주임이었다. 임표 집단이 당·정 관료집단 내에서의 세력확장이 부진했던 것처럼, 강청 집단 역시 머리만 있고, 허리가 없는 구조였다. 그래서 임표는 국가의 수반(국가주석직 승계)으로서 관료에 대한 공식권위를 획득하여 내부로부터 권력을 장악하고자 했던 반면, 4인방은 대중동원을 통해 당의 외부로부터 권력을 장악하고자 했다.

따라서 중국의 정세는 급진적인 급진좌파 세력이 주도하는 대중동원 전략과 주은래를 수반으로 하는 당·정 관료집단(온건좌파)의 경제발전 전략간의 각축장으로 좁혀졌다. 모택동은 여기서 또 어느 한 집단에게 힘을 실어주지 않고, 두 집단의 중간에 서서 두 집단간의 조화와 견제를 모색하고 있었다. 강경좌파를 이용해서는 혁명의 열기를 유지하게 하는 한편, 관료그룹들에게는 질서유지와 경제발전의 업무를 담당하도록 하였다.

따라서 주은래는 총리로서 중앙의 일상행정을 주관하면서, 중국의 국내 및 국제문제에서 온건노선을 견지했다. 국내적으로는 문혁 중 피폐할 대로 피폐해진 경제를 회생시키기 위해서 정치적 대타협(안정)과 경험 있는 관료(문혁 때 숙청된)들의 평반(복권)을 주장했다. 그리고 국제적으로는 미국의 새로 등장한 닉슨 정부와의 관계개선을 암중 모색하는 등 대결국면에서 벗어나 전쟁보다는 국내의 혁명이 더 중요하다는 입장을 보이기 시작했다.

반면, 4인방 세력은 극좌파의 과오 때문에 희생된 자들의 평반을 정당화하는 것은 4인방 및 그 추종자들 또한 임표 일파와 마찬가지(모두 극좌파)로 비판받는 것으로 인식될 것으로 간주하여 이에 동의하지 않으려 했다.93) 그러나 공식정책은 임표 노선에 반대했다는 이유로 숙청당한 모든 간부들을 복권시키고 당내 지위를 회복시키는 것이었다. 이유는 경제발전을 위해서 그들의 능력이 필요했기 때문이었다.

따라서 주은래는 중요한 행사 때마다 계속 당·정 경험이 풍부한 원로간부들을 다시 발탁하였다. 가장 놀랄만한 경우는 등소평의 재등장이다. 등소평은 1973년 3월 부총리에 복귀(1975년 제4기 전인대에서 공식 임명)되고, 1975년 1월 10대2중전회에서는 당 중앙위원회 부주석 겸 정치국 상무위원에 복귀되었다. 그리고 주은래는 유사시 등소평에게 총리직을 대행케 했다. 반대로 등소평의 옛 부하이면서도 문혁 동조자인 이딕생은 당 중앙위원회 부주석 겸 정치국 상무위원(정치국 위원직은 유지)에서 물러났다.

이후에도 주은래는 '장기간의 혁명투쟁 속에서 단련된 원로간부들은 우리 당의 최대의 보물'이라고 선언94)하는 등 자신에게 기대를 걸었던 당 간부 및 지식인들을 평반시키고, 문혁 전의 원 위치로 복귀시켜 주었다. 그러나 10대 이후 추진된 대대적인 정부기구의 축소(精簡)는 간부 수의 감소를 촉진하였고, 이 때문에 평반된 구간부들과 문혁 때 충원된 신간부들간의 경쟁이 치열해졌다. 전자는 자신들의 업무수행능력과 경험을 앞세웠고, 후자는 자신들의 혁명적 열정을 강조했다.

주은래와 4인방 간에는 정책면에 있어서도 치열한 각축전이 벌어지고 있었다. 주은래·등소평은 1975년 1월 제4기 전인대 제1차 회의에서 4개 현대화 - 농업·공업·국방·과학기술의 현대화 - 계획을 정책방향으로 설정한다. 이에 대해 4인방 집단은 '무산계급독재이론의 학습운동'을 강화하는 것으로 대항하였다. 또 4개 현대화를 위해 등소평이 작성한 '총강론'(總綱論), '공업20조,' '과학원제강'(科學院提綱)에 대항하여 『수호전』비판과 위의 세 강령을 '3주독초'(三株毒草)로 비난하면서 맞섰다. 이러한 외중에 등소평 중심의 실무그룹은 공업·농업·해방군·교육·문예 등

전 부문에 걸쳐서 소위 '정돈사업'을 정력적으로 추진하여 상당한 정도의 국민적 호응과 성과를 거두었다.

그러나 1976년 1월 주은래가 사망하자, 같은 해 4월 중앙정치국의 4인방 세력은 등소평을 '천안문사건'의 배후조종자로 몰아 다시 당 내외의 일체의 직무를 박탈한다. 동시에 주은래가 맡았던 총리직과 당 중앙위원회 부주석직은 주은래의 생전 의도와는 달리, 당시 정치국 위원 겸 부총리 및 공안부장으로서 온건 문혁파(문혁 우파)에 속하였던 화국봉95)에게로 돌아갔다. 그리고 정치국 위원 겸 북경군구 사령관인 진석련에게 중앙군사위원회의 일상업무를 넘겼다. 그리고 1976년 9월 9일 모택동이 드디어 혁명의 일생을 마감하였다.

모택동이 사망할 무렵 중앙정치국은 3개의 집단에 의해 공유되고 있었다. 즉 4인방 문혁극좌파(강청, 왕홍문, 장춘교, 요문원 등)와 화국봉을 필두로 한 문혁 수혜자 집단(왕동흥, 진석련, 기등규, 오덕, 진영귀 등)인 문혁우파가 상호 대립하고 있는 가운데, 섭검영96) 중심의 문혁 생존자 군 원로 집단(동필무, 유백승, 이선념 등)이 하나의 세력을 형성하고 있었다.

화국봉 세력은 모택동이 강청 세력을 견제하기 위하여 기용한 신진세력이다. 4인방 중심의 문혁극좌파 세력과 섭검영 중심의 문혁생존자 군 원로 집단 모두 모택동의 추종자로서 모택동의 대변자라는 데는 이의가 있을 수 없었다. 그러나 4인방이 추구하는 노선이 급진적인 극좌노선인데 반하여 군 원로파는 온건한 우파적 성격을 띠고 있었다(이는 군의 보수적 성격과도 유관). 따라서 4인방 집단은 이들과 연대할 수 없는 관계였다. 그래서 수적으로 우세한 화국봉 세력을 제압하기 위해서는 이들에 대해 무차별적으로 공격할 수밖에 없는 형세에 처해 있었다. 이에 화국봉을 중심으로 한 왕동흥(8341 모택동 경호부대 사령관)·북경군구 사령관 진석련·북경군구 제1정치위원 기등규·북경시 혁명위원회 주임 겸 북경군구 정치위원 오덕 등 문혁우파는 1976년 10월 6일 섭검영 중심의 군 원로 및 등소평 계열의 군 지도자들과 손을 잡고 문혁극좌파(4인방) 세력을 괴멸시킨다. 이것이 이른바 '북경정변'이며, 문혁 10년 동란은 사실상 종결을 고

한다.

　요컨대, 문화대혁명은 단순한 사회·문화적 변혁이 아닌 노선상의 대립, 즉 당주석인 모택동에 의해 주도된 무산계급 혁명노선과 국가주석인 유소기 및 당총서기인 등소평 등 실용파들에 의해 주도된 자본주의적 수정주의 노선의 대결이었으며, 이 대결이 급기야 권력투쟁을 유발했던 것이라 보겠다. 이러한 권력투쟁의 과정에서 모택동은 군(임표)을 이용하여 탈권에 성공했던 것이다.

　그 결과 정책적 차원에서 모택동사상의 핵심요소인 '자력갱생, 대중노선, 계속혁명, 정치제일(政治掛帥), 그리고 평균주의' 등이 중국사회의 모든 면에서 시행되게 되었다. 구체적으로 관료조직은 단순화되고, 모든 간부는 하방되어 이념교육과 육체노동을 하였으며, 정부기관을 대신한 혁넝위원회가 공장·기업·학교 등 모든 단위·기관에까지 확대되었다. 교육분야에서도 전문교육 대신 이념교육과 육체노동의 경험을 중시하였고, 문예면에서는 단순한 혁명을 주제로 한 것만이 장려되고 당에 대한 비판과 외국의 냄새가 나는 것은 엄격히 제한되었다. 경제면에 있어서는 물질적인 자극에 의한 생산은 금지되었으며, 기술 및 직업적 전문가는 대중에 결탁하여 개인적인 인정이나 승진과 같은 부르주아적인 꿈을 버릴 것이 요구되었다. 끝으로 외교정책에 있어서도 극도의 감정적인 반소(反蘇)운동이 전개되었으며, 심지어 영토문제를 놓고 무력충돌까지 빚게 되었다. 또한 문혁 시작 직전 조정정책의 결실로 건국이래 최고수준에 올랐던 중국경제는 문혁이 시작되면서 정상적인 경제질서가 다시 파괴되고 혼란에 빠졌다.

4. 화국봉 · 섭검영 · 등소평의 연합과 대립 – 신약진정책
(1976 – 1978년)

4인방 타도 후, 화국봉은 모택동의 유훈에 따라 큰 무리 없이 모택동의 권력을 계승하였다. 화국봉의 정치적 지위는 모택동 개인으로부터 부여받은 것이다. 따라서 화국봉은 모택동의 권위와 모택동사상의 가치를 긍정해야 할 의무를 지고 있었다. 그래서 화국봉은 "무릇 모 주석이 내린 정책결정을 우리는 견결히 유지하여야 하며, 무릇 모(毛) 주석의 지시를 우리는 모두 처음부터 끝까지 변함없이 따라야 한다"는 이른바 '양개범시론(兩個凡是論)'을 내세우며,[97] 모택동사상의 계승자요 옹호자로서 역할을 과시하였다. 나아가 화국봉은 모택동사상에 대한 농단(壟斷)을 통하여 스스로의 권력을 더욱 공고히 하고, 동시에 그의 권력을 합리화하는 기초를 마련하는 데 정열을 쏟았다. 화국봉은 자신의 기득권을 공고히 하는 방법으로 아래의 몇 가지 조치를 취하였다.[98] ①모택동의 우상적 지위를 이용하여 스스로를 모택동이 몸소 선정한 권력계승자로 분장하였다. ②모택동과 강청을 분리하여 모택동 옹호와 화국봉 옹호를 하나로 연계시키고자 했다. ③각급 간부의 문혁파에 대한 불만과 복수심을 이용, '4인방' 숙청을 목표로 하여 각 계의 지원을 얻어 반 '4인방'의 통일전선을 구축하고자 하였다.

▶ **화국봉 / 등소평 세력의 대립과 섭검영의 견제**

화국봉은 그 세력을 확장함에 있어서 등소평의 잠재적 위협을 방지함과 동시에 모택동과 '4인방'이 발동한 '비등반우(批鄧反右)'운동을 진행하여, '좌'적으로 4인방을 치면서, 우적으로 등소평을 타도하는 양면작전의 태세를 취하였다. 이로 인하여 등소평파의 불만을 야기시켰다.[99] 주로 문혁 후의 해방간부, 군 원로 및 지방의 군 실력자 등은 등소평의 복권을 지지하는 세력으로 그 지지기반이 방대하였다.[100] 때문에 화국봉은 등소평으로 하여금 당 중앙에 스스로의 착오를 시인하는 형식으로 편지를 보내는 것을 조건으로 복권시키기로 양보하였다. 그리하여 당 중앙은 1977년 7월 10대3중전회를 열고 모택동의 유훈에 따라 화국봉을 중앙위원회 주석겸 중앙군사위원회 주석으로 선임할 것을 결의하는 한편, 4인방을 당적에서 제명하고, 반면 그들로부터 쫓겨났던 등소평의 일체의 직위(당부주석, 정치국 위원, 중앙군사위원회 부주석, 국무원 부총리, 인민해방군 총참모장)를 복권시킬 것을 결의하였다.[101]

10대3중전회 이후 중국공산당의 권력구조는 이미 새로운 단계에 진입하고 있었다. '4인방' 세력을 대신하여 화국봉이 모택동의 사상을 기반으로 그 권력의 기초를 다지고 있는 한편, 등소평의 복권으로 '4인방' 퇴장의 권력공백을 채우면서 화국봉의 권위에 위협을 가하기 시작하였다. 등소평의 복권은 모택동의 비등(批鄧)지시와 천안문사건에 대한 재평가를 촉구하였고, 특히 지도층의 권력관계의 재조정을 요구케 하였다. 이는 화국봉과 등소평간의 이론적 모순과 갈등을 야기시켰다. 이때 섭검영 중심의 문혁 생존 군 원로들은 양파간의 갈등 속에서 중립적인 견제기능을 하였다. 그러나 10대3중전회에서 이들 군 원로세력은 화국봉의 영수로서의 지위는 영원히 지지하는 입장이었다.[102]

이러한 상황에서 1977년 8월, 화국봉은 11전대회를 소집, <당장>을 수정하여 당의 정책노선을 확정하고, 당조직의 정비와 당 중앙의 지도체제를 개조한다. 먼저, 4개 현대화를 당의 당면임무로 설정한 점 이외, 정책노선의 경우 모택동 생전과 변함이 없었다. 당 중앙기구의 경우 10대와 마찬가지로 전국대표대회, 중앙위원회 전체회의, 중앙정치국회의, 중앙정치국 상무회의와 중앙위원회 주석·부주석을 두었다. 그러나 문혁 중(당 9기) 폐지되었던 중앙기율검사위원회는 부활시켰다. 이는 당의 규율을 위반하는 행위에 대한 통제임무를 갖는 기구로써 4인방 극좌세력의 잔재를 청소하고 당권을 강화하기 위한 제도적 장치라고 하겠다.[103] 9전대회 이후 폐지된 중앙서기처는 1980년 2월, 11대 5중전회에서 부활되었다.

다음, 지도체제의 경우 중앙위원 333명(위원 201명, 후보위원 132명), 중앙위원회 주석 1명·부주석 4명, 중앙정치국 상무위원 5명(주석, 부주석), 중앙정치국 위원 23명, 그 후보위원 3명으로 재편하였다.

첫째, 중국공산당의 대표격인 중앙위원회 주석단의 경우, 대폭적인 교체가 있었다. 화국봉이 중앙위원회 주석으로 선출된데 이어 섭검영, 등소평, 이선념, 왕동흥 등 4인방 제거의 공로세력들이 골고루 부주석에 선임되었다. 반면 10기 중앙위원회 주석이던 모택동과 주은래는 사망하였고, 왕홍문은 4인방의 일원으로 숙청되었다. 군 원로인 섭검영만이 그대로 유임된 것이다. 10기 부주석이던 이덕생은 이미 10대2중전회에서 등소평과 자리바꿈하여 중도하차한 반면, 이선념과 왕동흥이 새로 부주석에 기용된 케이스다. 정치국 상무위원은 중앙위원회 주석과 부주석이 겸임하였다.

그리고 중앙정치국의 경우, 먼저 그 구성을 보면, 위원 23명 중 13명이 유임되고, 10명이 교체되었다. 화국봉·섭검영·이선념·왕동흥·유백승·허세우·이덕생·진석련·진영귀·기등규·위국청·오덕·등소평(1977.7 10대3중전회에서)은 유임되었고, 예지복과 소진화는 후보위원에서 위원으로 승진하였다. 한편 왕홍문·장춘교·강청·요문원 등 4인방은 축출되고, 모택동·주은래·주덕·동필무(이상 1976년 사망) 등 중공 1세대 혁명지도자들과 강생(1975년)이 사망하였다. 대신 오란부·장정발(張廷發)·섭영진·서향전·방의(方毅)·여추리(余秋里)·경표(耿飈)·팽충(彭沖) 등으로 충원되었다. 이 중 섭영진·서향전은 문혁 때 숙청되었다가 재기용된 케이스다. 후보위원의 경우 오계현이 탈락된 반면 새복정이 유임되고, 진모화(陳慕華, 여)와 조자양(趙紫陽)이 기용되었다. 유임률은 56.5%로 10기(61.9%)에 비해 상당히 낮은데,104) 이는 4인방 축출 후 상당한 폭으로 밀어닥칠 정치적 변화를 예고해 주는 것이다.

둘째, 정치국 위원의 연령구조를 보면, 40대 미만이 없고, 40대가 1명, 50대가 2명, 60대가 14명 그리고 70대가 6명으로 노·중·청이 적절히 결합되었다. 평균연령은 65.6세로 10기보다 2.3세 정도 높아졌다. 이는 비록 모택동·주은래·주덕·동필무 등 혁명1세대들이 사망하긴 했으나, 문혁 때 숙청되었던 군원로들이 대거 복권되었기 때문인 것으로 풀이된다.

셋째, 정치국 위원의 교육정도 및 해외경험의 경우, 대졸 정도 학력자는 5명(21.7%, 그 중 2명이 자연계 전공)으로 10기와 비슷하고, 무학력자는 10기에 비해 줄어든 반면, 군사학교출신은 10명으로 10기(8명)에 비해 다소 증가하였다. 이는 문혁파의 퇴출과 문혁에서 소외되거나 숙청되었던 군장성 출신들이 진입 또는 복귀되었기 때문이다. 해외경험자(26.1%) 역시 대졸 출신자의 감소추세와 같이 10기(33.3%)보다 줄어들었다.

넷째, 장정 및 군대경력상황을 보면, 장정경험자(65.2%)와 군경험자(87%) 모두 10기(각각 61.9, 76.2%)보다 늘어났다. 이 역시 군 원로들의 대거 복권에 기인한다. 당 지도자로서 군 보직자는 화국봉 중앙군사위원회 주석, 섭검영 원수(국방부장 겸임)·등소평(해방군 총참모장 겸임)·유백승 원수·서향전 원수·섭영진 원수가 중앙군사위원회 부주석을 맡았다. 그리고 이선념·8341부대 사령관 왕동홍 소장·북경군구 사령관 진석련 상장·해방군 총정치부 주임 위국청 상장·해군 정치위원 소진화 제독·공군사령관 장정발 상장·경표(79.1 비서장 겸임, 이밖에 군사위원은 粟裕·나서경 장군이 겸임)가 그 상무위원이 되었다. 팽충은 남경군구 정치위원을, 허세우 상장과 이덕생 소장은 각각 광주군구와 심양군구 사령관을 겸직하고 있었다. 이밖에 오란부와 여추리는 각각 상장과 중장계급을 수여 받은 전직 장성출신이다. 후보위원인 조자양과 기등규는 성도군구와 북경군구 정치위원을 겸임하고 있었다.[105] 결과적으로 소장 이상 군 계급 수여자는 13명이나 되었다. 그러나 이들 중 현역 장성은 진석련 중장·허세우 상장·이덕생 소장·장정발 소장, 해군 제1정치위원 소진화 제독, 8341부대 사령관 왕동홍 뿐이었다.

이처럼 4인방 숙청을 마무리한 후 구성된 중국의 지도체제는 문혁 후의 9기 중앙정치국의 구성(군출신 71.4%)과 마찬가지로 군 출신이 대거 중앙지도체제에 진출하게 되었다. 11기 중앙지도체제에 군의 진출이 두드러진 이유는 두 가지로 요약된다. 첫째 4인방 제거과정에서의 군의 공로가 반영된 것이며, 둘째는 화국봉 체제가 4인방 잔여세력의 강력한 도전으로부터 보호받기 위해서는 군의 지지가 절대적으로 필요했기 때문인 것으로 볼 수 있다. 따라서 장정 경험자는 65.2%로 10기(61.9%)에 비해 증가되었다. 여기서 등소평이 총참모장, 등소평계의 위국청이 총정치부 주임을 맡게 된 것은 권력구조상 등소평의 위상 강화를 말해 주는 것이다.

끝으로 정치국 위원들의 성분을 중심으로 계파별 세력분포를 보면, 4인방 집단의 축출로 생긴 공백에는 아래와 같은 3계파로 채워졌다. 그 세력분포를 보면,106) 첫째 화국봉(당주석, 군사위원회 주석, 국무원 총리·공안부장)을 중심으로 한 신진 그룹이다. 심양군구 사령관 이덕생, 북경군구 사령관 진석련 등 수도중심의 군부세력과 오덕·기등규 등 지방당료 및 공안부서의 왕동흥, 그리고 모범노동자의 상징인 진영귀·예지복 등을 축으로 연대되어 있었다. 이들은 모택동에 의해 발탁된 문혁 수혜세력이면서도 4인방과는 소원했던 세력이다.

둘째, 섭검영(당부주석, 군사위원회 부주석, 국방부장)을 중심으로 뭉쳐진 군부의 최고참 지도자 그룹이다. 제2야전군 출신인 이선념·유백승·소진화 장군과 장정발·서향전·경표·섭영진 장군과 그리고 후보위원인 새정복 등 주로 장정세대 군원로급들로서, 이들은 문혁 때 겨우 명맥을 유지했거나 피해를 본 인물들이다. 이들 세력은 1975년이래 군정의 책임자인 국방부장직을 독식했다. 즉 섭검영(75. 1 ~ 78. 3), 서향전(78. 3 ~ 81. 3), 경표(81. 3 ~ 82. 11) 등이 번갈아 맡았다.

셋째, 등소평(당부주석, 군사위원회 부주석, 국무원 부총리, 해방군 총참모장) 중심의 당·정·군 실무그룹, 이른바 개혁파 그룹이다. 10대3중전회에서 등소평의 복권을 적극적으로 지지했던 위국청·허세우 상장과 오란부·방의·여추리·팽충, 그리고 후보위원인 조자양·진모화 등을 들 수 있다. 이들 그룹은 대부분 유소기의 후광을 받았거나 주은래 - 등소평 밑에서 국무원의 업무에 종사하던 실무관료들로 문혁 피해자였거나, 아니면 문혁에 가담했으나 임표·강청과는 대립적인 관계에 있던 인물들이다.

이들 세 그룹간의 세력관계를 보면 어느 한 파가 완전히 우세한 위치에 있지 못하였다. 화국봉과 등소평간의 갈등에 섭검영파가 견제와 균형의 역할을 하면서 정치적 지위를 유지하고 있는 형세였다. 이러한 상호 대립과 모순적 상황에서도 반 '4인방'이라는 공동목표를 위해 일시적인 타협을 통하여 정치적 안정과 단결을 도모하고 있었다.

그러나 문혁 때 등소평과 같이 박해를 받았던 섭영진·서향전 등 군원로들이 재기용되었고, 국공전쟁시기 등소평과 운명을 같이 했던 유백승·이선념·소진화 등 제2야전군 출신 장군들 및 오랫동안 국무원에서 등소평과 함께 일했던 당·정 관료들이 재기하게 된 점은 특기할 사실이다. 11기 정치국이 연합세력이라고는 하나, 이처럼 등소평의 군과 정부에 걸쳐 있는 확고한 인맥은 등소평 세력의 우세를 예고해 주고 있었다.[107] 그리고 이들 세 그룹의 관계를 보면, 섭검영 중심의 둘째 그룹과 등소평 중심의 셋째 그룹은 경력상으로나 문혁 때의 행적(피해자 포함)으로 보아 화국봉 중심의 첫째 그룹(문혁 수혜자)과의 관계보다는 비교적 친회력이 있는 집단이다. 그러나 아직까지 섭검영 세력이 공식적으로는 화국봉의 권위를 인정하고 있는 입장이었고, 등소평 역시 스스로의 역량이 아직은 충분치 않다고 판단, 화(華)·섭(葉)세력에 대한 적극적인 공세를 취하지 않고, 스스로의 권력기반을 확대하는 데 역량을 집중하였다.

▶ 화국봉 / 등소평 세력간의 이념 대립과 신약진정책의 실패

따라서 이들 세 세력은 문혁으로 이지러진 정치·경제·사회문화 모든 부문의 재건을 위해 사회주의를 현대화해야 한다는 데는 공감하면서도 그 이념적 바탕과 정책추진 방법상에는 이견이 노정되었다. 즉 화국봉 중심의 소위 문혁 수혜세력(문혁우파)은 모택동 무과오론(兩個凡是)을 주장하면서 '좌'적 사상을 견지하려한 반면, 문혁 피해세력인 실무파(개혁파)는 '실천이 진리를 검증하는 유일한 기준'이라는 '실천론'적 입장에서 모택동의 공과(功過)를 올바르게 판별하여 평가하여야 한다는 모택동 절대화 반대, 즉 해방사상을 견지하게 된다. 따라서 정책면에 있어서도 화국봉은 무리한 신약진정책을 추구하였고, 후자는 '실사구시(實事求是)'[108]의 정신에 입각하여 모든 정책을 현대화의 방향으로 조정할 것을 촉구하였다. 문화대혁명 때 권좌에 오른 세력들이 전자에, 대약진정책(1957~1960) 실패 후 조정기 동안(1960~1965) 경제위기를 극복하는데 실무를 맡았던 그룹이 후자의 편에 있었던 것은 결코 우연이 아니었다. 모택동의 유훈정치를 정통성(주 무기)으로 생각하고 있던 화국봉으로서는 신약진정책은 이념상 피할 수 없는 선택이었다.

등소평 등 개혁파가 비록 4인방을 비판하고 전당, 전국 인민을 사회주의 현대화 강국을 건설하도록 선도하였으나, 실권을 장악(당 주석, 국무원 총리, 중앙군사위원회 주석)하고 있던 화국봉은 '양개범시론(兩個凡是論)'의 방침을 조금도 고려치 않으려 하여 문혁이래의 '좌'적 방침이 그대로 견지되었다. 따라서 4인방 체포 이후 인민들이 모택동의 사상아래 간혀있던 것에서 해방되려는 욕구를 분출하고 있었으나, 화국봉은 이러한 기대에 부응할 수 없었다. 그런데다가 화국봉은 정치적 기반을 확대하기 위하여 권력의 일부분을 양보하면서 그리고 정책의 다양성을 내세워 각파의 이익에 부합되도록 하는 타협정책을 폈다. 그러나 이러한 정책은 성공적이지 못했음은 물론, 오히려 본래 그를 지지하던 인사들로부터도 불만을 불러일으켰다.

여기에 화국봉은 무리하게 신약진정책[109]을 밀고 나갔고, 과도한 계획으로 인해 대약진기의 실패를 재연했다. 화국봉 세력에 의해 추진된 이 계획은 1950년대 모택동에 의해 주도된 대약진정책과 유사한 부분이 많았다. 첫째, 객관적인 조건을 고려치 않고 고속성장만을 추구하였다. 둘째, "농업은 대체(大寨)에서 배우자"는 일종의 무산계급독재정치하의 계속혁명적 대중운동을 추진하였다. 이는 토지혁명, 농업집단화, 인민공사운동과 같은 농촌의 일대 혁명운동이었다. 당 중앙은 1980년 전국 3분의 1의 현을 대체현(大寨縣)으로 건설하자는 목표를 제시했다. 그리고 셋째, 객관적 경제법칙을 고려하지 않고, 인민공사의 공유화 수준 제고를 계속 강조하는 한편, 사원(社員)이 경영하는 자유지(自留地)·가정부업·집시(集市)무역 등을 '자본주의적 경향'이라 하여 타격을 가하였다. 셋째, 맹목적으로 기본 건설규모를 확대했다. 그러나 투자에 비하여 경제적 효과는 대단히 적게 나타났다. 예를 들어 1978년 한 해 동안 유사이래 최고의 투자액(501 억 元: 전년에 비해 31% 증가)을 퍼부었으나, 그 효과는 10년이래 가장 저조했다. 그리고 투자가 중공업분야에 집중되어 문혁 이후 산업구조의 비율이 더욱 균형을 잃게 되었고, 투자의 효과는 더욱 악화되어 국민경제발전에 악영향을 끼쳤다.[110] 그리하여 문혁으로 피폐한 경제를 더욱 어렵게 하였다.

이러한 현실에 직면하여 대부분의 중국인들은 오랫동안 지속해왔던 좌적 방법을 바꾸지 않으면 안 된다는 사실을 심각히 인식하였으며, 중국의 생존을 위해서 새로운 경제건설 방법을 모색할 것을 희구하고 있었다. 비교적 중립적 입장에 서서 문혁 수혜세력(문혁우파)과 문혁 피해세력(개혁파)간에 균형추적 역할을 하던 섭검영 (중도우파)조차도 공개적으로 모택동의 과오를 비난[111]하기 시작하면서 화국봉의 노선과 정책에 압력을 가하기 시작하였다.[112] 군의 버팀목(78년 3월까지 국방부장)으로 4인방 추방의 1등 공신인 섭검영의 태도 변화는 모택동 추종세력의 영향력을 약화시킬 수밖에 없었다. 결국 1978년 12월 당 11대 3중전회에서 화국봉 등 문혁 우파세력은 좌적 착오에 대한 자아비판을 하고, 권력중심부로부터 밀려나게 된다.

제3절 등소평시대 파워 엘리트의 분/합과 정책노선 변화

1. 개혁파·군원로 세력의 연합과 화국봉의 실각
– 노선의 대전환(1978~1982년)

신약진정책의 실패는 '양개범시'란 구호아래 '좌'적 지도사상을 그대로 견지하고 있는 사상적 속박 하에서는 사회주의현대화건설이 순조롭게 진행될 수 없음을 입증시켜 주었다. 그러므로 당의 지도사상을 철저하게 정리하지 않으면 다시 혼란에 빠질 우려가 있어 당으로서는 중요한 선택을 하지 않으면 안되었다. 따라서 당시 당과 국가의 당면한 문제는 당의 지도사상을 바로잡는 문제였다.

이러한 상황하에 등소평은 화국봉의 '양개범시'라는 주장을 강도 높게 비판하고 실천은 진리를 평가하는 유일한 기준이라는 개념을 내세워 화국봉의 권력과 지위를 더욱 약화시켜 나갔다. 화국봉이 모택동시대의 경제구조를 그대로 둔 채 4개 현대화란 정책의 변화만으로 정국을 돌파하려는 것에 대하여 등소평은 해방사상의 확산과 인사개혁을 통한 지지세력 확장에 치중하였다. 특히 군대내 세력 확보를 위해 인민해방군 총참모장에 복권(1977년 10대3중전회)된 등소평은 곧 자신의 측근들(문혁피해자)을 군요직에 배치하기 시작하였다. 위국청을 총정치부 주임에 임명하고, 임표에 대항하다 파면된 전 국방부 부부장 겸 총참모장 나서경 대장을 군사위원회 비서장에 그리고 조선지원군 사령관 · 해방군 부총참모장 · 북경군구 사령관을 역임하고 문혁 때 박해를 받은 등소평계 제2야전군 출신 양용(楊勇) 장군(상장)을 부총참모장에 복권시킨 것이 그 한 예다.113)

이처럼 정국의 주도권을 둘러싸고 개혁파 등소평과 범시파(문혁 우파) 화국봉 사이에 당권싸움을 벌이고 있을 때 중국사회에서는 자발적인 민주화(사상해방) 바람이 일어나 등소평의 당권장악에 중요한 역할을 하였다. 사상해방과 민주화는 현실적으로 1949년이래 정치적으로 억울하게 피해를 본 원한을 바로 잡아주도록 요구하여 많은 지식인들과 청년대중들로부터 지지를 받았으며, 사상언론면에서 공개적으로 언론 · 출판 · 파업의 자유와 헌법상의 권리를 보장하라고 요구하였으며, 정치적으로는 등소평 등 개혁파의 재등장을 지지하였다.

이러한 상황하에 1978년 12월 당 11대3중전회가 소집된다. 이 회의에서 모택동의 공과를 놓고 등소평과 화국봉 간에 전개된 권력투쟁에 전환점을 가져온다. 소위 문혁우파인 화국봉 세력은 몰락의 길을 걷게 되고, 등소평 중심의 개혁파와 소위 중도우파(섭검영 중심) 연합전선이 구축된다. 그리고 당 노선의 획기적인 전환을 가져온다. 11대3중전회는 실질적으로 군 원로인 섭검영을 비롯하여 등소평 · 이선념 · 진운 등 원로 간부들이 주재한

회의였으며, 이 회의의 성과는 장기적으로 지속되어오면서 미해결상태에 있던 문혁 및 그 이전의 '좌'적 착오를 바로잡는 데 있었다. 11대3중전회의 역사적 의의에 대해서 중국공산당 스스로 다음과 같이 평가하고 있다.114)

첫째, 당의 정확한 사상노선을 새롭게 확립하였다. 회의는 '양개범시'를 비판하고, 오직 전당과 전인민은 마르크스주의와 모택동사상의 지도하에 사상을 해방하고, 새로운 정황, 새로운 문제를 연구하여, '실사구시' 즉 모든 것은 실제로부터 출발하여 이론을 실제와 연계하는 원칙을 견지하면, 비로소 정확히 4개 현대화의 방침을 실현할 수 있고, 정확히 생산력 발전에 부적합한 생산관계와 상부구조를 개혁할 수 있다고 결의했다. 이로써 문혁 및 그 이전의 '좌'적 착오를 바로잡고, 당의 정확한 사상노선의 기초를 확립하였다.

둘째, 당의 정확한 정치노선을 복구하고 확립하였다. 그동안 공산당의 기본임무는 사회주의건설이 중심이냐? 계급투쟁을 중심(綱)으로 삼아야 하느냐가 정치노선상 쟁론의 핵심문제였다. 그러나 3중전회에서는 '계급투쟁'을 중심으로 하는 정치노선을 종식하고, 사회주의현대화건설로 정치노선의 중점을 옮기기로 했다. 그리고 이미 11전대에서 제출한 4개 현대화의 실현을 전당의 금후 장기적인 중심임무로 재천명하고, 당 11전대회와 5기 전인대에서 그대로 답습해 오던 소위 '무산계급독재하의 계속혁명 견지'를 폐기하였다.

셋째, 국민경제의 격심한 불균형을 해결하고, 농업을 신속히 발전시키도록 하였다. 정치 사회의 안정 유지와 객관적 경제법칙에 따라 일을 처리하여야 하며, 이 두 가지 조건이 바로 국민경제를 발전시키는 기본 전제라고 보았다. 농업생산의 발전을 위해서는 농민이 적극성을 발휘할 수 있는 소유제, 경영방법, 시장 등 조건마련이 관건이라고 보고 이의 개혁을 꾀하였다.

넷째, 사회주의 민주제도와 법제를 강화하였다. 민주집중제의 원칙에 근거하여 문혁 때 파괴된 국가의 각급 기구를 복구·신설하고 인민의 민주적 권리를 법제에 의해 보장받도록 강조하였다. 무정부적 질서파괴행위를 배척하고 법제에 의한 정치 및 사회적 안정을 강조하였다. 그리고 그동안 자행되었던 과오를 법적 근거에 의해 시정하고, 중요 간부의 공로와 과오, 시비를 바로 잡도록 하였다.

다섯째, 당의 정확한 조직노선을 새롭게 확립하였다. 문혁으로 당의 정상적인 기제가 완전히 파괴되었고, 특히 당 중앙의 집단지도체제는 개인숭배체제로 바뀌었다. 따라서 본 회의에서는 당의 민주집중제와 집단지도체제의 원칙을 결정하고 당규와 당법을 건전하게, 당의 기율을 엄하게, 개인의 부각과 개인 숭배를 반대하기로 하였다. 모든 당직자는 당의 기율을 준수하고 이유여하를 불문하고 당기에 따라 상벌을 받도록 함으로써 당과 국가기제의 정상적인 운영을 위한 기초를 마련하게 되었다.

그러나 화국봉의 지지세력은 여전히 당내의 직위를 유지하고 있었기 때문에 화국봉 세력의 완전한 청소는 불가능했다. 그리하여 등소평은 중앙정치국 위원과 중앙위원을 증원시키는 방법으로 그를 지지하는 '해방간부'를 당의 핵심부에 보충함으로써 화국봉 세력을 압도하고자 하였다. 그리고 화국봉의 지위에도 변함은 없었기 때문에 "개인은 집단에 복종하고, 하급은 상급에 복종하며, 전체는 중앙에 복종한다"는 당의 조직원칙에 의거하여 당 중앙은 집단지도체제를 실시하고 화국봉(당 주석)은 그 집단지도자 중의 한 사람에 불과함을 선언하였다.

▶ 등소평·섭검영 세력의 연합과 화국봉의 몰락

11대3중전회를 전기로 화국봉 세력은 쇠락하고, 등소평과 섭검영 중심의 연합세력이 형성되었다. 특히 다음과 같은 인사를 통하여 등소평은 자파세력을 대거 기용한다. 첫째, 7기 및 8기(상무위원, 당 부주석) 중앙정치국 위원 겸 국무원 부총리(1949~1966년)를 역임하면서 조정정책의 실무를 맡았고, 문혁 중 실각되었던 진운을 중앙정치국 상무위원·중앙위 부주석으로 복귀시켰다.

둘째, 주은래의 처로 등소평의 지지자인 등영초와 등소평의 오른 팔인 호요방(胡耀邦)115), 그리고 문혁시 등소평·호요방 등 실무개혁파의 구명운동을 벌였던 왕진을 중앙정치국 위원으로 기용하였다.

셋째, 황극성·송임궁·호교목(胡喬木)·습중훈·왕임중(王任重)·황화청(黃火靑)·진재도(陳再道)·한광(韓光)·주혜구(周惠九) 등 문혁의 피해자들을 중앙위원으로 증원하기로 하고 장차 12전대에서 추인 받기로 하였다.

넷째, 11전대회에서 부활키로 한 중앙기율검사위원회를 구성하였다. 100명으로 구성된 중앙기율검사위원회에 진운을 제1서기, 등영초를 제2서기, 호요방을 제3서기로 선출하였다.

새로 기용된 중앙정치국 위원은 모두가 문혁 중 박해를 받았거나, 등소평과는 친밀한 관계를 유지해온 인물들이다. 그 후 단행된 당 중앙의 요직에도 친 등소평계 인사로 채워나갔다. 등소평의 심복인 호요방을 당중앙 비서장 겸 선전부장, 모택동·주은래의 비서출신으로 친 유소기·등소평계인 호교목을 부비서장, 친 팽진·진운 계열(훗날 보수파로 분류)의 요의림(姚依林)을 부비서장 겸 중앙판공청 주임, 호요방의 동향으로 등소평계 제2야전군 출신인 송임궁을 당 중앙조직부장으로 임명하고, 화국봉계의 왕동흥을 중앙판공청 주임 겸직으로부터 해임하였다.

결국 11대3중전회를 계기로 인적 구성으로나 지도사상으로 볼 때 화국봉 세력의 우세에서 등소평 세력 우세로 판도가 바뀌게 된 것이다. 이는 1979년 9월에 열린 11대4중전회에서 재입증된다. 섭검영은 10월 1일 건국 30년 기념연설에서 문혁을 부정했고, 이 회의에서 등소평계의 팽진(7-8기 정치국 위원)과 조자양을 정치국 위원에 기용하였다. 새로 발탁한 중앙(정)위원 중 문혁 희생자들이 무려 97명이나 포함되었다.116)

이어 1980년 2월의 당 11대5중전회에서 등소평은 절대적 우세를 점하였다. 이 회의에서 모택동의 추종자이며 화국봉의 지지자인 왕동흥(중앙위 부주석)·오덕(전인대 상무부위원장, 북경시 당위 제1서기)·진석련(북경군구 사령관)·기등규(부총리) 등 소위 '소4인방' 세력을 중앙정치국 위원은 물론 일체의 당·정 직무로부터 축출하였다. 이는 등소평 세력이 중간세력인 섭검영 등 군 원로들의 지지를 얻어 화국봉과의 권력투쟁에서 완전 승리하였음을 입증하는 것이다.

이 밖에 이 회의의 가장 중요한 결정은 등소평의 심복인 호요방과 조자양을 중앙정치국 상무위원에 발탁하고, 중앙서기처를 부활시켜 호요방을 총서기로 임명하고, 만리·왕임중·방의·곡목(谷牧)·송임궁·여추리·양득지·호교목·요의림·팽충 등 10명을 서기로 임명한 것이다. 이들 서기는 모두 등소평과 깊은 관계를 맺어온 문혁 피해자들이다.[117) 따라서 11대 5중전회에서 화국봉 세력은 4명의 지도자를 잃었으며, 당의 실질적인 일꾼인 서기를 한 사람도 자파 세력으로 채우지 못했다. 중앙서기처의 부활은 화국봉(당 주석)으로 하여금 일상의 정무에 대한 어떤 실질적인 영향력도 행사하지 못하게 한 것이다.

그리고 이 회의에서 유소기를 명예회복시켰다. 그것은 유소기의 정치적 지위와 노선의 부활을 의미하는 것으로 등소평이 주장하는 노선을 긍정하는 표시였다. 그것은 또한 모택동의 지위와 노선을 부정하는 것으로 바로 화국봉이 견지하는 모택동 옹호론을 비판하는 것과 같은 것이었다. 즉 등소평은 유소기를 올려세우는 방식으로 스스로의 실력을 확대하고 화국봉의 세력을 약화시켜 나갔다. 그리고 12전대회를 앞당겨 소집키로 결정하였다. 그 주요 목적은 등소평의 시간표에 따라 당·정·군 각 계통, 조직의 전면적인 탈권 후에 새로운 정치 강령을 제시하고, 모택동과 화국봉 시대의 종결과 동시에 등소평시대의 개막을 선언하고자 하는 데 있었다. 사실상 그 때 이미 등소평은 이데올로기 영역에 있어 승리할 수 있게 되어 있었다. 그래서 등소평은 모택동을 평가하는 태도에 있어 '전반적인 부정'으로부터 '부분적인 부정'으로 조정하였다. 즉 '착오 제1, 공로 제2'에서 '공로 제1, 착오 제2'로 조정하였다. 이러한 조정은 등소평이 이데올로기 투쟁의 우세를 상실했기 때문에 취한 태도라기보다는 반대로 중간 세력을 흡수하여 전체적인 통합의 상처를 줄이기 위한 책략이었다고 보겠다.

이어 1980년 9월에 개최된 제5기 전인대 제3차 회의에서 등소평은 지도

제도의 개혁을 통하여 당·정지도체제를 분리하고 화국봉(당 주석)에게 그가 겸직하고 있는 국무원 총리에서 사임할 것을 요구하였다. 동시에 등소평 본인과 이선념·진운·서향전·왕진·왕임중과 진영귀는 겸직하고 있던 부총리직을 사임하였다. 그리고 등소평 세력의 핵심인물인 조자양[118] 이 국무원 총리를 승계하였다. 그리고 장애평(張愛萍)·황화(黃華)·유정인(劉靜仁) 등 자파 세력을 부총리로 기용한다. 반면 화국봉과 진영귀가 국무원에서 물러나자 국무원에서의 화국봉 세력은 완전히 청소되었다 (진석련과 기등규는 이미 1980년 4월 물러남). 결국 최고 행정기관에서의 총리와 부총리는 등소평 계열과 중간세력에 속하는 인사들로 채워졌다.

등소평은 아주 교묘한 기량으로 화국봉과 그 추종세력을 약화시켜 갔는데, 다음과 같은 다각적인 채략을 구사하였다.[119]

첫째, 등소평 그룹은 일련의 우언적이고 이론적인 글을 통하여 화국봉의 개인숭배·사적인 권력승계와 급속한 권력접근을 비판하고, 간접적이고도 공개적으로 화국봉의 정통성과 그가 겸직하고 있는 여러 직위에 도전하였다.

둘째, 등소평은 중요 직위에 있는 화국봉 세력을 제거하고, 그의 지지자로 대체해 나갔다. 필요시에는 일시적인 타협의 방법을 택하였다.

셋째, 친 자파 언론매체를 이용, 화국봉의 정책적 오류를 선전하여 그 지위를 약화시키는 활동을 전개하고 이에 대한 당 중앙의 승인을 얻어내는 전략을 구사하였다.

마지막으로 화국봉이 평판이 좋지 않은 문혁 극우파와의 연합을 회피하는 전략에 대하여 못 본 척하였고, 아울러 후자에 대해 타격을 가하는 운동을 더 이상 전개하지 않았다. 이로써 화국봉이 문혁 극우파와의 상극관계를 유지케 하였다.

이들 행동은 모두 화국봉에게 일격을 가하기 위한 방략이었다. 이 일격은 화국봉의 각종 직위를 해제하는 것을 포함하여 점차적으로 화국봉의 당 서열을 격하시키고 당의 공개적인 비판을 가하는 것이었다.

1981년 6월, 11대6중전회는 바로 그것의 종결이었다. 이 회의에서는 모택동의 공과(功過)에 대한 평가를 중심으로 중화인민공화국 정권 건립 32년의 경험적 교훈을 총결(전술한 <건국이래 당의 약간의 역사문제에 관한 결의>)하고, 당 중앙의 지도체제를 조정하였다. 회의는 화국봉의 당 중앙 주석과 중앙군사위원회 주석직 사임을 승인하고,[120] 동시에 화국봉이 내놓은 당 주석은 호요방이, 중앙군사위원회 주석직은 등소평이 각각 나누어 맡을 것을 승인하였다. 그리고 등소평의 참모인 조자양을 당 부주석에 승진시킴과 동시에 화국봉은 당 중앙 부주석으로 강등시켰다. 이밖에 6중전회에서 문혁 피해자인 습중훈이 서기처 서기에 기용되었다.[121] 동시에 이 시기를 전후하여 11개 1급 군구 사령관 중 심양군구의 이덕생을 제외한 10명의 사령관과 11명의 군구 정치위원 전원, 그리고 28개 성군구 가운데 22개 성의 군 지도자를 친 등소평 세력으로 교체했다. 이로써 4인방과 연합했거나 화국봉을 지지하는 군의 실세는 거의 전멸된 것이다.[122]

11대6중전회 이후 당 서열(정치국 상무위원)은 중앙위원회 주석 호요방, 부주석 섭검영·등소평·조자양·이선념·진운·화국봉 순으로 배열되었다. 이로써 등소평 - 호요방 - 조자양 트리오는 당·정·군의 지도권을 장악하게 된다. 추락되고 있는 화국봉을 제외하고는 모두 문혁에 등을 돌린 사람들이다. 결국, 11대3중전회를 전환점으로 화국봉 - 섭검영 - 등소평을 핵심으로 한 연합체제는 종언을 고하고, 등소평·호요방·조자양(급진개혁파)·진운(점진개혁파 또는 보수파) 중심의 개혁파와 섭검영·이선념 중심의 중도(원로) 세력간의 연합 전선이 구축된 것이다. 그러나 섭검영은 호요방의 총서기 발탁을 대단히 불만스러워 했다. 등소평은 당시 섭검영이 맡고 있던 전인대 상무위원장직을 자파인 팽진(부위원장)이 승계토록 하였으나, 섭검영은 이를 강력히 저지한 것으로 전한다.[123] 그러나 1983년 6월 제7기 전인대에서 팽진이 섭검영의 전인대 상무위원장직을 승계하게 된다. 결국 섭검영의 의견은 묵살된 셈이다. 따라서 6중전회 때부터 사실상 중앙 권력구조는 등소평 - 호요방 - 조자양을 핵심으로 한 새로운 지도체제가 당과 행정과 군을 장악하게 된 것이다. 즉 호요방은 당 중앙의 일상업무를 주재하고, 조자양은 정권부문의 업무를 관장하였으며, 등소평은 군사계통을 지휘하면서 호요방 - 조자양 후계체제의 감호인이 되었다.

▶ 호요방과 조자양의 부상과 조정정책

  이상과 같이 화국봉 세력을 권력의 중심으로부터 밀어낸 이들 연합세력은 중국사회의 주요모순이 '생산관계(계급투쟁)'에 있다는 모택동의 노선과는 달리 인민의 필요와 욕구에 부응하지 못하는 '생산력의 저발전'에 있다는 데 공통의 인식을 갖게 된다. 그러나 그들은 모택동의 착오는 비판했으나, 아무도 모택동사상을 부정하지 않았다. 그것은 모택동 비판을 통해 과거 노선으로부터 정책전환의 정당성을 확보하면 되는 것이지, 결코 중국 혁명과정에서 형성된 모택동사상을 부정함으로써 중국공산당의 정통성이 훼손되어 사상적 혼란이 초래되어서는 안 된다는 점에 기인한 것이다. 따라서 그들 연합세력은 '4개 현대화의 실현'을 국가발전목표로 삼되, 4항 기본원칙(사회주의노선 견지, 무산계급독재의 견지, 공산당의 지도 견지, 마르크스 · 레닌주의 · 모택동사상의 견지)124)에 근거하여 추진되어야 한다고 강조했다.

  구체적으로 경제발전전략의 원형을 1950년대 말 대약진정책의 실패에 대한 대안으로 제시되었던 조정정책에서 찾고 있었다. 당시 등소평은 중국이 당면한 가장 긴급한 과제는 경제회복에 있다고 판단하고, 이를 위해 농민과 노동자의 생산의욕을 고취하여 생산성을 향상시키는 방법으로 물질적 자극 방법과 과학적이고 합리적 관리 방법을 과감히 도입했던 것이다. 화국봉의 신대약진정책이 실패한 이 시기에 있어서의 등소평 역시 위와 같은 조정정책의 기조 위에 우선 두 가지 방향에서 개혁을 추진하였다. 그것은 먼저, 인구의 절대 다수(80%)를 차지하고 있는 농촌의 개혁(농가청부책임생산제)을 통한 농민의 경제적, 정치적 안정을 기하고, 그리고 지역간의 불균형 발전전략(과거의 均富論에서 연해지역 先富論)을 채택하여 점 - 선 - 면의 확대발전이론을 택하였다. 따라서 인민공사는 해체되기 시작했다. 대외적으로도 중 · 소관계 개선을 위한 여건을 마련하였으며, 중

·미관계 개선을 비롯, 4개 현대화 실현을 위한 자본과 기술의 획득을 위해 대(對)서구 개방정책으로 방향전환을 하게 된다.

2. 등소평 – 호요방 – 조자양 체제의 개혁 돌파정책에 대한 보수파의 반격(1982~1987년)

1982년 9월 당 12전대회와 제5기 전인대(1982.11~12)는 화국봉 세력의 종언을 선언함과 동시에 등소평 – 호요방 – 조자양 체제에 정통성을 부여한 당과 국가의 정치적 행사였다.

당 부주석인 등소평은 12전대회 개막연설에서 이번 대회는 1945년이래 가장 중요한 대회라고 전제하고, 1980년대 국가목표로 사회주의 현대화, 조국통일, 반패권주의를 들었다. 그리고 이들 국가목표의 달성을 위한 지침으로서 당·정·군·경제 기구 및 체제의 개편, 간부의 혁명화·전문화·연소화, 사회주의 문화의 확립, 당풍의 쇄신과 진작을 들었다. 한편 당주석 호요방은 <정치보고>를 통하여 "새로운 경제현대화 시대가 개막되었으며, 중국은 최근 수 년 동안 모택동이 남긴 개인숭배와 독선주의를 하나 하나 극적으로 변화시켜 왔으며, 10년간의 문화혁명으로 인한 사회적 혼란을 종식시켰다"고 선언했다. 그는 또 11전대회는 지난 1966년 모택동이 시작한 문혁에 종지부를 찍는 데는 긍정적인 역할을 했지만, 화국봉이 모택동의 잘못된 이론과 정책을 옹호하고 개혁을 반대함으로써 부정적인 영향을 끼쳤다고 지적했다. 이로써 화국봉 세력의 잘못을 비판함과 동시에 화국봉 세력의 종언을 선언했다.[125] 그리고 호요방은 12전대 신 <당장> 제정을 제의하면서 이는 1977년 11전대회에서 개정한 <당장> 가운데 '좌파적 요소'를 제거하고 "1945년의 7대 <당장>과 1956년의 8대 <당장>의 우수한 점을 계승·발전시킨 것"이라고 하였다.[126]

▶ 모택동사상의 재해석과 개혁파 연합전선 구축

1982년 11대 <당장>의 특징은 '사회주의 민주화'와 체제개혁의 기본정신을 반영한 것으로 개혁파의 정책의지를 반영한 것이라고 보겠다. 그것은 첫째, 9대, 10대, 11대 <당장>은 중국공산당을 '무산계급 정당'이며, '무산계급조직의 최고 형식'이라고 규정하여 계급정당으로서의 당의 성격을 강조한 데 반해 12대 당장은 당의 성격을 '노동자계급의 선봉대'인 동시에 중국의 각 민족과 인민의 이익을 충실히 대표한다고 규정함으로써 계급의 이익과 함께 전체 인민의 이익을 동시에 추구함을 명문화하였다.

둘째, 1956년 8대 <당장>과 같이 마르크스·레닌주의는 물론 모택동사상을 공산당의 행동지침으로 삼는다고 규정히긴 했으나, 모택동사상에 대해 새로운 해석을 내렸다. 즉 "모택동 동지를 주요 대표로 한 중국공산당인은 마르크스·레닌주의의 보편적 원리와 중국혁명의 구체적 실천을 결합시켜 모택동사상을 만들었다. 모택동사상은 마르크스·레닌주의를 중국에서 운영·발전시킨 것이며, 실천을 통해 입증된 중국혁명과 건설에 관한 정확한 이론 원칙과 경험의 총괄이며, 중국공산당의 집단적 지혜의 결정이다"라고 규정함으로써 지도자로서의 모택동과 중국공산당의 지도이념으로서의 모택동사상을 분리시켰다. 그리고 당의 사상노선으로써 '실사구시'를 강조하였다.

이처럼 등소평 중심의 개혁파는 모택동사상을 그의 개인적 사상이라기보다는 '마르크스·레닌주의를 중국의 혁명과 사회주의 건설에 적용하는 역사적 과정에서 얻어진 중국공산당의 집단적인 지혜'로 보고 여전히 공식 이데올로기로 표방한 반면에, 실제적으로는 그 내용을 과거와 달리하고 있는 것이다. 즉, 모택동과 모택동사상을 분리하여 모택동의 착오는 비판했으나, 아무도 모택동사상은 부정하지 않았다. 이는 모택동 비판을 통해 과거 노선으로부터 정책전환의 정당성을 확보하면 되는 것이지, 결코 중국혁명과정에서 형성된 중국공산주의(모택동) 사상을 부정함으로써 중국공산당의 정통성이 훼손되어 사상적 혼란이 초래되어서는 안 된다는 점에 역시 기인한 것이다.

셋째, 9대, 10대, 11대 <당장>에서 강조되었던 모택동의 '계속혁명론'과 '계급투쟁론'을 삭제하고, 중국의 주요 모순을 나날이 증가하는 인민의 물질문명에 대한 수요와 사회생산간의 모순(생산력의 저발전)에서 찾는 한편, 당의 공작의 중점을 사회주의 현대화와 경제건설의 추진에 두었다.

넷째, 12대 <당장>은 4항 기본원칙 - 사회주의 노선, 인민민주독재, 공산당의 지도, 마르크스·레닌주의 및 모택동사상의 견지를 재확인하고 공산당이 영도핵심이라는 점을 명확히 하고 있지만, 10대 <당장>의 '당의 일원화 영도'와 11대 <당장>의 '당의 절대 영도' 규정은 삭제하였다. 그리고 당의 영도는 주로 정치, 사상, 그리고 조직 영도에 국한시키고, 입법·행정·사법 등 다른 부문의 활동에 대해서는 자율성을 보장해주어야 한다고 하고, 당은 헌법과 법률의 범위 내에서 활동할 것을 규정하였다. 따라서 당·정 분리와 법치정신을 강조한 것이 주요한 특징 중의 하나다.

다섯째, 12대 <당장>은 1956년의 8대 <당장>과 마찬가지로 집단지도 체제에 의한 당내 민주주의(민주집중제)를 강조하고 개인숭배와 개인독재를 배격하였다. 그리고 각급 간부들의 '종신제'를 부정하였다.

이러한 <당장>의 기본정신에 따라 당기구 및 지도체제의 개편이 있었다. 그 주요 골자를 요약하면 다음과 같다.

첫째, 7전대회에서 채택한 당 중앙위원회 주석제를 폐지하고, 1980년 2월 11대5중전회에서 신설한 중앙서기처 총서기를 당 최고책임자로 격상시켰다. 중앙위원회 주석제를 폐지한 것은 과거 문혁의 발생이 어느 특정인(모택동)에 권력이 과도하게 집중된 결과에서 연유된 점을 감안하여 개인숭배의 가능성을 배제하려는 데 주 목적이 있었다.

둘째, 당 중앙고문위원회를 신설하여 정책건의와 정책의 자문역을 맡게 하였다. <당장> 제22조는 당력이 20년 이상이며, 당에 대한 공헌이 있고, 비교적 풍부한 지도공작경험과 당내외에 비교적 높은 위신을 가진 원로급 간부들로 중앙고문위원회를 구성, 이들로 하여금 당 중앙에 대한 정치적 보좌 및 정책자문 역할을 하도록 규정하였다. 이는 간부의 노화현상을 해소하면서 그들의 경험을 충분히 활용하겠다는 목적으로 신설된 원로원적 성격을 띤 당 기구다. 그러나 실질적으로는 원로들을 제2선으로 물러서게 함으로써 야기되는 그들의 불만을 최소화하기 위한 임시방편적인 기구로 보인다. 1992년 14전대회에서 이 기구가 폐지된 것은 이를 입증해 준다.

셋째, 11대에서 부활된 중앙기율검사위원회를 강화하기로 하였다. 이는 당권 강화와 문혁세력 척결을 위한 의지의 표현이라 보겠다.

넷째, 당 중앙군사위원회의 존재를 명문화하였다. <당장> 제21조는 "당의 중앙군사위원회 구성은 중앙위원회에 의해 결정되며, 중앙군사위원회 주석은 반드시 중앙정치국 상무위원회 위원 중에서 선출하여야 한다"고 규정하였다. 이는 등소평의 중앙군사위원회 주석직을 합리화시키기 위한 의두적 조치라고 볼 수 있디. 당의 최고지도권을 갖는 당 주석(노는 총서기)이 최고군사지도권을 갖는 것이 관례이기 때문이다.

다음 인사조정을 통한 지도체제의 개편은 다음과 같이 이루어졌다.

먼저, 당대표인 총서기는 등소평계의 핵심인 호요방이 폐지된 당 중앙위원회 주석에서 그대로 승계되었고, 당 중앙군사위원회 주석에는 당의 실권자인 등소평이 선출되었다. 중앙정치국 상무위원에는 당 총서기 호요방, 전인대 상무위원장에는 섭검영(1978~1983), 당 중앙군사위원회 주석 등소평, 국무원 총리 조자양, 그리고 이선념과 진운이 겸직하였다(전원 유임).

중앙정치국 위원의 경우, 호요방·섭검영·등소평·조자양·이선념·진운·왕진·위국청·오란부·방의·등영초·이덕생·여추리·장정발·섭영진·예지복·서향전·팽진 등 11기에 등소평파 내지 섭검영파로 분류되었던 위원 거의가 유임된 한편, 왕동홍·진석련·기등규·오덕 등에 이어 화국봉과 진영귀 등 문혁 수혜세력이 정치국에서 완전히 제거되었다. 허세우·팽충·경표 등도 4인방 타도 후 비록 등소평에 협조하긴 했으나, 문혁 초기 모택동에 맹종한 인사이었기에 2선으로 물러난다.[127] 제2야전군 사령관 출신 군 원로인인 유백승은 노령을 이유로 자진 퇴임한 케이스며, 소진화 해군제독은 사망하였다. 반면, 만리(부총리, 서기처 서기 겸직)를 비롯해 습중훈·양상곤·양득지(楊得志)·송임궁·호교목·료승지(廖承志) 등이 정치국 위원으로 발탁된다.

그리고 후보위원의 경우 문혁 협조자로 섭검영에 의탁해 있던 새복정은 탈락되고, 요의림(진운 계열 보수파)과 진기위(秦基偉, 북경군구 사령관, 2야)가 기용된다. 그리고 진모화는 유임되었다. 따라서 12기 당지도부는 화국봉계 문혁우파의 축출과 동시에 반 문혁계 개혁파로 결집되었고, 등소평파의 권력기반은 더욱 공고해졌다.

따라서 정치국 상무위원 전원은 유임되고 정치국 위원 25인 중 17인이 유임(68.0%)되었다. 이는 이 시기 비교적 정치적 안정을 유지하였음을 입증해 주는 것이다.

둘째, 정치국 위원의 연령을 보면, 평균연령 72.0세로 11기보다 6.5세나 높아졌다. 연령구조는 40대에 예지복 1명을 제외한 모두가 60대 이상(60대 8명, 70대 16명)이다. 80세 이상이 심지어 4명이다. 이는 비록 젊은층 문혁 수혜세력이 퇴출되긴 했으나, 11대 이후 문혁피해 원로들의 복권이 대대적으로 이루어진 때문이다.

셋째, 학력의 경우 11기에 비해 군사학교 출신(9명)은 비슷한 수준을 유지한 반면, 대졸 정도 학력 소지자(9명)는 증가되었다. 그리고 해외 경험자(9명) 역시 11기(6명)에 비해 증가되었다. 이는 당·정·군 원로들의 대거 복권에 기인한 것이다. 그리고 당·정 원로들은 주로 프랑스 및 소련에서 공산주의 이론을 학습한 자들이 많기 때문이다.

넷째, 군대 경력자를 보면, 21명(84%)으로 8대(1956) 이후 최고조에 달한다. 이 역시 군 원로들의 복권 때문이다. 그러나 당 지도자로서 군직을 맡은 등소평(군위 주석), 양상곤(군위 상무부주석), 섭검영·서향전·섭영진(이상 군위 부주석, 원수)을 제외한 군장성은 중앙군사위원회 상무위원을 겸직한 양득지 상장(총참모장 겸임)·여추리 중장(총정치부 주임 겸임, 이 밖에 군사위원은 장애평 국방부장·홍학지총후근부장이 겸임)과 공군사령관 장정발 소장, 심양군구 사령관 이덕생 소장 정도였다. 그리고 후보위원인 진기위 중장은 북경군구 사령관이었다. 이밖에 군 계급 수여자는 왕진 상장, 위국청 상장, 오란부 상장, 송임궁 상장(신임)이었다. 따라서 계급 수여자는 11기의 13명에서 11명으로 줄어들었다. 그리고 군 현역의 경우 양 득지 장군 1인이 수혈된 반면, 허세우 상장·진석련 대장이 탈락함으로써 정치국에서의 현역 점유 비율은 감소되었다.

마지막으로 이들의 계파별 세력 분포를 보면, 4인방 타도 후 실권파 세력이었던 화국봉계는 2야(등소평계) 출신으로 문혁에 편승했던 이덕생과 노동자 대표로 상징적인 존재인 예지복을 제외하고는 모두 말끔히 청소되었다. 그리고 섭검영 계열도 8명에서 유백승이 퇴임하고 소진화가 사망했으며 경표의 탈락으로 5명 (섭검영, 이선념, 장정발, 서향전, 섭영진)으로 줄었다. 반면, 실무 개혁파 등소평 계열은 21명으로 급증하였다. 물론 이 중에는 진운과 요의림 등 관료(주로 국가계획위원회) 출신 보수세력이 포함되어 있었다. 따라서 개혁파 등소평 계열이 절대적 우위를 유지, 그 권력 기초가 더욱 공고하게 된 것이다. 신임위원들의 프로필을 보면 이들은 모두 문혁피해자로 친 등소평 - 호요방계 인사라는 것이 그것을 입증해준다.

만리는 등소평의 4동 동지이며, 습중훈은 공청단 출신으로 팽덕회와 군맥을 같이 하는 제1야전군 출신, 양상곤은 등소평과 동향 출신, 등소평계 제2야전군 출신의 송임궁·진기위(후보위원) 등은 모두 친 등소평계 문혁피해자들이다. 또 양득지와 여추리는 호요방과 항일군정대학 2기 동기생이며, 호교목(전 사회과학원장)은 등소평이 '실천론'을 내세워 화국봉의 '양개범시론'을 공격할 때 등소평을 이론적으로 지지한 소장파의 리더다. 료승지는 본적은 광동이나, 일본 동경에서 태어난 엘리트 집안 출신으로 통일전선공작(당 중앙 통전부 부부장) 및 외사(당 중앙대외연락부장)·화교(화교사무위원회 주임)업무에 밝은 친 호요방계 인물이다.

이처럼 등소평이 이끄는 개혁파는 12전대회에서 화국봉계를 제거하고 당내 실권파로 등장하는데 성공했다. 그러나 위 정치국 위원의 계파적 성분에서 본 바와 같이 개혁파가 당과 국가의 지배권을 완전히 장악했다는 것은 아니다. 특히 6명의 정치국 상무위원 중에서 3명(등소평, 호요방, 조자양)은 등소평계 개혁파였으나, 1명은 중앙기율검사위원회 제1서기 진운,

나머지 2명은 국가주석을 맡게 되는 이선념, 그리고 군부를 대표하는 섭검영이었다는 점은 이를 입증해준다. 따라서 12전대 중국지도부는 개혁파 연합세력의 연대라고 보겠다.

▶ 등소평 - 호요방 - 조자양 체제의 구축과 중국적 특색을 지닌 사회주의

나아가 1982년 12월 헌법을 개정하여 국가체제를 정비하고 새로운 정책 방향을 제시하였다. 1982년의 헌법은 개정의 차원을 넘은 제정 헌법이나 다름없었다. 1954년의 헌법정신을 살려 '사회주의 민주정신'을 신장하기 위한 규범적·제도적 개혁의지를 반영하였다.

첫째, 1982년 헌법은 공산당의 지도를 포함한 이른바 '4항 기본원칙'의 견지를 재확인하면서도 공산당의 지도권은 헌법과 법률을 초월할 수 없도록 하여 당의 절대 지도와 일원화 영도에 헌법적인 제한을 가하였다.

둘째, 제도적 차원에서 문혁기간 중 폐지되었던 국가기구를 복구하고, 권력의 집중을 방지하기 위한 제도적 장치로서 국가기구의 권한을 재조정하였다. 따라서 유소기 타도 후 폐지했던 국가주석제를 부활하고 국가중앙군사위원회를 신설하여 인민해방군의 지도권을 당으로부터 국가로 이관하였다. 그리고 전인대의 위상 제고를 위해 상무위원회의 권한을 강화하였다.

셋째, 주요 간부의 임기제와 '2회 이상 계속 연임 불가' 조항을 신설하여 지도간부의 종신제의 철폐를 주장하는 개혁파의 의지를 적극적으로 반영하였다.

1983년 6월 제6기 전인대는 새 헌법에 따라 신임 국가주석과 부주석에 각각 이선념[128]과 오란부를 선출하고, 전인대 상무위원장에는 전임 섭검영의 반대를 무릅쓰고 친 등소평계로 1960년대 초 조정정책을 함께 추진했던 팽진[129]으로 교체했다. 그리고 국무원의 경우 총리는 조자양이 그대로 유임되었으며, 부총리는 1982년 5월에 임명된 만리·요의림을 유임시키고, 이붕·전기운을 새로 기용하였다. 국방부장 역시 경표(섭검영계)로부터 장애평 장군으로 교체함으로써 국가 및 군정지도체제에도 등소평 - 호요방에 대한 도전의 싹을 잘라버렸다.

이처럼 등소평 세력이 12전대와 6기 전인대에서 당과 국가 및 군대 체계에서 우위를 확고히 다져갔다. 그러나 반대세력이 완전히 제거된 것은 아니었다. 따라서 등소평은 1983년 10월, 12대2중전회를 소집하여 <중공 중앙 정당(整黨)에 관한 결정>을 통과시키고 반대세력의 숙정작업에 들어간다. 이는 호요방과 조자양체제의 영도적 기반을 확고히 해주기 위한 조치라고 보겠다. 공포된 당 중앙의 자료에 의하면, 정당(整黨)의 이유를 당원의 사상 불순·작풍 부정·기율의 해이 및 당의 조직 불순이라고 하였으나, 사실상 이들 문제는 당내 계파간의 권력투쟁과 밀접한 상관 관계에 있었다. 말하자면 등소평이 숙청의 대상으로 삼고 있는 소위 '3종인(二種人)' 즉 임표·강청 등 반혁명집단에 추종하여 조반으로서 높은 지위에 올라있는 자, 파벌의식이 강한 자, 구타·파괴·강탈 분자 등 문혁 잔재와 그리고 반 등소평 분자, 이른바 정치적으로 등소평이 장악한 당 중앙과 정책노선을 달리하는 자를 숙청하기 위한 것이었다. 여기서 말하는 당 중앙의 정책노선과 불일치하다 함은 '좌'적으로 모택동의 문혁 교조주의를 견지하는 입장을 의미하며, '우'적으로 등소평의 이른바 '자산계급 자유화' - 자유와 민주를 더욱 많이 요구하고 공산당의 지도를 반대하는 입장 - 를 의미하였다.130) 1985년 호요방의 발언에 의하면 그때까지 1만여 명의 당 간부들이 숙청되었다고 시사하였다. 이처럼 등소평은 당의 숙청운동을 통하여 문혁의 잔재를 제거하고 중국공산당을 모택동의 당으로부터 자신의 사상이 담긴 당으로 개조해 나갔다.

그리고 정책적으로 시장경제를 발전시키기 위한 단초로써 새 헌법에서는 사회주의 소유제의 완화를 명시하였다. 즉 새 헌법은 공유제를 견지하고 국영경제를 확고히 보장하면서도 법률이 허용하는 범위 안에서 사회주의 경제를 보완하기 위하여 개인 경제를 허용한다고 규정하였다. 이는 '계획경제를 주로 하고 시장경제를 보조로 하는 원칙'을 경제체제개혁의 목표로 확정함으로써131) 사회주의 경제와 시장제도의 불상용(不相容)이라는 사회주의경제의 전통적 관념을 깨게 된 12대 정신과 맥을 같이 하였다.

이어 1984년 10월 12대3중전회를 개최하여 중국의 사회주의경제는 '공유제에 기초한 계획적 상품경제'이며 모든 경제활동은 가치규율에 기초하여 운용되어야 한다는 사실을 명확히 하였다. 이는 계획경제와 상품경제가 상호 모순된다는 사회주의경제의 전통적 관념에 대한 첫 돌파로 12대 정신을 진일보시킨 관념이다. 즉 '계획적 상품경제론'이란 종래의 '계획경제'를 '주(主)'로 하고 '시장기능'을 '종(從)'으로 한다는 관념을 역전시켜, 시장조절을 주로 하고 계획경제를 종으로 한다는 것이라고 말할 수 있을 정도로 상품경제의 위치가 강조되었다. 이로부터 중국의 체제개혁은 새로운 국면을 맞이하게 되었다.132) 따라서 경제체제개혁의 중심고리는 도시 공업부문기업의 활력을 증강시키는 데 두었다. 따라서 정부와 기업의 관계에 대해 금후 각급 정부 부문은 원칙상 직접 기업을 경영관리하지는 말아야 한다고 하여 행정수단에 의한 기업관리를 지양하는 방향으로 정부기능을 전환시켜 나갔다. 소수 부득이 한 경우도 정부경제부문은 간정방권(簡政放權)의 정신에 따라 권력집중에 따른 폐해를 줄이고 기업과 기층의 자주경영과 활력을 증강시키도록 했다.133) 이러한 12대3중전회의 결정을 두고, 중국언론계에서는 이른바 '중국적 특색을 지닌 사회주의'라 불렀다.

▶ 호요방 세력의 팽창에 대한 보수세력의 저항

이처럼 등소평의 비호하에 당과 정부를 이끌고 있는 호요방과 조자양은 등소평의 이른바 개혁·개방정책을 강력히 추진하는 한편, 그들의 세력권을 부단히 확대시켜갔다. 특히 호요방은 자신이 키워 온 공청단과 중앙당교, 그리고 사회과학원에서 맺었던 인맥관계를 활용하여 그 정치기반을 견고히 하고 있었다. 당 12대 및 6기 전인대에서 조정된 중앙 각부에 자파 세력을 골고루 포진시켰다. 특히 호요방은 1984~1985년 당내에서 그의 기반이 가장 취약했던 이데올로기 부문인 중앙선전부(부장, 鄧力群으로부터 朱厚澤으로)와 인민일보사(사장, 秦川으로부터 錢李仁으로) 인사를 자파 세력으로 교체함으로써 그 영향력을 확대시켜 나갔다. 그 외 호요방은 당의 통전부 부장을 자파인 염명복(閻明復)으로 교체하고, 중앙판공청 주임에 왕조국(王兆國)을 앉히고, 대외연락부 부장에 주양(朱良), 조직부 부장에 위건행(尉健行)을 부부장에서 승진시켰다. 그리고 조직부장 교석(喬石)을 중앙서기처 서기로 승진시켜 법정계통을 관장케 하고, 호요방 자신은 직접 중앙서기처를 장악함으로써 그 권력기반을 튼튼히 하였다.

그러나 이처럼 호요방의 권력이 신속히 확장되는 것과 비례해서 이에 대한 반대세력의 불만은 날이 갈수록 고조되고 있었다. 그것은 반(反) 등소평 세력은 물론 등소평 세력 내에서도 야기되고 있었다. 따라서 화국봉 타도를 통한 문혁노선의 종식을 목표로 뭉쳐졌던 당은 분열 조짐을 나타내기 시작하는데, 진운을 중심으로 한 원로들의 불만 표출이 그 대표적인 예이다. 이들을 두고 보수파라 명명하는 바, 진운[134]을 우두머리로 하는 노간부들은 12대3중전회 이후 그 불만이 더욱 고조되어 등소평 - 호요방 - 조자양식의 개혁에 반대하는 소리를 높이기 시작한다. 따라서 이때부터 이른바 보·혁간의 정책대결이 권력 투쟁을 수반하면서 포스트 모택동 시대 중국정치의 대 드라마를 연출한다. 보수파의 목표는 바로 등소평 - 호요방 - 조자양 체제의 개혁·개방정책의 정치적 우경화를 직접적으로 겨냥하는 것이었다.

사실 당 중앙이 12대2중전회 이후 숙당 캠페인을 벌일 때, 이미 보수파의 전인대 위원장 팽진과 중앙당교 교장 왕진 및 중앙선전부장 등력군(鄧力群) 등은 '정신오염' 문제를 제기하면서 호요방에 의해 주도되는 급진적인 '우경화'를 비판한 바 있다. 그 결과 호요방 계통의 『인민일보』 사장인 호속위(胡績偉)를 중도 하차시키고 보수적인 진천으로 교체함과 동시에 부총편집인 왕약수(王若水)를 해임시켰다. 그러나 상술한 바와 같이 호요방은 인민일보사는 물론 주요 실무 당직자를 자파 개혁세력으로 돌려 놓음으로써 갈등은 더욱 증폭되었다.

특히 총서기 호요방이 1985년 7월 이데올로기 부문의 핵인 당 중앙 선전부 부장을 상술한 바와 같이 보수파의 이론가인 등력군을 직위 해제하고, 주후택으로 교체한 것은 보·혁간의 갈등에 기름을 부었다. 주후택은 호요방의 사상개방 정책을 강력히 관철시키고자 했다. 그는 두 차례에 걸쳐 다음과 같이 언론에 공개적으로 몇 가지 지극히 도전적인 견해를 피력하였다. 즉 그것은 ①마르크스주의는 중국에서 기원한 것이 아니다. 그러므로 외국문화의 진보적인 성분을 흡수하지 않고 문을 걸어 잠그고 문화를 발전시키면 곤란한 점이 많다. ②사상문화에 대하여 '반 사상운동'을 추진하여야 한다. ③행정수단을 이용하여 예술창작활동에 관여하는 것을 반대한다. ④상품경제를 발전시키는 관념에서 문화사업을 경영하여야 한다. ⑤약간의 비마르크스이론을 학습해야 한다. ⑥필화사건을 만드는 것 및 고립적으로 사상관념의 변혁을 논하는 것을 반대한다는 것 등이었다.135)

이즈음 등소평은 1985년 9월 12대5중전회를 소집하고, 간부 '4화정책'에 따라 최고지도층의 대폭적인 신노(新老)교체를 단행하였다. 12대5중전회에서 등소평은 섭검영(85세)·왕진(74세)·위국청(69세)·오란부(76세)·등영초(78세)·이덕생(66세)·송임궁(73세)·장정발(64세)·섭영진(83세)·서향전(81세) 등 군 원로 및 군부세력을 자진 은퇴시키고,136) 대신 비교적 젊고 유능한 전문인을 기용한다. 사임한 10명 중 등영초를 제외한 9명은 군 원로들이다. 이들 중 섭검영(원수)·섭영진(원수)·서향전(원수)·위국청(상장)·이덕생(소장)·장정발(소장) 등 6명은 계급을 부여받은 군 장성출신이다. 대신 새로 선임된 중앙정치국 위원은 전기운(田紀雲, 부총리, 56세)·교석(당조직부장, 61세)·이붕(李鵬, 부총리, 57세)·오학겸(吳學謙, 외교부장, 64세)·호계립(胡啓立, 56세)·요의림(부총리, 68세) 등으로 이들 6명 중에는 군인출신이 1명도 포함되지 않았다.

외교의 베테랑인 오학겸과 테크노크라트인 호계립은 공청단 출신으로 호요방과 깊은 관계이며, 교석은 당조직의 귀재로 오학겸과는 당 중앙 대외연락부에서 함께 일했고, 상해 지하공작시절에 생사를 함께 한 인물이다. 전기운은 조자양(당시 사천성위 서기) 밑에서 능력을 인정받아 중앙에 진출하였고, 이붕은 주은래의 양자로서 등영초(주은래의 처)의 적극적인 추천이 있었으며, 요의림은 진운의 사람으로 후보위원에서 승진되었다. 그리고 유임된 자는 호요방・등소평・조자양・이선념・진운(이상 상무위원), 방의・여추리・예지복・팽진・만리・습중훈・양상곤・양득지・효교목・료승지(이상 15명 위원), 진기위・진모화(이상 후보위원) 등으로 개혁성향을 가진 친 등소평 - 호요방계의 인사들이다.

결국 12대5중전회를 통하여 중앙정치국에서 군 원로세력은 크게 퇴조한 반면, 친 등소평 - 호요방 계열의 젊은 실무파 엘리트들은 대거 기용되었다. 그 결과 평균연령은 12대1중전회의 72.0세에서 67.4세로 낮아져 연소화되었다. 그리고 중앙정치국에 남은 4명의 군관계자(양상곤 군위 상무부주석, 양득지 총참모장, 여추리 총정부주임, 진기위 북경군구 사령관)는 모두 등소평노선의 충실한 집행자들이다. 뿐만 아니라, 등소평이 주석으로서 군의 통수권을 행사하는 당 중앙군사위원회의 4명의 부주석 중 양상곤을 제외한 섭검영・서향전・섭영진 등 3명의 원수가 정치국 위원을 사임한 것은 시사하는 바가 크다. 이들 3명의 원수는 군 경력에서 등소평을 능가하고, 당력에서도 등소평에 조금도 뒤지지 않는 인물들로서 등소평의 군사노선에 대해서 언제나 제동을 걸 수 있는 입장에 있었기 때문이다. 특히 최장로인 섭검영은 등소평의 현대화노선에 비판적이었다.137) 이런 점에서 볼 때 이들의 퇴진은 등소평에게 더 큰 힘을 실어주었다. 중앙서기처 역시 전기운・교석・이붕・호계립 이외, 자파인 진배현(陳丕顯)・왕조국・학건수(郝建秀) 등으로 채워나갔다. 대신 보수성향의 습중훈(72세)・곡목(71세)・요의림은 해임되었다. 중앙위원의 경우도 그 해 9월, 앞서 열린 전국대표회의에서 노간부인 54명의 위원과 10명의 후보위원을 사임케 하고, 56명의 중앙위원과 34명의 후보위원을 자파 계열로 충원하였다. 이들 중 예행문(芮杏文)・호금도・주후택・전이인・원숭무(阮崇武) 등 다수가 호요방의 공청단과 유관한 인사들이었다.138)

결과적으로 등소평 - 호요방 - 조자양체제는 '다수(원로)와 연합하여 소수(화국봉 세력)를 타도하고,' '기구개혁'을 통해 자파 세력을 확대한 후 '간부 4화(특히 연소화, 전문화)' 정책을 내세워 원로세력을 퇴출시키는 전략으로 그 정권 기반을 확실히 다져 나간 것이다.

물론 등소평 중심의 개혁파의 입장에서 볼 때는 지속적으로 개혁·개방정책을 강력히 추진하기 위해서는 이에 걸맞지 않는 인사(상부구조)의 개혁을 과감히 단행하지 않으면 안되었다. 그것이 바로 정권존립 정당성의 근거였기 때문이다. 하지만 원로 간부, 특히 퇴출된 군 원로들의 불만 야기는 필연적인 것이었다. 대표회의에서 진운은 공개적으로 등소평과 호요방 등 실권파가 식량생산의 중요성을 무시하고 공업생산의 성장을 너무 급속히 추진하며, 시장의 기능을 지나치게 강조한 나머지 정치사상공작이 쇠락하였고 민주집중제가 잘 견지되지 않는다고 비판하였다. 이는 모두 등소평 - 호요방의 개혁노선에 대한 비판이었다.139)

▶ 급진개혁에 대한 보수원로 연합의 불만증폭과 호요방의 실각

1985년 들어 개혁과 개방의 결과 야기된 간부의 부패와 자유주의사상은 정신문명을 강화하자는 당내의 목소리를 더욱 고조시켰다. 그런데 1986년 학술계의 자유화사상으로 인하여 마정(馬丁)의 경제이론을 비판하는 '마정사건'이 야기되고, 유재복(劉再復)의 문예사상을 비난하는 '유재복사건'이 유발되었다. 특히 정신오염운동 후에 폭발된 마정사건과 유재복사건은 당내 분규를 더욱 고조시켜 또 다른 대결의 국면으로 치달았다.140) 이즈음 엄가기(嚴家其)·왕약수·방려지(方勵之·위경생(魏京生) 등 지식인들은 마르크스주의에 대한 재평가를 요구하고 서양의 민주사조를 계몽 전파하는 한편, 정치개혁 없이는 경제개혁도 영원히 성공할 수 없다고 하면서 대학가에 민주화의 불씨를 지폈다. 그리고 대학생들은 정치개혁·민선정부·민주화를 요구하는 시위를 전국적으로 전개하는 등 공산당의 권위에 도전하였다.

이러한 민주화운동(學潮)은 결국 보수파의 불만을 누증시켜 개혁파에 대해 반격을 가할 수 있는 빌미를 제공하였다. 이는 모택동 사후 '범시론'과 '실천론'이 맞붙어 투쟁을 벌인 이후, 처음으로 맞는 당내 최대의 노선

대립이었다. 구체적으로 그것은 등소평이 축이 되고 호요방·조자양을 중심으로 한 급진개혁파와 진운을 중심으로 하는 팽진·이선념·등력군·이붕·요의림 등 점진적 개혁파(보수파)의 대립이다. 전자는 자유의 관점에서 비교적 대대적인 개혁, 즉 경제체제뿐만 아니라, 정치체제까지 포함한 전 분야의 개혁을 적극적으로 발빠르게 추진할 것을 주장한 반면, 후자는 조건 및 환경의 정리·정돈을 내세워 부문별로 서행할 것을 주장한다. 보수파는 4항 기본원칙을 우선적으로 견지하면서 개혁·개방을 서행할 것을 강조하였기 때문에 그들은 방어적이면서 공격적인 성향을 보였다.

이때 양 진영은 호요방과 팽진의 깃발 아래 각종 서로 다른 논조로 첨예하게 대립하였다. 개혁파와 보수파로 대표되는 서로 다른 입장과 주장의 핵심 내용은 당의 사상노선은 당연히 '마르크스 레닌주의·모택농사상'으로 통일되어야 한다는 것과 '11대3중전회 이래의 노선·방침·정책'으로 통일되어야 한다는 것의 대립이었다.

이에 등소평을 제외한 원로들은 대부분 보수적인 입장에 있었다. 이들은 장정을 통하여 중국공산당을 건설하고 국공전쟁을 승리로 이끌었으며, 문혁에 박해를 받았으며, 화국봉을 타도하는데 큰 역할을 한 혁명원로들이다. 그러나 이들은 개혁의 여파로 정치일선에서 물러나 있었기 때문에 호요방 체제에 대한 불만은 고조되어 있을 수밖에 없었다.

이러한 대립상황에서 1986년 9월 12대6중전회가 개최되었다. 이 회의의 본래 의제는 '정치체제의 개혁'과 '정신문명 건설'이라는 두 가지 문제를 토론하여 결정하기로 한 것이었다. 회의에서 개혁파와 보수파는 '자산계급 자유화 반대'라는 문구를 <사회주의 정신문명 건설의 지도방침에 관한 결의>에 삽입하느냐의 여부를 놓고 격론이 벌어졌다.[141] 그리고 보수파의 진운·호교목·등력군 등은 '정치체제의 개혁'을 극력 저지하고 등소평이 중앙고문위원회에서 물러나는 것을 반대하였다. 그 결과 정치체제 개혁 문제의 처리는 보류되고, <사회주의 정신문명 건설의 지도방침에 관한 결의>만 통과시키기로 하였다. 진운을 중심으로 한 보수파는 '자산계급 자유화 반대'에 관한 문구를 반드시 <결의>에 삽입하여야 한다고 주장한 반면, 호요방·만리 등 개혁파는 그 개념에 관한 정확한 정의가 없으므로 <결의>에 삽입하는 것은 좋지 않다는 반대입장을 견지했다. 논쟁이 그치지 않자 등소평은 일단 보수파의 손을 들어 <결의>에 그 문구를 삽입하기로 하였다.[142] 그리고 당 중앙은 1986년에 발포한 제2호, 제3호 문건을 근거로 등소평의 <자산계급의 자유화에 반대한다>는 당시의 담화를 전달하였다. 그러나 호요방은 5개월간 그것을 보류해 두었다가 다음해 1월에 가서야 발표하였다. 비록 <결의> 속에 '자산계급의 자유화에 반대한다'는 문구가 <결의>에 삽입되긴 했지만, 보수파가 볼 때는 호요방이 '자유화' 인사를 저지하지 않고 있음은 물론, 오히려 그들을 지지하며, 반 정신오염·반 자산계급 자유화에 대해 소극적으로 저지하는 등 착오를 계속적으로 범하고 있다고 생각했다.[143]

보수파 원로들은 마침내 긴급회의를 소집하여 등소평에게 '자유화' 운동을 엄격히 처리하지 않고 오히려 그것을 동조하고 있는 호요방 총서기를 파면토록 압력을 가하였다. 또 이를 계기로 당내 자산계급 자유화의 성향을 지닌 지식분자를 숙청할 것을 강력히 제기하였다. 결국 보수파의 공격으로 1987년 1월 중앙정치국 확대회의에서 호요방은 총서기직을 사임하고, 국무원 총리 조자양이 총서기 대리직을 맡게된다. 이로써 호요방 - 조자양 후계체제는 와해되었다. 호요방의 사임과 동시에 보수파에 가장 대항적이었던 중앙선전부장 주후택도 보수파의 논객인 왕인지(王忍之)로 교체되었다. 총서기 호요방의 죄명은 "당의 집단지도원칙을 엄중히 위반하고, 중대한 정치원칙상의 실오(失誤)가 있었다"는 것이었다.[144] 보수파의 팽진은 호요방의 착오에 대해 첫째, 집단지도에 복종하지 않고 겸허하지 않았으며, 둘째, '4항 기본원칙'을 계속적으로 견지하지 않았다는 것으로 요약했다.[145]

호요방의 실각은 위와 같은 공식 문건이나 반대파의 주장 외에, 개혁파와 보수파간의 정책노선상의 모순과 갈등을 배경으로 한 복잡한 권력투쟁의 산물이다. 호요방 실각 이유는 다음과 같이 요약할 수 있다.

첫째, 호요방은 호계립·오학겸·주후택·학건수 등 '공청단' 계통의 간부를 요직에 대거 발탁하여 자신의 실력을 다짐으로써 '비공청단'계로부터 파벌을 조성한다는 의구심을 불러일으켜 불만을 야기시켰으며, 특히 노간부들은 신분에 위협을 느꼈다. 그리고 호요방은 '간부 연소화' 정책을 추진하는 과정에서 '제3세대'의 구상을 제기하여 당 중앙의 3분의 1에 해당하는 원로들의 은퇴를 요구함으로써 노간부 위주의 보수파로부터 미움을 받았다. 보수파나 교조주의자들은 더구나 호요방의 사상노선이 개방적이어서 그것을 용납할 수 없었기 때문이다.146)

둘째, 호요방의 군내 권력기반이 원래 허약했기 때문이다. 전통적으로 중국에 있어 "권력은 총구에서 나온다"는 말이 시사하는 바를 차치하고서라도 호요방의 권력기반은 '공청단' 출신을 중심으로 한 신진 당·정 관료 출신이외는 거의 없었다. 특히 군대계통의 인맥은 전무하였으며, 화국봉과는 달리 당대표직을 맡고 있으면서도 중앙군사위원회 주석직은 물론, 여타 군사 보직을 겸직하고 있지 않아 그의 세력기반은 극히 제한적일 수밖에 없었다.

셋째, 따라서 호요방은 등소평의 감호를 받고 정권을 유지해야 했지만, 호요방의 사상개방은 등소평의 허용 범위를 넘어서고 있었다. 등소평의 사상은 시종 경제적으로 '반좌(反左),' 정치적으로 '반우(反右)' 정책을 견지하는 것이었다. 즉 등소평은 경제적으로는 개혁과 개방정책을 계속하여 추진해 나갈 것을 촉구하였으나, 정치적으로는 시종 보수적이어서 이 점에서는 보수파와 의견이 일치하는 입장이었다. 따라서 호요방은 더 이상 등소평의 감호를 받을 수 없었다. 그리고 호요방이 계파를 만들어 너무 서둘러 후계체제를 확립하려는 것에 대해 등소평이 못마땅하게 생각한 것으로도 전한다.147)

넷째, 등소평은 보수파의 투쟁 목표가 자신을 조준할 것에 대해 위협을 느끼고 일시적으로 보수파와의 타협을 통해 정치적 안정을 기한 다음, 개혁·개방정책의 계속적인 추진을 위해 호요방을 희생시킨 것으로도 본다.

이밖에 한 대만의 학자는 등소평은 개혁파와 보수파간의 투쟁에 개입하지 않고, 중립적이고 초연한 입장을 취하거나 중재적인 입장을 견지함으로

써 그들을 분열시켜 자신의 위치를 유지하고자 했기 때문이라고 주장했다.[148]

호요방의 퇴출에 대한 정치적인 배경은 이상과 같이 여러 가지가 있겠지만, 그 직접적인 동기는 정치체제 개혁문제의 논의에서 야기된 '자산계급의 자유화' 문제이며, 더 큰 근본적인 원인은 호요방 스스로 군대 내에 권력의 뿌리를 내리지 못한 탓이라고 보겠다. 이로 인해 결국 등소평이 점지하여 10여 년간 배양한 후계자 계획은 좌절되고 말았다.

3. 보·혁간의 갈등과 조자양의 부침
- 개혁의 가속화 (1987~1989년)

등소평의 개혁·개방정책은 대대적인 국민적 호응과 지지 속에서 획기적인 성과를 거두었고, 그 결과 당·정·군 전 영역에 개혁파가 그 세력을 확장시켜 나갈 수 있었다. 그러나 진운과 이선념으로 대표되는 보수세력의 집요한 견제는 결과적으로 호요방을 실각시키는 사태를 가져왔다.

호요방이 물러나자, 조자양이 총서기 대리직을 맡았다. 따라서 개혁파가 여전히 실권을 장악할 수 있었다. 하지만 조자양이 총서기 대리로서 당면한 문제는 '자산계급 자유화의 반대'와 '개혁·개방'의 양극적인 관계를 어떻게 풀어야할 것인가 였다.[149] 그래서 조자양은 등소평의 지지 하에 보수파에 대하여 '반좌(反左)'·'반경직화(反硬直化)'로 반격을 가하는 한편, 당 중앙에 '11대3중전회 노선'을 견지할 것을 제기하였다. 그 내용에는 2개 기본점 - 4항 기본원칙과 개혁·개방·활력을 불어넣는 것(搞活)을 포괄하였다.[150] 이어 조자양은 주장했다. "우리가 중국적 특색을 지닌 사회주의를 건설하는 것은 바로 이 두 기본점을 따르는 것이다. …4항 기본원칙을 견지하는 것은 개혁·개방·활력을 불어넣는 것의 근본을 보증하는 것이다. 만약 개혁·개방·활력을 불어넣는 것을 보증하지 않으면, 중국적 특색을 지닌 사회주의를 말하지 못한다. 우리가 현재 자산계급자유화 사조가 범람하는 상황에 대하여 4항 기본원칙을 강조하면서 반(反) 자산계급자유화 투쟁을 전개하는 것은 바로 11대3중전회의 노선을 정확히 전면적으로 관철하기 위한 것이지, 개혁·개방·활력을 불어넣는 것에 절대로 영향을 미치자는 것은 아니다."[151]

조자양은 또 "자산계급자유화에 반대하는 것을 방지하는 것은 소극적으로 좌경사상의 회귀를 방지하는데 더욱 무게가 있다. 그러므로 반 자산계급자유화 투쟁은 엄격히 공산당 내에 한정하여 주로 정치사상 영역에서 정치원칙과 정치방향문제의 근본을 해결하는 데 치중해야지, 경제개혁정책이나 농촌정책에 연계시켜서는 안 된다"고 했다.[152] 등소평 역시 계속적으로 개혁정책을 추진하겠다는 뜻으로 "정치사상 영역의 우경착오를 바로잡는 것은 반드시 당의 11대3중전회 이래의 노선·방침·정책을 준거로 하여야 하며, 좌가 우를 비판하는 것을 반드시 방지하여 자산계급 자유화를 반대하는 것으로 인하여 개혁·개방·활력을 불어넣는 정책의 집행을 가로막는 것은 절대로 용납하지 않는다"고 천명하였다.[153]

이처럼 조자양은 등소평의 지원하에 '자산계급자유화에 대한 반대'의 범위와 '자산계급자유화에 대한 반대'의 맹목성의 한계 및 '자산계급자유화에 대한 반대'의 방지 이유를 분명히 함으로써 보수파의 의견을 부분적으로 받아들이는 한편, 개혁·개방의 계속적인 추진에 대한 보수파의 동의를 얻어낼 수 있었다. 따라서 1987년 10월 20일 소집된 12대7중전회에서 보수파의 저지로 보류되었던 정치체제 개혁의 총체적인 설계를 보수파의 동의하에 원칙론적인 입장에서 13전대회에 보고하도록 결의하였다.[154]

1987년 10월 25일~11월 1일 당 13전대회가 개최되었다. 보수파와 개혁파는 이 회의에서 다음 두 가지 문제를 해결해야 했다. 그 하나는 노선문제였고, 다른 하나는 권력 재분배의 문제였다. 이 회의는 과거의 당 전국대표대회와 마찬가지로 당내 권력투쟁의 결과를 반영하는 것이었다.

13전대회는 개혁을 보다 가속화하고 심화시키고자 한 등소평의 의도가 반영된 대회였다. 그 방법으로써 지도체제를 대폭적으로 교체하고 조자양을 후계자로 내정하여 개혁파정권의 기반을 공고히 하였으며, '사회주의 초급단계론'을 내세워 개혁·개방정책에 유리한 이론적 기초를 마련하고,

정치체제의 개혁을 통하여 당의 원만한 지도제도와 당의 통치기능을 조정하였다.[155] 회의 결과로 보아 개혁파가 사상노선, 정치와 조직노선에 있어 일시적이나마 우세를 나타내었다.

주요 지도체제(인사) 개편을 보면 이는 더욱 명확해진다. 당 12기 지도체제는 당기구의 축소정비와 개혁파 위주의 인사개편으로 그 특색을 요약할 수 있다. 우선 당 기구의 축소정비 내용을 보면 중앙정치국 상무위원(6→5명), 중앙정치국 위원(후보위원 포함, 28→18명), 중앙위원회 위원(후보위원 포함, 348→285명), 중앙서기처 서기(후보서기 포함, 11→5명), 중앙기율검사위원회 위원(132→69명)을 모두 대폭 줄였다. 이는 정치체제 개혁의 일환인 당·정 기구의 간소화정책의 결과인 것으로 평가된다.

▶ 개혁파의 우세 속에 보수파의 적절한 안배

다음, 지도체제 인사개편의 특징을 보면, 간부4화 정책에 따라 세대교체를 더욱 강화한 것으로 평가된다. 그리고 계파별로는 적극적 개혁파의 전략적 의도가 깔린 인사인 것으로 보여진다. 13대1중전회에서 선출된 중앙정치국 위원의 면모는 이를 잘 반영해주고 있다.

먼저, 조자양을 당 중앙위원회 총서기로 선출하였다. 그리고 중앙정치국 상무위원회의 경우, 조자양의 유임(당무 총괄)과 동시에, 교석(63세, 기율·공안 총괄)·호계립(58세, 선전·서기처)·이붕(59세, 국무원 총리) 그리고 요의림(70세, 경제총괄) 등 주로 50~60대의 신진인사들이 정치국 위원에서 그 상무위원으로 승진하였다. 반면, 등소평(83세)을 비롯하여 진운(83세)·이선념(78세) 등 70~80대의 원로들은 중앙정치국에서 물러났다. 그러나 이들 노인들은 완전히 정계를 은퇴한 것이 아니라 등소평은 중앙군사위원회 주석, 진운은 중앙고문위원회 주임, 그리고 이선념은 중국인민정치협상회의 주석직을 맡아 중국정치의 마지막 버팀목 역할을 담당했다. 특히 등소평은 군권만은 총서기 조자양에게 양위하지 않음으로써 실세로서의 건재를 과시하였다.

정치국 위원도 팽진(86세)·양득지(73세, 상장)·여추리(73세, 중장)·습중훈(74세)·호교목(75세)·방의(71세) 등 70~80대 원로들이 퇴진하고, 이철영(李鐵映, 51세)·이서환(李瑞環, 53세)·이석명(李錫銘, 51세)·양여대(楊汝岱, 51세)·강택민(江澤民, 61세) 그리고 송평(宋平, 70세) 등 주로 50~60대 초반의 젊은 신인들이 기용되었다. 진기위(73세)는 후보위원에서 승진하였다. 그리고 만리(71세)·전기운(58세)·양상곤(80세)·오학겸(66세)·호요방(72세)은 유임되고, 58세의 정관근(丁關根)은 후보위원에 발탁되었다. 따라서 17명 중 10명이 유임(58.8%)되고 7명이 신인, 청년층으로 수혈되어 12기보다 많은 교체가 이루어졌다.

둘째, 70대 이상 원로층의 퇴진으로 평균연령이 67.8세로 12기(72.0세)에 비해 8세 가량 젊어졌다. 계속적인 세대교체(연소화) 성책의 결과다.

셋째, 12기(40%)에 비해 대학출신(11명)의 비율(64.7%)이 현격히 높아진 반면, 군사학교 출신(2명)은 대폭적으로 줄었다. 대졸자 중 인문사회계열 전공자(3명)가 현격히 감소된 반면, 이공계 전공자(8명)가 대폭 증가되었다. 이는 군 출신 원로간부들의 퇴출과 간부 4화 정책에 따른 전문 기술관료의 발탁에 기인한 것이다.

넷째, 군 출신의 현황을 보면, 8명(47.1%)으로 12기의 21명(84%)보다 급격히 감소되었다. 특히 현역의 경우, 군 관계 보직을 겸임하고 있는 중앙군사위원회 제1부주석 조자양과 그 상무부주석인 양상곤을 제외한 북경군구 사령관 진기위 중장(88년 상장 승진) 혼자만이 계급을 수여 받은 현역군인(국방부장 겸 중앙군사위원, 이밖에 홍학지·유화청·지호전 총참모장·楊白冰 총정치부 주임·趙南起 총후근부장)이었다. 반대로 지방 당위 서기의 입국이 늘어났다. 즉 북경시의 이석명, 상해시의 강택민, 천진시의 이서환, 사천성의 양여대 등 4명이 그들이다.

끝으로 새로 구성된 13대1중전회의 중앙정치국 위원의 계파별 성분을 보면, 일단은 개혁파(등소평계)가 보수파(진운계)를 압도하였다고 보겠다. 정치국 상무위원의 경우 개혁파(조자양 - 교석 - 호계립)와 보수파(이붕 - 요의림)가 호각을 이루는 형세였으나, 역시 3 : 2로 개혁파가 우위를 유지하였다. 정치국 위원의 경우, 군계통의 양상곤과 진기위는 등소평의 군내 심복이며, 겨우 명맥을 유지한 호요방은 차치하고 유임된 만리와 전기운은 개혁파로 각각 등소평과 조자양의 추종자이다. 신임 양여대는 조자양이 사천성에서 발탁한 인재이며, 정관근은 '철도책임생산제'를 성공시켜, 등소평의 신임을 얻은 인물이다. 이밖에 강택민·이철영·이서환 등 신인들은 모두 개혁 지향적 지방 당료 출신 테크노크라트다. 반면 문혁 수혜 잔재 세력인 노동자 출신 예지복과 공산당이론의 전문가로서 보수적 색채가 강한 호교목은 탈락되었다. 그 외 이붕·요의림 상무위원 및 송평과 이석명 등은 진운 계열의 보수대열이었다.

이상 지도체제의 개편을 볼 때 13전대회는 개혁파의 승리라고 보겠다. 특히 등소평이 정치국에서는 물러났으나, 실질적으로는 군권을 그대로 장악하고 있는 반면, 보수파의 중심 원로인 진운(중앙고문위원회 주임으로 전임) 및 이선념(국가주석, 1983~1988)·팽진(전인대 위원장, 1983~1988) 등이 등소평과 함께 정치국에서 동반 퇴진하게 된 것은 보수파로서는 큰 손실이 아닐 수 없다. 이밖에 정치국에서 퇴진한 이덕생·양득지·여추리·호교목 등 원로 간부들은 중앙고문위원회 위원으로 물러앉게 되었다.

반면, 조자양에게 호요방과는 달리 중앙군사위원회 제1부주석을 겸직케 함으로써 개혁세력 후계자로서의 권력기초를 더욱 든든히 해주었다. 다른 1명의 상무부주석 역시 친 등소평계의 사천성 출신 양상곤이 겸직하였다. 이외 중요 당직인 중앙서기처 서기에 자파인 교석이 유임되고 친 조자양 계열인 호계림·예행문·염명복(閻明復)이 발탁되었다. 교석은 중앙기율 검사위원회 서기도 겸직하였다.

이어 1988년 4월 제7기 전인대에서 국가지도체제의 개편도 이루어지는데, 국가주석은 양상곤(전임, 보수파 이선념)[156], 국가부주석은 보수원로 왕진이 당선되고, 전인대 상무위원장에는 등소평의 '4동 동지'이며 개혁대열인 만리(전임, 보수파 팽진)[157]를 선임하는 한편, 국무원 총리는 보수계열의 이붕[158]을, 그리고 제1부총리 역시 보수파의 경제통인 요의림을 부총리에서 승진시켜 경제개혁의 속도를 조정케 한다. 이 밖에 2명의 부총리는 정치국 위원인 전기운(유임)과 오학겸이 각각 겸직하였다. 두 사람은 각각 조자양 및 호요방과 가까운 개혁파 인사다.

이처럼 등소평은 간부의 연소화·전문화 정책을 통하여 원로 보수세력을 퇴진시키고 자파 개혁세력을 대거 요직에 전진 배치함으로써 그가 구상한 개혁·개방을 적극적으로 밀고 나가고자 했다. 하지만 당·정의 신 지도체제는 개혁파의 조자양 총서기에 보수파의 이붕 총리를 안배함으로써 보·혁간의 균형도 고려하였다.

▶ 조자양의 급진개혁에 대한 보수파의 대반격

그러나 이 시기 경제정책은 조자양 총서기 중심의 개혁파가 주도하였다. 개혁파는 13대 정신에 따라 사회주의상품경제를 발전시키기 위한 기능적 메커니즘으로써 '국가는 시장을 조정하고 시장은 기업을 유도하는 것임'을 구체적으로 제기하여 보수파들의 반대에도 불구하고 오히려 도시의 경제개혁을 가속화하고 시장경제체제로의 전환을 급진전시켰다. 특히 조자양을 중심으로 한 급진개혁파는 시장경제적 요소의 도입을 통하여 정치적으로도 공산당 1당 독재를 수정·완화함으로써 경제적·정치적 개혁을 동시적으로 추진, 소위 고르바초프식 소련형의 개혁을 주창하게 된다. 그러나 이러한 개혁정책은 11대3중전회 이후 10여 년간 누증된 개혁의 부작용과 서로 상승작용을 하여 사회적 부조리 및 부패의 만연, 인플레이션과 자유화·민주화의 범람 등 여러 가지 정치, 경제, 사회적 문제를 유발하였다. 따라서 중국지도부는 1988년 9월 당 중앙공작회의를 소집하였다. 여기서 조자양이 과거 몇 년간 견지해온 "경미한 인플레이션은 생산을 자극할 수 있다"는 주장은 신랄한 비판을 받았다.

이에 조자양 등 실권을 장악하고 있는 개혁파는 현 단계에서 시장경제를 실행하고 상품경제를 발전시키고 여러 가지 형태의 경제방식(소유제)을 함께 취하고 있는 것은 '사회주의초급단계'의 수요에 부응하는 것으로 이를 자본주의 부활이라고 질책할 수 없다는 논리를 펴 4항 기본원칙을 견지하면서 시장경제와 상품경제를 발전시켜 나갈 것을 촉구하였다.[159] 이는 당시 보수파가 사회주의 상품경제 및 시장경제화는 자본주의자유화 경향이라고 개혁파를 격렬하게 공격한 것에 대한 방어적 전략이기도 하였다.

그러나 1988년 13대3중전회에서 당 중앙은 보수파의 '경제안정'정책은 개혁파의 '개혁을 더욱 빠르게 심화'시키자는 주장을 압도하였다. 이 회의에서 보수파가 지배하고 있는 국무원(이붕)이 제출한 '금후 5년 또는 비교적 장기간 물가상승을 통제해야 한다.'는 건의를 받아들인다. 그리고 <가격·임금개혁의 초보 방안>을 통과시키고, <당 중앙의 기업의 사상정치 공작 강화 개선에 대한 통지>를 통과시키는 등 이른바 '치리정돈'으로 정책의 전환이 이루어졌다. 한편 조자양은 이 회의에서 정치국을 대표하여 최근 몇 년간의 경제과열과 격렬한 인플레이션을 시인하고, 시기를 놓쳤음을 인정하였다. 이후 보수파의 조자양에 대한 압력은 더욱 가중되었고, 마침내 조자양으로 하여금 경제의 지도권을 내놓게 하였다. 원래 정치국 상무위원이 5개 전문소조를 분담했는데, 이 회의에서 원래 조자양이 조장으로서 경제개혁을 지도하던 '중앙재경소조'를 폐지하기로 하였다. 따라서 조자양의 조장직 역시 자동 폐기되고,[160] 그의 경제개혁 영도지위 또한 자동적으로 해제되었다. 이로써 사실 경제개혁의 전부라 할 수 있는 가격과 임금에 관한 정책결정권이 개혁파(당)의 손에서 보수파(국무원)로 넘어갔다.

4. 6·4 천안문사건과 조자양·이붕 체제의 붕괴
– 개혁의 조정(1989~1992년)

보수파의 개혁파에 대한 불만은 개혁·개방에 대한 현실적 인식 차이뿐만 아니라, 등소평 - 조자양으로 연결되는 실권파에 대한 진운 - 이붕으로 연결되는 국무원과 중앙고문위원 및 정책소외 그룹의 감정표출을 가져왔다. 여기에 개혁·개방정책의 부작용과 1989년 호요방의 사망 및 이에 연계되어 폭발된 6·4천안문사태로 급진개혁파의 입지를 곤란케 하였으며, 그것은 조자양 후계제제의 와해를 가져왔다.

▶ 급진개혁의 부작용과 조자양의 퇴출

1989년이 시작되면서 중국공산당 지도층 내부에는 권력투쟁의 긴장이 고조되어 있는 가운데 지식인들의 민주화 열기가 기세를 올리기 시작하였다. 4월 중순 호요방 사망 후부터 정세는 급변하여 학생들이 전 총서기 호요방을 추도한다는 이름으로 대규모 집회를 열어 당 중앙을 향하여 민주화를 요구하였고, 이것은 1개월 이상 지속되어 반 부패, 반 등소평 운동으로 확전되는 가운데 이른바 '6·4사태'로 불리는 전면적인 민주항쟁운동으로 변전하였다. 이러한 민주항쟁운동의 처리문제를 놓고, 개혁파(급진)와 보수파(점진개혁)간의 모순과 갈등은 더욱 복잡하고 첨예화되었다. 특히 암중 모색 중이던 조자양과 이붕 간의 권력투쟁은 노골화되었다.

조자양은 학생시위(學潮)를 학생들의 애국충정으로 보아 정권타도에까지 이르지 않을 것으로 보았고 따라서 대처 방법도 학생들과 대화하며 타협하는 온건방법을 제시했다. 반면, 이붕은 학생시위를 반 국가, 반혁명으로 단정짓고 강경진압 방법을 촉구했다.

등소평은 자신까지 공격의 목표가 되자, 진운 등 보수파 원로들과 양상곤·이붕 등의 요청을 받아들여 학생운동을 '학생 정치동란'으로 규정하고, 계엄령을 통한 강경진압 방법을 택한다. 1989년 4월 26일 이붕의 주도하에 등소평의 승인을 얻은 『인민일보』는 사설을 통하여 <반드시 기치를 선명하게 동란을 반대하여야 한다>는 사설을 발표하여 공식적으로 학생운동을 '동란'으로 규정하였다. 반면 조자양은 5월 17일 서면 담화를 발표하여 "동학(同學) 여러분들이 법제·반 부패·개혁의 추진을 요구하는 열정은 아주 값비싼 것"이라고 학생운동을 긍정하고, 동시에 "당과 정부는 추후 절대로 흑백을 가리지 않을 것"을 보증한다고 하면서 시위대를 달랬다.161) 조자양의 담화는 학생운동을 동란으로 규정한 이후 더욱 격렬해진 이 운동을 순화시키는 한편, 학생들의 전폭적인 지지를 얻게 된다. 그러나 조자양의 이러한 일련의 행동은 등소평을 격노시켰고, '흑백을 가리지 않을 것'이라는 조자양의 발언은 이붕이 조자양을 밀어내는 결정적인 공격의 단서가 되었다. 이러한 와중에 학생운동은 전 인민의 지지를 받는 민주화운동으로 격변하였고, 이붕은 그 해 5월 20일, 지방정부(북경)가 아닌 국무원도 계엄령을 선포할 수 있다는 헌법 조항을 들어 계엄을 선포하였다. 그리고 6월 3일 밤, 양상곤 - 양백빙 등 군부 강경파에 의해 학생 민주화운동은 무력에 의해 무참히 진압되었다. 이에 앞서 4월 24일, 학생운동의 '동란' 규정 가부에 대한 중앙정치국 확대회의 표결 결과는 16 : 2로 가결되었고, 계엄결정에 대한 정치국 상무회의 결정은 2(찬성) : 1(반대) : 2(조직의 결정에 복종)이었다. 후자의 경우 찬성은 이붕·요의림, 반대는 조자양, 그리고 조직의 결정에 따르겠다는 자는 교석과 호계립이었다.162)

결국 1989년 5월 17일 중앙정치국회의를 열어 조자양을 실각시키기로 결정하였다. 6월 23일 당 13대4중전회에서 조자양은 그의 모든 당직을 해제 당하고, 그에 대한 문제는 계속 심사하기로 결정하였다. 4중전회에서 이붕의 보고(<조자양 동지 반당·반사회주의 동란 중에 범한 착오에 관한 보고>)에 따라 합의된 조자양의 죄목은 다음과 같다.

첫째, 조자양은 당과 국가의 생사존망과 관계되는 중요한 시기에 동란을 지지하고 당을 분열시킨 착오는 동란의 형성과 발전에 대한 책임을 회피할 수 없다. 그 착오의 성격과 그로 인해 야기된 결과는 아주 심각한 것이다.

둘째, 그가 당과 국가의 중요한 영도직에 재임하는 동안 비록 개혁·개방과 경제업무에는 약간의 유익한 활동을 하였다고는 하나, 지도사상과 실제 활동에 있어서는 명백한 오류가 있었다.

셋째, 특히 그는 중앙 근무이래 4항 기본원칙·자산계급자유화 반대의 방침에 대하여 소극적이었으며, 당의 건설·정신문명 건설과 사상 정치공작을 크게 무시하여 당의 사업에 심각한 손실을 가져다주었다.163) 이상 조자양의 공식적인 죄명은 과거 호요방을 퇴출시킨 죄명보다 더욱 엄중하였다.

그러나 조자양이 퇴출된 직접적인 이유는 학생운동을 지지한 것이었다.

그밖에 다음 두 가지 이유가 복합된 것이라 볼 수 있다.[164]

첫째, 조자양의 학생운동에 대한 시각 및 처리방식과 등소평의 그것이 불일치하였다. 등소평은 학생운동을 당 중앙 및 자신에 대한 도전으로 본 반면, 조자양은 반 부패운동 및 민주적 법제를 요구하는 개혁의 열기로 보았다. 처리과정에서도 등소평은 정치적으로 반'우'와 경제적으로 반'좌'의 원칙을 견지, 어떠한 형태로든 정치안정을 파괴하는 것은 동란이라고 규정하고 강경 진압수단을 강구한 반면, 조자양은 유화책을 강구하고자 하였다. 따라서 호요방 실각 때 썼던 방략과 같이 자신의 권위를 유지하기 위해서는 보수파의 편에서 조자양을 희생시키지 않을 수 없었다.

둘째, 호요방과 마찬가지로 그의 급진개혁정책은 군대와 원로들의 지지를 얻지 못했다. 물론 호요방과는 달리 중앙군사위원회 제1부주석직을 겸직함으로써 부분적으로는 군대의 지지기반을 확보하고 있었으나, 7대 군구 및 3대 총부가 양상곤(군위 상무부주석)과 이붕을 지지하고 나서자 군대의 전반적인 지지를 상실하였다. 그리고 당내 보수파 원로들은 한결 조자양이 추진하는 급진적인 개혁정책에 대해 호감을 갖지 않았으며, 심지어 신분상의 불안을 느끼고 있었다. 따라서 조자양의 개혁정책은 시작부터 난관에 부딪힐 수밖에 없었다. 더욱이 이붕이 국무원을 장악한 이후부터 진운·팽진·왕진·박일파·호교목·이선념 등 원로들은 번번이 이붕의 지도를 지지하였다. 따라서 조자양은 중앙정치에 영향력이 가장 막강한 양대(원로 보수파와 군대) 세력의 지지를 얻지 못하고 있는 형세에 학생들의 민주화 운동을 맞게 되었고, 그것의 공격 목표가 등소평으로 확전되자 등소평은 군대와 보수파 원로의 손을 들어 조자양을 학생운동의 지지세력으로 몰아 중도 하차시키게 된 것이다. 결국 등소평이 구상하던 제2의 후계자 조자양마저도 개혁의 실험과정에서 2개 기본점에 균형을 잃게 되어 최고의 권좌에서 낙마하고 만다.

▶ 개혁파 - 보수파간의 대타협과 강택민·이붕 체제 구축

13대4중전회에서는 조자양의 모든 당내외적 직위를 해제하는 이외에,

그와 함께 급진적인 개혁의 대열에 섰던 정치국 상무위원 겸 서기처 서기 호계립, 서기처의 예행문(芮杏文)·염명복(閻明復)도 각각 정치국과 서기처에서 물러나게 된다. 대신 경제적으로 개혁 지향적이면서 6·4사태 때 중앙의 지시에 따라 정치적으로 강성의(偏左的) 입장에 섰던 강택민을 총서기 겸 정치국 상무위원에 발탁하고, 보수파의 조직통인 송평과 순수 노동자출신으로 개혁 지향적인 이서환이 정치국 상무위원으로 승진되었다. 그리고 보수파의 이붕과 요의림, 중도적 편우(偏右)의 색채가 강한 교석은 유임되었다. 따라서 정치국 상무위원 구성은 강택민, 이붕, 요의림, 교석, 이서환, 송평으로 조정됨으로써 13대1중전회보다 보수파(3 : 2에서 3 : 3) 의 입지가 강화되었다. 그리고 이서환과 정관근(정치국 후보위원)이 중앙 서기처 서기를 겸임하였다.

이처럼 6·4천안문사건 후 보수파의 입지가 상대적으로 강화되긴 하였으나, 실제적으로 보수파 자신이 얻은 것은 그렇게 크지 않았다. 정치국 상무위원회에 13대1중전회보다 상대적으로 보수파 인물이 차지한 비율이 많은 것을 제외하고는 1989년 봄 학생운동 진화에 적극적인 역할을 한 이 붕·요의림·양상곤·이석명 등의 직위는 과거 그대로였다. 급진개혁파의 경우 조자양이 당내외의 일체의 직으로부터 해임되긴 했으나, 호계립·예행문·염명복(당 중앙 통전부장도 유지) 등은 중앙위원회 위원직을 그대로 유지하였고, 전기운·양여대는 정치국 위원에 그대로 유임됨으로써, 조자양 계열의 급진개혁인사들은 여전히 당내 역학구도에서 하나의 중요한 파벌로서 명맥을 유지하고 있었다.165) 그리고 호요방계의 오학겸, 만리·이철영·진기위 등 등소평 친위 개혁세력은 정치국 위원의 직에 그대로 남았다.

여기에 강택민의 총서기 기용은 바로 개혁파와 보수파간의 타협을 통해 이루어진 절충적인 인사라 보겠다. 강택민은 당력으로 보나 개혁의 실적으로 보아 호요방이나 조자양에 못 미치는 인물이었다. 특히 강택민은 호요방이나 조자양처럼 등소평이 계획적으로 후계자로 양성한 인물도 아니다. 호요방은 혁명경력은 말할 것도 없고 등소평이 1975년과 1977년에 두 차

레나 실각되어 복권될 때 그를 도운 공로만으로도 후계자 위치의 기초를 닦기에 충분하였다. 조자양은 두 차례의 총리직을 역임한 경력이 있을 뿐만 아니라 등소평의 오른팔이 되어 경제개혁을 추진한 공로가 있었다.

그리고 당시 당내 정치국 상무위원들과 비교해 보아도 경력으로 따지면 강택민은 요의림·송평 그리고 교석에 미치지 못했고, 공로와 개혁의 이미지로 따지면 이서환과도 비길 수 없었으며, 개혁의 공로라고 말하기는 힘들지만 경제를 다스린 수고로 보면 이붕만도 못했다. '6·4 사태'를 진압한 공로를 따진다 하더라도 이붕이나 요의림에 못 미쳤고, 직위가 비슷한 북경의 이석명(북경시 당위 서기)만큼 강경하지 못했으며, 천진의 이서환(천진시 당위 서기)만큼 원숙하지 못했다.[166] 그리고 권력의 기반을 말한다 해도 정법부문 인맥 및 조직부문에서는 교석이나 송평과는 비교가 안되었고, 경제부분에서는 요의림과, 군부에서는 양상곤과 게임이 될 수 없었다. 그러나 등소평을 중심으로 한 '총서기 임명단'(진운, 이선념 등 원로들로 구성)은 이들을 제치고 특별한 배경도 견고한 정치기반도 없는 지방 당위 서기(정치국 위원) 강택민[167]을 조자양의 후임으로 지명하였다. 그 이유는 다음 몇 가지로 요약된다.[168]

첫째, 호요방과 조자양의 실패 경험으로 보아 보수파 원로들의 지지 없이는 후계자로서의 위치를 굳힐 수 없었다. 따라서 혁명열사의 자제로 진운·이선념 등 보수파 원로들로부터 신뢰와 적극적 지지를 받고 있는 강택민은 그러한 전철을 밟지 않을 수 있으리라 보았기 때문이다. 특히 강택민을 적극적으로 지지하는 이선념이 군출신이면서도 군내 인맥이 없는 것은 등소평의 마음을 편케 하는 조건이 되었다.

둘째, 등소평은 강택민의 과거 행적을 보아 능히 자신의 개혁·개방정책 – 정치적으로 반우, 경제적으로 반좌 노선 – 을 계승할 수 있는 성향을 가진 인물이라고 판단했기 때문이다. 즉 강택민이 1986년과 1989년 두 차례 상해학생시위 때 과감하고 단호하게 대처한 점에서 나타난 그의 정치적 성향(반우)과 상해시장 및 당위 서기 재임 중 그가 보여준 개혁·개방적 태도(반좌)는 등소평의 이른바 '경정치(硬政治)·연경제(軟經濟)'와 부합하였기 때문이다. 따라서 경제적인 개혁·개방과 정치적인 4항 기본 원칙을 가장 잘 견지할 수 있는 사람이라고 보았다.

셋째, 정치적으로 흠집이 없고 비교적 참신한 인물이 필요했다. 지금까지 추진해오던 개혁·개방을 새롭게 추진하기 위해서는 6·4천안문사태를 유발할 만큼 부패했거나 식상한 인물이어서도 안 될 뿐더러, 이붕·양상곤 등처럼 천안문사태를 무력으로 진압하여 인민들로부터 원성을 쌓은 인물은 더 더욱이 안 되었다. 따라서 강택민은 그동안 지방에 있었기 때문에 그러한 점에서는 하자가 없었다.

넷째, 당시 정치상황으로 보아 만약 등소평이 사망한다면 보수파의 개혁파에 대한 공격은 더욱 격렬해질 것이었기 때문에 가급적 파벌을 형성하지 않고 중립적인 입장에서 보수파의 공격을 막는 한편, 호요방·조자양의 잔여세력을 끌어 모아 보수파와 균형을 유지하면서 개혁·개방을 지속시킬 수 있는 인물이 필요했다. 강택민은 지금까지 중앙에 어떠한 지지기반도 없이 순수 기술관료로서 상해의 당·정만을 전담해 온 비교적 온건적인 개혁성향을 지닌 인물이었기 때문에 이 조건에 부합했다.

다섯째, 개혁·개방 이후 지방 분권화의 심화는 지방의 분리 및 독립성을 강화한 바, 지방을 중앙에 통합시키는 것은 중요 정치적 과제였다. 등소평은 이 과제를 풀기 위해서는 지방에서 능력이 검증된 인물을 중앙정치에 발탁하는 것이 가장 효과적이라고 보았다. 그러기 위해서는 중국의 최대 상공업도시로서 가장 개방적이면서 진취적인 상해시의 대표를 지방 이익의 대표로 발탁하는 것이 가장 상징적인 효과가 있다고 보았기 때문에 강택민을 선정하였다.

이 밖에 강택민은 이붕·이철영·추가화 등과 같은 혁명열사의 자제 - 유학 - 기층근무 - 중앙행정 장관 - 지방 수장 등을 거친, 당이 계획적으로 양성한 기술관료이기 때문에 공동운명체로서 상호 의기투합되었고, 교석·오학겸 등과는 상해 학생운동 시절부터 상하관계로 인연을 맺어왔기 때문에 당내 인간관계 또한 비교적 무난한 인물이었다. 물론 이붕·송평·요의림 등 보수파의 차세대 주자들은 '힘들여 조자양을 밀어냈는데, 그 과

실을 엉뚱한 자에게 넘겨주는 것'에 불만을 토로하면서 굴복하려 하지 않았다. 하지만 중앙의 권력기반이 약한 강택민이 다른 사람보다 오히려 다루기 쉽다는 생각과 등소평의 설득에 의해 굴복하였다.

이상과 같이 강택민은 그의 타고난 가정적 배경과 모나지 않은 인간관계, 그리고 그의 편경적(偏更的) 정치 성향과 개명 기술관료로서의 개방적 자질에 그의 연약한 중앙권력기반이 오히려 순기능을 하여 당시 국내외적으로 도전 받고 있던 중국의 위기를 극복할 수 있는 가장 적합한 인물로 지목되었다.

이처럼 등소평은 개혁파이면서도 온건적 성향인 강택민에게 총서기직을 맡김으로써 급진적인 개혁에 대한 경고의 일면을 보이는 동시에 보수파에게는 자신이 추구하는 개혁·개방의 중단 없는 추진을 시사하였다. 그리하여 자신이 장악하고 있던 당·국가의 중앙군사위원회 주석직까지 강택민에게 물려줌(1989년 11월 당 13대5중전회)으로써 확고한 권력기반의 구축 위에 그의 개혁·개방정책을 실행에 옮기고자 하는 의지를 보였다.

조자양이 실각된 후 조자양이 맡고 있던 중앙군사위원회 제1부주석직을 놓고 약간의 갈등이 야기되었다. 강택민을 지지하는 등소평과 이를 견제하는 양상곤(국가주석)간의 갈등이 그것이다. 물론 여기에는 강택민의 총서기 발탁에 불만을 가진 이붕도 가세하였다. 이붕(국무원 총리)과 양상곤은 6·4사태 진압의 최고 공로자이면서도 진압 과정의 악명으로 인하여 최대의 희생자가 되었기 때문에 그 불만은 더욱 높을 수밖에 없었다. 그리하여 1989년 11월 당 13대5중전회에서는 양 파간의 타협으로 등소평은 중앙군사위원회 주석직을 강택민에게 물려주는 한편, 제1부주석엔 상무부주석(제2부주석)이던 양상곤을 승진시키고, 상무부주석에는 등소평의 오른팔(제2야전군 계통)인 해군 출신 유화청 장군을 승진시켰다. 그리고 동 위원 겸 비서장에는 양상곤의 동생이며 총정치부 주임인 양백빙 장군을 승진, 겸임시켰다. 비서장은 양상곤이 겸직하던 직위다.169) 이밖에 당 중앙군사위원회 위원은 전 부비서장인 홍학지(洪學智), 국방부장 진기위, 해방군 총참모장 지호전(遲浩田), 해방군 총후근부장 조남기(조선족) 장군 등으로 구성되었다.

이처럼 등소평은 양상곤과 양백빙을 한 단계 승진시킴으로써 그들의 불만을 완화하는 동시에 자파인 유화청(劉華淸)을 상무부주석에 앉힘으로써 강택민 - 유화청과 양씨 족벌간의 세력균형을 유지케 하는 버팀목 역할을 하게 하였다. 이로써 강택민의 후계자로서의 지위는 호요방·조자양보다는 상대적으로 굳건해졌다. 호요방은 중앙군사위원회의 어떠한 직도 겸직하지 못하였으며, 조자양은 제1부주석직만 겸직하였던 것에 비해 강택민은 중앙군사위원회 주석직을 겸직하게 되었기 때문이다.

1990년 3월 제7기 전인대 3차 회의에서 등소평은 국가중앙군사위원회 주석직까지 사임하고, 그 직을 강택민에게 양위케 함으로써 형식상 강택민의 후계 절차는 완료되었다. 동시에 국가중앙군사위원회 구성원을 당 중앙군사위원회 구성원과 동일하게 조정함으로써 강택민의 영도적 지위를 공고히 하고자 한 등소평의 기도가 달성되었다.

그러나 중국정치문화의 특성상 정치권력의 이동은 공식적인 직위에 의하여 이루어지는 것이 아니라 개인적 영향력이 누가 강한가에 의해 결정되는 속성이 있다. 이런 점에서 볼 때, 당시 급진개혁파들이 기세가 꺾인 상태에서 실질적인 영향력은 강택민보다 이붕이 강하였다. 따라서 형식이야 어찌되었던 실질상에 있어 6·4사태 이후 중국의 정치지도체제는 1인 지도체제에서 6명의 정치국 상무위원이 각기 다른 업무를 관장하는 '제3세대 영도 핵심'의 집단지도체제로 변모되어 갔다. 즉 강택민은 당무를 총괄하고, 이붕은 국무원 총괄, 요의림은 경제 총괄, 교석은 정법·공안·인사를 총괄하였으며, 이서환은 이데올로기 및 선전, 송평은 조직 전반을 총괄하였다. 따라서 강택민은 총서기의 신분으로 이해관계와 분열적 인소가 첨예화되고 있는 집단지도체제 내에서 개혁파와 보수파간의 이해와 갈등을 조정하는 윤활유적 역할을 함으로써 안정과 단결을 유지하고자 하였다.

따라서 강택민을 중심으로 한 집단지도체제의 기본정책 역시 보수파가 강조하는 4항 기본원칙의 견지와 급진개혁파의 개혁·개방 및 온건 개혁파(강택민)의 '치리·정돈'의 세 가지 내용을 포괄하는 것이었다.[170)]

하지만 13대3중전회 이래로 보수파가 경제와 조직 및 선전공작을 장악하고 있었다. 즉, 이붕 총리와 요의림 제1부총리가 장악하고 있는 국무원 경제팀이 경제를 주도하였고, 당 중앙조직부는 송평이 장악, 당·정·군의 주요 인사를 요리하였다. 그리고 당 중앙선전부장은 보수파의 이론가인 왕인지가 맡아 인민일보(사장 高狄, 1989. 6~1992. 12), 신화사(사장 穆靑, 1982. 4~1992. 12), 신문출판총서(서장 宋木文, 1989. 7~1993. 3), 문화부(부장 賀敬之, 1989.8~1993.3) 등 모든 언론매체를 장악하고 있었다. 이들은 선전매체들을 통하여 사상과 문화면에서는 자산계급자유화 반대운동을 선전하고 학습시켰으며, 경제면에서는 보수파 경제이론의 대부인 진운의 '새장(鳥籠)경제' 사상을 학습토록 하였다.

▶ 보수파에 의한 치리정돈과 개혁의 둔화

13대4중전회에서는 11대3중전회 이래의 노선·방침과 정책을 계속하여 집행하여야 하고, 13대에서 확정된 '1개 중심, 2개 기본점'의 노선을 계속 집행할 것을 강조하였지만,[171] 개혁·개방을 더욱 잘 견지케 하고 경제를 지속적으로 발전하게 한다는 명분 하에 치리·정돈(경제환경의 정비와 경제 질서의 정돈)의 방침을 공포하고, 이후 전 분야에 걸쳐 긴축정책을 추진키로 결정하였다. 그리고 5중전회에서도 <치리정돈을 진일보시키고 개혁을 심화시키는 것에 관한 결정>을 통과시키고, 13대3중전회에서 결정한 1989~1990년의 기간을 1989~1991년의 3년간 또는 그 이상으로 연장하여 치리·정돈을 계속하기로 하였다.[172] 즉 개혁의 부산물로 표출된 악성 인플레이션과 이로 인한 계층간 지역간 빈부격차, 부정부패·지역이기주의 만연 등 사회불안을 해소하기 위하여 개혁정책에 제동을 걸고 경제긴축에 초점을 맞춘 조정정책을 계속하기로 했다. 그 주요 정책내용을 요약하면 다음과 같다.

첫째, 총수요 억제(기본 건설계획권의 중앙회수 등을 통한 기본건설투자 통제, 세무관리의 강화 등), 재정 금융관리의 강화(금리인상을 통한 통화환

수 및 통화량감축 등), 성장률의 하향 조정 등 경제발전 속도의 조정 등 긴축정책.

둘째, 자원배분 및 산업구조의 합리화로 우선 산업분야(농업, 교통운수, 에너지, 건자제, 경공업)를 선정하여 투자·금융·세제상 차별정책을 실시하고, 주요 생산물자의 유통을 정부가 전담하여 공급의 효율을 기하는 유통구조의 개선정책.

셋째, 에너지와 주요 원자재를 중·대형 국영기업에 우선적으로 배분하고, 사영기업 및 개체호에 대한 통제강화와 향진기업에 대한 금융상의 혜택을 차단하는 등 국영기업 중심의 통제경제체제를 강화하는 정책.

넷째, 중앙재정의 적자를 2～3년 내에 해소하기 위한 재정균형정책.

다섯째, 국내 부족 상품의 수출 억제와 고가 소비품의 수입 억제 등 국내시장과 연계된 수출입 무역관리의 강화, 불요 불급한 건설 차관 도입의 억제 등 외자·외채에 대한 거시적 관리체계의 강화 등의 정책이다.[173]

이상과 같이 이붕·요의림 등 보수파에 의해 주도된 조정정책은 개혁의 속도와 폭을 조정하면서 개혁·개방의 부작용을 최소화하는 한편, 보수파의 정치적 기반을 다지는 역할을 하고 있었다. 따라서 출범부터 그 정치적 기반이 약했던 강택민은 이러한 보수파의 정책에 추종하는 형세였다. 누구보다도 전임 후계자 후보(호요방과 조자양)가 보수파에 대항했다가 그 정치생명은 물론, 모든 것까지 상실했던 전철을 잘 아는 강택민으로서는 불가피한 선택이었다고 밖에 볼 수 없다. 보수파세력은 과거 호요방과 조자양이 등소평의 정책을 수행할 때에 그들의 정책이 너무 우경화되었다고 비판하면서 사사건건 반대해오던 자들이다. 여기에 덧붙여 등소평이 제도적인 실권의 자리에서 물러나 있게 되자 그들에게 권력의 중추가 옮겨질 수밖에 없었다. 특히 등소평은 실권의 자리에서 물러났으나, 진운은 그 때까지도 제2세대 원로 지도자들로 구성된 중앙고문위원회를 이끌고 국가정책에 관여할 수 있었기 때문에 그를 중심으로 제도적으로 좌경정책을 밀어붙일 수 있었다. 그들의 주장과 명분은 어느 정도 설득력을 지니고 있었는데, 이는 과거 등소평의 개혁·개방이 친 자본주의 정책으로 인하여 중국이 물가폭등과 부패의 만연 등 경제·사회적 문제를 야기시켰다는 것이다. 따라서 이러한 문제를 해결하기 위해서는 반 우경정책, 즉 보수적인 정책을 펴나가야만 등소평의 개혁·개방정책의 후유증을 치유할 수 있다는 것이었다.

그러나 소련과 동구권의 몰락은 중국적 특색을 지닌 사회주의의 우월성을 더욱 입증하는 계기가 되었고, 1978년 이후 개혁·개방에 더욱 익숙해진 국민이 오히려 더 발빠른 개혁(특히 경제개혁)을 요구하고 있는 것이 중국의 현실이었기 때문에 개혁·개방의 고삐는 늦추어질 수 없었다. 그것이 바로 등소평의 <남순강화>에서 표출되었고, 1992년 열린 당 14전대회에서 정책노선으로 반영되었다.

5. 등소평의 <남순강화>와 강택민·이붕 체제 → 강택민·주용기 체제 – 개혁의 가속(1992~1997년)

중국은 상술한 바와 같이 당 11대3중전회 이후 경제체제개혁의 과정에서 '계획'과 '시장'(상품)의 관계를 놓고 '사회주의체제'(姓「社」)냐 '자본주의체제'(姓「資」)냐에 대한 보(保)·혁(革)간의 대립과 논쟁이 권력투쟁적 성격을 동반하면서 14여 년간 지속되었다. 이러한 와중에 1992년 봄(1월 18일~2월 21일) 등소평은 개혁·개방의 진원지인 남방지방을 순회하면서 개혁·개방의 계속성을 역설하였는데, 그것이 이른바 등소평의 <남순강화>이다. 등소평이 몸소 <남순강화>를 하게 된 것은 개혁·개방의 총설계사인 등소평 자신이 직접 인민을 대상으로 개혁·개방의 정당성을 홍보함으로써 당 중앙에 대해 '치리·정돈'이라는 명목 하에 추진되고 있는 개혁·개방의 후퇴를 되돌려놓기 위해서였다. 남방의 경제특구의 비약적인 경제성장과 발전이야말로 개혁·개방정책의 성공을 입증시킨 사실이므로 '사실만이 진리를 검증해 주는 유일한 기준'인 만큼 개혁과 개방은 후퇴해서는 안 되며, 오히려 더욱 가속화시키는 것만이 중국이 나아가야 할 현실이라는 것이었다. 특히 이러한 메시지는 간접적으로 강택민을 겨냥한 것이기도 하였다. 과거 호요방과 조자양이 지나치게 우경화로 치달아 보수파의 공격으로 등소평의 입지를 좁게 만든 것에 반해, 강택민은 개혁·개방 이념을 보수파의 견해에 맞춤으로써 편좌적 성향으로 치우치는 것에 대해 일종의 경고를 내렸다. 즉 정치적 우경화도 경제적 좌경화도 바라지 않는 등소평의 사상에 배치되는 성향에 대한 경고조치였다.

▶ 남순강화 - 강택민·이붕 체제의 보수화에 대한 경고

따라서 등소평의 <남순강화>는 다음과 같은 내용을 담고 있다.174)

첫째, 개혁·개방은 1백년 불변의 방침이어야 한다. 11대3중전회에서 개혁·개방이 당의 기본 정책으로 정해진 이래 중국의 경제가 계속적으로 성장해 왔다는 사실은 개혁·개방이 올바른 방침이었다는 것을 입증해준 것이다. 개혁·개방이 성공적으로 추진되었기 때문에 천안문사태를 겪었어도 문혁이나 동구의 몰락과 같은 사태를 방지할 수 있었다.

둘째, 중국인민에게 잠재해 있는 경제적 생산력을 높이는 것은 중국사회주의 현대화의 관건이다. 생산력의 해방은 모택동의 공산혁명에 이어 개혁·개방을 경제혁명으로 승화시키는데 있어서 결정적인 역량이 된다는 것이다.

셋째, 생산력을 높이기 위해서는 이데올로기적 장애를 극복해야 한다는 것이다. 즉 자본주의(姓 資)건 사회주의(姓 社)건 간에 그것이 생산력을 높일 수 있는 체제와 이념이면 무엇이든 그것을 채택해야 한다.

넷째, 이념적으로 반좌(反左)에 주력하여야 한다. 극좌와 극우는 모두 해롭지만, 중국공산당의 역사적 경험으로 보면 반우파적 정치가 중국을 극도의 혼란에 몰아넣은 경우가 많았으므로 오히려 좌경화를 반대하여야 한다는 것이다.

다섯째, 경제성장의 속도를 높이 잡아 빠른 경제성장을 이룩해야 한다. 치리·정돈정책으로 경제성장 목표를 6%로 책정한 것은 너무 낮기 때문에 적어도 아시아 신흥공업국 수준 이상의 성장(률)을 이룩해야 한다.

여섯째, 개혁·개방은 경제적 목표이자 정책인 만큼 이를 추진하는 데에는 '4항 기본원칙 견지'라는 기본적 틀 안에서 추진되어야 한다는 것이었다. 그렇지 않을 경우 천안문사태와 같은 혼란이 발발하여 중국사회주의의 장래는 위기에 직면하게 될 것이라고 한 것이 그 주요 내용이다.

이 중 가장 중요한 내용은 '계획'과 '시장' 및 '성 사'와 '성 자'의 관계를 명확히 한 것이다. 등소평은 "계획경제가 사회주의체제와 일치하는 것은 아니다. 사회주의체제 역시 시장이 있다"고 강조하고, 나아가 "사회주의냐 자본주이냐는 공유제냐 사유제냐에 의해 결정되는 것이지 경제수단으로써의 계획이냐 시장이냐에 의해 좌우되는 것은 아니다"라고 하였다. 따라서 사회주의경제이론의 전통적 관념인 '공유제'와 '계획경제'의 2대 지주로부터 탈피, 소유에 있어서의 '공유재'만 유지되면 사회주의이지 수단으로써의 '계획'은 의미가 없다는 것이다.

1992년 10월 당 14전대회에서는 이러한 <남순강화>의 정신에 따라 "경제발전을 위해 자본주의의 경험을 포함한 모든 경험을 받아들인다"는 강택민 총서기의 <정치보고> 내용을 수용, 개혁·개방의 가속화를 통해 현대화를 추진하기로 결의했다. 그리고 <당장>의 수정을 통하여 "중국은 현재 사회주의 초급단계에 처해 있으며, 이는 100여 년의 시간이 필요하다"고 전제하고, "중국사회주의건설의 주요 임무는 생산력을 더욱 발전시켜 사회주의현대화를 실현시키는 것"이며, "이를 위해 생산관계 및 상부구조에서 생산력발전에 부적합한 부분을 개혁하여야 한다"고 하였다. 그리고 "사회주의초급단계에서의 중국공산당의 기본노선은 1개 중심(경제건설)·2개 기본점(개혁·개방, 4항 기본원칙 - 사회주의 노선·인민민주독재·공산당에 의한 지도·마르크스 레닌주의 및 모택동사상)을 견지하는 것"이라고 <당장>에 재확인하였다. 나아가 "생산력의 발전을 제약하는 경제체제를 근본적으로 개혁하여 사회주의 시장경제체제를 건립하고…" "…당은 좌 와 우 의 모든 잘못된 경향을 반대하며, 우 도 경계해야 하지만, 주된 방향은 좌 를 방지하는 데 있다"고 <당장>에 못박음으로써 등소평의 중국적 특색을 지닌 사회주의 - 사회주의 시장경제이론의 방향을 명확

히 하였다.175)

요컨대, 당 14전대에 채택된 정책노선은 사회주의 현대화 경제건설(발전)이라는 목표를 달성하기 위하여 자본주의적 요소(시장 메커니즘 및 사유제)까지도 포함된 경제적 개혁·개방을 단호히 추진하면서, 동시에 시장경제체제의 건립을 제약하는 상부구조와 정치체제 및 기타부문의 개혁도 병행할 것을 강조한 것이다. 하지만 후자의 경우 반드시 4항 기본원칙을 벗어날 수 없다는 한계를 분명히 하고 있다. 말하자면 정치적으로 사회주의체제는 포기하지 않으면서 경제적인 개혁에 걸림돌이 되는 관리체제의 개혁은 필요함을 암시함으로써 정치개혁은 행정개혁의 차원을 넘지 않을 것임을 강조한 것이다. 그리고 이데올로기적으로 주된 방향은 '좌'를 방지한다고 함으로써 '생산관계 - 계급투쟁'노선으로의 복귀는 절대 용납치 않을 것임을 강조하였다.

그러면 14전대가 지향하는 정책노선(온건개혁노선)은 진운을 중심으로 한 '보수(점진적 개혁)' 및 호요방·조자양으로 대표되는 '급진개혁노선'과는 어떠한 차이가 있는가. 먼저 온건개혁과 보수노선과의 관계를 보면 계급투쟁이 아닌 생산력의 발전을 통해 경제발전(1개 중심)을 이룩한다는 것에는 양자가 공통의 인식을 갖고 있다. 그러나 그 기본점에 있어서 온건개혁파는 사회주의 현대화를 위한 과감한 경제개혁(시장경제 도입)을 주장한 반면, 보수파는 경제개혁은 점진적으로 추진하되 사회주의체제 고수를 위한 이념적 요소는 더욱 강화할 것을 강조하였다는 점에 차이가 있다.

한편 급진개혁노선과의 관계는 개혁노선이 급진성이나 온건성에 있는 것이 아니라, 개혁을 통해 사회주의 현대화를 건설한다는 데는 공통의 인식을 갖고 있으나 급진파는 경제개혁과 정치개혁을 동시에 추구하려는 입장을 견지하고 있는 데 비해, 14대 노선은 과감한 경제개혁을 강조하면서도 정치개혁에는 한계를 두는 입장이라는 데 차이가 있다.

결국 이들 세 계파는 경제건설(생산력의 증대)이라는 목표(1개 중심)에는 동의하나, 2개 기본점에 대한 개혁의 폭과 속도에 차이를 나타내고 있다는 점에서 다르다. 따라서 중국의 모순을 모택동시대의 생산관계 - 계급투쟁으로 돌아가자는 것은 절대 아니다.

이상에서 알 수 있는 바와 같이 14대 정책노선은 '경정치'(硬政治, 공산당 1당이 지도하는 체제에 불변)・'연경제'(軟經濟, 자본주의 경제체제의 도입도 불사)의 모형이라 하겠다. 따라서 등소평 스스로가 공사석에서 자주 한국과 싱가폴의 예를 들면서 '고도의 정치적 중앙집중과 자유 시장 경제' 모델을 중국에 적용할 것을 언급한 바와 같이,176) 14대 중공은 소위 '사회주의 시장화 정책'이라는 이름 하에 발전도상국들이 근대화 과정에서 흔히 채택하는 개발독재이론에 입각한 국가발전 전략을 지향한다고 보아도 무방하다.

▶ 급진개혁파와 보수파에 대한 견제와 온건개혁 지향

14전대의 이러한 정책노선을 견지하기 위한 보증으로 당 기구의 개편이 이루어졌고, 또 1993년 3월에 개최된 8전인대에서도 <헌법>을 개정, 그것은 더욱 뚜렷이 나타났다. 당의 경우 이미 개혁・개방정책의 가속화에 자주 제동을 걸어왔고 보수파의 집단 거처이던 중앙고문위원회(주임 진운, 부주임 박일파・송임궁 등 보수파의 근거지)를 14대에서는 폐지했으며, 경제활동에 관여하고 있는 당의 기구에 대한 대폭적 정간을 단행하였다. 또 중앙기율검사위원회는 개혁・개방과 현대화 건설을 가속화하기 위하여 기율검사공작을 가일층 강화할 것을 결의하는 동시에 향후 기율검사공작의 중점은 개혁・개방정책에 대항하거나 장애가 되는 안건을 철저히 조사하는 데 있다고 하였다.

그리고 중국적 특색을 지닌 사회주의 시장경제정책을 흔들림 없이 추진하기 위한 당・정・군 지도체제의 개편도 따랐다. 당 14대1중전회의 인사가 바로 그 중의 하나이다. 당대표인 총서기에는 강택민이 유임되고, 중앙정치국 상무위원에는 강택민・이붕・교석・이서환・주용기・유화청・호금도로 구성되었다. 이들 중 강택민・이붕・교석・이서환은 13대4중전회에서 유임된 자이며, 주용기・유화청・호금도는 중앙위원에서 3단계(정치국 후보위원 - 위원 - 상무위원)나 뛰어오른 신인이다. 그리고 보수파인 요의림과 송평은 정치국에서 물러났다.

신임 상무위원 주용기·유화청·호금도의 인선은 등소평의 의중을 명확히 읽게 한다. 주용기는 등소평의 절대적인 신임을 받으며, '중국의 고르바초프'라 불릴 만큼 정력적으로 개혁·개방을 추진하고 있는 인물로서, 상해시장 시절 그가 보인 개혁의지를 인정받아 1991년 3월 부총리에 승진, 국무원 경제무역판공실 주임을 맡으며 시장경제로의 전환을 순조로이 추진해 온 경세인이다.[177] 76세로 다소 연로한 유화청의 상무위원 진입은 등소평의 군에 대한 통제의도로 풀이되었다. 13대5중전회에서 중앙군사위원회 상무부주석을 맡은 그는 1940년대부터 등소평(제2야전군) 휘하에서 활동해 왔고, 군의 개혁·개방 지지선언에도 앞장서온 인물이다. 14대에서 중앙군사위원회 제1부주석직(양상곤)과 비서장직(양백빙)을 폐지해 버리고, 유화청에게 정치국 상무위원과 중앙군사위원회 부주석직(다른 1인은 2야출신 張震)을 겸임케 한 것은 양가장(楊家將) 세력을 견제하여 강택민 정권의 군대내 버팀목 역할을 하게 하기 위한 등소평의 원모로 풀이된다. 티베트(西藏)자치구 당위 서기 호금도(50세)의 기용은 젊고 유능한 인물에 대한 배려로 차세기를 대비한 지도자의 양성과도 유관한 것이었다.

한편 중앙정치국 위원의 경우, 위의 상무위원을 포함한 22명의 위원으로 구성되었다. 강택민·이붕·교석·이서환과 전기운·이철영은 연임되었고, 정관근은 후보위원에서 승진하였으며, 주용기·유화청·호금도를 비롯하여 이남청(李嵐淸)·양백빙·오방국(吳邦國)·추가화(鄒家華)·진희동(陳希同)·강춘운(姜春雲)·전기침(錢其琛)·위건행·사비(謝非)·담소문(譚紹文)이 14대 중앙정치국 위원으로 발탁된다. 그리고 온가보와 왕한빈(王漢斌)이 후보위원에 기용되었다. 반면, 만리·진기위·양상곤·오학겸·이석명·양여대는 탈락하였다.

이들 지도층의 특징을 보면 다음과 같다. 먼저, 14기 정치국은 역대 정치국 중 그 위원이 가장 많이(70%) 교체되었다.

다음, 14기 중앙정치국 위원(후보위원 제외)의 평균연령은 61.6세로 8대

11중전회 이후 가장 젊은 층으로 구성되었다. 제3세대 연령층(69세 이하)이 전체의 90%를, 제2세대가 나머지 10%(유화청)를 점하였으며, 제1세대인 원로 간부는 1명도 포함되지 않았고, 2세대(장정경험자) 역시 유화청(76세) 이외는 모두 퇴진하였다. 14기 정치국 위원 인선에 있어 노청교체 원칙을 견지했음에도 75세의 유화청이 승진 기용된 것은 전술한 바와 같이 그가 갖고 있는 군내의 특수한 배경에 기인한 것으로 볼 수 있다. 따라서 4개 현대화정책과 함께 추진해 온 간부의 연소화 정책은 12대5중전회 이후 큰 성과를 거둔 셈이다.

셋째, 출생지를 농촌과 도시로 구분해 볼 때, 14기의 도시출신 비율(50%)이 정치국 출범 이후 최고조에 달한다. 이는 혁명 1, 2세대와는 달리 제3세대 지도자들이 주로 도시에서 출생하였기 때문이다. 나음 성(식할시)별 출신을 보면 14기 정치국 위원의 경우 상해중심의 화동인맥(절강·강소·상해)이 9명(강택민·교석·정관근·이남청·추가화·전기침, 이붕·호금도·추가화는 상해서 출생)을 차지하고 있다. 이는 역시 이 지역이 개혁·개방의 요충지로 그 전략적 가치를 인정받고 있다는 증거다. 주용기나 오방국은 비록 타지 출신이나 상해에서 정치적으로 성장한 인물이다. 이들까지 포함시킨다면 상해인맥은 막강하다. 국가 부주석 영의인(榮毅仁) 역시 상해출신이다.

넷째, 14기 중앙정치국 위원의 학력 및 전공을 보면 20명 중 17명(85%)이 대학정도의 고학력자이며, 1명이 고급군사학교 출신이다. 전체 대졸자의 58.8%가 대학에서 이공계를 전공한 테크노크라트 출신이다. 상무위원 전원(7명)이 대학정도의 학력소유자이며, 그 중 5명(71.4%)이 순수 자연과학도 출신이다. 그리고 이들 정치국 위원 중 공정사 자격소지자만도 9명이나 된다. 14기 정치국은 정치국 성립 이후 가장 높은 수준의 학력과 이공계 전공자들로 구성되었다. 이는 13기 이후부터 현저히 나타난 현상으로 당 지도부가 현대화정책 추진에 있어 지도층의 자질을 얼마나 중시하는가를 단적으로 예증해 주는 것이다.

그리고 7명(35%)이 1년 이상의 해외 경험자다. 체코에서 유학한 이철영을 제외한 모두(강택민, 이붕, 유화청, 추가화, 전기침, 위건행, 이남청)는 소련에 유학하였으며, 유화청(군사학), 전기침(외교)을 제외한 모두는 과학기술 및 관리학을 전공한 테크노크라트다. 이들 중 강택민, 이붕, 이철영은 자연과학도이며, 혁명열사의 자제로 연안시대부터 당 중앙이 계획적으로 양성한 후계자들이다. 추가화는 이붕과 소련 유학 친구이며 섭검영 장군의 사위이다. 14기에서 폭넓은 안목을 가진 해외유경험자들을 대폭적으로 기용, 보강한 것은 대외 개방정책의 적극적, 지속적 추진을 위한 보증적 의미를 띤다고 보겠다.

여섯째, 장정 및 군 경험을 포함한 기타 경력을 보면, 14기 정치국 위원 중 장정출신은 유화청(중앙군사위원회 제1부주석 겸직, 이밖에 중앙군사위원회 부주석은 장진, 동 위원은 지호전 국방부장·張萬年 총참모장·于永波 총정부주임·傅全有 총후근부장이 겸임하였음) 1명 뿐이며, 계급을 수여 받은 군출신 위원은 유화청과 양백빙 2명 뿐으로 역대 정치국 중 그 비율이 가장 낮다. 아무튼 군출신의 정치국 진입률이 낮아지고 있는 것은 군의 정치 간여를 가급적 배제하려는 의도로 볼 수 있다. 14기 정치국 위원 인선에 있어 노청교체 원칙을 견지했음에도 75세의 유화청의 기용은 전술한 바와 같이 그가 갖고 있는 군대내의 특수한 배경에 기인한 것이며, 한편 71세인 양백빙에게는 중앙서기처 서기 및 군사위원회 비서장이라는 날개를 떼고 정치국 위원으로 입국케 한 것은 양상곤 – 양백빙 형제에 대한 견제와 배려를 동시에 고려한 것이라 보겠다.

군 경험이외, 14기 중앙정치국 위원의 경력상의 특징은 개방지역 지방당위 서기의 현저한 진출이다. 13기에 직할시 책임자 3명(북경의 이석명, 상해의 강택민, 천진의 이서환)과 최다 인구를 가진 사천의 양여대가 기용된 데 비해, 14기에서는 주용기(1991년 국무원 부총리에 임명되었으나 사실상 상해시 당위 서기 출신임), 호금도(티베트자치구), 진희동(북경시, 이석명과 교체), 오방국(상해시), 담소문(천진시), 강춘운(산동성), 사비(광동성) 등 개혁·개방의 실적이 뚜렷한 연해지방의 당위 서기를 대거 입국시켰다. 이는 신임 정치국 위원(14명)의 50%를 점하는 것으로 개혁·개방정책의 지속적인 추진과 이를 위해 지방의 자율권을 확대해 나갈 것임을 암시하는 것이다.

또 국무원 출신의 경우도 전술한 바와 같이 경제담당의 부총리 주용기를 필두로 국가계획위원회 주임(추가화), 동 부주임 겸 대만판공실 주임(정관근), 대외경제무역부장(이남청), 외교부장(전기침)등 주로 경제 및 대외관계부서의 책임자를 발탁한 것 또한 특징이다. 그리고 감찰부장 위건행(중앙기율검사위원회 서기 겸임)과 더불어 전국인민대표대회 상무위원회 부위원장 겸 동 법률위원회 주임위원인 왕한빈(후보위원, 전인대를 대표) 등 감찰·정법전문가의 기용이다. 이는 '당기와 국법질서의 강화'라는 측면에서 상당한 의미를 부여한다. 중앙서기처 서기에 최고인민법원장 임건신(任建新)을 기용한 것도 같은 맥락으로 볼 수 있다. 즉 중국적 특색을 지닌 사회주의 개혁·개방정책의 추진에 장애가 되는 요소는 과감히 척결하겠다는 의지가 내포된 것이다. 온가보는 중앙당료(중앙판공청 주임)로서 후보위원에 발탁된 케이스이다.

마지막으로 14기 최고지도층의 정치적 계파별 성분을 보면, 탈락된 요의림(75세)과 송평(75세) 및 이석명(65세, 북경시장 진희동과 교체)은 보수적 인물로, 오학겸과 양여대는 각각 친호요방 및 조자양 계열(급진 개혁파)로 6·4사태 때 그 태도가 모호했던 인물이다. 양상곤(84세), 만리(75세), 진기위(77세)는 각각 1993년 제8기 전인대에서 국가주석, 전인대 상무위원장, 국방부장으로부터 퇴진할 원로들이었다. 한편 유임된 자는 강택민(총서기), 이붕(국무원총리), 교석, 이서환(이상 상무위원)을 비롯한 이철영, 전기운(이상 위원)이다. 이붕을 제외한 이들 유임 위원들은 모두 온건개혁성향의 인물들이다. 전기운은 사천성에서부터 조자양의 참모로 역할해 왔던 조자양 계열의 급진개혁 인사다. 주용기·유화청·호금도 등 신인들은 개혁·개방정책의 추진에 현저한 실적이 있거나 그것이 가능한 젊은 테크노크라트들이다. 그리고 오방국과 강춘운은 강택민에 의해 기용된 온건개혁성향의 지방 당료출신이다. 정관근은 강택민의 상해교통대학 후배며, 후보위원 온가보는 당 판공청 주임으로 총서기 강택민을 보좌해온 인물이었다.

이들 정치국 구성원 들 중 호금도, 위건행, 정관근, 온가보(후보위원) 등 간부 4화 정책에 의해 발탁된 개혁인사와 최고인민법원장인 임건신이 중앙 서기처 서기로서 실질적인 당무 행정을 분담하였다. 그리고 중앙판공청 주임에는 강택민의 참모인 증경홍(曾慶紅), 중앙선전부 부장과 인민일보 사장은 각각 보수파의 왕인지와 고적으로부터 강택민의 대학 후배인 정관근과 소화택(邵華澤)으로 교체하였다.

▶ 강택민을 영도핵심으로 한 집단지도체제 - 개혁의 가속화

따라서 14기 당 최고지도층의 구성은 개혁·개방의 속도에 제동을 걸어왔던 보수파(요의림, 송평 등)를 중앙인사에서 제외시킨 한편, 강택민 후계체제의 위협적인 군대 세력인 양가장 세력을 철저히 배제한 것이 특징이다. 그리고 정치적 개혁까지도 주장했던 급진개혁파의 세확장도 과감히 차단하였다. 그러나 실제적으로 진운과 박일파 등 원로들이 건재하고 있어 등소평의 정치적 권위와 위상을 주로 반영하되 보수파의 적절한 세력균형을 위해서 이붕 등의 세력과 타협해야 했다. 따라서 이붕을 제외한, 유임 및 신임 정치국 위원 거의는 등소평의 이른바 '새장정치'의 추종자인 온건개혁파로 분류되는 인물들이다. 따라서 14대 지도체제는 11대3중전회 이후 사회주의현대화의 속도와 범위를 놓고 보·혁간 대립과 갈등을 빚어왔던 '중국적 특색을 지닌 사회주의' 건설을 더욱 과감하게 가속적으로 추진할 것을 예고한 인사였다고 보겠다.

그리고 이들 중 7명의 상무위원은 1993년 3월에 열린 전국인민대표대회 제8기 제1차 회의에서 강택민은 국가주석(부주석, 영의인) 및 국가중앙군사위원회 주석에 당선됨으로 당·정·군을 장악하게 되었고, 이붕은 국무원 총리에 유임되어 행정을 총괄, 교석은 전국인민대표대회 상무위원장으로서 입법기관을 이끌었다.178) 이서환은 민주당파와 사회민간단체를 관장하는 전국인민정치협상회의 주석직을, 그리고 주용기는 제1부총리를, 유화청은 중앙군사위원회 부주석으로 군무(이밖에 부주석은 장진, 위원은 지호전·장만년·우영파·부전유)를, 호금도는 상술한 바와 같이 중앙서기처 서기직을 겸임하면서 조직과 인사문제를 주관하게 되었다. 그러나 이 중에서 가장 중요한 업무를 담당한 사람은 당의 강택민, 정부의 이붕, 전인대의 교석이었다. 이들은 단지 업무상의 역할뿐만 아니라, 실질적인 세력의 분할에 있어서도 유사한 정도의 영향력을 지니고 있었다. 그런 까닭에 외양적으로는 강택민이 당 - 정 - 군의 최고의 자리를 차지하고 있으면서도 집단지도체제의 형식으로 인선이 안배된 것이었다. 이밖에 정치국 위원 중 전기운은 전인대 제1부위원장, 추가화·전기침·이남청은 부총리를, 이철영은 국무위원(이밖에 국무위원은 지호전, 宋健, 李貴鮮, 陳俊生, 司馬義·艾買堤, 彭佩雲, 羅幹 등)을 각각 겸직하였다. 후보위원 왕한빈도 전인대 상무위원회 부위원장을 견지하였다. 특히 국가지도체제의 개편에서 홍색 자본가 출신인 영의인179)의 국가 부주석 기용은 주목할 사실이다. 상해 재벌의 후예며 비공산당원인 그를 기용한 것은 자본주의적 경영을 통하여 강력한 시장경제를 추진하겠다는 의지를 상징적으로 보여준 것으로 평가된다.

이러한 지도체제의 개편과 동시에 정책추진의 기본 골격을 마련한다. 제8기 전인대 1차 회의에서 등소평의 <남순강화>정신과 당 14전대의 노선(사회주의 초급단계론에 입각한 사회주의 시장경제체제의 건립)을 관철시키기 위한 법적 보증으로써 시장경제체제건립에 장애가 되는 헌법조항들을 수정·삭제하는 작업이 단행되었다. 위 회의에서 수정된 헌법은 1982년의 개혁헌법의 종지를 그대로 수용하고 있지만, 과거의 부분적인 개정과는 달리 사회주의 시장경제를 명문화시킴으로써 한 단계 높은 개혁·개방의 의지를 반영하였다. 예컨대, '계획경제'를 주조로 한 <82헌법>을 사회주의 '시장경제' 이념을 골간으로 한 헌법으로 개정한 것이 그것이다. 즉 헌법 15조 "국가는 사회주의 공유제의 기초 위에서 '계획경제'를 실시한다. 국가는 계획경제의 종합적 균형과 시장조절의 보조기능을 통하여 국민경제의 균형발전을 도모한다"를 "국가는 사회주의 '시장경제'를 실시한다"고 개정하였다. 그리고 동 헌법 제16조의 "국영기업은 국가의 통일적 지도에 복종하고 국가계획을 전면적으로 완수한다는 전제하에 법률로 정한 범위 내에 경영관리 자주권을 가진다"와 제17조의 "집단경제조직은 국가계획의 지도를 받고, 관계법률을 준수한다는 전제하에 독립적으로 경제활동에 종사할 자주권을 가진다"에서 '국가의 통일적 지도에 복종하고 국가계획을 전면적으로 완수한다는 전제하에' 및 '국가계획의 지도를 받고'를 삭제하였다. 또 종전의 '국영경제' 조항(7조, 8조 1항, 16조, 42조 3항)을 모두 '국유'로 바꾸어 놓음으로써 소유와 경영을 엄격히 구분하였다.180)

따라서 사회주의 시장경제이론은 단순한 체제에 대한 '개혁'이 아니라, 가히 '혁명'이라 할 정도의 전통적 사회주의 경제이론에 대한 도전이라 하겠다. 소위 중국적 특색을 지닌 사회주의 시장경제체제의 가장 기본적 특징은 시장이 바로 사회적 자원을 안배하는 기본 메커니즘이 될 것이며, 시장기능이 전체 경제발전의 조정적 역할을 한다는 데 있다. 그리고 정부는 국민경제의 총량 및 구조와 생산력 안배 등에 대한 거시적 조정과 정책지도만을 하는 데 그친다는 것이다. 이는 자본주의체제의 시장경제와 다를 바 없다. 따라서 중국이 지향하는 사회주의 시장경제정책이 자본주의냐 사회주의냐(姓資, 姓社)가 무용함을 천명한 것이다. 그러면서도 '4항 기본원칙의 견지'를 재천명함으로써 그것이 사회주의 본질을 헤쳐서는 안 된다는 것을 분명히 했다. 왜냐하면 체제유지는 어떤 경우라도 정치흥정의 대상으로 고려될 수 없기 때문이다. 따라서 중국을 현대화시키기 위해서는 자본주의 시장경제원리까지도 수용해 가겠지만, 급진개혁파가 주장하는 정치적 다원주의·다당제·삼권분립·언론자유 등은 처음부터 용납될 수 없다는 것이다.

다만 종전에 없었던 "중국공산당 영도의 다당제 합작과 정치협상제도를 장기적으로 존속, 발전시킬 것"을 천명하였다.181) 이처럼 중국이 헌법 전문에 다당제 합작과 정치협상제를 내세운 것은 개혁·개방정책의 진전에 따라 증대될 인민들의 정치참여와 자유화에 대한 요구를 부분적으로 흡수함으로써 천안문사태와 같은 충격을 최소화하면서 체제를 유지하기 위한 제도적 조치라 하겠다.

따라서 정책의 내용은 경제적으로 주로 정·기(政·企)분리, 대·중형 국영기업의 개조에 초점을 맞추었고, 정치적으로는 본질적인 정치체제의 개혁이 아니라, 주로 행정개혁에 초점을 맞춘 기구의 정간, 정부기능의 전환, 효율적인 정부의 거시적 조정체계의 건립, 합리적인 공무원제도의 확립 등이었다. 이들의 개혁은 모두 건전한 시장경제체제의 건립에 초점을 맞추어 추진되었다.

이처럼 비록 정치적으로는 분명한 한계를 긋고 있지만, 한 단계 높은 차원에서 개혁을 가속화시키기로 정책을 전환한 것은 지난 3년간의 조정정책(치리·정돈)이 상대적으로 중국의 정치경제를 안정시킨 효과는 있으나, 경제발전을 근본적으로 제약했다는 데서 그 원인을 찾을 수 있다. 다시 말해, 조정정책이 과열된 경기를 안정시키고 인플레를 억제하는 등 일정한 성과를 가져온 것은 사실이지만, 정책이 장기화되면서 해외자본의 유입 차단, 경제 활성화의 저하 등 경제발전에 악영향을 미치게 될 것이라는 사실은 쉽게 추론이 가능했던 것이다. 따라서 등소평은 조정정책을 통해 개혁정책의 부작용을 철저하게 해결하기보다는 최소한으로 정리하고 다시 개혁정책의 가속화를 진행시켰던 것이다. 개혁 가속기로 전환하게 된 이런 국내적 요인과 함께 동구 및 소련공산당의 해체는 중국 개혁세력의 개혁을 가속화시킨 또 하나의 이유가 되었다. 즉 중국 지도부는 구소련과 동구는 고도로 집중되고 경직된 계획경제체제로 인하여 생산력의 발전이 지체되고 인민들의 생활이 충분히 향상되지 못했다고 진단하고, 소련의 붕괴야말로 중국이 추진하고 있는 개혁·개방정책의 정당성을 입증한 것이라고 보았다. 따라서 중국이 조정정책을 지속할 경우 경제의 효율성과 생산성이 떨어질 것이고 이는 인민대중들의 사회주의 정권에 대한 신념의 위기를 초래하지 않을까 하는 위기의식을 초래하였다.

▶ 강택민·주용기 연대세력에 의한 경제주도

치리·정돈을 통한 조정정책 실시이후 이때까지 경제는 이붕 총리 - 요의림 부총리로 이어지는 보수파가 주도하였다. 그러나 요의림의 실각과 1993년 5월 이후 이붕이 심장병으로 공무를 수행하기 어렵게 되자 주용기가 대리총리로서 경제를 주도하게 되었다. 이때부터 사실상 경제는 개혁파의 손으로 넘어가게 된 것이다. 주용기는 그해 7월 중국인민은행장인 이귀선(이붕계 소련유학파)을 해임하고, 스스로 인민은행장을 겸임하면서 간접적인 시장조절 수단을 활용한 거시통제정책을 과감하게 추진하였다.

그러나 1993년 가을까지 중국경제는 개혁·개방의 부작용(인플레, 지역간·계층간 빈부격차와 위화감, 간부 부패문제, 지방의 이탈, 도시화로 인한 사회 범죄 증가 등)이 가라앉지 않고 과열조짐을 보이자 중앙지도층간에는 다음과 같은 문제를 놓고 대립하게 된다. 즉 ①부패문제, ②거시조정의 성과, ③국유기업 개혁, ④사회주의 시장경제의 추진속도 등의 문제에 이견이 노출되었다. 이러한 이견이 마주쳤던 것이 바로 당 14대3중전회(1993년 1월 11일~14일)였다. 이견은 결국 사회주의 원칙에 충실하려는 보수적인 견해와 개혁·개방을 강화하려는 개혁파의 주장이었다. 보수적인 견해는 현재의 경제정책은 너무 친 자본주의적 방향으로 기울어 전체적으로 경제는 발전했을지 몰라도 그 안에 많은 문제를 안고 있다고 하여 현재의 경제적 모순을 과거의 치리·정돈과 같은 방법으로 치유해야 한다는 것이었다. 반면 개혁파는 전체적인 경제가 잘 운영되고 있는 만큼 일시적인 부작용을 교정하기 위하여 근본적인 문제를 바꾸어서는 안 된다는 견해였다.

이에 강택민은 친 등소평노선을 추종하면서도 국가의 최고지도자로서 양 파의 의견을 절충하는 선에서 회의를 마무리지었다. 그 결과 기본적인 개혁·개방의 강화, 사회주의 시장경제의 확대강화, 중국이 당면하고 있는 국가의 거시조절기능의 강화 등을 골자로 한 성장 방침을 확정하는 한편, 조정 내지 정책보완이라는 성격 하에 농촌문제의 해결, 당의 청렴한 기풍

진작, 당 지도부의 강화 등을 골자로 하는 보수적 견해를 동시에 반영하였다. 지방의 이탈 방지와 중앙권력 강화를 위한 분세제(分稅制)도 이때 마련되었다.

14대4중전회(1994년 9월 25일～28일)에서는 이상 3중전회의 결의에 따라 등소평은 '9자방침' 즉 "주제를 장악하고, 중심을 장악하고, 시급함을 장악하라(瓜主題, 瓜中心, 瓜首急)"라는 방침을 제시하였다. 여기서 등소평이 의도한 '주제'는 개혁·개방의 계속이고, '중심'은 강택민을 핵심으로 하는 당 중앙의 권위를 의미하며, '시급함'이란 당면한 경제사회문제에 대한 대책을 수립하라는 의미로 해석되었다. 즉 경제의 다원화와 정치의 집중화가 주요 방침이었다고 할 수 있다.182) 이러한 등소평의 방침제시에 따라 4중전회는 다음과 같은 결정을 하였다. 첫째, 항국(黃菊) 상해시장을 중앙정치국 위원에 보완하고, 강택민의 적극적인 추천에 의해 중앙정치국 위원이 된 오방국과 강춘운183)을 중앙서기처 서기를 겸직케 하여 강택민의 권위를 공고히 했다. 둘째, 거당적인 차원에서 민주집중제 교육을 강화하여 중앙의 권위를 지키고 당의 정책을 강력하게 실행할 것. 셋째, 덕재(德才)를 겸비한 젊은 인재를 발굴, 차세대의 지도자로 육성하여 개혁과 개방이 지속적으로 추진될 수 있도록 뒷받침할 것 등이다.

나아가 14대5중전회(1995년 9월 25일～28일)에서는 부패척결의 차원에서 진희동 북경시 당위 서기(중앙정치국 위원)를 직위해제하고, 강택민에 의해 제기된 군의 대규모 인사를 정식으로 통과시켰다. 그리고 제9차 5개년 계획안을 확정하였다. 군 인사는 65세 이상의 군 원로장성을 퇴역시키고 55세 전후의 신진 장성들을 요직에 발탁함으로써 세대교체를 단행하였다. 특히 등소평이 양가장 세력을 견제하기 위하여 아껴온 지호전(국방부장)과 장만년을 중앙군위원회 부주석에, 왕극(王克)과 왕서림(王瑞林)을 중앙군사위원으로 승진시켰다. 특히 왕서림은 등소평 판공실 주임으로서 총정치부까지 겸직하게 되었다. 이처럼 등소평의 친위세력을 군부 요직에 재배치하여 강택민 정권의 버팀목이 되게 하였다.

이상과 같이 등소평은 <남순강화>와 당 14전대를 통하여 개혁·개방정책을 재충전하고, 개혁 지향적인 인사를 통해 이를 보증토록 하였으며, 나아가 강택민이 후계자로서의 위상을 공고히 할 수 있는 버팀목까지 마련한 후, 1997년 2월 19일 대장정의 일생을 마감했다.

▫ 2장 주석 ▫

1) 그러나 중국공산당 중앙은 1941년 6월 30일 <중국공산당 탄생 20주년 및 항쟁 4주년 기념에 관한 지시>를 발표하고 7월 1일을 창당일로 정하였다. 각 지역 공산주의 소조(小組)의 추천으로 참석한 대표는 李漢俊·李達(上海대표), 장국도·劉仁靜(北京대표), 陳公博·包惠僧(廣東대표), 董必武·陳潭秋(武漢대표), 毛澤東·何叔衡(長沙대표), 王燼美·鄧恩銘(濟南대표), 周佛海(留日대표) 등 13인이다. 창당대회에서 陳獨秀(불참)를 당 중앙국 서기, 주불해를 부서기, 진독수·장국도·이달을 중앙위원에 선출하고, 중앙후보위원에는 주불해·이한준·유인정이 선출되었다(高凱·于玲 主編, 『中共七十年』, 北京, 中國國際廣播出版社, 1990, p. 1).

2) 진독수(1879 - 1942)는 중국공산당의 초대 총서기(1927~1927)를 지낸 혁명가다. 안휘성의 부유한 관리의 자세로 태어나 어린 시절부터 신식학교에서 서구사상을 받아들였다. 그는 일본(동경고등사범 및 와세다대학) 및 프랑스 유학을 마친 후 『新靑年』 잡지를 창간하여 언어·문화·사상의 혁명을 주창하여 급진적인 청년들에게 많은 영향을 끼쳤으며, 그것이 '5·4운동'의 선구가 되었다. 蔡元培 총장의 초청으로 북경대학 문과대학장을 역임했다. 이때 李大釗와 함께 후에 모택동사상으로 발전하게 되는 중국 마르크스주의의 기초를 구축하였으며 마르크스주의 연구회를 조직하여 마르크스주의를 보급하는 등 중국공산당의 지도적 창설자의 한 사람이다. 1929년 당적을 박탈당하고, 1932년 국민당에게 체포되어 투옥되기도 하였다. 1937년 출옥하여 무한, 중경 등을 전전하다가 江津에 이주하여 1942년 병사했다.

3) 구추백(1899~1935)은 중국공산당 2대 총서기. 강소성의 몰락한 향신가에서 태어나 1916년 가정 형편상 수업료를 받지 않는 북경의 러시아어학관에 입학하여 혁명의 정치학을 공부했다. 1920년 북경 『晨報』의 모스크바 특파원으로 소련에 가 코민테른이 중국을 포함한 아시아 공산당의 지도자를 양성하기 위해 세운 모스크바중산대학의 교수 겸 학생으로 공부했다. 진독수가 코민테른 제4차 회의에 참석했을 때 진독수의 러시아어 통역을 맡았고, 진독수에 의해 귀국하여 중공의 중앙위원과 국민당의 중앙집행위원이 되었다. 그러나 1927년 그는 진독수에게 국공합작 붕괴의 책임이 있다고 비판하는 진독수 반대파의 일원이 되었다. 1928년 총서기직에서 파면되자 소련, 중국 등 지하에서 전전하다가 1934년 강서소비에트 모택동 정부의 교육부장이 되었다. 질병으로 장정에 참가하지 못하고 상해로 돌아가다 국민당에 체포되어 36세의 나이에 처형당했다.

4) 향충발(1880~1931)은 호북성의 빈농 출신으로 14세에 漢陽병기창의 견습공으로 들어가 노동자의 길을 걸었다. 1927년까지 호북성 서기, 중앙위원 등을 거

처 중앙정치국 위원이 되었다. 그는 무식자로 정치에 대한 지식은 없었으나, 노동자 출신이었기 때문에 코민테른은 중공 지도층내 좌우대립의 격파에 그를 이용하였다. 소련은 프롤레타리아 출신인 그를 간판으로 내세워(총서기로 선출) 이입삼을 지지했고, 코민테른노선을 중국에 주입했다. 1931년 이입삼 지지자의 고발로 국민당에 체포되어 사형 당하였다.

5) 이입삼(1899~1967)은 호남성의 지주집안 출신으로 勤工儉學團에 참가하여 프랑스에 유학하였으며, 그곳에서 주은래 등과 함께 공산주의청년단 창설에 힘썼다. 귀국 후 유소기 등과 주로 상해 등 도시지역의 노동자단체를 지도했다. 중국의 노동자(중화전국총공회)를 대표하여 모스크바로 가 세계노동자연합위원회의 위원으로 선출되었고, 귀국 후 중공 정치국 위원이 되었다. 1927년 소련의 지시에 따라 진독수에 반대했고, 주은래 등과 남창무장폭동을 주도했다. 진독수 후계자로 구추백을 추대하는 데 큰 역할을 했다.

6) 왕명(일명 陳紹禹, 1904~1974)은 소련공산당에 의해 훈련된 28명의 볼셰비키 지도자로서 28세에 중공 총서기가 되었다. 그는 안휘성의 부유한 향신가 출신으로 1923년 상해대학(공산당 간부양성을 위해 설립)을 거쳐 모스크바중산대학에서 공산주의 이론을 학습하였다. 왕명은 모스크바에서 열린 중공 6전대회에서 코민테른 대표단의 통역을 맡았으며, 소련의 힘을 등에 업고, 이입삼의 자리를 차지했다. 왕명은 코민테른노선 지지자로 농촌근거지에서의 모택동 '농민노선'의 지도와 모택동의 통일전선전략에 반대했다.

7) 박고(일명 秦邦憲, 1907~1946)는 강소성 무석의 한 현장의 아들로 태어나 17세 때 소주에서 기술학교를 졸업한 후 상해대학에서 영어를 공부했다. 그 후 공산당에 입당한 후 1926년 소련으로 가 코민테른이 경영하는 중산대학에서 4년간 공산주의이론을 공부하였다. 왕명과 함께 '28명의 볼셰비키의 한 사람'이되어 귀국한다. 왕명과 함께 反이입삼노선을 견지, 왕명이 지도권을 확립하자제1부서기가 되었다가 왕명이 소련 코민테른 주재원으로 가게 되자 총서기(23세)로 선출되었다. 중공의 지도권을 둘러싸고 모스크바 유학파와 국내 마르크스주의자간의 장기간에 걸친 투쟁에서 박고는 소련유학파를, 모택동은 국내파를 대변하고 있었다. 그 권력투쟁은 도시와 농촌의 상대적인 중요성에 관한 차이를 반영하고 있었다. 모택동에 대한 가장 강력한 반대자였다. 1946년 중경발 연안행 비행기 사고로 사망했다.

8) 장국도(1897~1979)는 1934~1936년 공산당의 지도권을 놓고 투쟁을 벌인 모택동의 가장 강력한 라이벌이었다. 그는 강서성의 지주가 출신으로 북경대학 학생지도자였을 무렵 진독수와 이대교의 영향을 받아 마르크스주의에 심취하기 시작하였다. 1921년 중공 창당 멤버 12인 중의 한 사람으로 초대 조직부장을 맡았다. 1928년 모스크바에서 열린 중공 6전대회 참가 후 3년간 소련에서 체류했다. 귀국 후 모택동을 주석으로 하는 중화소비에트 임시정부의 2명의 부주석 중의 한 사람이 되었다. 그러나 1935년 장정 도중 준의에서 열

린 당 중앙정치국 확대회의에서 섬서지방으로 북상하려는 모택동의 전략을 반대하고 국민당과의 타협에 의한 평화를 추구하려 하였다. 그리고 모택동은 코민테른의 지시를 어기고 있으며, 준의회의는 불법적인 것이므로 모택동을 제명해야 한다고 주장하는 등 모택동의 권위를 인정하지 않으려 했다. 그러나 장국도 부대는 적군의 공격을 받아 궤멸되었고, 그 결과 1937년 중앙위원회에서 견책을 받았으며, 1년 후 국민당에 투항했다. 1949년 장개석이 패주한 후 그는 홍콩으로 망명했는데, 모택동은 그의 가족을 함께 지내도록 그곳으로 보내주었다. 1968년 캐나다 토론토로 이주하여 그곳에서 일생을 마감하였다.

9) 장문천(일명 洛甫, 1900~1976)은 상해의 한 농가에서 태어났다. 1920년대 일본 유학을 거쳐 미국 샌프란시스코에 있는 화교계 신문인 『大同日報』의 총 편집을 맡았다. 1925년 귀국 후 중국공산당에 가입하였으며, 그해 모스크바중산대학에 유학한 후 그곳에서 교수생활을 하는 등 공산주의이론에 밝은 국제통 지식인이었다. 1930년대 초 낙보라는 이름으로 중국공산당의 최고지위(1934년 2월, 중잉징치국 위원 섬 숭화소비에트공화국 중앙정부인민위원회 주석)에 있었다. 그는 1935년 1월에 있었던 준의회의에서 모택동을 지지함으로써 모택동이 당내 지도자 중에 지도적 위치를 구축하는 데 결정적인 역할을 하였다. 그러나 그는 팽덕회와 함께 1959년 7월 廬山회의에서 대약진운동의 실패를 거리낌없이 모택동에게 개진하였다. 그로 인해 1959년 중앙정치국 후보위원과 외교부 부부장직에서 제거되었다. 문화대혁명이 발발하자, 여산회의에서의 그의 행동으로 인하여 즉각 소환되었고, 가장 호되게 굴욕과 학대를 받은 지도자 중의 한 사람이다. 1967년 그는 심한 고문과 역경에 처했으나, 강생 등의 유소기 모함 공작을 거절하고, 간부의 보호에 최선을 다했다. '61人案'의 책임이 자신에게 있다면서 유소기에게 죄를 주는 것을 거부하는 등의 용기 있는 행동 때문에 바로 투옥되었다. 그리고 이듬해 그의 처(劉英, 대장정에 참가한 공산주의자)와 함께 광동성으로 유배되어 1975년까지 군의 감시하에 있었다. 그는 건강의 악화를 들어 모택동에게 북경에 가 치료를 받게 해줄 것을 호소했으나, 냉담하게 거절당하고, 대신 강소성 무석시로 옮겨졌으나, 고초로 몸이 쇠약해져 1976년 7월 일생을 마감하였다. 그는 죽은지 2년 후인 1978년에 완전히 복권되었으며, 1981년에는 중국공산당사에 있어 '발군의 지도자' 중의 한 사람으로서 공식적으로 인정되었다.

10) 중국의 시중에는 '8341'에 대한 흥미 있는 일화가 있다. 필자가 들은 바에 의하면, 모택동이 연안에서 실권을 장악하였을 당시 어느 道人이 나타나 모택동에게 "8341을 기억하라"는 말을 남기고 사라졌다고 한다. 도사의 기이한 행적에 놀란 모택동은 그 이후에 자신의 경호부대 이름을 '8341부대'로 명명하였는데, 공교롭게도 그는 83세(1893년생) 되던 해, 즉 연안에서 실권을 장악(1935년)한지 41년(1976년)만에 사망했다는 것이다.

11) 王學啓 外 3人,『中國社會主義時期史稿』(抗州, 浙江人民出版社, 1988); 楊勤爲
外 3人 主編,『中華人民共和國史綱』(北京, 石油大學出版社, 1990); 上海外國語
學院出國培訓部,『中國近現代史綱:1840~1989)』(上海外國語敎育出版社,   1990);
胡華 主編,『中國社會主義革命與建設史講義』(北京, 中國人民大學出版社, 1985)
등 참조.

12) 吳國衡,『當代中國體制改革史』(北京, 法律出版社, 1994).

13) 衛藤瀋吉 編,『現代中國政治の構造』(東京, 日本國際問題硏究所, 1982).

14) James R. Townsend, *Politics in China*(Boston, Little, Brown & Company, 1980); Lucian
W. Pye, *The Dynamics of Factions and Consensus in Chinese Politics: A Model and Some
Propositions*(Santa Monica, The Rand Co., 1980); 毛里和子,『現代中國政治』(名古屋,
名古屋大學出版部, 1994), pp. 18 - 19.

15) 安秉俊,『中共政治外交論』(博英社, 1986), pp. 22 - 29.

16) 위의 책, pp. 29 - 30.

17) 矢吹晋,『文化大革命』(東京, 講談社, 1989), pp. 15 - 16; 이 밖에 中島嶺雄은 ①
정책목표와 사회적 현실과의 모순, ②지도자 특히 모택동 개인의 정치적 위기
의식, ③정책결정기구와 정책결정과정의 비정상적인 상태, ④내정과 외교의
상호관계라는 4가지 요소를 기준으로 하여 1949년 이후 30년간의 정치과정을
다음과 같은 시기로 구분하고 있다. ①개조기(1949. 10~1955. 7), ②맹진기
(1955. 7~1959. 9), ③조정기(1959. 9~1965. 11), ④문혁기(1965. 11~1971. 9),
⑤탈문혁기(1971. 9~1975. 1), ⑥전환기(1975. 1~1978. 12. ⑦No Return기(1978.
12~) 등 7단계가 그것이다(中島嶺雄, "現代中國三十年の政治過程", 衛藤瀋吉
編, 앞의 책, pp. 33 - 67).

18) Andrew J. Nathan, "Policy Oscillation in the People's Republic of China: A Criquite,"
The China Quaterly, No. 68(Dec. 1978), p. 728.

19) 김정계(1994), 앞의 책, pp. 9 - 10.

20) 모택동(1893~1976)은 호남성 상담현(湘潭縣)의 한 농민의 아들로 태어나 1914
년~1918년 호남제1사범학교를 졸업했다. 졸업 전야 蔡和森 등과 혁명단체인
'신민학회'를 조직하였다. 5·4운동 전후 마르크스주의를 접하였고, 1920년
장사에서 공산주의소조를 창립하였다. 1921년 7월 중국공산당 창당대회에 호
남대표로 출석한 후 각지에서 노동운동을 지도하였고, 1923년 중공 3전대회
에서 중앙위원에 피선되어 당 중앙의 지도공작에 참여하였다. 1926년 11월
중공 중앙농민운동위원회 서기가 되어 농민운동에 투신, 1927년 유명한 <호
남 농민운동 고찰 보고>를 발표하여 중국혁명에 있어 농민문제의 중요성을
지적하면서 진독수의 우경 착오를 비판하였다. 1927년 정치국 후보위원이 된
후 호남·강서의 추수폭동을 지도하고 부대를 이끌고 井岡山에 들어가 토지
혁명을 주도하며 최초의 농촌혁명근거지를 건설하였다. 1928년 주덕 군과 합
류해서 공농혁명군 제4군을 편성하고 정치위원(사령관, 주덕) 겸 전적위원회

서기가 되었다. 이때부터 그는 국민당군이 농촌에서의 기반이 약한 것에 착안, 중국혁명은 농촌의 무장 게릴라를 발전시켜 '농촌이 도시를 포위'하는 것으로 출발하여 종국에는 도시와 전국을 탈취하는 전략을 택할 것을 주창하였다. 이후 강서성을 중심으로 활동하고 1931년 瑞金에서 중화소비에트 중앙정부 주석, 1933년 중앙정치국 위원이 되었다. 그러나 왕명으로 대표되는 '좌경 모험주의자'들은 모택동의 중국혁명전쟁의 지도방침을 부정하고, 혁명근거지 진입 후 모택동이 당과 군을 지도하는 것을 배척하였다. 그 결과 국민당군의 제5차 포위작전에 밀려 1934년 10월 주덕과 모택동이 이끄는 홍1방면군은 '장정'을 시작한다. 그러나 1935년 1월 장정 중 귀주성 준의에서 개최된 중앙정치국 확대회의에서 진방헌의 군사노선을 규탄하고 모택동은 지도권을 장악하였다. 1935년 10월 섬서 북부로 옮겨 항일민족통일전선정책을 제창, 1936년 서안사변 이후 주은래를 시켜 제2차 국공합작을 성사시키고 국공 공동의 항일전선을 구축하는 전기를 마련했다. 중일전쟁 시기 <실천론>·<모순론>·<지구전론>과 <신민주주의론>을 발표하여 이론적 면에 있어서도 지도적 지위를 확립하였다. 1942년 실제에서 출발하고 군중에 의거한 거당적인 정풍운동을 전개, 이에 상반된 주관주의와 종파주의를 규탄하여 바로 잡음으로써 중일전쟁과 중국혁명을 승리로 이끄는 사상적 기초를 마련하였다. 1943년 중앙정치국 주석에 피선되고, 1945년 7전대회에서 <연합정부론>을 발표하였으며, 이 회의에서 모택동사상을 당의 지도사상으로 확정하였다. 동 1중전회에서 중앙위원회 주석에 당선됨으로써 명실상부한 지도자가 되었다. 그리고 1949년 3월 동 2중전회에서 당의 공작 중심을 '농촌에서 도시로 전환시킬 것'을 결정하고, 전국 해방 이후의 여러 가지 기본정책을 결정하였다. 1949년 10월 1일 중화인민공화국이 수립되자 중앙인민정부 주석이 되었다. 1954년 <중화인민공화국헌법>이 제정되자 초대 국가주석에 당선되었다. 그러나 그가 추진한 대약진정책의 실패에 책임을 지고 1959년 국가주석직을 유소기에게 물려주었다. 대약진정책의 조정과정에서 농촌식 발전전략을 재현하고자 한 모택동은 소련식 발전전략을 선호한 유소기 등 실무파와 대립, 1963년 농촌사회주의 교육운동과 1966년 문화대혁명을 발동, 1969년 9전대회에서 유소기·등소평 등 당권파를 배제하고, 임표와 제휴하였다. 그러나 임표의 역모를 일망타진하고 주은래·강청 등과 연합세력을 구축하였으나, 문혁의 결과는 중국인민에게 돌이킬 수 없는 손실을 안겨주었다. 1976년 9월 9일 북경에서 사망하였다. 그의 주요 저작으로는 『모택동선집』이 있다.

21) 國號는 '中華人民共和國,' 국기는 '五星旗,' 國歌는 '의용군 행진곡(인민해방군가),' 수도는 '北京'으로 정하고, 毛澤東이 '중앙인민정부위원회 주석'으로 취임하였다. 그리고 인민민주專政論에 의해 인민, 즉 노동자·농민·소자본가·소민족자본가에게는 민주주의를, 반면 계급의 적인 지주·자본가·반동세력에 대해서는 독재를 행사한다는 원칙을 견지한다고 선언했다(中央人民政

府法制委員會, 『中央人民政府法律彙編 1949 - 1950』, 北京, 法律出版社, 1982,
p. 16).

22) 당시 중국인민혁명군사위원회 비서장은 楊尙昆이었다.

23) 安秉俊, 앞의 책, pp. 30 - 31.

24) 1949년 3월 하북성 平山縣 西栢坡村에서 중앙위원 34명 후보중앙위원 19명이
참가한 이 회의에서는 7전대회 이래의 중앙정치국의 공작보고를 비준하고 결
정하였다. 그것은 '반동분자'를 제외한 모든 사람이 참가하는 새로운 '정치협
상회의'의 소집 및 '민주연합정부'를 수립할 것에 대한 비준, 모택동이 1949년
1월 4일 발표한 <화담에 대한 성명>을 비준하였다. 그리고 당의 공작 중심
을 농촌에서 도시로 옮길 것을 결정하고, 정부수립후의 '신민주주의의 기본
임무와 기본정책'을 제의하였다(李谷城, 『中共黨政軍結構』, 香港, 明報出版社,
1990, pp. 11 - 112).

25) <新民主主義論>은 모택동이 국공내전기인 1940년 10월에 체계화한 것으로써,
그는 신민주주의혁명이 두 개의 단계를 거쳐서 진행되는 것으로 보았다. 그
첫째 단계는 半식민지 상태, 半봉건상태의 중국을 자주·독립의 부르주아 민
주사회로 개조하는 反帝·反封建의 부르주아민주혁명의 단계이다. 둘째 단계
는 혁명을 더욱 발전시켜서 사회주의를 건설하는 사회주의 프롤레타리아혁
명의 단계이다. 모택동은 중국의 혁명운동은 신민주주의단계에서 사회주의혁
명의 단계로 전환하는 것이 되어야 한다고 선언하였다. 이러한 혁명은 약체
의 부르주아계급을 대신하여 프롤레타리아계급과 半프롤레타리아계급을 지
지기반으로 하는 공산당이 지도한 부르주아혁명이기 때문에 부르주아계급이
지도하는 구민주주의혁명과 구별하여 신민주주의혁명이라 불렀다(武栢秋, "毛
澤東發表新民主主義論," 田克勤·于文藻 主編, 『中國共産黨七十年 1921 - 199
1』, 長春, 吉林文史出版社, 1991, pp. 232 - 237). 신민주주의는 모든 반제·반
봉건세력을 규합한 '연합독재민주공화국'의 건설을 지향하고 있는 까닭에 중
국공산당은 신민주주의 단계에서는 노동자·농민·소시민과는 물론 민족자
본가와도 통일전선을 형성해야한다는 것이 모택동의 견해였다. 그리고 이 신
민주주의 단계는 결코 단시일 내에 성취될 수 없는 것임을 명백히 하였다.
그의 이러한 태도는 1945년 4월 발표한 <聯合政府論>과 그 후 그가 내놓은
여러 저작에서도 일관된 것이었다. 사실 모택동이 신민주주의론을 내세웠던
것은 중국공산당이 국민당에 비해 약세에 있었던 시기, 국민당으로부터의 掃
共작전의 예봉을 피하고 막기 위해서 노동자·농민·소시민 그리고 민족자
본가까지도 일치단결할 것을 주장하는 소위 민족통일전선의 명분을 내세우
지 않을 수 없었기 때문이다.

26) 1949년 9월 21일부터 30일까지 북경에서 개최된 정협 제1차 전체회의에서 <
중국인민정치협상회의 공동강령>이 채택되었고, 이는 1954년 헌법이 제정되
기 전까지 실제로 임시헌법의 역할을 하였다. <공동강령> 제1조는 "중화인

민공화국은 노동자계급이 지도하고 노농동맹을 기초로 한 인민민주독재 국가이며, 중국 노동자계급·농민계급·소자본가계급·민족자산계급 그리고 기타 애국 민주분자로 구성된 인민민주통일전선의 정권이다"라고 하여 국가와 정권의 성격을 규정하였다(中央人民政府法制委員會, 앞의 책, p. 18). 이렇게 당시 <공동강령>은 '공산당이 지도하는 국가'라 하지 않고 '노동자계급이 지도하는 인민민주통일전선 정권'으로 표현함으로써 당시의 시대적 상황을 반영하였다.

27) 국가 원수격인 중앙인민정부위원회 주석에는 모택동이 선출되고, 부주석은 주덕·유소기·宋慶齡·李濟深·張瀾·고강 등이 선출되었다. 6명의 부주석 중 공산당을 대표하는 사람은 당 서열 2·3위인 주덕과 유소기, 그리고 동북인민정부 주석 고강이었으며, 다른 3명은 손문의 미망인 송경령·중국국민당혁명위원회 주석 이제심·중국민주동맹 주석 장란 등으로 비공산당원이었다. 4명의 부총리 중 동필무·진운을 제외한 2명(郭沫若, 黃炎培)과 15명의 정무위원 중 9명, 34개 부장급 중 14명이 당외 인사였다. 그리고 인민혁명군사위원회(주석, 모택동) 부주식 5녕(주덕·유소기·주은래·팽덕회·程潛) 중 1명인 정잠(중국국민당혁명위원회 부주석)과 최고인민법원장 沈鈞儒(중국민주동맹 고위간부)와 인민정부위원 56인 중 27명이 비공산당원이었다(薄一波, 『若干重大決策與事件的回顧 上卷』, 北京, 中共中央黨校出版社, 1993, pp. 32 - 33).

28) "세계적으로 평화자유를 애호하는 모든 국가와 인민과 연합하고, 먼저 소련과 각 인민민주국가와 각 피압박 민족과 연합하며 국제평화 민주진영의 입장에서서 공동으로 제국주의 침략에 반대하고 세계평화의 유지를 보장한다"고 하고, "국민정부가 체결한 조약에 대해서는 이를 심사하여 그 내용에 따라 승인, 폐기 혹은 수정하거나 다시 체결한다"고 하였다. 또한 <공동강령>에 "국민당 반동파와 관계를 맺고 있는 국가와는 관계를 단절하며 중화인민공화국에 우호적인 태도를 갖고 있는 국가와는 평등한 입장에서 서로의 이익과 영토, 주권을 존중하는 기초 위에 외교관계를 수립한다"고 하는 구체적인 외교정책의 기조를 명시하였다(中央人民政府法制委員會, 앞의 책, p. 27).

29) 부흥기의 경제회복에 대해서는 孫健, 『中華人民共和國經濟史 1949~90年代初』(北京, 中國人民大學出版社, 1992), pp.89 - 113 참조.

30) 위의 책, pp. 114 - 115.

31) 제1차 5개년 계획의 목적은 세 가지로 요약된다. 첫째로 숙원이었던 자립적인 민족경제를 건설하는 것. 둘째 국가의 안전보장의 기초로써 중공업기반을 확립하고 동시에 하루 속히 서방의 공업국을 따라 잡는 것. 셋째 생산력 발전이라는 물질적 기초에 입각해서 국민경제의 사회주의적 개조를 완성시키는 것이었다.

32) 전통적인 소련식 계획경제모형은, 첫째 생산수단의 소유구조는 농업이외의 중요 생산수단은 국유화되어 있고, 농업부문은 엄격한 국가의 통제하에 집단화

혹은 집단소유의 형태로 된 사회주의 공유제다. 둘째 관료적 경제체제하에 의사결정권은 중앙에 고도로 집중되어 있는 중앙집중식 계획경제관리체제다. 셋째 가격은 중앙정부의 행정수단에 의해 결정되며 거의 고정적이다. 넷째 야심적인 계획수행을 위해 원료배분은 행정지령으로, 노동은 임금지출에 대한 통제로, 자본은 투자기금·건설자재 기계 및 설비의 할당을 통해 이루어지는 것 등이다.

33) 潭健,『中國政治體制改革史』, 北京, 光明出板社, 1989, pp. 7 - 9 ; 吳國衡, 앞의 책, pp. 16 - 19 ; 高尙全, 『中國經濟制度的創新』, 北京, 人民出版社, 1994, p. 12.

34) 고강(1902~1954년)은 모택동과 대장정 신화의 생존자의 은신처 역할을 했던 산서성에서 농민과 게릴라의 지도자가 되었으며, 산서북부에 혁명기지를 창설한 인물 중의 한 사람이었다. 중일전쟁 중 고위직에 오른 그는 동북전역이 해방된 때부터 동북의 당·정·군의 전권을 한 손아귀에 쥔 실력자로서 임표와 함께 전략상 대단히 중요한 이 지역에 당의 지도력을 확장시키는 데 성공하였다. 1949년부터 동북은 대외관계상 직접 소련과 독립적으로 교류하고 있어 자주 당 중앙의 정책을 위반하였다. 그리하여 '동북지구를 독립 왕국으로 만들려고 한다'는 지목을 받게 되었다. 1954년 반당분자로 몰리자 자살하였다.

35) 요수석(1903 - 1975)은 강서 출신으로 1927년부터 1932년까지 동북지방에서 공청단 및 중공 滿洲省委 서기 등을 거쳐, 1932년 이후부터 상해에서 노동운동을 주도하였다. 1935년 이후 국제노동연맹 주재 중국대표로 모스크바에 체류하다가 중일전쟁이 발발하자 귀국, 신4군 정치주임을 거쳐 국공전쟁기 당 중앙 화동국 서기가 되었다. 1943년부터 1953년까지 10여년 동안 여러 차례 하극상을 시도했던 인물이다. 1943년에는 신4군의 지휘권을 탈취하기 위하여 신사군 군단장인 진의(陳毅) 장군을 모함한 전력이 있으며, 1949년이래 화동지구의 대권을 장악하려고 여러 가지 수단을 동원하여 마침내 화동군정(행정)위원회의 주석직을 쟁취한 인물이다. 요수석 역시 고강과 마찬가지로 화동(상해)의 특수상황을 들어 중앙의 노선과 정책의 집행을 거부한 것으로 전한다.

36) 대행정구 운영에 대한 상세한 설명은 본서 제3장 제2절 [군] 편 및 제3장 제3절 [중앙과 지방의 관계] 편 참조.

37) 주은래(1898~1976)는 강소성 淮安 출신(원적, 절강성 紹興), 천진의 南開중학을 거쳐 일본유학을 하면서 마르크스주의와 만난다. 귀국 후 1919년 5·4운동에 참가, 천진의 애국학생운동을 주도하면서 남개대학 문학부를 수료한다. 이 때 그의 처 등영초(鄧穎超)를 만난다. 그 후 고학으로 프랑스 및 독일 유학을 하고, 유학 중 중국공산당유럽지부를 조직하는 등 유럽에서의 공산당운동을 조직하였으며, 귀국 후 황포군관학교 정치주임이 되어 걸출한 공산당 군사지

도자를 양성해 내는 데 크게 기여하였다. 당조직부장, 홍군 정치위원, 군사위원회 부주석 등을 역임하면서 국공합작을 성공적으로 이끌어 내어 국공전쟁을 승리로 이끈 건국 공신이다. 건국 후 중앙정치국 상무위원 겸 정무원(국무원) 총리와 외교부장을 맡아 신생 중국의 당·정의 일상공작을 이끈 지도자다. 현 전인대 상무위원장 이붕을 양육한 혁명후예들의 대부이기도 하다. 1976년 사망 때까지 국무원 총리를 맡아 모택동·주덕 등과 천수를 함께 한 중국공산당사의 산 증인이다.

38) 鄭德榮 等 主編, 『新中國紀史 1949~1984』(長春, 東北師範大學出版社, 1987), p. 109.

39) 中共中央文獻硏究室, 『關於建國以來黨的若干歷史問題的決議註釋本』(北京, 人民出版社, 1985).

40) 일설에 의하면, 문혁 때에는 고강이 지지를 얻으려 했던 군의 지도자는 팽덕회였다고 비난한 것으로 전한다. 한국전쟁 때 항미원조 지원군 사령관이었던 팽덕회는 동북지구를 지배하고 있던 고강의 협력을 얻지 않을 수 없는 인연이 있긴 하지만, 고강사건에서 팽덕회가 고강에 협력했으리라는 가능성은 적은 것으로 생각된다. 왜냐하면 당시 중앙정치국 위원 겸 국방부장이었던 팽덕회에게는 그렇게 할 하등의 필요가 없었을 것이기 때문이다.

41) 金河龍, 『中國政治論』(博英社, 1985), p. 169.

42) 이에 대해 김하룡 교수는 1952년 11월 대행정구인민정부와 군정위원회를 일률적으로 폐지하고 중앙정부의 직할시의 성격을 띤 행정위원회로 개편하는 중앙인민정부위원회의 결정을 고강이 받아들이지 않을 수 없었다는 것은 이미 그의 세력이 약화되었다는 것을 증명하는 것이라고 하였다. 그 이유를 한국전쟁을 계기로 인민해방군(해남주둔의 임표의 제4야전군)의 만주에의 대량 투입이 고강 세력을 크게 뒤흔들어 놓았기 때문이라고 했다(위의 책, p. 168).

43) 고바야시 고우지(小林弘二)도 이와 비슷한 논리를 펴고 있다. 宇野重昭 外, 이재선 옮김, 『中華人民共和國』(학민사, 1988), P. 66.

44) M. Meisner, *Mao's China* (The Free Press, 1986).

45) 고강·요수석의 음모가 공식적으로 적발된 것은 1953년 12월에 소집된 중앙정치국회의에서였다. 이어 다음 해 2월 초에 개최된 7대4중전회에서 그들의 활동을 폭로함과 동시에 <종파주의 반대>, <집단지도체제의 실시>와 <할거주의 현상의 청소>라는 구호아래 정풍운동을 실시하여 <고·요 반당연맹>을 숙청하기로 결정하였다. 회의에 결의 채택을 제의했던 모택동은 참석하지 않고, 유소기가 정치국을 대표하여 회의에서 보고를 하였다. 과도기의 총노선을 둘러싼 논의에서 이른바 피고석에 섰어야 했던 유소기는 고강사건의 돌발로 궁지에서 벗어날 수 있게 된 것이었다(상세한 보고내용은 鄭德榮 等 主編, 앞의 책, pp. 109 - 110).

46) 李谷城, 앞의 책, p. 113.

47) 崔明,『現代中國의 政治』(法文社, 1974), pp. 77 - 78.

48) 상세한 국가기구의 조직과 기능에 대해서는 본서 제3장 제2절 참조.

49) 주석인 모택동, 부주석인 주덕·팽덕회·임표·유백승·하룡·진의·등소평·나영환·徐向前·聶榮臻·葉劍英·程 潛·張治中·傅作義·龍雲 중 비공산당원 인사는 정잠(중국국민당혁명위원회 부주석)·장치중(국민당정부평화담판 수석대표)·부작의(국민당군 사령관)·용운(중국국민당혁명위원회 고위간부) 등이다.

50) 위원장 유소기, 부위원장 송경령·임백거·이제심·장란·나영환·심균유·곽말약·황염배·팽진·李維漢·陳叔通·달라이라마·丹增嘉措·賽福鼎(이상 공산당)를 제외한 상무부위원장 송경령을 비롯해 이제심(중국국민당혁명위원회 주석)·장란(중국민주동맹 주석)·진숙통(중국인민보위세계평화위원회 부주석)·곽말약·황염배 및 달라이라마(소수민족 대표) 등.

51) 제1차 5개년 계획기의 생산실적에 대해서는 國家統計局 編,『偉大的十年』(北京, 國家統計局, 1959), pp. 106 - 123; 신승하,『中國當代40年史』(고려원, 1996), p. 108 참조.

52) 朴斗福외 4인 공저,『中國의 政治와 經濟』(集文堂, 1993), pp. 32 - 33.

53) 1956년 <中國共産黨章程> 총강 참조.

54) 위 <黨章> 총강 참조.

55) 위 <黨章> 第37條 참조.

56) 중앙서기처는 중앙정치국 상무위원들의 정책참모로서 정책문서를 작성, 보고하고 각종의 중앙공작회의를 주관하는 등 주요 정책의 연구, 기획 및 조정역할을 담당하였다. 중앙서기처 총서기는 그 비중에 맞추어 등소평이 겸직하여 총괄하였다.

57) 이와 비슷한 견해로는 宋永祐 외 2인 공저,『中國의 政治動員』(集文堂, 1996), p. 57 참조.

58) 유소기(1898~1969)는 1898년 호남성의 한 부유한 농가에서 태어나 모스크바의 동방공산주의노동대학에서 공산주의 이론을 연마한 후 귀국하여 주로 백구에서 지하 노동운동을 이끈 백구의 지도자다. 1935년 장정 후 준의회의에서 모택동의 노선을 지지하고, 당 7전대회에서 모택동사상을 완벽하게 개괄하고 체계화한 이론가다. 일본이 항복하고 모택동이 중경에서 장개석과 담판을 개최하게 되자, 당시 유소기는 모택동을 대신하여 당 중앙위원회 주석직을 대리하였다. 이때부터 유소기는 중국공산당의 제2인자로 간주되었고, 따라서 그의 개인적인 역사는 중국의 정치사와 불가분의 관계 하에서 전개되었다. 모택동이 대약진정책에 실패하자 국가주석을 승계하여 등소평·팽진 등 실무파 관료엘리트들을 이끌고 조정정책을 성공시켜 중국경제를 회복시켰으나, 위기의식을 느낀 모택동과 그의 추종자(임표, 4인방 세력)들에 의해 발동된 문혁으로 그의 정치생명은 물론 목숨까지 내놓게 된다.

59) 등소평(1904~1997)은 사천성의 향신층 客家人 가정에서 태어났다. 등소평은 16세 되던 1920년 근공검학으로 프랑스에 유학하였으며, 유학 중 그의 동향 친구인 진의·섭영진 및 주은래 등과 같이 정치활동에 적극적으로 가담하였다. 그 후 모스크바의 동방대학과 중산대학에 잠시 머문 뒤 귀국하여 1927년 국민혁명군 풍옥상(馮玉祥)의 군대에서 정치장교가 되었다. 그러나 그 해 7월 풍옥상이 공산당과 결별을 선언하자 등소평은 광서로 가 공산당지하공작에 참가했다. 1931년 광서혁명근거지가 붕괴되자 잔류병과 함께 강서혁명근거지에 도착, 당 중앙과 합류하여 홍제1군(군단장 주덕, 정치위원 모택동) 정치부 주임이 되었다. 장정 중 '준의회의'에 홍군 기관지인『紅星報』편집인 자격으로 참석하고, 이 회의에서 당 중앙 비서장에 발탁된다. 이로써 모택동 계열의 유력한 간부로 지목되었다. 중일전쟁시기에는 정치위원 자격으로 당시 홍군의 가장 유명한 전략가인 유백승 부대로 배속되어 1949년까지 그와 생사고락을 함께 하며 긴밀한 인간관계를 유지하였다. 이 부대가 제2야전군이 되고, 국공전쟁의 결전장이었던 淮海전투에 투입되었으며, 이때 등소평은 이 전투에 참여하는 모든 부대의 활동을 조정하는 전적위원회의 서기가 되어 노련한 전략가로서의 능력을 인정받는다. 등소평은 신중국 건국 후 첫 3년은 서남부에서 보내고 1952년 이후부터 정무원 부총리가 되어 입경하였다. 등소평은 강서시기 모택동이 유백승을 감시하기 위하여 129사단 정치위원으로 파견할 정도로 모택동의 신임을 받았다.

60) 이에 대한 논쟁은 1953년에 새로운 '총노선'을 제시했던 때부터 시작되었다. 신민주주의 완료후 사회주의과도기를 단축하기 위해서는 모택동은 초급농업합작사를 고급합작사로 전환시켜 실질상 농업집단화를 완성시킬 것을 원했다. 모택동은 농업기계화 이전에 농업집단화를 완성시켜야 한다고 주장했다. 반면, 유소기·등소평·진운·등자회·이부춘·이선념 등 대다수의 실무자들은 소련의 경험에 비추어 봐서 중국도 공업화를 농업집단화 이전에 선행시킬 것을 주장했다(安秉俊, 앞의 책, p. 34).

61) 이즈음 국제정세도 중국(특히 모택동)에게 불리하게 돌아가고 있었다. 소련의 흐루시초프는 미국과의 화해 분위기를 조성하는가 하면, <중소 국방 신기술 협정>(1957년 체결)을 위반하고 중국에 대하여 핵무기의 견본과 그 제조기술을 중국에 제공할 수 없다고 하였다. 이는 핵무기로 중국을 통제하려는 의도에서였으며 중국도 소련의 의도를 알게 되어 양국간에 틈이 벌어지기 시작하였는데, 1960년에 들어와 더욱 구체화되었다. 1960년 7월 25일 소련은 중국 정부와 사전 상의 없이 일방적으로 중국에서 활동하고 있는 소련 전문가를 1개월 이내에 철수한다는 통지를 중국정부에 전달하였다. 또한 이후 파견키로 하였던 기술자 역시 파견을 중지한다고 통보하였다. 결국 이로 인하여 양국간에 체결된 12개 우호협정과 그 밖의 여러 가지 협의가 깨지게 되었으며, 기술합작도 중단되었다. 따라서 소련의 도움으로 시작된 각종 건설사업이 큰

타격을 받게 되었으며, 양국의 관계는 더욱 악화되었다.

62) 팽덕회(1898~1974)는 현대 중국이 나은 출중한 무인으로서 모택동과 동향인 호남성의 한 가난한 농민의 집안에서 태어났다. 그는 소년시절 광산 노동자로 일하다가 1922년 호남육군강무당(講武堂)을 졸업하고 국민당군대에 편입되어 연대장의 신분으로 있었으나 공산주의사상에 심취하여 1929년 다른 공산당 비밀요원과 함께 자신의 지휘하에 반란군을 조직하여 그의 병력을 정강산 근거지에 있던 모택동과 주덕의 홍4군에 합류케 한다. 그는 국민당의 '소공작전'에 대항하는 전위 부대장으로서 혁혁한 공을 세워 홍군의 주요 지휘관 중의 한 사람이 되어 부대를 이끌고 장정에도 참가하였다. 중일전쟁에서 팽덕회는 제8군단의 부총사령관이 되어 화북지역 전투에서 신출귀몰한 작전과 용맹으로 인민대중의 열렬한 지지를 받았다. 1942년 화북지구의 당·정·군의 책임자로서 그 임무에는 연안의 모택동과 당지도부를 방어하는 것도 포함되어 있었다. 1950년 한국전쟁이 발발하자 지원군 총사령관이 되어 혁혁한 공을 세웠으며, 귀국 후 국방부장, 부총리, 국방위 부주석 등 군 요직을 거쳤다. 한국전쟁을 통해 군 현대화의 필요성을 절감하여 군대의 정규화와 현대화를 강조하였고, 이의 연속선상에서 모택동의 사상우위를 견제하려다 실패하여 파면 당했다. 1955년 원수계급을 수여 받았다. 문혁 중 혹독한 박해를 받고, 1974년 북경에서 사망하였다. 1978년 11대3중전회에서 명예회복되었다.

63) 회의는 당시 국방부장이었던 팽덕회가 군 현대화의 논쟁과 결부시켜 모택동의 '삼면홍기'정책을 집중적으로 비판, 정책전환을 요구하는 가운데 진행되었으며, 모택동은 회의 분위기상 열세에 있었다. 그래서 벼랑에 섰던 모택동은 "정강산으로 다시 올라가 다시 혁명을 하겠다" "나와 팽덕회 중 양자 택일하라"는 등 초강수로 위협함으로써 간신히 위기를 모면하였고, 당시 임표와 강생은 이러한 모택동의 행동에 가장 많이 동조한 인물이다(曹興漢·王長平, "1959年的廬山會議," 田克勤·于文藻 主編, 앞의 책, pp. 473 - 480).

64) 이때 팽덕회는 유소기의 배려로 당 중앙위원직은 유지하였다.

65) 임표(1907~1971)는 호북성의 몰락한 한 향신가에서 태어나, 1926년 10월 황포군관학교(정치부 주임, 주은래)를 졸업했다. 1927년 10월 '南昌봉기'에 참가, 주덕과 진의가 통솔하는 이 봉기의 생존자들과 함께 정강산으로 들어가, 모택동의 '호남추수폭동' 잔여세력과 합류한다. 중국농공혁명군 제4군단의 초급 장교로서 뛰어난 군사적 재능을 발휘하여 고위 군사지휘관이 되었고, 대장정 기간에는 섭영진과 함께 전위부대를 이끌고 적진을 돌파하는 등 무공을 인정받아 1935년 당 중앙이 준의에서 정치국확대회의를 개최할 때는 홍군 제1군단 군단장의 자격으로 참가했다. 중일전쟁 개전 초 그가 지휘하는 군대가 평형관전투에서 승리함으로써 그는 전국적으로 유명해졌다. 그는 동북지구 당·정·군 최고 지휘관으로서 동북을 해방시키는 데 혁혁한 공을 세워 건

국과 동시에 가장 출중한 군사전략가로서의 명망을 얻고 있었다. 최후의 국 공전에서 북서지역을 평정하고 의기양양하게 광동을 향해 남하했던 군대도 다름 아닌 임표가 이끄는 제4야전군이었다. 1955년 임표는 원수계급을 부여 받은 10명의 원로 군지도자 중의 한 사람이 되었다. 국무원 부총리, 국방위원 회 부주석 등을 거쳐 1959년 여산회의에서 모택동을 적극 지지, 팽덕회를 축 출하고 후임 국방부장이 되어 군내 사상운동을 전개하였다. 모택동과 결탁하 여 문혁을 발동, 유소기, 등소평 등 당권파를 숙청하고, 권력을 장악하였으나, 후계자의 꿈을 키우다가 결국 모택동에 의해 제거되었다.

66) 宋永祐 외, 앞의 책, p. 219; *South China Post*(Hong Kong), 6 October 1967.

67) 孫健, 앞의 책, pp. 285 - 286.

68) 朴斗福외, 앞의 책, pp. 37 - 38.

69) 두 견해의 차이점을 요약하면 다음과 같다. 모택동은 기층간부는 비교적 대중 의 가까이에 있어 지방의 실정을 비교적 잘 알고 있지만, 고급(성급 이상)간 부는 대중 및 지방의 현실로부터 멀리 떨어져 있고, 일상업무 처리에 쫓기고 있기 때문에 성지석 방향을 상실하고 혁명의 최종목표를 간과하기 싶다고 보았다. 때문에 고급간부는 사상이 투철하지 못하고 대중으로부터 이탈될 가 능성이 크다고 하였다. 반면, 유소기는 하급간부는 행정경험이 부족하고 이 데올로기에 충실치 못하며, 조직의 통제범위로부터 멀리 떨어져 있어 사회의 압력에 민감하지만, 고급간부는 경험이 풍부하고 교조주의에 비교적 익숙하 며 규율이 비교적 엄격함으로 사회의 압력을 덜 받는다고 본 것이다. 또 이 들이 높은 지위에까지 올라가게 된 것은 모두 그들의 충성심과 능력의 덕택 이라고 하였다(何漢理, "中共政治中的組織問題: 1969～1975," 國立政治大學國 際關係研究中心, 『第5屆 中美中國大陸問題硏討專輯』, 臺北, 政大國際關係研究 中心, 1976, pp. 58 - 59).

70) 1965년 전국 공·농업총생산액은 1957년에 비하여 80% 증가하였다. 그 중 농 업총생산액은 1957년에 비해 55%, 공업총생산액은 99% 증가하였다 그리고 1963년부터 1965년까지의 공업총생산액은 매년 평균 15.7% 증가하였다. 특히 1965년도 철강생산량은 1957년 보다 1배 이상, 원유도 1957년 보다 6배나 증 가하여 자급의 기반을 마련하였다(中國國家統計局 編, 『中國統計年鑑』, 北京, 中國統計出版社, 1983, p. 16).

71) 1960년 공업과 농업의 비율은 78.2 : 21.8(약 4 : 1)이었으나, 1965년에는 그 비 율이 62.7 : 37.3(약 2 : 1)로 바뀌었다. 다음, 공업내부의 경우도 1960년 경공 업과 중공업 총생산액의 비율이 33.4 : 66.6이었던 것이 1965년 51.6 : 48.4로 바뀌었다. 또 채굴공업과 가공공업의 균형관계도 회복되었다(위의 책, p. 20; 23; 25).

72) 孫健, 앞의 책, p. 319.

73) 1965년 전국 대학생수는 67만 4,000명으로 1957년에 비해 23만 3,000명이 증가

하였다. 과학연구기관은 1955년 전국적으로 800여 곳이 있었는데, 1965년 말에는 1,741개로 증가하였다. 또한 과학기술에 종사하는 사람 수도 1957년의 120만 명에서 1963년에는 230만 명으로 증가하였다(신승하, 앞의 책, p. 215).

74) 제임스 왕 저, 이문규 역, 『현대중국정치론』(인간사랑, 1988), pp. 42 - 43.

75) 이들 죄목에 대해서는 金春明·席宣 共著, 이정남 등 역 『文化大革命史』, (마누와 숲, 2000) 참조.

76) 강청(1914~1992)은 산동성의 한 빈곤한 가정에서 태어나 연극배우가 되어 주로 진보적인 문예선전활동에 참가했으며, 청도대학에서 방청할 정도로 상당히 학구적인 면도 있었다. 1933년 중국공산당에 가입하였고, 중일전쟁시기 연안에서 모택동과 결혼하였다. 이때부터 강청(原名 李雲鶴, 藝名 藍苹)이라는 이름을 썼다. 당시 모택동은 장정을 함께 한 부인과 이혼한 상태였으며, 그 둘의 결혼은 강청과 동향 친구인 강생을 제외한 많은 원로 지도자들의 계속된 반대를 받아온 것으로 알려져 있다. 해방 직전까지 연안의 중앙당교, 노신(魯迅)예술학원, 마르크스·레닌주의학원 등에서 활동하였다. 건국 후에는 주로 극좌적 사조의 문예활동에 심취하다가, 1960년 초기 북경에서 비로소 임표에 찬동하고, 예술부문에 있어서 그녀의 견해를 주장하기 시작했다. 1965년에는 요문원으로 하여금 吳含의 『海瑞罷官』을 공격하는 글을 쓰게 하여 문혁에 불을 지폈으며, 문혁기간 중에는 중앙문혁소조 제1부조장·조장대리 그리고 중앙군사위원회 문혁소조 고문직에 있었다. 1976년 모택동 사망 때까지 4인방을 결성하여 중국을 권력투쟁의 소용돌이 속으로 몰아넣었다. 그러나 1976년 10월 요문원, 장춘교, 왕홍문 등과 함께 섭검영과 왕동흥 및 화국봉 등 연합세력에 의해 체포되었다. 1977년 7월, 10대3중전회에서 모든 직무를 박탈당하고, 1981년 사형을 선고받았으나 무기형으로 감형(1983)되어 복역 중 자살하였다.

77) 당시 당 중앙위원회와 중앙서기처의 기능이 사실상 중지된 상태였기 때문에 이때부터 바로 이 중앙문혁소조가 모택동의 직접 지시를 받는 당의 가장 권위 있는 기관으로 기능하였다(Lowell Dittmer, "The Cultural Revolution and the Fall of Liu Shao - Chi," *Current Scene*, Vol. XI, No. 1 January 1973, pp. 1 - 13.

78) 1968년 9월 5일까지 29개 1급 행정구에 성립된 혁명위원회의 주임 가운데 21명이 군인이었으며, 나머지 8개 혁명위원회 중 6명도 성군구 정치위원이었다. 단지 천진시와 섬서성만이 군과 관련이 없는 당간부였다(中國國民黨中央委員會 第6組 編印, 『匪黨各級新建黨委會研析』, 臺北. 1972. pp. 6 - 8).

79) 1969년 <中國共産黨章程> 총강.

80) 위 <당장> 제1조.

81) 위 <당장> 제9조.

82) 중앙위원회 위원의 경우 81%가 교체되었다. 이는 8기의 60%에 비교할 때 엄청난 변화라 하겠다(본서 제4장 제2절 <표4 - 2> 참조).

83) 중앙위원회 위원들의 경우도 당·정부 지도자들은 8기의 64.7%에서 27.6%로 급하강한 반면, 군간부 출신은 8기의 28.2%에서 44.1%로, 대중지도자 역시 7.1%에서 28.3%로 급팽창하였다(본서 제4장 제2절 <표 4 - 2> 참조).

84) 중앙위원회의 경우도 정위원 175명 중 혁명지도간부 57명, 해방군간부 74명, 대중조직대표 37명, 기타 5명이었으며, 후보위원의 경우 혁명지도간부 20명, 해방군간부 49명, 대중조직대표 22명, 기타 18명으로 구성되었다.

85) 진백달은 원래 모택동의 정치비서로 모의 신임을 받고 성장한 인물이다. 그러나 진백달은 1970년 8월 여산에서 열린 9대2중전회에서 임표와 운명을 같이 하기로 결심한 것으로 전한다. 진백달이 일단의 정치장교들과 임표의 후계를 정당화하려는 음모를 꾸미다가 조사를 받는 불명예를 안게 된 사건이나, 1971년 3월 언론매체로부터 '선동적인 정치사기꾼'의 일원으로 공격을 받았던 일들이 이를 증명해 준다(Witold Rodzinski, 신용철·신정현 공역, 『현대중국정치사 1949~1986』, 탐구당, 1990, pp. 171 - 172 참조).

86) 聶榮臻, 『聶榮臻懷憶錄』 3卷, 北京解放軍出版社, 1984; 강경성 역, 이홍영 지, 『중국의 정치 엘리트 - 혁명간부 세대로부터 기술관료 세대로』 (나남출판사, 1997), p. 124.

87) "당의 각급 지도기관은 반드시 무산계급혁명사업 후계자의 조건과 노·중·청 3결합의 원칙에 따라 민주적 협의와 선거에 의하여 구성하여야 한다"고 규정하여 장차 지도권을 계승할 후계자 그룹은 특정 부류가 아닌, 조화로운 성격을 띠어야 할 것을 강조하였다(1975년 <中國共産黨章程> 第5條 참조).

88) 임표사건 이후 임표 일파는 자살하거나 체포되어 숙청당하였다. 혐의를 받고 체포된 이들은 1980년 11월 20일 '4인방'과 함께 재판에 회부되어 1981년 11월 20일에 실형을 선고받았다. 진백달(76세) 18년형, 황영승(70세) 18년형, 오법헌(65세) 17년형, 구회작(66세)은 16년형을 선고받았으며, 강등교는 18년형을 선고받아 정치역정이 마감되었다.

89) Robert A. Scalapino, "The CCP's Provincial Secretaries," *Problems of Communism*, Vol. 25, July - August 1976, p. 27.

90) 1980년 2월 11대5중전회에서 이들 4인방과는 다소 소원했던 문혁 수혜세력인 왕동홍·기등규·오덕과 진석련 등은 화국봉과 운명을 같이 하는 '소4인방'이다.

91) 중앙위원회 위원의 경우도 임표사건 후 임표 일파의 군간부들이 대거 숙청됨으로 인하여 군의 중앙위원회 진출은 9기(44.1%)보다 급감(30.4%)하였고, 이에 대신하여 4인방 세력이 대거 중앙위원회에 진입하였다. 9기 대중지도자 출신 28.3%에서 39.8%로 증가했다. 당·정 간부의 진출은 9기(27.6%)와 큰 차이가 없으나, 혁명경험이 풍부한 구간부들이 9기에 탈락되었다가 평반되어 재선출된 경우도 많았다. 주로 주은래의 추천에 의하여 평반된 자들로서 등소평, 몽고의 실력자 오란부, 8대5중전회 정치국 위원 이정천·담진림, 전군사학원 원

장 이지민(李志民) 등으로서 8기 중앙위원회 위원이었으나, 9기에 탈락되었던 자들이다. 중앙위원회 위원 충원에 있어 4인방 세력은 임표의 제거로 만족할 만한 과실을 얻은 것이다.(본서 제4장 제2절 <표4 - 2> 참조)

92) 강경성 역, 앞의 책, p. 134.

93) 『人民日報』, 1978年 3月20日; 이에 대한 상세한 해설은 강경성 역, 앞의 책, p. 73 참조.

94) 『人民日報』, 1972年 4月 24日.

95) 화국봉은 1921년 산서성의 한 빈농의 아들로 태어났다. 그는 중일전쟁기간 중 중국공산주의 혁명에 참가하면서 해방구의 초급간부로 성장하였다. 1949년 신중국 성립 이후 그는 모택동의 고향인 호남성의 말단 당·정 부서의 서기에서부터 시작하여 1959년 여산회의 후 호남성 당위원회 서기처 서기의 지위에까지 올랐다. 문혁 중인 1969년 당 중앙위원에 당선되어 호남성 당위원회 제1서기가 되었다.

96) 섭검영(1897~1986)은 광동성의 한 상인가 출신으로 雲南講武堂에서 2년간 무술연마과정을 수료하였다. 광주의 황포군관학교 창설멤버로서 교수부 부주임을 거쳐 1926년 국민혁명군 사단장으로서 북벌전쟁에 참가하기도 했으나, 1927년 장개석이 상해에서 노동자·농민을 대량학살하는 사태가 벌어지자, 그는 장개석에게 반대하는 입장을 밝힌 다음 중국공산당에 입당하였다. 1928년 소련으로 들어가 모스크바에 있는 공산주의노동대학에서 2년간 학습한 후 1930년 귀국한다. 1931년부터 총참모부장의 직책으로 대장정에 참가, 장정 중 장국도와 모택동의 노선대립이 일자, 모택동 편을 들어 당 중앙을 보호하는 방패막이 역할을 하였다. 1936년 '서안사변' 후 섭검영은 공산당 전권대표인 주은래를 도와 장학량·양호성 및 장개석과 담판하여 제2차 국공합작을 성공시키는 데 일익을 담당하였다. 중일전쟁 중 팔로군 총참모장이 되어 무한·중경 등지에서 당의 통일전선공작을 지도하였다. 1941년에 연안으로 돌아와 중앙군사위원회 총참모장이 되어 모택동과 주덕 등 최고 군사통수권자의 작전을 도왔다. 일본이 항복하고 국공전쟁이 계속되자 섭검영은 주은래를 수석으로 하는 공산당대표단의 일원이 되어 국민당과 중경에서 정전담판을 추진하였다. 1946년~1949년 신중국 성립 직전까지 중앙의 명에 따라 총참모장으로서 공산당 협상 대표로서 중국해방을 위한 마무리 역할을 하였으며, 북경을 탈환한 후 북평(경)시장이 되었다. 1949년 9월 건국 전야, 마지막 남은 국토의 해방을 위해 당 중앙 화남분국 제1서기로 전보되어 1954년까지 고향인 광동의 당·정(광동성인민정부 주석)·군(화남군구 사령관) 지도자로 재직하였다. 1954년 국무원의 개각이 있자, 섭검영은 그의 군사지도력을 인정받아 인민정부혁명군사위원회 부주석·국방위원회 부주석·해방군 감찰부장·훈련총감부 부장대리 등 군사요직을 맡아 북경에 입성한다. 그리고 1955년 중국군 최고의 영예인 원수계급을 수여 받았으며, 이후 계속하여 군의 고위 직

책을 담당하였다. 1966년 5월 정치국확대회의에서 당 중앙 서기처 서기 및 당 중앙군사위원회 부주석 겸 비서장이 되어 중앙군사위원회의 일상업무를 관장함으로써 군의 최고 실세가 되었다.

97) 『人民日報』, 1977年 2月 7日.

98) 郭華倫, "中共十一大以後的權力構造及其變化," 『第7屆 中美中國大陸問題'硏討會論文集』; 張大雄, "中共政治權力運作之硏究(1978－1992)－中共政治衝突與權力承繼之分析"(臺北, 國立政治大學政治硏究所碩士論文, 1992), p. 103.

99) 위의 논문, p. 104.

100) 북경뿐만 아니라, 지방 특히 광주군구 사령관 허세우 장군, 광주군구 제1정치위원 위국청 장군 등이 등소평의 복권을 지지하여 화국봉파와 격렬한 충돌이 야기되었다. 이때부터 화국봉파와 당·정·군 간부의 연합세력간에는 擁鄧과 反鄧 집단의 분화가 이루어지기 시작하였다(송인영, 앞의 책, pp. 124－125).

101) 李谷城, 앞의 책, p. 131.

102) 『共匪原始資料彙編』 第7號(臺北, 總政治作戰部, 1979), p. 105.

103) 그 조직과 기능에 대해서는 1977년 <中國共産黨章程> 第13條 및 Peking Review 52, 29 December 1978, p. 616 참조.

104) 당 8대11중전회에서 기용되어 9기(문혁)에 숙청되었다가 재기용된 섭영진과 서향전은 신임으로 계산하였음.

105) 이때는 성급 지방 당위 제1서기가 성급 군구 정치위원을 겸직하였다. 상세한 내용은 본서 제3장 제3절 <표3－12> 참조.

106) Parris H. Chang, "Chinese Politics: Deng's Turbulent Quest," *Problems of Communist*, Jan.－Feb. 1981, pp. 1－21.

107) 당 중앙위원의 경우도 전체위원(333명)의 44.4%에 해당하는 148명이 신임이었다. 10기 중앙위원 319명 가운데 114명(37.8%)이 축출되었다. 중앙위원(정) 201명 가운데 85명이 문혁 희생자들이며, 호요방, 만리를 포함하여 이들 중 다수가 등소평과 밀접히 연계되어 있는 인물들임을 주목할 필요가 있다. 특히 등소평의 심복인 호요방이 당의 요직인 중앙조직부장(당·정·군의 주요 인사업무를 관장)에 임명됨으로써 등소평일파의 세력확장에 결정적 역할을 할 수 있는 위치에 있었다.

108) '實事求是'의 원뜻은 "연구를 할 때는 반드시 충분한 사실의 근거를 찾아서 그러한 사실에 근거하여 진실된 결론을 도출하여야 한다"는 것이다(『漢書』 <河間獻王傳>篇). 중국의 현실정치에 있어서 모택동은 마르크스·레닌주의를 중국의 현실에 변용하는 그의 <실천론>에, 그리고 등소평은 모택동의 <실천론>을 원용하여 모택동의 유산을 청산하고 개혁의 당위성을 주장하는 명분으로 '실사구시'를 내세웠다.

109) 제5기 전인대에서 화국봉은 보고를 통하여 국가가 계속 신약진하여야 할

것을 제창하였다. 보고의 중점은 경제의 가속화를 위한 계획과 지표로써, 1978년부터 1985년까지 8년 동안 농업 총생산은 연평균 4~5%, 공업 총생산은 연평균 10% 이상으로 잡고, 공업생산량은 과거 28년 동안의 생산량을 초과토록 하였다. 그리고 국가재정수입과 기본건설투자는 과거 28년 동안의 총액과 같게 끌어올려야 한다고 했다. 요컨대 경제건설의 목표를 과거 28년간의 성과보다 더 성취하겠다는 것이다.

110) 孫健, 앞의 책, pp. 408 - 415.

111) 한 예로 섭검영은 11대3중전회에서 "모택동은 중국공산당 혁명투쟁에서 많은 과오를 범했다. …모택동 사후에도 우리 당의 임무는 성공적으로 수행하고 있다. 이것은 모택동 없이도 우리의 임무를 완수할 수 있다는 것을 증명하는 것이다"라고 말하였다("Yeh Chien - Ying's Talk at the Third Plenum of the 11th CCP Central Committee," *Issue & Studies* Vol. ⅩⅥ, No.5, May 1980, pp.75 - 76). 모택동의 군사사상에 대해서는 서향전 원수, 蕭克 군사학원장, 장정발 공군사령관 그리고 葉飛 해군사령관 까지 비판을 가했다(『人民日報』, 1981年 4月 1日).

112) 인민해방군의 기관지인 『解放軍報』도 '맑시즘의 하나의 기본이 되는 원칙'이라는 제목으로 "실천은 혁명이론으로써 인도되어야 하며 이론의 지도가 없는 실천은 맹목적인 실천이다. 마르크스 레닌주의, 모택동사상은 우리가 활동하는 데 있어서 없어서는 아니 될 지침이다. …그러나 마르크스 레닌주의, 모택동사상 그 자체는 실천에 의해 검증되어야 한다"고 주장함으로써 등소평의 <실천론>에 동조하는 입장을 견지하였다(『解放軍報』, 1978年 6月 24日).

113) Huang Jung - Yueh, "Military Cadre Problems," *Studies on Chinese Communism*(15 August 1980), p. 117.

114) 1981년 6월 당 11대6중전회는 <건국이래 당의 약간의 역사문제에 관한 결의>를 통하여 11대3중전회의 역사적 의의를 다음과 같이 총결하였다. 谷連瑞, "中國共産黨十一屆三中全會," 田克勤·于文藻 主編, 앞의 책, PP. 560 - 562.

115) 호요방(1915~1989)은 주로 공산주의청년단에서 성장한 친 등소평계 인사로 한 때 등소평의 후계자로까지 지목되었던 개혁 지향적인 인물이다. 호남성의 한 가난한 농가에서 태어난 그는 14세 때 정강산으로 들어가 홍군의 유명한 小紅鬼가 되었다. 1934년 공청단(1949년까지 사회주의청년단)의 중앙비서장으로 장정에 참가하였으며, 장정 후에도 공청단 간부로 활약하였다. 중일전쟁 중 항일군정대학(제2기생)을 졸업한 후 모교에 남아 정치부 부주임을 맡았다. 그후 계속해서 군대의 정치장교로 일했다. 즉 당 중앙군사위원회 정치부조직부장(군위 주석 모택동, 정치주임 王稼祥), 제18집단군 총정치부조직부장, 진찰기군구(사령관 겸 정치위원, 섭영진) 제4종대 정치위원

(사령관 楊成武) 등 나중에 제2야전군이 된 부대에서 등소평 직속의 고위 정치군인으로 근무했다. 신중국성립 후, 호요방은 사천성에서 과도적 지방 행정 책임자로 3년을 보내고 1952년 당 중앙청년공작위원회 제1서기가 되어 북경에 진입하였다. 그 후 1950년대 초중반은 공청단(1957년까지 중국신민주주의청년단) 중앙서기처 서기 등 청년단 고위간부로 활약했다. 1956년부터는 당 중앙위원으로서 다시 한번 당총서기 등소평의 측근으로 일했다. 1965년 말부터 공청단 제1서기의 직무에만 전념하게 되었으나, 문혁이 발발하자 공청단 중앙은 해체되고 호요방의 모든 직위도 해제되었으며, 혹독한 박해를 받았다. 1973년 등소평이 복권되자 호요방도 복권되어 중국과학원 부비서장으로 중국과학원의 재건을 위해 활약했으나 등소평이 1974년 천안문사건의 주모자로 몰려 비판을 받고 실각하자 호요방도 등소평과 운명을 같이했다. 1977년 7월 등소평이 다시 복권되자 호요방도 복권되어 1977년 10월 중앙당교 부교장(교장 화국봉, 제1부교장 왕동흥)이 되어 공안파 계열의 화국봉과 왕동흥을 견제하였고, 12월 당 중앙조직부장이 되어 문혁기에 축출되었던 간부들을 신속히 복권시켜 이들을 정치세력화 하는 데 진력하였다. 1958년 5월 11일에는『光明日報』에 <실천은 진리를 검증하는 유일한 기준>이라는 사설을 통하여 전국적인 진리검증의 논쟁을 벌여 모택동의 절대적 권위를 타파하였다.

116) 문혁때 숙청되었던 양상곤·육정일·왕학수(王鶴首)·유난파(劉瀾波)·유난도(劉瀾濤)·안자문·이창(李昌)·주양(周揚)·홍학지(洪學智)·팽진·장남상(蔣南翔)·박일파 등 친 등소평계의 실무 중진급 인사들이 11대4중전회에서 중앙위원에 보선되었다(『人民日報』, 1979年 9月 29日).

117)『解放軍報』, 1980年 3月 2日.

118) 조자양은 1919년 하남성의 향신지주가에서 태어났다. 그는 중학교를 졸업한 후, 1932년에 사회주의청년단에 가입하여 1938년에 공산당으로 전입하였다. 그 후 그는 주로 당료로서 일해왔다. 1965년 광동성 당위 제1서기에 발탁되었으나, 다음 해에 문혁이 일어나면서 주자파로 몰려 물러났다. 축출된지 4년만인 1971년 복권되었고, 1975년 사천성 당위 제1서기로 임명되어 4인방 제거 후 사천성의 개혁을 성공적으로 추진하여 전국의 모범이 되었다. 정치국 후보위원, 위원을 거쳐, 1980년에 등소평에 의해 중앙정치국상무위원 겸 국무원 총리로 발탁되었다. 특히 조자양은 11기 내에서 정치국 후보위원으로부터 그 상무위원(부주석) 까지 올랐다.

119) Richard D. Nethercut, Leadership in China: Rivalry, Reform and Renewal, 余仁 譯, "中共的領導: 對抗·改革與革新,"『中國大陸研究論文選輯』(臺北, 中國大陸敎學研究資料中心), p. 229.

120) 1980년 11월에서 12월까지 소집된 중앙정치국회의에서는 화국봉으로 하여금 자신이 맡고 있는 당 중앙 주석·중앙군사위원회 주석직을 사임케 하고,

곧 이어 소집되는 11대6중전회에서 승인 받기로 결의하였다.

121) 李谷城, 앞의 책, p. 139.

122) 송인영, 앞의 책, p. 130 참조.

123) 『聯合報』, 1981年 9月 11日.

124) '4항 기본원칙'은 1979년 3월 30일 등소평이 당이론공작회의에서 밝힌 문건 인다(『鄧小平文選 第2卷』 第2版, 北京, 人民出版社, 1994, pp. 158 - 184).

125) 時文之, "中國共産黨 第十二次 全國代表大會," 田克勤·于文藻 主編, 앞의 책, pp. 568 - 570

126) 胡耀邦, "全國開創社會主義現代化建設的新局面", 『紅旗』 18(1982), p. 24.

127) 허세우는 신설된 중앙고문위원회 부주임, 경표는 동 상위 겸 6기 전인대 상무부위원장, 그리고 허세우와 부침을 함께해 온 팽충은 전인대 상무부위원장으로 자리를 옮겼다.

128) 이선념(1909~1992)은 호북성 홍안(紅安)의 한 가난한 농가에서 태어나 1927년의 황마(黃麻)농민폭동에 가담함으로써 혁명의 생애가 시작되었다. 1929년 장국도 휘하 홍4군에 참가하였으나, 장정 후장국도(이전의 상사)와 모택동의 노선대립이 벌어졌을 때 모택동을 적극 지지함으로써 모택동의 충실한 지지자가 되었다. 그곳에서 항일군정대학과 중공중앙마르크스 레닌학원을 수료한 후, 중일전쟁 중 신4군(군단장 진의, 정치위원 유소기) 제5사단장 겸 정치위원으로 승진하였다. 국민당과의 최후의 결전을 벌일 당시에는 유백승 장군(제2야전군)의 부관으로서 정치위원 등소평 등과 대별산구에 진입했으며, 건국 후 1949~1954년 대부분의 시간을 호복의 당·정·군의 최고지도자 및 중남군정에서 보냈다. 특히 중남군정위원회의 위원 및 부주석, 당 중앙 중남국 제3부서기 재직시는 임표(주석, 제1서기)와 섭검영(대리서기)의 밑에서 주로 중남지역의 경제건설에 헌신했다. 중앙으로 진입한 후 그는 바로 국무원 부총리 겸 재경위원회 부주임(주임, 진운), 그리고 재정부장이 되었으며, 1954년 10월 다시 국무원재무판공실 주임에 발탁되어 재정부·양식부·상업부·대외무역부·중국인민은행과 전국소비자조합을 종합관리하는 재정·무역부문의 사령탑이 되었다. 그는 군력이 화려했지만, 군대의 최고위직에는 오르지 못했다. 그 원인은 일찍이 그가 장국도의 부하였기에 계파를 중시하는 군대 내에서 이미 그 기반을 잃었기 때문이다.

129) 팽진은 1902년 산사성에서 태어나, 1929년까지 북경·천진·하북성 등지에서 노동운동과 학생운동을 지도하였다. 1929년 당내 분쟁문제에 연루되어 10년형을 선고받고 장정이 끝난 1935년에 출옥하였기 때문에 장정에 참가하지 못했던 지도자 중의 한 사람이다. 출옥 후 당 중앙 북방국 조직부장에 임명되어 서기 유소기를 도와 화북지역의 백구의 지하공작을 지도하였다. 1945년 당 중앙 조직부장을 거쳐 동북국 서기 겸 동북민주연합군 정치위원이 되어 건국의 1등 공신이 되었다. 해방과 동시에 북경시 당위 서기

로 입경하여 17여 년간 북경의 당·정 지도자로 군림하였다. 당 7 - 8기 중앙서기처 서기, 정치국 위원이 되어 최고지도층에 진입하였으나, 문혁 때 유소기, 등소평 등과 함께 주자파로 몰려 심한 박해를 받았다. 4인방 제거와 동시에 복권되어 <82헌법>제정을 주도하였고, 제6기 전인대 상무위원장에 올라 개혁입법의 제도화에 기여한 바 크다.

130) 鄧小平, "關於思想路線上的問題的談話." 『中共11屆3中全會以來中央首要講話及文件選編(上)』(臺北, 中央研究雜誌社, 1984), p. 879.

131) 1982년 <中華人民共和國憲法> 第15條 참조.

132) 吳國衡, 앞의 책, pp. 139 - 148.

133) 위의 책.

134) 진운(1905~1996)은 상해에서 태어나 소년시절 상해상무인서관 식자공으로 일한 노동자 출신이다. 1925년 공산당 입당 후 유소기 등과 노동운동을 주도했다. 장정 참가 후 변구근거지에서 재정경제처 주임으로 활약한 경제통이다. 1948년 전국 총공회 주석이 되었고, 건국 후에는 구무원 부총리 겸 재정경제위원회 주임을 맡아 중국 정부재정의 총설계자적 역할을 했다. 문혁 중 모든 직위를 박탈당했으나, 개혁이후에는 등소평과 함께 중국 정치경제를 이끈 양대 산맥이다. 보수파의 대부로 개혁·개방은 지지하나 사회주의체제의 테두리를 벗어나서는 아니됨(鳥籠經濟)을 강조하였다. 그의 인맥은 요의림 - 송평 - 이붕 등으로 이어지는 국가계획위원회 출신들이 주류를 이루고 있다.

135) 朱厚澤, "文化氣氛和文化開放", 『新華文摘』 第8期(月刊)(北京, 人民出版社, 1986), p. 312; 朱厚澤, "關於思想文化的幾點思考," 『新華文摘』 第9期(北京, 人民出版社, 1986), p. 114.

136) 왕진·송임궁·허세우·박일파는 당 중앙고문위원원회 부주임(주임, 등소평)으로 자리를 옮겼다. 그리고 섭검영·사향전·섭영진 등 군 원로의 경우 중앙군사위원회(주석, 등소평) 부주석직은 그대로 유지하였다.

137) 송인영, 앞의 책, p. 147.

138) 이 밖에 위건행, 정관근, 이철영, 지호전, 전기침 등 현(15기) 중앙정치국 위원 및 중앙군사위원 傅全有, 공안부장 賈春旺 등이 이때 중앙위원에 발탁되었던 인물이다. 교체된 중앙위원회 위원과 후보위원의 명단은 劉金全·沈學明 主編, 『曆屆中共中央委員人名詞典』(北京, 中共黨史出版社, 1992), p. 15 참조.

139) 曾永賢, "胡耀邦下台與中共黨內權力鬪爭", 『第14屆中·日'中國大陸問題'研討會論文』, p. 38.

140) 兪雨霖, "中共13大後的思想·政策暨權力動向: 評估與展望", 『中國大陸研究』 第30卷 第6期(1988), p. 10.

141) 吳家安, 『中共政權四十年的回顧與展望』 (臺北, 國立政治大學國際關係研究中心, 1991), p. 56.

142) 張結鳳, "二至六號文件揭示當前形勢,"『百姓』 第138期(香港, 1987. 1), p. 4.

143) 위의 논문.

144)『北京日報』, 1987年 1月 17日.

145)『文匯報』, 19877年 4月9日.

146) 張大雄, 앞의 논문, pp.117 - 118.

147) 曾永賢, 앞의 논문, pp. 40 - 41.

148) 吳家安, "胡耀邦下台的原因及其影響", 『中國大陸硏究』 第29卷 第11期(1988. 5), p. 11.

149) 趙懿, 『趙紫陽傳』(香港, 文化敎育出版社, 1988), p. 235.

150)『人民日報』, 1987年 1月 19日.

151) 위의 자료.

152)『人民日報』, 1987年 3月 26日.

153) 中共中央書記處硏究室 編,『保持改革・開放・搞活』(北京, 人民出版社, 1987), pp. 384 - 385.

154) 李谷城, 앞의 책, p. 154.

155) 兪雨霖, 앞의 논문, p. 7.

156) 양상곤(1907~1997)은 사천성의 부유한 대지주의 가정에서 태어났다. 형제 모두가 상해 또는 해외에서 고등교육을 받았으며, 양상곤은 상해대학을 거쳐 모스크바 중산대학에서 유학한 엘리트다. 등소평과 동향일 뿐 아니라, 같은 소련유학파 동학으로서 중앙판공청 주임시절 중앙서기처 총서기 등소평과 상호 신뢰하는 긴밀한 사이었다. 그러나 성장일로에 있던 그는 문혁으로 정치생명을 잃게 된다. 그러나 4인방 타도 후, 등소평이 권력을 장악하자 양상곤은 당 중앙위원(11대4중전회), 전인대 상무부위원장(1980), 중앙군사위원회 상무위원 겸 비서장(1981) 등을 맡아 잃었던 명예를 하나 하나 회복하였다. 등소평 정권의 군내 최실세로 한때 등소평의 후계자로 예측되기도 했다. 양백빙과는 이복형제 또는 사촌간의 관계라고 한다.

157) 만리는 1916년 공자의 고향인 산동성 곡부의 가난한 농가에서 태어나 곡부(曲阜)사범학교를 졸업했다. 1949년 등소평 휘하 제2야전군을 따라 양자강 도하 작전에 참가하면서 등소평과 인연을 맺었으며, 문혁이후 등소평과 운명을 같이 한 등소평의 4동동지(晉魯豫, 남경, 서남 및 북경에 함께 일한 동지)로서 끝까지 등소평에 대한 의리를 버리지 않았던 사람이다. 만리를 서남에서 북경으로 끌어올린 것도, 문혁후에 철도부장으로 발탁한 것도 모두 등소평이다. 4인방 몰락후 등소평에 의해 안휘성 당・정・군 1인자가 되어 인민공사의 비능률성을 타파하고 책임생산제를 실시하여 사천성의 조자양과 함께 개혁의 모범지도자가 되었다. 1979년 만리는 호요방・조자양・馮文林 등과 함께 등소평의 <實踐檢驗眞理論>을 지지, 당내 극좌파의

공격을 격퇴하는 등 등소평의 심복역할을 했다. 1980년 이러한 그의 공을 인정받아 당 중앙서기처 서기, 국무원 부총리에 발탁되었고, 조자양과 함께 국가농업위원회 주임을 겸직하면서 중국농업개혁의 견인차 역할을 하였다. 만리는 인맥 못지 않게 유능하고 활동적인 행정가이기도 하다.

158) 이붕의 상세한 프로필은 본서 제4장 제1절 참조.

159) 사회주의 초급단계이론은 두 가지 의미를 포함하고 있다. 하나는 중국은 이미 사회주의국가이므로 반드시 이를 견지하고 사회주의를 벗어날 수 없다는 것이다. 또 다른 하나는 중국은 아직 사회주의 초급단계에 처해 있으므로 반드시 현실적 상황에서 출발하여야 하지 이 단계를 뛰어 넘을 수 없다는 것이다. 즉 자본주의의 충분한 발전단계를 경유하지 않고 사회주의의 길로 간다는 것은 우경착오의 중요한 근원이 되며, 생산력의 거대한 발전 없이 사회주의 단계를 넘어간다는 것은 공상론으로 좌경착오의 근원으로 보았다(상세한 내용은 본서 제3장 제1절 참조).

160) 李谷城, 앞의 책, p. 162.

161) 『文匯報』, 1989年 5月 18日.

162) 김정계(1994), 앞의 책, p. 23.

163) 李谷城, 앞의 책, pp. 162 - 167 ; 李北光, "中國共産黨十三屆四中全會", 田克勤·于文藻 主編, 앞의 책, PP. 582 - 585.

164) 이 밖에 고르바초프에게 당의 기밀을 누설하였다는 죄목도 첨가되었다(金凝, "中共'溫合派'處理民運的態度及未來動向,"『中國大陸硏究』 第32卷 第2期, 臺北, 1990. 8, p. 17).

165) 龍飛, "對中共中央領導班子重要成員之分析,"『匪情硏究』 第33卷 第8期(臺北, 1989), pp. 34 - 35.

166) 金泰龍 譯, 王兆國·吳國光 著,『鄧小平 이후의 中國』(朝鮮日報社, 1994), pp. 23 - 24.

167) 강택민의 상세한 프로필은 본서 제4장 제1절 참조.

168) 강택민의 기용 배경에 대해서는 김영화,『강택민과 중국정치』(도서출판 문원, 1997), pp. 188 - 190.

169) 김정계,『중국의 최고지도층 - Who's Who』(평민사, 1990), p. 75.

170) 川島弘三, "天安門事件以後的黨·軍動向". 趙倩 主編,『鉅變與未來 - 1989年之後的中國大陸情勢』(臺北, 國立政治大學國際關係硏究中心, 1990), p. 24.

171) 13대4중전회는 '4항 기본 원칙'은 '立國之本'으로 반드시 추호도 동요되지 않고, 시종일관하여 견지할 것을 강조하는 한편, '개혁·개방'은 '強國之路'라 하고 이를 반드시 흔들리지 않고 관철시켜 절대로 과거와 같은 쇄국의 길로 회귀하지 않게 하여야 할 것을 강조하였다(李谷城, 앞의 책, pp. 163 - 164).

172) 위의 책.

173) 이 시기 주요 정책내용은 대외경제정책연구원, 『中國便覽』(대외경제정책연구원, 1994), p. 278 - 282 참조.

174) 김영화, 앞의 책, pp. 213 - 214 참조.

175) 1992년 <中國共産黨章程> 總綱편 참조.

176) 汝懷之, "中國如何鼓定'七大常委,' 鄧公欲建'硬政軟經'模式," 『鏡報』 284期(香港, 鏡報文化企業有限公司, 1992, 11), p. 46.

177) 주용기의 상세한 프로필은 본서 제4장 제1절 참조.

178) 교석(1924~   )은 절강성 정해(定海)현 출신으로 화동연합대학 문학부를 중퇴하였다. 1940년(16세) 이후 중공 상해 중학교 학생운동(오학겸·강택민 등은 그의 하속)을 주도하였다. 건국 후 계속 청년공작 및 당 중앙 대외연락부에 근무하였고, 1978년 3월 이후, 당 중앙 대외연락부 부부장·부장, 12대 중앙위원 및 중앙서기처 후보서기를 거쳐 1983년 8월 당행정의 핵심인 당 중앙판공청 주임(후임, 王兆國)으로 발탁되었다. 1984년 이후 다시 당 중앙 조직부장, 당 중 앙정법위원회 서기가 되고 중앙정치국 위원 겸 중앙서기처 서기로 승진하였다. 1986년 중앙기율검사위원회 서기, 중앙당교 교장 등 요직을 겸직하면서 중앙정치국 상무위원에 승진하였다. 교석이 조직부장으로 재임한 15개월은 바로 중국에 대규모의 간부 노, 청 교체가 이루어진 아주 중요한 시기였다. 따라서 교석은 곳곳에 자기 사람을 심을 수 있었다. 중앙당교 교장 역시 조직부장 다음으로 각계에 인맥을 형성할 수 있는 요직이다. 따라서 당내에서 교석만큼 인맥이 두터운 자도 드물다. 그는 매사에 주도면밀하고 세심한 주의를 기울여 정성을 다하는 성격으로 자체의 힘으로 한걸음씩 중국 권력의 핵심에 진입한 인물이다. 그는 6·4 진압문제에 있어 양상곤·양백빙 형제의 강경책에 대하여 미온적인 태도를 취했으나, 이붕과 조자양간의 권력투쟁에서는 침묵을 지키며, 노동지들이 제시한 일치된 의견 및 소위 정치국의 '집단결의'에 따랐다. 막강한 힘과 인맥을 갖고 있는 그도 당 15대에서는 권력의 핵심에서 밀려났다.

179) 榮毅仁의 사회적 배경에 대해서는 김정계(1994), 앞의 책, pp. 268 - 267 참조.

180) 1993년 <中華人民共和國憲法>의 특징에 대해서는 張公子, "第8期 全人大 憲法의 特徵", 『中國硏究』 제1권2호(재단법인 大陸硏究所, 1993 여름), pp. 7 - 28; 김정계, "전환기 중국 정부경제관리체제의 개혁," 『지방정부연구』 창간호(부산경남울산제주행정학회, 1997), pp. 233 - 234 참조.

181) 현행 <中華人民共和國憲法> 序言 참조.

182) 김영화, 앞의 책, p. 242.

183) 두 사람은 또 1995년 3월 국무원 부총리를 겸직, 각각 국영기업개혁, 농업개혁의 업무를 관장하였다.

제3장

신 강택민 정권[1]의
지도 이데올로기와 권력구조

제1절 중국공산당의 지도 이데올로기

현행 <당장>과 <헌법>상 중국공산당의 지도 이데올로기는 마르크스·레닌주의와 모택동사상, 그리고 등소평이론이다. 즉 현행 <당장>과 <헌법>은 종전의 마르크스·레닌주의와 모택동사상에 등소평이론을 첨가하여 중국공산당의 행동지침으로 삼고 있는 것이다.

사회주의국가에 있어 지도 이데올로기는 일반적으로 공산당 혹은 노동당의 <당장>이나 <헌법>에 명시되어 있다. 중국의 경우도 중국공산당의 지도 이데올로기는 당의 최고 행위 규범이며, 당내 정치생활과 당내관계의 기본 준칙인 <당장>[2]이나 향후 정책노선의 방향을 제시하는 최고지도자의 <정치보고>[3] 및 <헌법>에 명시 내지 천명된다. <당장>과 최고지도자의 <정치보고>는 당 전국대표대회에서 결정되거나 수용되며, 전국대표대회는 주로 당내 계파간의 권력투쟁을 마무리하는 단계에서 개최된다. 때문에 <당장>에 명시된 지도 이데올로기는 바로 권력투쟁의 산물이며, 향후 정책노선의 틀이다.

1. 중국공산주의 이데올로기의 속성

이데올로기는 어떤 행위를 지지하고 주장하는 신념체계로써, 정치적 관점에서 보면 한 정권의 진로를 결정하는 근본적인 힘이며, 사회가 추구하는 목표와 그 목표에 도달하는 수단의 틀이다. 또한 정치 이데올로기는 적과 동지를 구분하는 엄격한 양단논법을 존재로 일정한 정치사회적 활동을 위하여 사전에 계획된 정치적 목표와 미래의 사회상을 조직적으로 주입시키고 사회적 통합과 분열이 교차되는 가운데, 사회구성원들에게 일정한 방향을 제시해주는 이념체계이다.[4]

이러한 이념체계는 어떠한 속성으로 구성되어 있는가. 월러서(Anthony Wallace)는 사회주의 정치 이데올로기를 유토피아적 최고이념으로서의 목표문화(goal culture)와 그 목표문화에 도달하기 위한 정책규범이나 조치들인 전이문화(transfer culture)로 나누고 있다.[5] 목표문화는 이상사회에 대한 청사진을 제시하는 이데올로기로, 기존의 문화나 이데올로기를 부정하거나 옳지 못한 것으로 간주하면서 더 나은 미래사회는 어떠한 형태인가 하는 것을 제시한다. 반면에 전이문화는 기존문화와 목표문화를 연결해주는 전달체계로써 기존문화를 목표문화로 전이시키는 역할체계로써의 성격을 갖고 있다. 공산주의적 이데올로기의 목표문화는 현실과는 대조되는 궁극적인 미래상을 제시함으로써 혁명적 당의 활동에 목적성을 부여하고 혁명당의 대항세력에 대한 강제와 폭력행사를 정당화하는 역할을 한다. 한편 전이문화는 혁명 지도자들이 목표문화를 위하여 취해야 하는 정책형성의 규범적 역할을 하게 된다.[6] 전이문화는 바로 거의 실현 불가능한 목표문화와 현실간의 가교 역할을 하며 전 자원을 동원하는 구체적 방법을 제시하게 된다. 이러한 이데올로기 체계의 이원화는 목표문화의 사상적 순수성(purity)과 진리성을 보존하면서 전이문화를 통하여 그때그때의 현실에 따른 새로운 해석이나 행동강령을 만들어낼 수 있게 함으로써 이데올로기의 고정성, 보수성을 보완해준다.

서만(Franz Schurmann)의 순수 이데올로기(pure ideology)와 실천 이데올로

기(practical ideology)도 이와 맥을 같이 하는 개념분류이다. 셔만은 이데올로기를 관념과 행동의 연결체계로 파악하여 그 연결체계가 간접적인가 또는 직접적인가에 따라 순수 이데올로기와 실천 이데올로기로 분류하였다. 순수 이데올로기가 가치에 관한 것이라면 실천 이데올로기는 처방, 즉 어떤 행동이 타당한가에 대한 규범을 제시해주는 행위지침이다. 따라서 순수 이데올로기는 실천 이데올로기의 상위개념이고, 실천 이데올로기는 순수 이데올로기의 하위개념으로서, 순수 이데올로기 없이 실천 이데올로기는 정당화될 수 없고 실천 이데올로기 없이는 그 세계관과 이상을 일관된 행동으로 옮길 수 없다. 셔만은 중국 공산주의체제가 분명히 마르크스주의를 체제정당성의 기초로 하고 있다는 점에서 마르크스·엥겔스의 변증법과 사적 유물론을 순수 이데올로기로 보고 있으며, 이러한 이데올로기를 각각의 시대와 상황에 적용한 레닌의 당 이론과 제국주의이론, 그리고 모택동 사상을 실천 이데올로기로 분류하고 있다.7)

그러면 이러한 속성의 이데올로기는 중국 정치체제에 어떠한 기능을 하고 있는가. 일반적으로 이데올로기는 정치체제에 대하여 정치적 안정을 가져다줄 뿐만 아니라 지배자의 의도적 변화를 가능하게 해주고, 그 체제에 대한 충성심은 물론 지배의 정당성을 가져다주는 기능을 하고 있다.8) 특히 사회주의체제하의 이데올로기는 구체제 인사의 숙청, 새로운 가치체계의 확립, 급속한 산업화의 추진과 이를 위한 대중동원, 토지개혁과 산업의 국유화와 같은 급격한 사회변혁의 추진, 주위 적대세력으로부터의 자기방어 등을 위해 지배의 정당성이나 체제의 일체감을 더욱 강조하며, 대중동원에 주력하게 된다. 따라서 사회주의체제에서의 이데올로기는 그 체제의 기반이 되며, 체제를 가동시키는 원동력이라 할 수 있다.

솔로몬(Richard Solomon)은 과거 중국공산당은 이데올로기의 기능을 이용하여 혁명활동을 전개하였다고 하고, 그들 이데올로기의 기능으로 정당화의 기능(legitimacy), 일체화의 기능(Identity), 결속화의 기능(solidarity), 선동의 기능(agitation), 커뮤니케이션의 기능 및 목표의 명확화 기능(goal-specification) 등을 들었다. 그리고 혁명의 단계에 따라 강조하는 기능에 차이가 있었다고 했다.9) 중공은 마르크스·레닌주의, 모택동사상을 실현하는 노선에는 변함이 없었으며, 비록 정세의 발전과 객관적 환경의 변화로 인하여 변화가 필요할 때도 단지 마르크스·레닌주의와 모택동사상 속에서 이론적 기초를 찾아 그 변화를 변호할 뿐이다. 따라서 마르크스·레닌주의와 모택동사상은 현대 중국 공산주의의 가장 대표적이고 체계적인 이데올로기이다. 그들은 현행 중국정치제도와 통치행위를 변호해줄 뿐만 아니라, 중국인민의 일체의 행위를 통제하고, 그에 의거하여 중국의 과거 역사를 해석하며, 중국 미래의 발전방향을 제시한다.10) 때문에 중국의 노선과 정책은 이데올로기의 산물이다. 현대 중국 정치지도자들이 이데올로기 영역의 투쟁을 아주 중시해온 까닭도 여기에 있다.

이처럼 중국의 이데올로기는 일종의 전제적인 이데올로기이기 때문에 정치적 갈등 및 정책과 권력의 운용과정에서 다음과 같은 특수한 기능을 해왔다.

첫째, 정치적 정당성의 근거를 제공해준다. 어느 한 체제를 유지하는데 있어서는 반드시 인민의 지지가 있어야 한다. 그 지지는 외부적인 행동의 지지와 내재적인 의식의 지지를 포괄한다.11) 비록 무력에 의한 위협과 공포로 건립한 전제국가일지라도 이같은 지지는 필수적이다. 이데올로기는 정치체계의 운용을 위해 합리적인 해석과 지지를 가능케 하고, 통치자의 권력행사를 합리화 시켜주는 것으로 볼 수 있다. 즉, 강제적인 권위를 합리적인 권위로 전화시켜 인민들로 하여금 그것을 정당한 것으로 인식하여 스스로 복종하게끔 해서 지도층의 지배를 정당화하는 근거이다. 중국과 같이 선거(민의)에 의한 합법적·합리적 정통성의 근거를 결여하고 있으면서도 인민에 대해 일방적인 통제를 하는 공산당 일당독재 정권에서는 자연히 그 권위를 지지하는 하나의 신화(myth)가 더욱 필요하다. 그러므로 정치 엘리트의 통치(정권)하에서는 더욱 고도로 통치를 합리화하는 근거로써 이러한 자아 선택(self-selected)과 자아 불후(self-perpetuating)가 필요하게 된다.12) 이데올로기는 바로 이렇게 정치권력을 정당화, 합리화하는 기능을 한다.

둘째, 권력투쟁을 엄호하는 도구로써의 기능을 한다. 정치권력이 이데올로기를 기초로 하여 창출되었을 경우, 권력을 유지할 필요에 의하여 이데올로기를 쉽게 수정하거나 조정되는 것은 용인되지 않으며, 이데올로기를 더욱 공고히 견지할 때 지도자의 권력은 더욱 견고하고 안정될 것이다. <당장>과 <헌법>에 이데올로기를 명기하는 것도 그러한 이유에서다. 그러나 이데올로기가 장기적으로 변화하지 않고 지속되면 현실과 유리되고, 권력자의 타락현상도 발생할 것이다. 그런데도 중공내 권력자간에는 이데올로기에 대한 충성 또는 상호 쟁탈로써 자기 권력의 정당성을 증명해왔다. 그래서 일단 이데올로기를 실제 권력영역에 접목하여 실행할 수 있으면 그 이데올로기는 실제의 정치권력으로 변하게 되고 그 이데올로기의 해석권을 장악한 사람이 정치적 권위의 정당성을 부여받았다. 따라서 이데올로기는 중국 정치권력 투쟁의 필수요건 중 하나였다.[13] 과거 중공의 이데올로기 전변시기에 있어서는 반드시 이데올로기의 해석권에 대한 쟁탈을 놓고 권력투쟁이 발생하였다. 그 목적은 이데올로기에 대한 해석을 통하여 자기를 대신하여 현행 정책의 지지 혹은 반대에 대해 변호를 하고 이데올로기를 이용하여 상대방을 제압하여 탈권을 행함으로써 권력의 우위를 점하는 데 있었다. 이처럼 바로 중공의 이데올로기는 권력투쟁을 엄호하는 기능을 해왔다.

셋째, 계파를 변별하는 도구적 기능을 한다. 중국의 정치는 정책보다 이데올로기를 강조해왔다. 계파정치 속에서의 이데올로기는 정책보다 상위에 있기 때문에 정책은 이데올로기의 하위 개념으로 통용되고 있다. 즉 이데올로기는 정책의 큰 틀이다. 그러나 중국 정치 엘리트들의 이데올로기에 대한 인지와 몰입(commmitment)의 정도가 하나 같지 않기 때문에 정치 엘리트간의 갈등이 생기고 갈등 후 구성되는 엘리트군은 연쇄적으로 정책의 변화에 영향을 미친다. 이처럼 이데올로기의 문제는 아주 민감하여 통상적으로 계파간 권력투쟁의 도화선이 되며 계파내부 결속(일체감 형성)의 기초가 된다. 중국의 과거 경험으로 볼 때, 계파간 갈등은 이데올로기적 공세를 통하여 자기 계파의 권력을 합리화하고 적대 계파의 정책을 부정하는 것으로 변했다. 그러므로 중국정치 속에서 이데올로기의 분기는 권력투쟁의 전주곡 또는 촉매제의 역할을 하였으며, 분기가 더욱 악화되면 바로 권력투쟁이 발생하였다. 결국 이데올로기는 자기 계파를 옹호하거나 상대 계파를 타도하는 유용한 도구로써 역할을 하게 되었다.

중국정치에 있어서 상술한 세 가지 이데올로기의 역할은 한 가지만이 단독으로 기능하는 것이 아니라, 세 가지가 동시에 밀접한 관련하에 작용해 왔다. 특히 중국정치체제의 특수성과 이데올로기의 독단성은 중공내부에 노선 분기의 근원으로 되고 있긴 하지만, 노선 분기의 변질은 각 계파 지도층이 사회주의의 길을 어떻게 갈 것인가에 대한 정향이 다른 것에 불과할 따름이지, 결코 마르크스·레닌주의를 부정하는 것은 아니다. 다시 말해 이러한 노선 분기는 결코 사회주의와 자본주의로 대표되는 이데올로기의 대립이 아니며, 사회주의의 건설과정에서 각기 다른 행동정향의 선택으로 인하여 야기되는 분기의 결과로 보아야 하겠다. 따라서 형식상(<당장>과 <헌법>에 명문화)으로 볼 때 중국정치체제에 있어 마르크스·레닌주의 기본원칙의 지배를 받는 것은 불변이며, 중국의 지배 이데올로기 변화는 결코 본질적인 것이 아님을 의미하는 것이다.

2. 중국공산주의 이데올로기의 이행과정

마르크스·레닌주의에 의하면 공산주의 달성을 위한 단계는 자본주의 사회→사회주의혁명→정치적 이행기(과도기, 프롤레타리아 독재)→사회주의(낮은 단계 공산주의)→공산주의(높은 단계 공산주의)사회로 이행, 발전한다. 이를 공산주의 이행기론이라고 한다. 현실 사회주의에서 주로 논란이 되고 있는 것은 자본주의에서 공산주의로 가는 과도기론이다. 원래 과도기론은 마르크스와 엥겔스가 "자본주의에서 공산주의로 이행되는 한 과도기가 있다"는 데서 연유된 것이며, 이러한 과도기에는 프롤레타리아 독재가 존재한다고 하였다.

이러한 과도(이행)기론은 이데올로기적으로 생산력과 생산관계의 발전에 따른 사회적 단계론으로써 현실적으로 생산력과 생산관계가 '높은 단계의 공산주의'에 이르지 못하였기 때문에 '낮은 단계의 공산주의'에서 '높은 단계의 공산주의'로 발전하기 위한 단계에서 제기된 것이다.

마르크스의 예언에 따르면 생산관계의 사회주의적 개조는 생산력이 일정한 정도로 발전된 선진자본주의 국가에서 생산관계가 더 이상 생산력에 조응하지 못할 때 발생하며, 생산수단의 사회주의적 소유는 사회인민의 자발성에 따른 생산력 발전으로 평등하고 풍부한 공산주의사회를 건설할 수 있는 경제적 토대가 된다. 이는 곧 사회주의적 생산관계가 자본주의보다 한층 더 높은 생산력 발전을 자연스럽게 초래할 것이라는 낙관적 전망에 기초하고 있는 것이다. 결국 마르크스가 예상했던 사회주의사회(낮은 단계의 공산주의사회)는 자본주의의 성숙에 따른 생산력의 발전을 전제로 하는 것이었고, 따라서 자본주의에서 사회주의로의 이행에서 생산력의 고도 발전은 실천적 전제로써 절대적으로 필요하다.[14] 그것 없이는 궁핍만이 존재하고 궁핍이 있으면 필수품을 위한 투쟁과 추악한 구습이 되살아날 것이기 때문이다. 그리고 사회주의로 이행하기 위한 또 하나의 조건으로 자본주의의 발달로 프롤레타리아계급이 인구의 다수를 차지할 것이 요구된다. 고도의 생산력 발전이라는 경제적 전제조건과 다수의 노동자 계급이라는 사회적 전제조건 없이 사회주의혁명을 달성하려는 어떠한 시도도 반드시 새로운 독재를 이끌 것이라고 엥겔스는 경고했다.[15] 이러한 사회주의적 생산관계와 고도의 생산력 발전을 위해서 마르크스주의자들은 반드시 거쳐야 할 과도기 또는 이행기를 설정하고 있다.

중국의 경우 실제로 사회주의혁명이 일어날 당시의 상황은 마르크스나 엥겔스가 전제한 조건이 아니었다. 즉 모택동이 중국에서 사회주의 혁명을 일으켰을 때 중국은 생산력이 고도로 발달한 자본주의 사회도, 프롤레타리아 노동자계급이 인구의 다수를 차지하는 국가도 아니었다. 당시 중국은 半봉건, 半식민 농업국가로 노동자는 전 인민의 1%도 되지 않는 상황이었다.[16] 따라서 모택동은 정권을 쟁취·유지하기 위하여 농민계급과 결탁하지 않을 수 없었다. 그리하여 모택동은 '신민주주의론'에 따라 민주주의

혁명단계를 사회주의 혁명에 앞세웠던 것이다. 이러한 상황에서 출발한 중국공산주의 정권은 공산주의사회 실현을 위해 계급의 소멸과 함께 높은 생산력의 발전이라는 두 가지 목적을 성취해야 했다. 이는 바로 사회주의적 생산관계를 가지고 높은 생산력 발전을 기해야 한다는 것을 의미한다. 만약 사회주의체제가 생산력 발전에 실패한다면 이는 곧 빈곤의 평등일 뿐이며, 내부적 빈곤과 외부적 자본주의의 위협에 의해 큰 위기에 봉착할 것이기 때문이다. 따라서 사회주의적 생산관계 속에서 자본주의보다 상대적으로 높은 생산력 발전을 기하는 것은 공산주의 건설뿐만 아니라, 사회주의체제의 생존을 위해서도 필수적인 것이었다.17)

따라서 생산력 발전을 위해 중국특유의 공산주의 이행기론을 설정하게 된 것이다. 즉 상술한 바와 같은 중국적 상황은 전통적인 마르크스·레닌주의의 적용을 사실상 어렵게 하였으며, 그리하여 마르크스·레닌주의를 중국의 현실에 맞게 개조하게 되는데, 그것이 이른바 모택동사상이다. 모택동사상이 <당장>에 공식적 이데올로기로 채택된 것은 1945년 4월 당 7대1중전회다. 모택동이 권력을 장악한 이 대회에서 모택동과 그의 추종자들은 모택동이 중국공산화 과정에서 전개해 온 유격전술, 지구전략에 입각한 농민중심의 혁명전선은 마르크스·레닌주의의 '중국적 토착화' 또는 '창조적 발전'이라 칭하고, <당장> 총강에서 "마르크스·레닌주의의 이론과 중국 혁명의 실천을 결합한 사상이 모택동사상이며, 이 사상은 중국공산당의 모든 공작의 지침"이라고 규정하였다.18) 그리고 중국혁명을 두 단계로 나누어 첫째 단계는 부르주아민주혁명(신민주주의 혁명)의 단계이고, 그 둘째 단계는 중국에서 공산주의 사회를 실현하는 사회주의 혁명의 단계로 규정하였다.

서만이 모택동사상을 마르크스주의에 대한 실천 이데올로기로 분류하듯이 이때 모택동사상은 미래 중국 공산주의사회에 대한 예상과 조건들을 거의 제시하지 않고 단지 과도기로의 사회주의사회에 대해서 간헐적으로 언급하였을 뿐이었다. 중국에서 사회주의제도가 기본적으로 수립되었다고 밝힌 것은 1956년 9월 당 8전대회이다. 이 대회의 <정치보고에 대한 결의

문>을 통하여 "우리 나라의 무산계급과 자산계급 사이의 모순이 기본적으로 해결되고, 수 천년 이래의 계급착취제도의 역사가 기본적으로 끝나고 사회주의사회제도가 우리 나라에서 이미 기본적으로 수립되었다"고 하였다. 따라서 중국의 모순은 계급투쟁이 아닌 인민의 요구를 충족시키지 못하는 생산력의 낙후라고 하고, 당의 새로운 임무는 낙후한 생산력의 급속한 발전에 총력을 집중하는 것이어야 한다고 결의하였다. 심지어 유소기는 <정치보고>를 통하여 "이미 혁명의 광풍시기는 끝났다"고 말하고, "투쟁의 임무는 사회의 순조로운 생산력의 발전을 지키는 데 있다"고 하였다. 그리고 <당장>에서 모택동사상도 삭제하였다.[19] 이러한 결론은 중국이 1956년에 농업집단화를 거의 완료한 상태에서 당이 새로운 전환기를 맞이했기 때문이었다.

그러나 이러한 낙관적 전망은 1958년 5월 당 8대2중전회에서 다시 사회주의사회에서도 계급투쟁은 존재한다는 식으로 번복되었고, 1960년대 초에는 사회주의 완전 승리에 이르기까지에는 수 세대가 걸릴 수 있다고 하여 사회주의사회의 달성시기를 대폭 연장하였다. 이는 소련과의 대립·갈등 및 국내 권력투쟁의 결과에 연유한 것이었다.[20] 즉, 소련 공산당 제20차 전당대회에서 후르시초프가 전개한 스탈린 격하운동(1인 독재와 개인우상화사상의 부정)에 대한 반발과 제1차 5개년 계획의 추진으로 인한 실무 관료 엘리트그룹의 역할 우위에 위기를 느낀 나머지 <당장>상의 이데올로기를 무시하고 대약진운동을 통해 모택동의 농촌식 사회주의를 재생시키려는 이른바 모택동사상 - 평등주의, 대중노선, 이데올로기 제일주의, 계속혁명 - 운동을 전개한다.

나아가 모택동이 임표 및 4인방 세력과 제휴하여 탈권운동(문혁)을 전개, 당 9전대회를 소집하고 <당장>을 개정하여 1956년 8대에서 삭제되었던 모택동사상을 지도 이데올로기로 다시 명문화하였다. 즉 "중국공산당은 마르크스주의·레닌주의·모택동사상을 지도사상의 이론적 기초로 한다"고 규정하고, 민주집중제와 집단지도체제의 원칙을 파괴함으로써 모택동의 개인 우상화를 다시 부각시켰다. 그리고 중국공산당을 무산계급의 정당으로 정의하고, 당의 최종 목적은 공산주의를 실현하는 것이라고 하였다. 또 이전까지 없었던 '기본강령'을 두어 계급투쟁과 계속혁명을 강조하였다.21) 즉 생산수단소유제의 사회주의 개조가 기본적으로 성취되었으나 계급과 계급모순은 아직 존재하며, 따라서 계급투쟁은 장기적으로 줄기차게 전개되어야 한다는 것이었다. 계급투쟁, 그리고 거기에 따르는 무산계급과 자산계급, 봉건계급, 기타 반동세력과의 타협 없는 격렬한 권력투쟁을 신민주주의의 단계를 거쳐서 사회주의 개조의 단계, 사회주의 건설의 단계, 그리고 전민소유제가 완성되는 공산주의, 즉 마르크스가 말하는 최고단계에 도달할 때까지 일관하여 줄기차게 전개되어야 한다는 것이었다. 그 과정에서 착취계급의 낡은 사상·문화·풍속·습관을 타파하고 새로운 문화를 건설하는 대중정풍운동, 문화대혁명을 강행, 마르크스주의의 최고단계 실현을 위한 인간개조, 계속혁명을 강조하였다.22)

1976년 9월 모택동이 사망하고 4인방 세력이 축출된 후, 개정된 1977년 8월 당 11기 <당장> 역시 "중국공산당의 지도사상과 이론적 기초는 마르크스주의·레닌주의·모택동사상이다"라는 규정과 계급투쟁과 계속혁명의 강령 및 공산주의 실현이라는 기본목적은 그대로 유지되었다.23)

이러한 중국의 사회주의시기에 대한 연장은 이후에도 계속 이어져 1987년 10월 당 13전대에서 조자양이 '사회주의 초급단계론'을 주장하기에 이르렀다. 그리고 14전대 <당장>에서는 사회주의 초급단계가 앞으로 100여 년간 지속될 것이라고 규정하였다.

3. 중국 공산주의 실천 이데올로기의 변화
- 모택동사상에서 등소평이론으로

이미 언급한 바와 같이 셔만은 이데올로기를 순수 이데올로기와 실천 이데올로기로 분류하고, 특정한 목적을 위하여 개인의 사고를 형성하는 경우 순수 이데올로기라 하고, 관념이나 사상이 정책이나 행동을 유발시킬 경우 이를 실천 이데올로기라 하였다. 즉 순수 이데올로기는 일련의 이론

집합체이며, 실천적 이데올로기는 경험과 실천에 기반을 두고 있는 것이다.24) 이러한 기준에 따라 서만은 중국의 정치 이데올로기를 <표 3 - 1>과 같이 구분하고 있다.

따라서 서만의 분류에 의하면 현재 중국공산주의 이데올로기는 마르크스·레닌주의, 모택동사상, 등소평이론으로 구성되어 있는데, 마르크스·레닌주의 및 모택동사상은 등소평이론의 순수 이데올로기이며, 등소평이론은 이들의 실천 이데올로기이다. 1978년 12월 당 11대3중전회를 분수령으로 중공의 실천 이데올로기가 '모택동사상'에서 '등소평이론'으로 변화된 것이다.

1) 모택동사상에 대한 비판

전술한 바와 같이 모택동사상은 공산주의사회 실현이라는 '마르크스·레닌주의의 보편적 진리'를 중국혁명의 '구체적 실제'에 결부시킨 사상이다. 여기서 중국의 현실을 강조한 것이 바로 모택동사상이긴 하지만, 마르크스·레닌주의를 '보편적 진리'로 규정하고 있음은 바로 중국공산당이 추구하는 궁극적인 목표 또는 최고 강령이 바로 마르크스·레닌주의임을 표방한 것이다. 즉 모택동사상은 서구식 마르크스주의와 러시아식 레닌주의를 중국화하려는 시도에서 형성된 혁명적 경험의 산물이다. 따라서 모택동사상의 특징에 대해 파이(Lusian W. Pye)는 ①모순과 투쟁, ②계급투쟁, ③물질에 대한 인간정신의 우위, ④자력갱생, ⑤전문성의 불신, ⑥도시보다 농촌의 중요성 ⑦개인보다 집단의 우선성을 들었다. 또 타운센드(James R. Twonsend)는 전통 유교주의에 대한 반항으로써 ①집단주의, ②혁명적 투쟁과 실천, ③자력갱생, ④평등주의·인민주의를 모택동사상의 특징으로 꼽았다. 솔로몬도 비슷한 입장에서 ①정치적 동원과 혁명투쟁, ②집단적 당 권위에 종속, ④정치교육의 필요성을 모택동사상의 특징으로 들었다.25)

옥센버그(Michel Oksenberg)와 버쉬(Richard Buch)는 좀더 구체적으로 모택동 정치체제의 특징을 ①개혁이 아닌 혁명, ②선형적인 변혁이 아닌 변

<표 3 - 1> 중국공산당 지도 이데올로기의 변화과정[26]

당장	공산당 성격	지도 이데올로기*		최종 목표	당면 목표	중심과업
		순수 ″*	실천 ″*			
7대 (1945)	노동자 계급의 최고형식	마르크스· 레닌주의*	모택동사상 *	공산주의제도 실현	신민주주의 실현	신민주주의 혁명
8대 (1956)	노동자 계급의 최고형식	마르크스주의 *	레닌주의*	사회주의, 공산주의실현	사회주의 개조	현대화 (생산력)
1960년	″	마르크스· 레닌주의*	모택동사상 *		″	계급투쟁 (생산관계)
9대 (1969)	무산계급의 정당	모택동사상*	모택동사상 *	공산주의 실현	″	계급투쟁
10대 (1973)	무산계급의 정당·선봉대	″ *	모택동사상 *	공산주의 실현	″	계급투쟁
11대 (1977)	무산계급의 정당, 계급조직의 최고형식	″ *	모택동사상 *	공산주의 실현	4개 현대화	계속혁명 계급투쟁
11대중, 12대 (1982)	노동자 계급의 선봉대, 각 민족 인민 이익의 대표	마르크스· 레닌주의, 모택동사상* 재해석	등소평사상 *	공산주의 사회제도의 실현	중국특색 사회주의 건설	사회주의 현대화와 경제건설
13대 (1987)	노동자 계급의 선봉대, 각 민족 인민 이익의 대표	″	″	″	″ (사회주의 초급단계)	″
14대 (1992)	노동자 계급의 선봉대, 각 민족 인민 이익의 대표	″	″	″	″ (″)	경제건설
15대 (1997)	노동자 계급의 선봉대, 각 민족 인민 이익의 대표	″	등소평이론	″	″ (″)	″

참고 : *표는 셔만의 분류, 그밖은 필자가 첨가하여 작성하였음.

증법적 변혁, ③관료정치가 아닌 계급투쟁, ④경제수준의 향상이 아닌 태도와 의식의 변화, ⑤공식화된 제도가 아닌 경제 이데올로기, ⑥관료주의의통제를 위한 기술적 실험이 아닌 군중동원, ⑦제도적 지배(법치)가 아닌 인간적 지배(인치) 등으로 요약했다.[27] 또 모리카즈코는 ①당의 일원화 지배, ②의행합일, ③중앙집중주의, ④인민의 정치참여 배제와 동원, ⑤위로부터의 교화, ⑥조직을 초월한 모택동 1인의 카리스마적 지배 등을 모택동시대 정치의 특징으로 들었다.[28]

이상에서 모택동사상이 인간의 의지와 이데올로기의 역할을 강조하는 것은 인성의 중요성과 인간의 도덕적 수양을 강조하는 유교적 전통의 영향을 적지 않게 받았기 때문이라는 주장이 있는가 하면, 근대 민족주의로부터 모택동의 인민민주주의적이고 주의주이(主意主義)직인 성향에서 연원을 찾는 견해도 있다. 반면 평등적 인민주의는 유교적 계층질서를 파괴하고, 혁명적 투쟁과 실천은 유교적 사회의 조화에 반하는 것이며, 계속혁명사상은 단계적인 발전을 강조하는 마르크스주의와도 다르다는 주장도 있다. 그러나 사회주의사회에서도 계급투쟁이 계속되어야 한다는 모택동의 계속혁명론은 마르크스 · 레닌주의와 부합될 뿐만 아니라, 마르크스주의의 발전된 형태라고 보아야 할 것이다.[29] 이처럼 모택동사상에 대한 해석이 구구함에도 불구하고 서구식 마르크스주의와 러시아식 레닌주의를 중국화하려는 시도에서 형성된 혁명적 경험의 산물이라는 데는 이의가 없다. 마르크스주의가 서구 선진자본주의의 본질에 대한 모순에 분석의 주안점을 둔데 반해, 레닌주의가 자본주의 본질적 모순에 대한 분석이 아니라 러시아의 공산화를 위한 전략전술의 전개에 주안점을 두었듯이 모택동사상 역시 중국에서의 공산혁명을 위한 전략전술론의 구축에 초점을 맞추었다. 그런 의미에서 본다면 모택동사상이라는 것은 순수이론이라기보다는 그때그때 환경에 적응하여 실천하기 위한 동태적인 혁명 이데올로기이며 또한 집권후의 통치를 위해 필요한 교의(敎義, doctrine)이기도 하였다.

그러나 이상과 같은 모택동사상의 현실적 적용은 헤아릴 수 없는 모순과 폐해로 중국대륙을 말 그대로 완전히 황폐화시키고 말았다. 이미 본서

제2장 제2절에서 논급한 바와 같이 대약진의 좌절과 문혁의 실패는 중국 인민들로 하여금 모택동사상에 대한 회의와 혐오감을 불러일으키기에 충분하였다. 따라서 모택동의 사망과 문혁 종결 후 중국지도부는 물론, 전 인민은 그때까지의 지도노선에 환멸을 느끼고 새로운 지도노선의 변화를 요구하였다.

2) '실사구시'의 정신에 입각한 모택동사상의 재해석

1978년 당 11대3중전회는 바로 중국공산당사에 있어 사상노선의 대전환을 가져오는 결정적인 사건이다. 11대3중전회에서 등소평을 주축으로 하는 실무개혁파가 권력투쟁에서 승리하여 당의 지도권을 장악함에 따라서, 중국공산당의 기본노선상 이데올로기인 마르크스·레닌주의 및 모택동사상에 중대한 변화가 발생하였다. "마르크스·레닌주의와 모택동사상이 만약 실제의 상황에 부합되지 않을 때는 생명력을 상실한다"는 등소평의 주장[30]이 당의 기본노선으로 공식화되었다. 즉 "마르크스주의를 진리의 기준으로 하는 관점은 실제상 마르크스주의를 실천에 의한 검증을 필요로 하지 않는, 고정된 자명의 자기폐쇄적 인식체계로 보는 것이다. 이러한 체계는 과학적 진리가 될 수 없고 어떤 선철의 신비스러운 정신적 산물에 불과하다"는 소위 '실천이 진리를 검증(實踐檢證眞理)하는 유일의 기준'이라는 명제가 중공이 내세우는 사회주의 지도원리의 핵심이 되었다.[31] 그리고 그러한 관점이 '중국적 특색이 있는 사회주의,' '사회주의 초급단계론' 등을 거쳐 오늘날 등소평이론의 기초가 되었고, 현재 중국지도부의 지도노선의 명확한 정향으로 정착되었다고 할 수 있다.

11대3중전회는 모택동사상에 대해 '양개범시론'을 주장한 화국봉의 지도사상을 뒤엎고, '실사구시'의 관점에서 모택동의 공과(功過)와 모택동사상을 분리할 것을 결의하였다. 그리고 '계급투쟁'을 중심(綱)으로 하는 정치노선을 종식하고, 사회주의 현대화 건설로 정치노선의 중점을 옮기기로 결의했다.[32] 또 11전대회와 5기 전인대에서 그대로 답습해 오던 소위 '무산계급 독재하의 계속혁명 견지'를 폐기하였다.[33] 1981년 6월, 당 11대6중전회의 결의를 통하여 지도자로서의 모택동의 공과(功過)와 중공 지도이념으로서의 모택동사상을 분리시켰다. 즉 "모택동 동지를 주요 대표로 한 중국공산당인은 마르크스·레닌주의의 보편적 원리와 중국혁명의 구체적 실천을 결합시켜 모택동사상을 만들었다. 모택동사상은 마르크스·레닌주의를 중국에서 운영·발전시킨 것이며, 실천을 통해 입증된 중국혁명과 건설에 관한 정확한 이론 원칙과 경험의 총괄이며, 중국공산당의 집단적 지혜의 결정이다"라고 규정함으로써 지도자로서의 모택동과 중국공산당의 지도이념으로서의 모택동사상을 분리시켰다.[34] 따라서 비록 마르크스·레닌주의는 물론 모택동사상을 <당장>상 공산당의 행동지침으로 삼는다고 규정하여 공식적인 이데올로기로 표방하고 있긴 하나, 모택동사상에 대한 새로운 해석을 내림으로써 실제적으로는 그 내용을 과거와 달리하였다.[35]

3) '중국적 특색을 지닌 사회주의 건설' 표방

이어 1982년 9월 당 12전대회에서 11대3중전회의 정신을 공식화하고 <당장>에 명문화하였다. 등소평은 12전대회 개막연설에서 '중국적 특색을 지닌 사회주의'의 건설을 선언하고, "우리들의 현대화 건설은 반드시 중국의 실제로부터 출발하여야 한다"고 하고, "마르크스주의의 보편적 원리와 중국의 구체적 실천을 결합시켜 중국 스스로의 길로 가는 것이 '중국적 특색을 지닌 사회주의'"라고 규정하였다.[36] 등소평은 또 "중국공산당인은 마르크스주의를 견지하고, 모택동사상은 마르크스주의를 중국의 실제와 결부시킨 스스로의 길에 따라 농촌이 도시를 포위하는 길을 채택하여 중국혁명을 성공시켰다. … 그러므로 우리는 마르크스주의를 견지하여야 하고 사회주의의 길을 견지하여야 하지만, 그것은 반드시 중국의 실제와 결부된 마르크스주의여야 하고 사회주의는 중국의 실제에 적합한 중국적 특색의 사회주의이어야 함"을 여러 차례 반복하여 표명하였다. 이처럼 등소평은 '마르크스주의 및 모택동사상'과 '중국의 실제'를 아주 강조하고, 이 양자가 결합하면 바로 '중국적 특색을 지닌 사회주의'가 생성된다고 했다.

11대3중전회를 고비로 12전대에서 천명된 이른바 등소평의 '중국적 특색을 지닌 사회주의'의 함의를 요약하면 다음과 같다. 첫째, 생산자료는 공유제를 위주로 하고, 다종 경영방식을 실행한다. 둘째, 소유권과 경영권을 적당히 분리하고, 경영자는 하나의 권리의무를 가진 법인이 된다. 셋째, 계획경제와 상품경제의 대립개념을 돌파한 공유제를 기초로 한 계획적 상품경제체제 수립. 넷째, 계급독재를 유지하고, 노동자계급과 노동인민의 정권을 건설하되, 그것을 고도로 민주화한다. 다섯째, 공산주의사상을 핵심으로 한 고도의 사회주의 정신문명과 사회주의 물질문명의 추구 등이다.[37]

이상의 함의를 볼 때, 등소평의 '중국적 특색을 지닌 사회주의'는 사회주의가 자본주의적 방법을 빌릴 수 있는 길을 열어놓은 것이며, 사회주의 제도를 부분적으로 부정하고 자본주의제도의 우월성을 부분적으로 긍정한 내용이다. 그러나 등소평의 이데올로기와 마르크스·레닌주의 및 모택동사상과의 관계는 전자가 후자를 비판적으로 계승한 관계로 되었다. 등소평은 개혁정책의 추진과 중국적 특색을 지닌 사회주의의 표방을 통하여 마르크스·레닌주의 및 모택동사상을 모두 합하여 추상적인 순수 이데올로기로 삼고, 즉 그때까지 실천 이데올로기였던 모택동사상을 재해석(평가)하여 순수 이데올로기로 격상시켜, 실제적 노선과 정책의 운영과는 완전히 분리시키는 한편, 자신의 사상노선을 중국의 노선과 정책을 운영하는 실천적 이데올로기로 삼았다.[38]

그러나 등소평의 중국적 특색을 지닌 사회주의는 그 함의에서 볼 수 있듯이 자본주의적 수단을 빌리는 이른바 비사회주의적인 요소를 도입하는 것이므로, 이에 대한 이론적 근거의 제공(합리화)이 중요한 문제로 나서게 되었다. 이에 따라 등소평 체제는 먼저 '실사구시'의 입장에서 마르크스·레닌주의의 사회주의사회 발전단계설에 입각한 '사회주의 초급단계론'을 주창하게 된 것이다.

4) 등소평사상의 이론적 근거로서 '사회주의 초급단계론'

1987년 11월 당 13전대회에서 당 총서기 조자양은 <중국적 특색을 지닌 사회주의노선을 따라 전진하자>는 <정치보고>를 통해 중국은 '사회주의 초급단계'[39)]에 처해 있음을 천명, 중국공산당 지도이념의 이론적 근거와 방향을 제시하였다. 조자양이 천명한 사회주의 초급단계론은 첫째, 우리 나라 사회는 이미 사회주의사회며, 우리는 반드시 그것을 견지하여야 하며 사회주의를 벗어날 수 없다. 둘째, 우리 나라의 사회주의사회는 아직 초급단계에 있으며, 우리는 반드시 이 하나의 실제로부터 출발하여야 하며, 이 단계를 뛰어넘을 수 없다는 것이다.

이른바 '사회주의 초급단계론'은 프롤레다리아게급이 정권을 생취한 후 사회주의를 거쳐 공산주의체제로 진입하기까지의 과정을 여러 단계로 나누고, 현재 중국이 처한 상황을 사회주의의 초급단계라고 규정한 것이다. 그리고 중국의 경제는 아직 낙후된 사회주의 초급단계에 있기 때문에 생산력의 발전을 위해서는 시장원리를 비롯한 자본주의적 요소를 도입하는 것이 불가피하다는 논리다. 조자양은 '사회주의 초급단계론'을 다음과 같이 설명하였다.

"우리 당은 우리 나라가 사회주의 초급단계에 처해 있다는 명확한 해답을 이미 내렸다. 이러한 논리적 단정은 두 가지 의미를 갖는다. 첫째, 우리 나라 사회는 이미 사회주의사회다. 우리는 반드시 사회주의를 견지해야 하며, 여기에서 이탈할 수 없다. 둘째, 우리 나라의 사회주의사회는 아직도 초급단계에 처해 있다. 우리는 반드시 이 하나의 실제에서 출발하여야 하며, 이 단계를 뛰어넘을 수 없다. 근대 중국의 구체적인 역사 조건 아래서 중국 인민들이 자본주의가 충분히 발전된 단계를 거치지 않고도 사회주의로 나갈 수 있다는 것을 인정하지 않는 것은 혁명발전 문제에 있어서의 기계론이며 우경적 착오의 중요한 인식 근원이다. 반면에 생산력을 충분히 발전시키지 않고서도 사회주의 초급단계를 뛰어넘을 수 있다고 간주하는 것은 혁명발전문제에 있어서의 공상론이며 좌경적 착오의 중요한 근원이다.

…우리의 사회주의는 반(半)식민, 반(半)봉건 사회로부터 생겨났기 때문에 생산력 수준이 발달된 자본주의 국가보다 훨씬 뒤떨어져 있다. 바로 이 점이 우리로 하여금 반드시 장기간에 걸친 초급단계를 거치면서 여타의 많은 국가들이 자본주의 조건하에서 실현하는 공업화와 생산의 상품화, 사회화, 현대화를 실현토록 결정지었다."40)

위와 같은 내용에서 볼 때 조자양은 마르크스·레닌주의가 고도로 발달된 자본주의를 전제로 해서만이 공산주의사회의 청사진을 제시했을 뿐, 후진농업국가가 어떤 경로를 통하여 공산주의사회로 진입할 것인가에 대한 명확한 해답을 하지 못했다는 점에 착안하여, 마르크스·레닌주의를 중국의 현실과 관련시켜 사회주의 초급단계론으로 재해석하고, 나아가 이러한 논리를 '중국적 특색을 지닌 사회주의'의 주요한 논리적 근거로 이론화시킨 것이다.41)

요컨대, 등소평 체제는 현 단계의 주요 모순을, 날로 증대하는 물질적 수요와 낙후된 사회 생산력간의 모순으로 규정하고, 사회주의 초급단계론을 이 모순을 해결하기 위한 이론적 근거로 삼았다. 그러나 실사구시 원칙에 입각한 사회주의 초급단계론의 주장은 그 끊임없는 현상의 변화 가능성으로 인하여 일반인에게 무원칙·무사상으로 비춰졌고, 사회주의 현대화를 위해 등소평이 지지했던 민주와 백화제방이 프롤레타리아 독재에 대한 격렬한 비판과 사회주의 우월성에 대한 회의를 불러일으킬 수 있었다. 특히 개혁파와 보수파간에 성 '자'와 성 '사'의 격렬한 논쟁을 불러일으켰다. 이에 등소평 체제는 마르크스·레닌주의에 대한 추상적 긍정을 의미하는 이른바 '4항 기본원칙 견지' 즉 ①사회주의의 견지, ②프롤레타리아 독재의 견지, ③공산당영도의 견지, ④마르크스·레닌주의 및 모택동사상 견지를 설정하여 개혁·개방의 한계선을 명확히 하고 있다.42)

사회주의 초급단계론이 <당장>에 명문화된 것은 1992년 10월 8일 폐막된 14전대에서였다. 이 대회는 '중국적 특색을 지닌 사회주의'와 '사회주의 초급 단계론'을 <당장>에 처음으로 공식화하였다. 강택민은 <정치보고>를 통해 등소평이 지도하는 '중국적 특색을 지닌 사회주의'를 중국의 사회주의 사업을 발전적으로 이끌어갈 지침이라고 규정하고, 사회주의 초급단계에서의 당의 기본노선은 경제건설을 중심으로 '1개 중심, 양개 기본점'을 견지하는 기본노선은 1백년 동안 동요하지 않을 것'이라고 천명했다. 그리고 당은 '좌'와 '우'의 모든 잘못된 경향을 반대하며, '우'도 경계해야 하지만 주된 방향은 '좌'를 방지하는데 있다고 했다. 이는 등소평의 <남순강화> 정신을 그대로 수용한 것으로, 당대표들은 이러한 '중국적 특색을 지닌 사회주의' 이론을 14전대 <당장>에 공식적으로 명문화했다.[43] 그리고 당은 "경제발전을 위해 자본주의의 경험을 포함한 모든 경험을 받아들인다"는 강택민 총서기의 <정치보고> 내용을 수용함으로써 중국적 특색을 지닌 사회주의체제의 방향을 재정립했다. 즉 사회주의 현대화건설을 위해 정치적으로는 4항 기본원칙의 견지를 통해 정치적 안정을 기하면서도, 자본주의의 시장경제제도까지도 과감히 도입, 개인과 기업의 경제적 자율성을 보장·확대해 나가겠다는 입장이다.

5) 등소평이론을 실천 이데올로기로 명문화

1997년 9월 18일 등소평 사후 최초로 열린 당 15전대회 역시 중국공산당의 성격과 최종 목표를 12전대 그대로 유지하였다. 다만 <당장>에 그 동안 간접적으로 시사하던 등소평이론을 공식적으로 당의 지도이념으로 명문화한 점이 과거와 다르다(<표 3 - 2> 참조).

그러면 향후 21세기 초 중국을 이끌어갈 지도이념인 등소평이론은 무엇인가? 15기 <당장>에서는 등소평이론을 "마르크스·레닌주의의 기본원리와 당대 중국의 실천과 시대적 특징을 결합시킨 산물이며, 모택동사상을 새로운 역사적 조건하에 계승 발전시킨 것이며, 마르크스주의가 중국에서 발전한 새로운 단계며, 당대 중국의 마르크스주의이며, 중국공산당의 집단적 지혜의 결정으로 우리 나라 사회주의 현대화 사업이 계속 전진할 수 있도록 이끌고 있는 것"이라고 규정하고 있다. 따라서 그것은 상술한 바와 같이 11대3중전회 이후 체계화되어 온 이른바 '중국적 특색을 지닌 사회주의' 이론으로 중국이 처한 상황을 '사회주의 초급단계'로 보고, 중국사회의 기본임무는 계급투쟁이 아니라, 점증하는 인민들의 물질적 수요와 낙후된 생산력간의 간격을 줄이는데 있다는 것이다. 따라서 중국의 경제발전을 국가발전의 목표로 삼고, 이를 위해 경제적으로 개혁·개방을 통하여 자본주의제도까지 과감히 받아들이되, 정치적으로 4개 원칙의 견지를 통해 사회주의체제의 동요는 과감히 차단하겠다는 이론이다.[44]

이처럼 15대 <당장>은 등소평이론을 행동지침으로 삼음으로써 등소평 사후에도 그가 지향하던 정책노선에는 변화가 없음을 천명하였다고 볼 수 있다. 그리고 현실 상황을 사회주의 초급단계라고 재강조한 것[45]은 바로 '사회주의 초급단계론'을 내세워 이념적 제한 없이 대담한 개혁정책을 추진하겠다는 의지를 재확인한 것이다.

등소평이론을 이처럼 격상시킨 이유는 첫째, 화국봉이 모택동 사후 모택동을 치켜세웠던 것과 같이 강택민도 자신의 충정을 보여줌으로써 합법적인 권력의 승계자로서의 지위를 확립하고 절대 권력자의 영향력을 빌어 자신의 보호막으로 삼기 위해. 둘째, 강택민은 등소평이 모택동의 사상을 뛰어넘었던 것과 같은 능력을 발휘할 수 없기 때문에 등소평의 틀 속에서 안주하기 위해. 셋째, 중국의 정치상황이 복잡해서 공산당 내에 사상과 정치적 견해가 다른 이해집단간의 갈등과 의견 불일치가 심각하기 때문에 좌우파, 신구, 중앙과 지방 등으로부터 가해질지 모르는 공격에 대비하기 위해서이다.[46]

요컨대, 등소평이론의 요체인 '중국적 특색을 지닌 사회주의' 이론은 이른바 '모택동식 이상주의노선'과 다음과 같은 차이가 있는 것이다. ①인간 정신을 강조하는 의지주의로부터 경제발전과 과학기술향상과 같은 환경을 중시하는 유물주의, ②생산관계의 혁신을 강조하는 정치결정주의로부터 생산력의 증대를 강조하는 경제결정주의, ③평등주의로부터 노동에 따른 분배 혹은 자본주의적 물질적 유인과 직결되는 실적

<표 3 - 2> 15대 <당장>에 명문화된 등소평이론

조문	수 정 전	수 정 후
총강	중국공산당은 마르크스·레닌주의·모택동사상을 스스로의 행동지침으로 한다. 11기 3중전회 이래 당은 정반 양방면의 경험을 종합하여 사상을 해방하고, 실사구시의 정신으로 전당의 공작중심을 경제건설의 실현으로 옮겨 개혁 개방을 실행하고, 마르크스주의의 기본원리를 당대 중국사회주의 선설의 실전과 상호 결합하여, 점차적으로 중국의 특색 있는 사회주의 건설의 이론과 노선·방침·정책을 형성시켜 사회주의 사업 발전의 새로운 시기를 개창하였다. 중국의 특색 있는 사회주의 건설 이론은 중국에서 사회주의를 건설하고, 사회주의를 공고히 하고 발전시켜 기본문제에 대하여 명확한 해답을 제시하였으며, 마르크스주의를 계승 발전시킴으로써 우리 나라 사회주의 사업을 계속 전진할 수 있도록 이끄는 지침이 되었다.	중국공산당은 마르크스·레닌주의·모택동사상·**등소평이론**을 스스로의 행동지침으로 한다. 11대3중전회 이래 **등소평 동지를 주요 대표로 한 중국공산당인은 건국이래 정반 양방면의 경험을 종합하여** 사상을 해방하고, 실사구시의 정신으로 전당의 공작중심을 경제건설의 실현으로 옮겨 개혁 개방을 실행하고, **사회주의 사업의 새로운 시기를 개벽하였다.** 점차적으로 중국적 특색을 지닌 사회주의 건설의 이론과 노선·방침·정책을 형성시켜 중국에서 사회주의를 건설하고, 사회주의를 공고히 하고 발전시켜 기본문제에 대한 명확한 해답을 제시하였으며, **등소평이론을 창립하였다. 등소평이론은 마르크스주의의 기본원리와 당대 중국의 실천과 시대적 특징을 상호 결합시킨 산물이며, 모택동사상을 새로운 역사적 조건하에서 계승 발전시킨 것이며, 중국에서 마르크스주의를 발전시키는 새로운 단계이며, 당대 중국의 마르크스주의며, 중국공산당의 집단적 지혜의 결정으로 우리 나라 사회주의 현대화사업을 계속적으로 이끌어 가고 있다.**

조 문	수 정 전	수 정 후
제3조 1 (당원의 의무)	성실히 마르크스·레닌주의·모택동사상을 학습하고, 중국의 특색 있는 사회주의이론과 당의 노선·방침·정책 및 결의를 학습하고, 당의 기본지식을 학습하며, 과학·문화·지식을 학습하며, 인민을 위해 봉사할 수 있는 본분을 제고시키도록 노력한다.	성실히 마르크스·레닌주의·모택동사상·**등소평이론**을 학습하고, 중국의 특색 있는 사회주의 이론과 당의 노선·방침·정책 및 결의를 학습하고, 당의 기본지식을 학습하며, 과학·문화·지식을 학습하며, 인민을 위해 봉사할 수 있는 본분을 제고시키도록 노력한다.
제34조 1 (당원이 갖추어야 할 기본요건)	업무수행상 요구되는 마르크스·레닌주의 및 모택동사상에 대한 이론적 정책적 지식을 구비하고 중국의 특색 있는 사회주의 건설이론을 정확히 이해하며, 마르크스의 입장·관점·방법으로부터 실제상의 문제를 분석하고 해결할 수 있도록 노력한다.	업무수행상 요구되는 마르크스·레닌주의 및 모택동사상·**등소평이론**에 대한 지식을 구비하고, 마르크스의 입장·관점·방법으로부터 실제상의 문제를 분석하고 해결할 수 있도록 노력한다.

주의, ④자력갱생을 기초로 하는 폐쇄주의로부터 대외개방주의로 요약된다.[47]

그러나 여기서 주목할 것은 중국적 특색을 지닌 사회주의의 이른바 등소평이론의 두 가지 기본점인 경제적 '개혁·개방'과 정치적 '4항 기본원칙 견지'가 내포하고 있는 대립상과 충돌성이다. 즉 경제적 '반좌'와 정치적 '반우'간의 모순과 대립을 어떻게 조화시켜 나갈 것인가 하는 것이 중국지도부가 안고 있는 최대의 과제다.

이상과 같이 개혁·개방 이후 중국공산당의 실천 이데올로기는 등소평이론, 소위 중국적 특색을 지닌 사회주의 건설로 전환되었고, 당의 성격도 이에 맞추어 '무산계급 노동자의 선봉조직'으로부터 그것에 '전 인민의 대표'를 첨가하였다. 그리고 당의 기본 임무는 계급투쟁으로부터 생산력의 발전으로 그 패러다임 자체를 전환시켰다. 그러나 변하지 않는 것은 공산당의 최종목표이다. 즉 <당장>상 "중국에서 공산주의를 실현하겠다"는 당의 최종목표는 창당 이후 지금까지 변함이 없다.

현행 <헌법>도 그 제1조에 "사회주의제도는 중화인민공화국의 근본 제도이다. 어떤 조직이나 개인도 사회주의제도를 파괴하는 것을 용납하지 않겠다"고 규정하고 있다. 따라서 현재 추진 중인 중국의 경제건설과 개혁 개방정책도 결국은 중국에서 공산주의사회를 실현하기 위한 중간 목표 내지 수단에 불과한 것이다.

제2절   권력구조와 정책결정체계

현행 <당장>과 <헌법> 규정을 중심으로 중국의 권력구조를 보면, 그것은 당, 국가의 조직 및 이를 지탱해주는 집권화된 군사조직, 그리고 이들 권력조직과 인민간의 연계를 제공하는 대중조직 단위가 횡적으로 연계되고 종적으로 계층화된 피라미드체제다(그림 <3 - 1> 참조).

1. 공산당의 조직구조와 정책결정체계

중국공산당조직구조는 창당 이후 정치노선의 변화에 따라 몇 차례의 변화를 겪어왔다. 그러나 당조직의 기본골격은 전체의 권력구조와 마찬가지로 '민주집중제'의 원칙하에 ①중앙조직 ②지방조직 ③기층조직의 위계적 피라미드체제를 유지하고 있다.

1) 당의 중앙지도기구와 정책결정체계

중국공산당의 중앙조직은 대체로 당의 전국대표대회, 중앙위원회, 중앙고문위원회(일정 기간 존재), 중앙기율검사위원회, 중앙정치국, 중앙정치국 상무위원회, 중앙서기처, 중앙군사위원회로 조직되어 왔다. 그러나 이들 조

<그림 3 - 1> 중국의 정치체계도

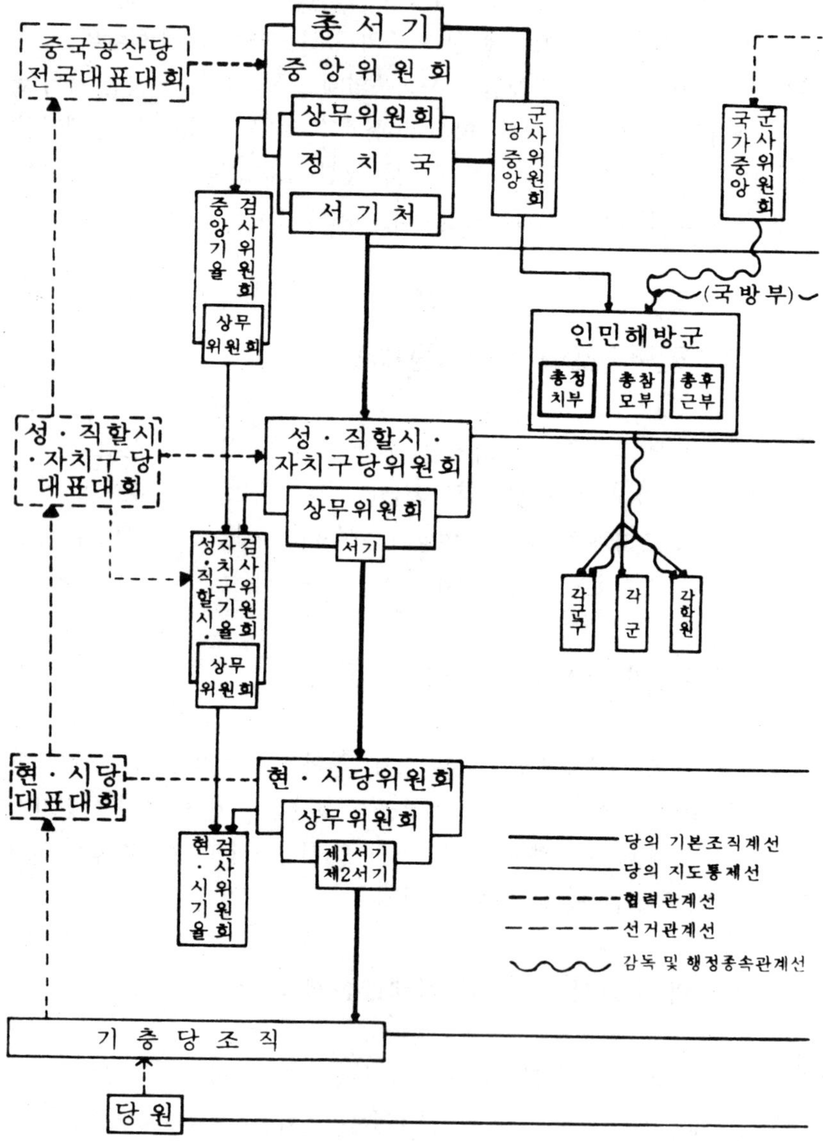

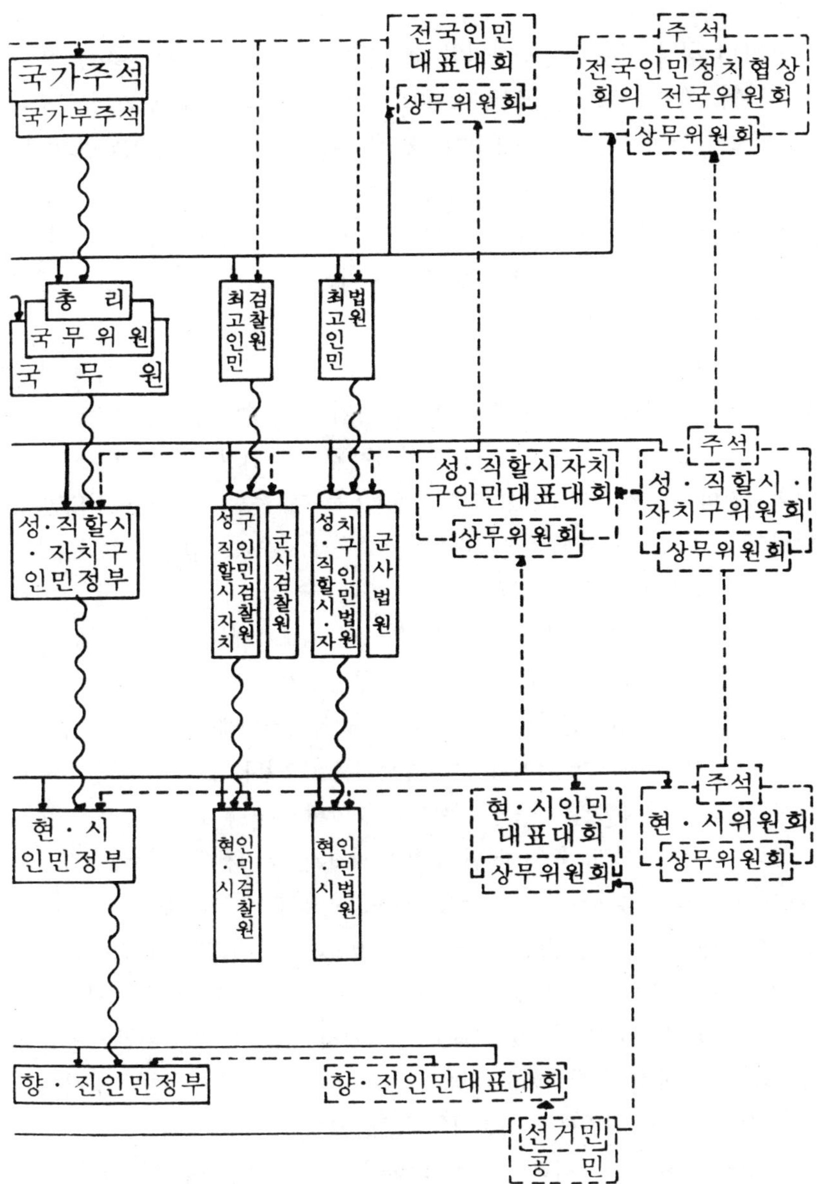

국가주석
국가부주석
전국인민대표대회
상무위원회
주석
전국인민정치협상회의 전국위원회
상무위원회
총리
국무위원
국무원
최고인민검찰원
최고인민법원
성·직할시자치구인민대표대회
상무위원회
주석
성·직할시·자치구위원회
상무위원회
성·직할시·자치구인민정부
성구직할시검찰원자치
군사검찰원
성치구직할시·자인민법원
군사법원
현·시인민대표대회
상무위원회
주석
현·시위원회
상무위원회
현·시인민정부
현·시인민검찰원
현·시인민법원
향·진인민정부
향·진인민대표대회
선거민
공민

직은 정치변화에 따라 다음과 같이 폐지되거나 복원되면서 현재에 이르고 있다.

1921년 창당 이후 1927년까지의 당의 중앙조직은 전국대표대회, 중앙집행위원회, 중앙국으로 구성되었다. 1927년 당 5전대회 이후 당의 중앙조직은 비교적 완비되어 전국대표대회, 중앙위원회(종전의 중앙집행위원회) 및 중앙위원회 총서기(당 대표격), 중앙정치국, 중앙정치국 상무위원회, 중앙감찰위원회로 발전하였다. 1943년 1월 당 6대5중전회에서 중앙서기처를 신설하였다. 이후 중국공산당의 중앙조직은 기본적으로 이 구조의 틀 속에서 발전되어 왔다.[48]

1949년 10월 중화인민공화국 건국 당시는 1945년 당 7전대회에서 채택된 지도체제와 기구인 전국대표대회, 중앙위원회, 중앙서기처, 중앙군사위원회를 그대로 유지했다. 그러나 중앙정치국 상무위원회제는 폐지되었고, 감찰위원회는 구성되지 않았다가 1950년 6월 7대3중전회에서 구성되었다. 당시의 중앙서기처는 모택동·유소기·주은래·주덕·임필시 등 중국공산당의 최고지도층으로 구성되었으며, 그것은 오늘날의 중앙정치국 상무위원회와 같은 위상에 있었다. 이러한 당 중앙 지도체제는 1956년 9월(8전대회)에 이르러 전국대표대회, 중앙위원회, 중앙정치국 및 그 상무위원회, 중앙서기처, 중앙감찰위원회로 재편되었다. 중앙위원회에는 주석·부주석(4명)제를 두었으며, 중앙서기처에는 총서기를 두었다. 그리고 중앙정치국 상무위원회는 중앙위원회 주석·부주석, 중앙서기처 총서기로 구성되었다.

그러나 문화대혁명 후, 1969년 4월에 개최된 당 9전대회에서는 전국대표대회의 직권에 대한 규정이 삭제되었고, 중앙서기처 및 동 총서기와 중앙감찰위원회를 폐지하였다. 1973년 당 10전대회와 1977년의 11전대회는 중앙위원회 부주석을 증원했을 뿐 기본적으로 9전대회와 동일한 지도체제를 유지하였다. 1978년 12월 11대3중전회에서 중앙기율검사위원회(종전의 중앙감찰위원회)를 부활시키고, 1980년 2월 11대5중전회에서는 중앙서기처를 부활하고, 중앙위원회 총서기제를 설치(1927년 신설)하였다.

또 1982년 9월에 개최된 당 12전대회에서는 전국대표대회의 직권에 대

한 조항을 부활시키고, 30여 년 이상 유지되어 온 중앙위원회 주석제를
폐지하였다. 따라서 중앙위원회 총서기가 당을 대표하게 되었고, 일종의
당 원로원의 성격을 띤 과도적 기구인 중앙고문위원회를 신설하였다. 중앙
고문위원회는 중앙위원회의 지도하에 당의 방침과 정책의 결정 및 집행에
대하여 의견을 개진하고 자문에 응하는 참모적 역할을 하였다.[49] 그러나
당 14전대회(1992년 10월)에서 중앙고문위원회를 다시 폐지하였다. 이로써
원로들의 공식적인 정치개입은 사실상 차단되었다.

따라서 당 14전대회를 거쳐 15전대회에 통과된 새 <당장>의 규정에
의하면 중국공산당 중앙조직은 전국대표대회, 중앙위원회 및 중앙위원회
총서기, 중앙정치국 및 중앙정치국 상무위원회, 중앙서기처, 중앙군사위원
회, 중앙기율검사위원회[50] 등으로 조직되어 있다.

(1) 당의 명목상 최고권위체 : 전국대표대회

당의 전국대표대회는 레닌주의적 정당의 전통에 따라 명목상 혹은 의전
상 중국공산당의 최고영도기구다. 1921년 창당 이후 1927년 당 5전대회 까
지는 실질적인 최고영도기구인 동시에 최고정책결정기구이자 감독기구였
다. 당 6·7·8대 <당장>에서도 그 직권을 규정하고 있었다. 그러나 문
혁 기간인 9·10·11대 <당장>에서는 이 전국대표대회의 직권을 삭제했
다. 등소평 등장 후 1982년 12대 <당장>은 이를 부활하여 전국대표대회
를 중국공산당의 최고 지도기관이며 최고 정책결정기구로 규정하고,[51] 다
음과 같은 권한과 기능을 규정하였다. 그것은 ①중앙위원회 보고의 청취
및 심사, ②중앙기율위원회 보고의 청취 및 심사, ③당의 중대문제에 대
한 토론 및 결정, ④당장 개정, ⑤중앙위원회 선거, ⑥중앙기율검사위원
회의 선거 등이다.[52] 전국대표대회는 5년마다 1회씩 개최되며,[53] 회기는
1~2주에 불과하며, 중앙위원회가 소집한다.[54]

이처럼 당 전국대표대회는 5년에 1회의 소집에다 회기도 1주 혹은 2주
에 불과하다. 따라서 이 정도의 기간은 사실상 의안에 대한 충분한 검토

와 논의를 하기에는 짧은 기간이다. 여기다 전국대표대회는 그 규모가 크기 때문에 사실상 토의기관으로서는 부적합하다(<표 3 - 3>참조).

<표 3 - 3> 역대 중국공산당 중앙 각급 위원회 규모

기(년도) 구분		7기 1945	8기 1956	9기 1969	10기 1973	11기 1977	12기 1982	13기 1987	14기 1992	15기 1997
당원수		1210만	1073만	2200만	2800만	3500만	3960만	4600만	5100만	5800만
全大대표		547	1026	1512	1249	1510	1545	1936	1989	2048
중앙위원	위원	44	97	170	195	201	210	175	189	193
	후보	33	73	109	124	132	138	110	130	151
중앙 정치국	상위 위원	- 13	6 17	5 21	9 21	5 23	6 25	5 17	7 20	7 22
	후보	-	6	4	4	3	3	1	2	2

참고 : 정치국위원의 수에는 상무위원 포함, 각 기 1중전회를 기준.

따라서 전국대표대회는 보통 중앙위원회의 결정을 추인하는 형식적인 회합에 지나지 않으며, 실질적인 토의와 결정은 중앙위원회에서 이루어진다. 전국대표대회의 가장 주요한 권한 중의 하나인 중앙위원회의 선거마저도 위원후보자 예비명부는 통상적으로 당 고위층에 의해 작성되고 난 뒤에 형식적인 승인을 얻기 위해 전국대표대회에 제출되는 정도이다. 이처럼 전국대표대회는 명목상의 역할을 수행하지만, 이는 인민의 대표들에게 참여의식과 지도자 및 당에 대한 일체감을 제공한다는 점에서 큰 의의가 있는 것이다.

(2) 당의 최고정책결정기구 : 중앙위원회

중앙위원회는 1921년 창당 당시의 중앙집행위원회를 1927년 당 5전대회에서 중앙위원회로 개칭한 이후, 현재까지 존속되고 있다. 중앙위원회는 전국대표대회의 폐회기간 중 전국대표대회의 결의를 집행하고 모든 당의 활동을 지도하며, 대외적으로 중국공산당을 대표[55]하는 당의 최고정책결정기구다.

중앙위원회는 전국대표대회에서 선출되며, 그 임기는 전국대표대회의 대표와 같이 5년이다. 중앙위원회는 당력 5년 이상의 중앙위원과 후보위원으로 구성되며, 그 전체회의는 중앙정치국이 소집하고 적어도 매년 1회 이상 개최한다. 하지만 한국전쟁기간(1950～1953), 문혁초 혼란기(1962～1966), 임표사건 기간(1971～1973)에는 중앙위원회 전체회의가 열리지 않았다. 중앙위원회의 위원 및 후보위원회의 정원은 전국대표대회에서 결정하게 되어 있으며 그 수는 300명 내외인 것이 보통이지만 12전내회까시는 당원의 증가에 따라 대체로 증가세를 보였으며, 1997년 15전대회에서는 중앙위원 193명, 후보위원 151명을 선출하였다(<표3 - 3> 참조). 중앙위원회 위원에 결원이 생겼을 경우는 후보위원을 득표순에 따라 보충한다.

중앙위원회의 주요권한은 내정·외교·경제·국방 등 중대 국사에 대한 정책을 결정하고 이를 지도하며, 국가 최고지도층의 인선에 대한 추천권을 갖는다. 그리고 중앙정치국 위원 및 그 상무위원과 중앙위원회 총서기처를 선거하고, 당 중앙군사위원회 구성원을 결정하며, 중앙기율검사위원회 서기·부서기·상무위원의 인선을 비준한다.

하지만 중앙위원회 전체회의 역시 그 규모로 보아 정책결정기구로는 비효율적이다. 따라서 중앙위원회가 당의 정책을 발의하는 경우는 거의 없으며, 중앙정치국 혹은 중앙정치국 상무위원회에서 내락된 정책, 세부사업 또는 중앙기구의 인사변동사항들을 형식적으로 발의·승인 또는 토론하여 비준, 결정하는 경우가 보통이다. 그러므로 중앙위원회에 속하는 대부분의 권한은 실제적으로 중앙정치국과 그 상무위원회에 의해 행사된다. 그러나 중앙위원회는 당의 최고지도층인 중앙정치국 위원 및 그 상무위원와 중앙위원회 총서기를 선거하며, 나아가 전국대표대회와는 달리 중앙과 지방의 당과 국가의 핵심간부들로 구성되어 있기 때문에 그들의 성분을 분석함으로써 중국 정책변화의 방향을 이해할 수 있다.

(3) 권력의 최고핵심 : 중앙정치국 및 그 상무위원회

현행 <당장>에 의하면 중앙정치국과 중앙정치국 상무위원회는 중앙위원회의 폐회기간 중 중앙위원회의 직권을 행사한다고 규정한 이외는 중앙정치국이 행사하는 실질적인 권한이 무엇이냐에 관해 아무런 언급도 없다. 그러나 분명한 것은 중앙정치국과 그 상무위원회가 중앙위원회에 의해 선출되고, 중앙위원회의 폐회기간 중 그 권한을 행사한다고 규정56)되어 있으므로 중앙정치국은 국가와 당의 존립에 관계되는 모든 방침과 정책을 결정하는 최고지도의 핵심이다. 당·국가 및 군을 움직이는 고위 엘리트의 인사는 사실상 중앙정치국이 장악하고 있다.

중앙정치국은 1927년 당 5대1중전회에서 최초로 구성되었으며 역대 정치국과 그 상무위원회의 규모는 정위원과 후보위원을 합하여 20명에서 25명 내외, 그리고 상무위원은 5∼9명이다. 현행 <당장> 제22조에 의하면 중앙정치국의 정위원과 후보위원 그리고 그 상무위원은 모두 중앙위원회 전체회의에서 선거된다고 규정하고 있다. 중앙위원회에 의한 선거가 실제로 어떻게 진행되는가와 구체적인 선정의 기준은 확실치 않으나 당에 대한 공로와 앞으로의 기여 가능도 및 능력과 충성심 등을 고려하여 최고지도부가 사전에 노선추진에 적합한 자를 내정하는 것으로 보여진다. 당 15기 중앙정치국의 경우 개혁·개방의 실적이 현저하거나 그 추진이 가능한 테크노크라트를 대거 기용했음이 특징이다. 어쨌든 중앙정치국은 권력의 핵심기구이기 때문에 중국공산당내 중요 파벌세력의 의지가 반영되어 있는 것만은 확실하다. 후보위원의 경우 중앙정치국회의의 토론에는 참가하나 표결권이 없다는 점에서 정위원과 구별된다.

한편 중앙정치국 상무위원회는 1927년 6월 1일 중앙정치국 확대회의(3차 수정 당장)에서 신설하였으나 1945년 당 7전대회 <당장>에서 폐지되었다가 1956년 8전대회에서 부활한 최고위 통치집단이다. 이는 일상적인 당 전체 업무의 지도핵심으로서 흔히 중앙정치국과의 상의 없이 독자적으로 정책을 결정하는 '정상(頂上)중의 정상'이다. 이들 중앙정치국 상무위원들은 소수정예 최고권력 엘리트군으로서 실질적으로 중국정치를 움직이는 최고실력자 그룹이다.

중앙정치국 및 그 상무위원회의 주요 정책결정은 비밀리에 진행되기 때문에 결정이 어떻게 이루어지는가에 대해서는 명백히 말할 수 없다. 다만 정치국 회의는 비교적 잦으며 여기서의 토론은 비교적 자유롭고 제약이 없는 것으로 알려져 있다. 중요사안을 놓고 의견이 대립될 때는 표결을 통해 결정하나, 일반적으로 '특별정치공작회의' 등을 통해 파벌간의 이견을 사전에 조정하거나 집단적 토론을 거쳐 합의에 도달하는 형태를 취하고 있다.57) 실제로 1989년 6월 '6·4 천안문사태'에 대한 '긍정'과 '부정'의 견해가 대립되었을 때는 정치국 확대회의에서 16 : 2의 표결로 학생운동을 '동란'으로 규정하기도 했다. 또 계엄결정을 놓고 1989년 5월 동 상무위원회는 찬성 2, 반대 1, 조직의 결정에 복종 2의 표결로 계엄령을 선포했다.

요컨대, 중국공산당의 정책결정체계는 레닌주의적 민주집중제의 전통에 따라 전국대표대회가 명목상 당의 최고정책결정기관이며, 중앙위원회는 이를 대표하는 기관이다. 중앙정치국은 또 중앙위원회를 대표하는 기관이며 당의 실질상의 최고정책결정기구이다. 나아가 중앙정치국 상무위원회는 중앙정치국의 최고지도핵심이다. 즉 중국공산당은 레닌주의적 민주집중제의 원칙에 따라 권력구조의 정상에 소수 주요지도자들이 포진하고 있는 중앙정치국에 당의 최고정책결정권을 부여하고 있다. 또 이들은 국가(정부)와 군 및 기타 단체에 버금가는 직위를 겸하고 있다. 따라서 중국의 권력구조 및 노선과 정책변화는 중앙정치국 및 그 상무위원회 구성원의 변화를 통하여 예측할 수 있다.58)

(4) 당 중앙 정책결정의 실무기구

중앙위원회나 중앙정치국 및 그 상무위원회가 국가의 모든 정책을 심의하고 결정하는 것은 아니다. 다만 국가의 주요 이슈에 대한 시책이나 방침을 결정하는 것이 그들의 주요 임무이다. 따라서 일상적인 정책을 결정하고 집행하는 일련의 중앙기구를 그 산하에 두고 있는데 중앙서기처, 중앙군사위원회가 그것이다. 과거 있다가 폐지된 중앙고문위원회는 정책 참모기구였다.

▶ 당 정책결정의 실세 : 중앙서기처

중앙서기처는 1934년 1월 서금(瑞金)에서 개최된 당 6대5중전회에서 신설하여, 1945년 6월 당 7전대에서 당의 일상업무를 관장하고 독립된 집행권을 행사하는 당의 중앙기구라고 규정하였다. 당시 중앙정치국 상무위원회가 폐지된 상태여서 그 서기 역시 고위 중앙정치국 위원(상무위원급)이 겸임하는 등 정치국보다 우위에 있었다. 그러나 1956년 정치국 상무위원회의 부활과 동시에 중앙서기처는 당의 정책실무기구로 변하였다. 당의 일원화 지도방침에 따라 중앙정부의 기능 부서에 대응, 당의 각종 기능 부서를 지휘 감독하는 당의 실질적인 행정참모기관이 되었다. 따라서 이 시기 중앙당 기능부서의 수가 한때 18개를 넘기도 하였다. 중앙서기처의 서기 정수는 고정되어 있지 않았고 7~8명에서 10~11명 정도 되었다. 서기는 중앙정치국 위원이나 중앙위원회 실세 위원이 서기직을 겸임하였으며, 문혁 때까지 10여 년간 등소평이 총서기로서 자파 실무그룹을 이끌고 당주석인 모택동과 상의 없이 당의 주요 정책들을 결정하는 등 중앙서기처를 장악하고 있었다.

그러나 이 기구는 실무파의 사령부로 지목되어 문화대혁명(당 9, 10, 11대) 때 공식적으로 폐지되었다. 문혁 초에는 문혁파에 의해 급조된 '중앙문혁소조'가 중앙서기처의 공작과 같은 일을 했고,[59] 1967년 무한병변(武

漢兵變) 이후 문혁소조 팀이 궤멸되자, 이때부터 서기처의 행정기능은 왕동흥(8341부대 사령관, 9기 정치국 후보위원 겸 중앙판공청 주임)이 이끌던 당 중앙판공청에 흡수되었다. 화국봉 세력을 거세한 1978년 12월에는 당 중앙 판공청 주임을 요의림으로 교체하였다. 그러나 11대3중전회 이후 사회주의 현대화 건설과 개혁·개방정책의 필요에 따라 1980년 2월 11대5중전회에서 서기처를 문혁 이전의 상태로 복원시켜 중앙정치국과 구 상무위원회의 지도하에 당 중앙의 일상공작을 처리하는 집단지도체제, 분업책임(分工負責)제도를 실시하였다.[60]

복원된 총서기에는 등소평의 심복인 호요방이 선임되었다. 그러나 정책결정과정상 중앙정치국과의 역할분담이 불가피하였다. 따라서 1987년 13전대회 <당장>에서는 중앙서기처를 다시 중앙정치국과 그 상무위원회의 반사(사무)기구로 바꾸고, 중앙서기처의 구성원은 중앙위원회 전체회의에서 선출하던 제도를 중앙정치국 상무위원회의 제청에 의해 중앙위원회 전체회의에서 선출하도록 개정하였다.[61] 이로써 중앙정치국은 이데올로기나 원칙 면에서 고위결정을 필요로 하는 문제만 취급한다면, 중앙서기처는 정치국과 그 상무위원회의 지도하에 당 중앙의 일상적인 정책실무를 관장하는 제1선의 정책결정기구가 되었다.

중앙서기처는 그 산하에 판공청, 조직부, 선전부, 통일전선공작부, 대외연락부, 보밀(保密)위원회, 정법위원회, 사회치안종합치리(治理)위원회, 정책연구실, 직속기관공작위원회, 국가기관공작위원회, 당사연구실, 중앙당교, 인민일보사, 신화사, 구시(求是)잡지사, 마르크스 엥겔스 레닌 저작편역국, 대만공작판공실 등을 두고있다.

중앙서기처는 매주 2회씩 회의를 개최하며, 서기들은 실질적으로 자신들이 원하는 어떠한 정책들도 입안하거나 만들어낼 수 있다. 서기들은 산업, 통상, 농업, 과학, 교육 등 부문의 책임자들을 회의에 참석시켜 최근의 발전현황이나 문제점들에 대해 보고하도록 요구하기도 한다. 또한 중앙서기처는 당의 각급 조직이나 지부, 또는 일반 인민들로부터 오는 민원을 처리하기도 한다.

이처럼 현행 <당장>상 중앙서기처는 최고 정책결정기구인 중앙정치국과 그 상무위원회의 상설적인 사무기구이기 때문에 중국정치에 있어 미치는 영향과 위상은 막강하다고 보겠다. 따라서 역대 중앙서기처의 구성원은 당의 실세, 실무그룹이 겸직해 왔다. 현 15기 중앙서기처 서기 전원은 중앙정치국위원이다(<표 3 - 4> 참조).

<표 3 - 4> 역대 중국공산당 중앙서기처 구성원

기	서 기 명	후보 서기
7기 (1945)	모택동★, 주덕★, 유소기★, 주은래★, 임필시★	
8기 (1956)	등소평(총서기)★, 팽진◆, 王稼祥●, 譚政●·황극성(62.9해임)●, 이설봉◇, 이부춘◆, 이선념◆(58.5증보), 육정일◇·강생◆·나서경(62.9증보), 도주(상무서기)●·섭검영◆(66.5증보)	劉瀾濤●, 양상곤●, 호교목●
문혁기	중앙서기처 폐지	
11대5중 (80. 2)	만리●, 王任重●, 방의◆, 곡목●, 송임궁●, 여추리◆, 양득지●, 호교목●, 요의림●, 팽충◆, 습중훈(81.6증보)●	
12기 (1982)	만리◆, 鄧力群●, 여추리◆, 楊勇●, 습중훈◆·곡목●·요의림◇(85. 9해임), 陳丕顯●, 호계립◆, 전기운·◆이붕◆·王兆國●·교석◆·郝建秀(85.9증보)●	
13기 (1987)	호계립★·芮杏文●·閻明復(89.6해임)●, 교석★, 이서환★, 정관근◇(89.6증보)	온가보●
14기 (1992)	호금도★, 정관근◆, 위건행◆, 온가보◇, 임건신●, 오방국◆·강춘운◆(94.9증보), 장만년●·증경홍●(95.9증보)	
15기 (1997)	호금도★, 위건행★, 정관근◆, 장만년◆, 나간◆, 온가보◆, 증경홍◇	

주 : 1) ★표는 중앙정치국 상무위원, ◆표는 정치국 위원, ◇는 정치국 후보위원, ●표는 당 중앙위원임.

2) 제7기 중앙서기처 서기(★표)는 사실상 오늘날 중앙정치국 상무위원과 동격.

▶ 군대내 당의 최고정치공작기구 : 당 중앙군사위원회

당 중앙군사위원회는 중국인민해방군내 당조직을 통하여 군대 내에서 당의 활동을 관리하는 업무를 담당하며, 특히 예속기구인 인민해방군 총정치부를 통하여 군내부에서의 정치공작을 책임진다.[62] 당 중앙군사위원회는 주석과 부주석을 포함한 약간의 상무위원이 중심이 되어 운영되며, 그 구성원은 중앙위원회에서 선임한다. 이처럼 형식상 당 중앙군사위원회는 당 중앙위원회의 하부기관이면서도 정치국과 상무위원회에 직접 보고한다. 현재 당 중앙군사위원회 주석·부주석 및 그 위원은 국가중앙군사위원회 주석·부주석 및 그 위원이 겸임하고 있으며, 이들이 군사행정을 지휘감독하고 국방정책을 수립한다. 상세한 내용은 〔군〕 편에서 다시 설명하기로 한다.

(5) 실질적인 당대표 : 중앙위원회 총서기

당 12전대회 <당장>(1982년)은 중앙위원회 주석과 부주석제를 폐지하고 중앙위원회 총서기제를 부활하였다. 당 주석제의 폐지는 과거 문혁의 발생이 어느 특정인에게 권력이 과도하게 집중된 결과에서 연유한 점을 감안하여 개인숭배의 가능성을 배제하려는 데 주목적이 있다.

중국공산당의 지도체제는 창당이후 여러 차례의 변화를 거쳤다. 1921년 창당대회 이후 1935년 '준의회의'까지 중국공산당은 소련공산당의 서기장제와 마찬가지로 총서기 중심체제를 유지하였다.[63] 1935년 준의회의에서 중앙서기처 총서기에 장문천을 선임했으나, 당의 최고권한은 당의 정치국(모택동)으로 이양되었다. 이어 1937년 낙천(洛川)회의에서 중앙서기처 총서기제를 폐지했다.[64] 1943년 3월 중앙정치국 확대회의에서 모택동이 중앙정치국 주석 겸 중앙서기처 서기에 당선되어 당의 대표가 되었다. 그리고 1945년 연안에서 개최한 7전대회에서 중앙위원회 주석(모택동)이 공식적으로 당을 대표하였다. 그러다가 1956년 8전대회에서 중앙서기처 총서기제(총서기, 등소평)가 신설되어 당 행정상의 실무조정을 책임지는 최고위직이 되었지만, 당대표로서의 중앙위원회 주석제(<표 3 - 5> 참조)가 그대로 존속되었기 때문에 그 위상은 준의회의 이전(중앙위원회 총서기)과는 달랐다. 문혁기간 중에는 중앙위원회 주석제는 존속했으나, 당시 실무파인

등소평이 장악하고 있던 중앙서기처 총서기제는 폐지되었다. 그러나 문혁
이 종결되고 등소평이 집권한 이후 1980년 11대5중전회에서 다시 중앙서
기처 및 그 총서기제가 부활되었다. 그리고 12전대회(1982)에서 중앙위원
회 주석제를 폐지하고, 중앙위원회 총서기제(1921~1935년 존속)를 부활시
켜 당의 대표로 하였다.

<표 3 - 5> 역대 중국공산당 중앙위원회 주석

기 (시기)	주 석	부 주 석
제7기 (1945~1956년)	毛澤東	朱德, 劉少奇
제8기 (1956~1969년)	모택동	유소기, 周恩來, 주덕, 陳雲
제9기 (1969~1973년)	모택동	林彪
제10기 (1973~1976년)	모택동	주은래, 王洪文, 康生, 葉劍英, 李德生
제11기 (1977~1982년)	華國鋒(81.6사임) 胡耀邦(81.6승계)	섭검영, 鄧小平, 李先念, 汪東興(80.2 면직), 진운(78,12증선), 趙紫陽・화국봉 (81.6보선)

참고 : 1) 한자명은 신임, 한글명은 유임.

중국의 역대 총서기는 다음과 같다.[65]
   진독수(陳獨秀) : 1921. 7~1927. 5
   구추백(瞿秋白) : 1927. 5~1928. 6
   향충발(向忠發) : 1928. 6~1931. 1
   왕명(王明, 일명 陳紹禹) : 1931. 1~1931. 9
   박고(博古, 일명 秦邦憲) : 1931. 9~1935. 1
   낙보(洛甫, 일명 張聞天) : 1935. 1~1937. 12
   <폐지> : 1937~1956년
   등소평 : 1956. 9~1969년
   <폐지> : 1969~1980년
   호요방 : 1980. 2~1982. 9

호요방 : 1982. 9～1987. 11 (이하 중앙위원회 총서기)
조자양 : 1987. 11 ～1989. 6
강택민 : 1989. 6～ 현재

　당 최고지도자로서의 중앙위원회 주석은 1935년 준의회의 이후 모택동이 사망할 때까지(1976. 9) 군림하였다. 그 후 1977년 1월 당 10대3중전회에서 화국봉이 승계하였으나, 1981년 6월에 사임하게 되고 중앙서기처 총서기였던 호요방이 잠시 중앙위원회 주석직을 겸임하다가 1982년 12대에서 중앙위원회 주석제는 폐지되었다. 그리고 중앙위원회 총서기제가 부활되어 당 대표격이 되었다.

　현재 당 총서기는 중앙위원회의 총서기로서 중앙성지국 상무위원회 성원 중의 한 사람이다. 총서기는 중앙정치국회의와 그 상무위원회의 소집을 책임지며, 중앙정치국과 그 상무위원회의 집단지도하에 중앙서기처의 업무를 주재한다.66) 비록 현재의 총서기직은 과거 당 주석이 누리던 직권을 모두 향유하지는 못한다 할지라도 사실상의 당 지도자임에는 틀림없다. 1989년 천안문사태 이후 조자양이 총서기직에서 실각되자 강택민이 그 직을 승계, 현재까지 중국공산당을 대표하고 있다.

2) 당의 지방조직 : 중앙당의 일선조직

　중국공산당의 지방조직은 성(省), 자치구, 직할시와 자치주, 현(縣), 자지현, 구(區)가 없는 시와 시 직할구 이상의 지방행정단위에 설치된 당의 각급 대표대회와 위원회67) 및 기율검사위원회68)가 있다.

　그러나 1949년에서 1954년, 1961년에서 1966년 동안에는 중앙위원회와 성 위원회의 중간에 6개의 지구국(地區局)이 설치된 바 있다. 이는 대행정구에 상응하는 것이었고 그 기능은 주로 중앙기구와 성급 당위원회를 연계하는 것이었다. 그러나 1949년에서 1954년 사이에 지구국은 막강한 영향력을 성 당위원회에 행사하였고 동북지구의 고강과 화동지구의 요수석은 중앙의 집권화정책에 반대하면서 중앙지도권에 도전하는 등 소위 '독립왕국'을 형성, 중앙의 권위에 대한 위협적인 존재로 부상하였다. 그러므로 1954년 헌정체제의 정비와 더불어 중앙집중적 계획경제의 추진을 위하여 그 방해물이 되는 지구국은 폐지해 버렸다.

그러나 지구국은 1961년에 와서 종전의 형태로 부활되기에 이른다. 이는 대약진정책의 실패 후 회복조정정책을 추진하던 성에 대하여 중앙의 감독을 용이하게 하자는 것이 재설립의 일차적인 목적이었을 것이다. 그러나 이들 지구의 책임자들은 많은 경우에 당·정·군권을 장악하고 있었고 문화대혁명이 발발하면서 이들의 일부세력인 내몽고의 오란부, 사천과 서남지구를 통치하고 있던 이정천, 티베트의 장국화(張國華) 등이 보수적인 태도를 취했기 때문에 지구국은 과격분자들의 공격을 받게되었다. 그리하여 지구국은 문혁과 더불어 다시 폐지되었다.

3) 당의 기층조직 : 당 노선의 집행보루

성과 현 아래에는 당의 기층조직으로 당의 기층단위가 있다. 이들 기층단위는 당의 정책과 노선을 집행하는 '전투보루'이다. 당은 여기서 사회의 나머지 부분과 직접적인 접촉을 갖게 된다. 성의 당위원회와 마찬가지로 당의 기본적인 단위는 모두 당위원회를 주관하는 서기가 중심이 되어 운영된다. 그러나 이들 단위는 상부기구의 결정을 단순히 집행하는데 그치는 것이 아니라, 창의성과 자율성 있는 활동이 권장되며, 비평과 토론이 끊임없이 계속되는 곳도 바로 여기라고 할 수 있다. 모든 기층행정단위(鄕, 鎭), 그리고 모든 생산단위(공장, 상점, 학교, 기관, 합작사, 농장 등), 인민해방군의 중대 및 기타 기층단위는 3명 이상의 정식당원이 있으면 모두 당의 기층조직을 구성하고 있다.69)

2. 국가(정부)조직구조와 정책결정체계

중국 국가조직의 특징은 '민주집중제'(民主集中制)와 '의행합일'(議行

合一)을 통한 인민민주독재를 건설하는 데 있다. 최고국가권력기관으로 국회격인 전국인민대표대회는 서구민주주의 국가의 의회와는 달리 입법권과 행정권은 물론 검찰과 사법권까지 장악·통제하며(議行合一), 이를 정점으로 행정·사법·검찰기구가 중앙에서 지방으로 연계되어 중앙의 통일적 지도를 받는다(民主集中制). 지방조직은 전통적인 성·현·향의 3급 계층으로 구성, 그 하부구조는 중앙조직의 기능과 연계되어 있다.

중국의 국가(정부)기구는 중국의 중요 정치변동과 이에 따른 헌법개정에 따라 조직구조의 변화를 수반하였다. 그 조직의 변화과정을 간략히 요약하면 다음과 같다.

중국 최초의 공산주의 정부는 1928~1934년 강서(江西)근거지에 건립한 근거지 정부다. 소련의 공산주의 정부는 출발부터 인민소비에트와 당의 지도모형이 확연했지만, 중국에서 전개된 유격전쟁의 형세는 중국공산주의자로 하여금 소련인들과 비교했을 때, 대중참여의 질과 양에 더욱 관심을 가질 것을 요구하였고, 이러한 관심은 정부기구의 혁신보다는 정치행태상에 더욱 많이 반영되었다.[70]

1949년 건국 이후 1954년 헌법제정시까지 중국은 과도적 행정체제였다. 중앙정부는 최고 주권기구인 전국인민대표대회가 성립될 때까지 과도적 규약인 <공동강령>에 의거, 통일전선 기구인 중국인민정치협상회의의 집행기관인 중앙인민정부위원회가 입법권과 정부 수뇌의 임명권 및 감독권을 행사하였다. 그리고 최고행정기관으로써 정무원이 행정권을 총괄하였다. 이밖에 형식상 정무원과 동급 병렬기구로써 중앙인민정부 인민혁명군사위원회(군사 최고기관)와 최고 사법기관으로 최고인민법원과 최고인민검찰원이 있었다. 그리고 1952년 제1차 5개년 계획에 따른 중앙집중적 통일관리를 위해 국가계획위원회를 신설하였다. 이 역시 정무원과 병렬적 위치에 있었다.

1954년 헌법이 제정됨으로써 오늘날 중국 정부기구의 골격이 형성되었다. 즉 소련 모델의 중앙집권적 정부체제를 건립하였다. 국가주권(권력, 입법)기구로써 전국인민대표대회와 그 상무위원회 및 각급 지방 인민대표대회가 있고, 그것을 정점으로 국가행정기관인 국무원(舊정무원)과 지방 각급 인민위원회(인민정부), 사법기관인 법원과 검찰을 두었다. 그리고 국가원수로서 국가주석을 두고, 군사자문기구로서 국방위원회(주석)를 두어 이둘을 겸직하게 하여 그 주석이 군을 통수하게 하였다.71) 당시 모택동이 이를 겸직하였다.

그러나 문혁이 발발하자 사실상 헌법과 국가기구는 파괴되어 파행적으로 운영되었고, 그러다가 임표 사건이 마무리된 후, 1975년 헌법을 개정하여 통치기구에 대수술을 가하였다. 가장 중요한 것은 최고주권(권력)기구인 전국인민대표대회를 공산당의 지도하에 위치하도록 격하시켰고, 국가주석제를 폐지하는 대신 당 주석이 전국의 무장력을 통솔하도록 하였다.72) 그리고 최고인민검찰원을 폐지하였다. 물론 이처럼 기능상 당의 우위를 규정하였으나, 통치기구의 기본 골격에는 변함이 없었다.

4인방을 타도하고 문혁이 종결된 후, 화국봉 정권은 1978년 4개 현대화의 추진에 부응하여 헌법을 개정하였다. 전국인민대표대회를 다시 국가최고권력기관으로 부활시키는 한편, 폐지된 최고인민검찰원을 부활시켰다.73)

화국봉 세력을 축출하고 등소평이 정권을 장악하자 개혁세력은 사회주의 현대화 전략의 필요에 따라 1982년 국가 및 당의 지도력을 분산시켜 1인 독재체제의 재연을 막고 정부기구의 다원화를 위해 헌법을 개정하였다. 이른바 개혁 헌법인 <82 헌법>이다. 우선 <82 헌법>은 그 제1조에서 국가의 성격을 구헌법의 "무산계급독재의 사회주의국가"에서 "인민민주주의독재의 사회주의국가"라고 개칭하고, 1975년 폐지되었던 국가주석제를 부활시켜 내각책임제하의 국가원수의 지위에 가까운 권한을 부여함으로써 국가권력의 분산을 시도하였다. 그리고 이러한 맥락에서 국가중앙군사위원회를 신설하여 전국의 무장력을 통솔(종래 당 중앙군사위원회가 행사)하게 하는 한편,74) 전국인민대표대회의 입법 및 통제기능을 강화하였다.75) <82 헌법>에서 규정한 통치기구는 등소평 사망 후 현재까지 그대로 유지되고 있다. 여기서는 정책결정기구에 국한(사법기구는 제외)하여 그 조직과 기능을 검토해 보고자 한다.

1) 중앙정부 조직구조와 정책결정체계

현행 헌법상 국가의 중앙조직은 국가최고권력기관인 전국인민대표대회를 정점으로 한편으로는 그 상설기구인 전인대 상무위원회와 중화인민공화국 주석 및 국가최고군사기관인 국가중앙군사위원회가 병렬적 위치에 있고, 다른 한편으로는 최고행정기관인 국무원, 최고사법 및 검찰기관으로 최고인민법원 및 최고인민검찰원이 전인대의 예속적 위치에 있다.

▶ 최고 입법기관 : 전국인민대표대회 및 그 상무위원회

전국인민대표대회는 1954년 헌법제정시 설립된 국가최고권력기관이다. 정권초기(1949~1954년)에는 중국인민정치협상회의가 그 위치를 대신했는데, 최초의 전국인민대표대회는 1954년 9월 15일 북경에서 개최되었다.

현행 헌법 제2조는 "중화인민공화국의 모든 권력은 인민에게 속하고, 인민이 국가권력을 행사하는 기관은 전국인민대표대회와 지방 각급 인민대표대회"라고 규정하고, 제57조에서는 "전국인민대표대회는 국가최고권력기관"이라고 규정하고 있다.

이처럼 전인대는 형식상으로는 국가권력의 최고기관이기 때문에 권력분립을 당연시하는 서구민주정치제도상의 의회(국회)와는 근본적으로 구별된다. 그러나 중국의 전인대는 국가의 유일한 입법기관이며, 헌법의 실시를 감독하는 기관이다.

전국인민대표대회는 성·자치구·직할시 및 군대에서 선출된 대표로 구성(소수민족도 일정한 인원수의 대표로 구성)되는 인민의 대표기관으로서의 지위를 갖고 있으며, 임기는 5년을 1기로 한다. 회의는 1년에 1회 개최하며, 그 상무위원회에 의해 소집된다.[76] 1954년 이후 현재까지 전인대는 9기까지 선출되었는데, 처음 3기(1954~1964)의 임기는 4년(현재는 5년)이었고, 1954년에서 1964년까지는 매년 소집되었다. 그러나 1965년 1월 이후 문혁과 '임표사건'으로 인한 국내정치의 혼란으로 1975년까지 한번도 소집되지 않았다.

전국인민대표대회는 ①헌법 수정과 각종 법률의 제정권, ②국가 주석과 부주석을 비롯한 주요 국가기구의 장을 선출하는 선거권 및 각종 주요 인사에 대한 인준권, ③국가 예결산에 관한 심사·승인권을 갖고 있으며, ④국민경제·사회발전계획·전쟁과 평화 등 국가의 중대사항에 대하여 질의·심의·비준 등의 방법을 통하여 그것을 결정하고, ⑤중앙국가기관에 대해 통제하고 감독할 수 있는 지위에 있다.77)

이처럼 현행 헌법상 전인대는 '인민민주독재' 및 '의행합일'의 원칙에 의해 국가권력구조에서 국가 최고권력기관으로서 헌법상 막강한 권한을 보장받고 있다. 개혁·개방 이후 특히 교석이 전인대 위원장이 된 이래 그 활동도 상당히 활발해졌다. 1995년 4월, 제8기 전인대 제3차 회의는 정치국위원 2명(오방국과 강춘운)을 국무원 부총리에 임명하는 당의 결정에 제동을 걸었고,78) 1998년 3월에는 한저빈(韓杼濱)의 최고검찰원장 임명 동의안에 종전의 만장일치 관례를 깨고 이에 반발표를 던지기도 했다. 한저빈은 강택민과 인연이 깊고 신임도 돈독하였으나 검찰업무에 대한 지식 부족과 낮은 인지도 때문에 전인대에서 가장 저조한 지지를 받았다. 즉 1,919명 찬성에 687명 반대, 344명이 기권하여 65%의 찬성률을 기록했다. 이밖에 입법활동도 과거보다는 활발하다.79)

물론, 최근 들어 위와 같이 그 활동이 다소 적극적이긴 하지만, 실질적인 운영에 있어서는 당 및 정부(국무원)가 사전 합의한 내용을 승인하는데 그칠 뿐이다. 따라서 흔히 공산주의국가의 의회를 '고무도장'(rubber stamp)에 비유하기도 한다. 이처럼 전인대가 형식적인 기구로 전락하고 만 것은 1년에 1차례 소집되고 회기(대개 1~2주간)가 짧을 뿐 아니라 그 구성원이 3,000여 명에 달하는 데에도 연유한다. 1978년 2월 제5기 전인대 제3차 회의의 경우는 12일이라는 짧은 회기 동안, 무려 9개항의 보고를 청취·토론, 9개항을 의결하고 4개항의 법률안을 통과시켜야 했다. 또 이 회기동안 처리한 문건 수는 무려 13만 자나 되었는데, 하루 평균 1만 자 이상을 읽어야만 했다. 대표들은 대·소회의에 참석하는 이외에 이상과 같이 1년 간의 보고사항, 법률안 및 기타 문건을 열람하는 시간도 아주 한정되어 있었기 때문에[80] 실질적인 내용의 분석·검토는 사실상 곤란하다. 물론 자본주의국가에서도 의회제도의 위상저하는 일반적인 추세다. 따라서 사회주의 현대화 건설에 따라 국가는 긴급한 법률제정과 국가업무의 수요에 대응하기 위하여 전인대의 기능은 대부분 그 상설기구인 전인대 상무위원회에 위임하고 있다.

전인대 상무위원회는 임기 5년의 위원장 1명, 부위원장 19명, 비서장 1명 그리고 135명의 위원으로 구성되었다.[81] 상무위원회의 구성원은 국가행정기관, 심판기관 및 검찰기관의 직무를 겸직할 수 없도록 규정함으로써 상설기구로서 상무위원회의 전문화를 보장하려 하고 있다. 전인대 상무위원회는 전인대의 폐회중 전인대의 권한을 행사할 뿐 아니라, 헌법의 해석과 헌법준수의 감독, 법률과 명령의 해석권, 전쟁선포 및 계엄의 결정권 등 국가의 중대사에 관한 광범한 결정권을 갖는다.[82] 위원장, 부위원장, 비서장은 위원장회의를 구성하며 상무위원회의 중요 일상업무를 처리한다. 문혁기에 국가 주석제가 폐지되었을 때는 전인대 상무위원회 위원장(주덕) 이 대내외적으로 국가를 대표하였다.

전인대 상무위원회의 회의는 2개월마다 1회, 위원장이 소집한다. 특별한 경우는 임시회의를 소집할 수 있다.[83] 전인대에는 민족위원회, 법률위원회, 교육·과학·위생위원회, 외무위원회, 화교위원회와 기타 필요한 전문위원회를 둘 수 있으며, 전인대와 그 상무위원회의 지도하에 관계 의안을 검토·심의·기초한다.[84] 국무원, 중앙군사위원회, 최고인민법원, 최고인민검찰원과 전인대 상무위원 10인 이상은 전인대 상무위원회에 의안을 제출할 수 있으며, 제출된 의안은 위원장의 제청으로 상무위원회의 심의에 회부하거나, 유관 전문위원회에 사전에 회부하여 심의한 후 상무위원회의 심의에 회부할 수도 있다.[85] 상무위원회의 의사정족수와 의결정족수는 위원 정수의 과반수 이상으로 한다.[86]

기실 모든 의안은 이미 당 중앙서기처와 국무원의 협의를 거쳐 상정된

<표 3 - 6> 역대 전인대 상무위원회 위원장회의 구성원

기 별	위원장	부위원장 및 비서장
제1기 (54. 9~ 59. 4)	劉少奇★	宋慶齡, 林伯渠◆, 李濟深, 張瀾▶, 沈鈞儒, 郭沫若, 黃炎培, 彭眞(비서장겸임)◆, 李維漢●, 陳叔通, 達賴喇嘛·丹增嘉措, 賽福鼎ㅇ, 艾則孜, 程潛 58보선) 등 13인
제2기 (59. 4~ 65. 1)	朱德★	임백거◆·이재심·나영환◆·심균유▶, 곽말약, 황염배, 팽진(비서장겸임)◆, 이유한●, 진숙통, 달뢰라마, 새복정ㅇ, 정잠, 班禪額爾德尼·確吉堅贊, 何香凝, 劉伯承◆, 林楓 등 16인
제3기 (65. 1~ 75. 1)	주덕★	팽진◆, 유백승◆, 李井泉◆, 康生◆, 곽말약, 하향응·황염배·진숙통·정잠·楊明幹▶, 李雪峰◇, 徐向前◆, 새복정●, 임풍●, 劉寧一●(비서장겸임), 張治中, 阿沛·阿旺晉美, 周建人● 등 18인
제4기 (75. 1~ 78. 3)	주덕★ (76▶)	董必武★▶, 송경령, 강생★▶, 유백승◆, 吳德◆, 韋國淸◆, 새복정●, 곽말약, 서향전◆, 聶榮臻◆, 陳雲●, 譚震林●, 이정천●, 張鼎丞●, 蔡暢●, 烏蘭夫◆, 아패, 주건인●, 許德珩, 胡厥文, 李素文●, 姚連蔚 등 22인, 비서장: 姬鵬飛●
제5기 (78. 3~ 83. 6)	葉劍英★	송경령▶, 섭영진◆▶, 유백승◆▶, 오란부◆, 오덕◆▶, 위국청◆, 진운★, 곽말약▶, 담진림●, 이정천●, 장정승●▶, 채창●▶, 鄧穎超(76보선)◆, 새복정●, 廖承志●▶, 희봉비(비서장겸임)●, 아패, 주건인●▶, 허덕형, 호궐문 등 20인. 이후 팽진◆·肖勁光●·朱蘊山▶·史良 79. 7보선, 팽충◆·습중훈●·속유●·양상곤●(비서장겸) 80. 9보선. 朱學範 81. 12보선.
제6기 (83. 6~ 88. 4)	彭眞 ◆	陳丕顯●, 위국청◆, 耿颷●,호궐문, 허덕형, 彭沖●, 王任重●, 사량, 주학범, 아패, 반선액이덕니, 새복정●, 朱谷城, 嚴濟慈, 胡愈之▶, 榮毅仁, 葉飛●, 廖漢生●, 韓先楚●▶, 黃華● 등 20인. 비서장: 王漢斌●. 楚圖南 보선.
제7기 (88. 4~ 93. 3)	萬里 ◆	習仲勛, 오란부▶, 팽충(비서장겸임)●, 위국청▶, 주학범, 아패·왕진미,반선액이덕니▶, 새복정●, 주곡성, 엄제자, 영의인, 섭비, 요한생, 倪志福●, 陳慕華●, 費孝通, 孫起孟, 雷潔瓊, 왕한빈● 등 19인.

기 별	위원장	부위원장 및 비서장
제8기 (93. 3~ 98. 3)	喬石 ★	田紀雲◆, 왕한빈◇, 예지복●, 진모화●, 비효통, 손기맹, 뢰결경, 秦基偉, 李錫銘, 王丙乾, 帕巴拉·格列良杰, 王光英, 程思遠, 盧嘉錫,布赫, 鐵木爾·達瓦買堤●, 甘苦, 李沛瑤, 吳階平 등 18인. 비서장: 曹志
제9기 (98. 3~)	李鵬 ★	전기운◆, 謝非◆, 姜春雲◆, 鄒家華, 파파라(藏族), 왕광영, 정사원, 포혁(蒙古族), 철목이(위구르족), 오계평, 彭珮雲●, 何魯麗, 周光召●, 成克杰, 曹志, 丁石孫, 成思危, 許嘉璐, 蔣正華 등 19인. 비서장: 何春霖●

참고 : 1) ★표는 당 중앙정치국 상무위원, ◆표는 중앙정치국 위원,
　　　　◇표는 중앙정치국 후보위원, ●표는 중앙위원, ○표는 후보중앙위원임.
　　　2) ▶표는 임기중 사망, ▷표는 임기중 사임을 나타냄.
　　　3) 한자명은 신임, 한글명은 유임.

것으로 여기서 부결된 적은 한번도 없다. 따라서 전인대 상무위원회의 실질적 권한은 전인대 전체회의와 마찬가지로 헌법상 규정된 것에 미치지 못한다 하겠다.

전인대가 갖는 위상이나 그 상무위원회의 헌법상의 역할로 말미암아 역대 위원장이나 제1부위원장은 역시 공산당 중앙정치국 상무위원이나 중앙정치국 위원이 겸임해 왔다.[87]건국 초기에는 권력서열 제2인자인 유소기(제1기 : 1954~59)가 전인대를 이끌었으며, 그후의 위원장은 주덕(제2, 3, 4기 : 1959~78), 섭검영(제5기 : 1978~83), 팽진(제6기 : 1983~88), 만리(제7기 : 1988~93), 그리고 교석(제8기 : 1993~98) 등으로 모두 중국공산당 중앙정치국 위원 이상의 고위직에 있었던 실력자들이었다. 현 전인대 상무위원장은 전 국무원 총리이며, 현 중앙정치국 상무위원인 이붕이 맡고 있다(<표3 - 6> 참조).

▶ **명목상 국가의 원수 : 중화인민공화국 주석**

중화인민공화국 주석(국가주석으로 약칭)은 대내외적으로 국가를 대표한

다. 건국초기(1949～1954년 정치협상회의 체제하)에는 국가주석직을 두지 않고 중앙인민정부위원회가 대내외적으로 중화인민공화국을 대표하였다. 중앙인민정부위원회는 주석 1명, 부주석 6명, 위원 56명, 비서장 1명으로 구성되었으나 당시의 중앙인민정부위원회 주석은 중앙인민정부위원회 구성원이었을 뿐 독립된 국가기구가 아니었으며 후에 설립된 국가주석과는 그 위상이 달랐다.

1954년 헌법의 제정과 더불어 국가주석제가 신설되었다. 이 시기에 중국은 '집단지도체제'를 표방하였으나 중국공산당 중앙위원회 주석인 모택동이 국가주석을 겸임, 강력한 권한을 행사했다. 국가주석은 국가를 대표하고 상징하는 수반으로서 외교상의 일정한 권한을 행사할 뿐 아니라, 전국의 무장력을 통솔하는 국방위원회의 의장이 되며, 최고국무회의를 주재하는 등 정부의 '명백한 중심체'였던 것이다.

당시 국가주석이 국방위원회의 의장 및 최고국무회의의 주재자가 되었던 것은 형식상의 상징적 지위를 넘어 큰 실권을 장악하였음을 의미하는 것이다. 왜냐하면 최고국무회의는 공화국 주석과 전인대 상무위원회의 지도급 인사 및 국무원 요직자에 의해 구성된 국가의 중대사를 논의하는 회의체였기 때문이다. 또 국방위원회는 원래 그 성격상 최고군사지도자들이 국가의 중요 군사전략을 기획하는 군 수뇌기관이었지만 사실상 그것은 인민해방군의 고위지도자들 뿐만 아니라 투항 또는 전향한 전 국민당정부군의 장성들을 수용하는 기관이었다. 따라서 중국의 모든 군사지도자들을 국가주석의 통제하에 둔다는 것은 그 직위를 차지하는 개인으로서는 중요한 의미를 갖는 것이었다. 이와 같이 1954년 헌법시기의 국가주석은 막강한 권한을 가진 실질적인 국가원수의 지위에 있었다.

그러나 대약진운동의 실패로 모택동은 1959년 제2기 전인대에서 국가주석직을 유소기에게 넘겨주지 않을 수 없었고, 1964년의 제3기 전인대에서도 유소기가 국가주석에 재선되었다. 하지만 문화대혁명이 시작되면서 당시 주석이던 유소기가 '주자파'(走資派)로 몰려 실각됨으로써 중국은 국가주석이 없는 시대로 돌입하게 된다. 1970년 <임(林)·모(毛) 헌법초안

>, 1975년 <모・강(江) 헌법> 그리고 1978년의 헌법에는 모두 국가주석제를 두지 않았으며, 대내외적으로 국가를 대표하는 직위는 전인대 상무위원회 위원장이었다.

1982년 헌법은 국가주석제를 부활시켰는데 그 권한을 1954년 헌법과 비교해 보면 실권적 지위보다 상징적 성격이 훨씬 강하다고 할 수 있다. 즉 현행 헌법상의 국가주석은 전인대의 결정 및 전인대 상무위원회의 결정에 따라 법률을 공포하고 총리・부총리・국무위원・각부 부장・각 위원회 주임・심계장・국무원 비서장의 임명권을 가지며, 국가훈장・영예의 수여, 특히 사면・계엄령・선전포고・동원령의 발포권을 가지는 것 외에 대내외적으로 중화인민공화국을 대표하고 외국사절 접수, 전인대 상무위원회의 결정에 의한 해외전권대표 파견 및 소환, 외국과 체결한 조약 및 중요협정을 비준하고 파기하는 권한을 가지는 등 극히 의례적 지위에 있다. 다시 말해, 현행 헌법상의 국가주석은 1954년 헌법과는 달리 군의 통수권도, 최고국무회의의 주재권도 없는 명목상의 지위였다. 종래 군의 통수권을 국가주석 내지 당 중앙위원회 주석에게 주어졌던 것을 중앙군사위원회 주석에게 부여한 것은 제도적으로 국가권력을 분산하겠다는 의도로 풀이된다.[88] 그리고 현행 헌법상 국가주석의 지위를 대통령제 정부형태하의 대통령이라기보다는 내각제하의 대통령에 더 가까운 지위를 부여한 것도 국가지도력의 다원화를 실현하기 위한 의지의 표현이라 볼 수 있다.

현행 헌법상 중화인민공화국 주석과 부주석은 전인대에서 선출되며, 그 임기는 전인대의 임기와 같이 5년으로 연임할 수 있으나 계속하여 2회를 초과할 수 없다. 선거권과 피선거권이 있는 만 45세의 중화인민공화국 국민은 누구나 공화국 주석과 부주석의 피선거권이 있다.[89]

역대 국가주석은 모택동, 유소기에 이어 이선념, 양상곤 등 공산당 최고위직이 겸임하여 왔다. 현재 국가주석은 중공 중앙위원회 총서기, 중앙정치국 상무위원회 위원 겸 당 및 국가중앙군사위원회 주석인 강택민이 1993년 3월, 제8기 전인대에서 양상곤으로부터 승계 받은 이후 연임하고 있다.

▶ 실질적인 정부 최고정책결정기구 : 국무원

국가조직을 넓은 의미의 정부라 한다면 국무원을 정점으로 한 중앙 및 지방의 행정체계는 좁은 의미의 정부라 할 수 있다. 국무원은 건국 당시의 정무원을 1954년 헌법제정 과정에서 승계하여 개편한 최고행정기관, 즉 중앙인민정부이다.

현행 헌법상 국무원은 바로 중앙인민정부로서 최고국가권력기관(전인대)의 집행기관이며 최고국가행정기관이다. 이처럼 국무원은 최고국가권력기관의 결정을 집행하는 최고행정기관이기 때문에 중앙행정 각부 위원회 및 전국의 각급 지방행정기관의 업무를 통일적으로 지도하는 한편, 전인대(폐회중일 때는 그 상무위원회)에 대해서 책임을 지고 업무를 보고한다.

국무원은 그 소관업무를 수행하기 위해 첫째, 인적 구성으로 총리·부총리 약간 명·국무위원 약간 명·각부 부장·각 위원회 주임·심계장·비서장으로 조직되어 있으며 둘째, 제도적 기구로서 부·위원회·심계기관·직속기구·판사(辦事)기구 및 비서기구·지도기구 등을 설치 운영하고 있다. 단 비상사태 등 돌발사태가 발생할 경우나 기타 필요시는 임시기구 및 참모기구·부설기구 등도 설치·운영한다.

총리[90]는 국가주석의 제청에 의해 전인대에서 선거되며, 임기는 전인대 1기와 동일하고 1회에 한하여 연임이 가능하다. 부총리 및 국무위원·각부나 위원회의 부장 및 주임·심계장·비서장은 총리의 제청에 의해 전인대에서 선거하며, 부총리·국무위원의 임기는 총리와 같다.

각 부나 위원회는 거의 예외 없이 전국적인 기능적 명령체계를 지휘할 권한과 책임이 있으며, 위로는 중앙으로부터 아래로는 지방에 이르기까지 수직적 계층구조를 형성, 국무원의 통일적 지도하에 전국적인 행정업무를 집행한다.[91]

한편 국무원 직속기구의 경우 그것은 건국이후 문혁기를 제외하고는 계속 존립한 기구이다. 이 직속기구는 국무원의 각종 전문업무를 담당하는 기구로서 그 업무의 성격이 특수하거나 당시의 업무량으로는 하나의 부를 설치하기에 미흡할 경우에 설치·운영한다. 이 밖에 국무원 비서기구는 국무원 비서장의 지도아래 총리가 처리하는 일상업무를 돕는 역할을 한다. 또 지도기구로서 중국사회과학원 등은 정부정책결정에 싱크 뱅크(think bank)의 역할을 한다.

국무원은 총리 주재 하에 운영되며 '총리책임제'를 실시한다. 총리책임제란 표면상으로는 내각책임제의 의미와 비슷한 감을 주지만 실제적으로는 그것과 구별된다. 왜냐하면 중국정치권력의 내부에는 서구의 내각책임제와 같은 내각 총사퇴나 국회해산, 즉 전인대의 해산은 있을 수 없기 때문이다.

총리는 국무원전체회의와 상무위원회를 소집하고 주재한다. 후자는 총리·부총리·국무위원·비서장이 참석하는 이른바 '핵심내각'의 성격을 띤 회의이다. 전자는 국무원 구성원 전체(가 부외 장과 위원회의 주임 포함)가 참석하는 회의이다. 전자의 경우 그 구성원 수가 많기 때문에 효과적인 정책결정체로서는 적합하지 않다. 따라서 중요정책의 경우는 대부분 매주 1회씩 열리는 국무원 상무회의에서 결정한다. 국무원 상무회의는 사실상의 정부 최고정책결정기구로서 당 중앙서기처와 긴밀한 협의 하에 국무를 관장한다. 주요 정책결정을 함에 있어 중국사회과학원 산하 경제개혁연구소나 국무원 직속의 각종 발전연구중심 등의 조사 연구결과에 의존하는 경향이 높아지고 있다. 특히 주용기 총리가 국무원을 장악한 이후부터는 이들 연구소의 개혁성향의 학자 및 연구원들의 주장이 정책결정에 막강한 영향력을 발휘하고 있다.

한편 국무원 각부나 위원회의 경우 그 부장 및 주임이 국무원 전체회의에 참석함으로써 정책결정에 영향을 미치는 동시에 각부와 위원회의 부장과 주임이 부무(部務)회의 및 위무(委務)회의를 소집하고 주재하는 '부장·주임책임제'를 실시한다. 각부나 위원회는 법률·법령 및 국무원의 행정법규와 결의 명령에 따라 해당 부서의 권한 내에서 명령법규를 발포할 수 있다.

역대 국무원 총리의 경우 신중국 성립(1949. 10) 이후 주은래가 그의 사망 시(1976. 4)까지 27년간 재임했으며 주은래 사후부터 제5기 전반부(80. 9)까지 화국봉이 과도내각을 이끌었다. 그후 1980년 9월, 제5기 전인대 3차

회의에서 화국봉이 실각하자 조자양이 국무원 총리직을 승계하였다. 그러나 조자양이 1987년 11월 당 총서기직으로 승진하자 이붕이 승계하여 연임(6기 대리총리, 7기, 8기)한 후, 상무부총리였던 주용기가 1998년 3월 이를 승계하였다. 전체적으로 볼 때, 역대 국무원 상무회의 구성원은 중공의 고위 당직자(정치국 위원급)가 겸임해 왔다.92)

역대 국무원의 각 부·위 및 직속기구와 판사기구의 수는 노선과 정책의 변화에 따라 그 수가 팽창 - 정간 - 재팽창 - 재정간의 사이클을 그리면서 발전되어 왔다. <표 3 - 7>과 같이 제1차 5개년 계획이 완성되는 시기인 1956년에 그 수가 최고조에 달했으나, 대약진을 시작하면서 축소되다가 조정기가 완성될 즈음 다시 정부기구의 재팽창이 이루어졌다. 그러나 문혁이 발발하면서 정부기구는 파괴되었고, 임표사건 후 정부기능의 복원과 개혁개방후 정부기능의 증대로 1981년까지는 또다시 재팽창되었다. 그러나 1982년 및 1988년 시장지향적 사회주의 상품경제체제의 심화와 1993년 및 1998년 사회주의 시장경제정책의 적극적인 추진에 따라 정부기구의 대대적인 재정간이 단행되었다. 개혁·개방 이후 1999년까지만 해도 대대적인 기구개혁은 4차례 있었다.

1998년 3월 현재 국무원은 총리 1명, 부총리 4명, 국무위원 5명, 1명의 비서장과 29명의 부·위 장(주임)으로 구성되어 있다. 각 부와 위원회는 29개로, 1993년의 40개보다 11개가 축소되었고, 국무원의 성원도 약 20% 축소·조정되었다. 구체적으로 경제관련 15개 부·위를 폐지하고, 반면 국방과기술공업위원회(재편)·정보(信息)산업부·노동과 사회보장부 그리고 국토자원관리부를 신설하였다. 기계공업부·화학공업부·야금공업부·석탄공업부와 국내무역부는 그 기능을 국가경제무역위원회의 국으로 이관하고, 그 조직은 공사(公司)화 하였다. 국방과기술공업위원회는 종전 국방과학공업위원회가 관리하던 국방공업의 기능과 국가계획위원회의 국방사(司) 기능 및 각군 공업총공사가 담당하던 정부업무를 합하여 재편한 기구이다. 또 국가계획위원회는 국가발전계획위원회로, 국가과학기술위원회는

<표 3 - 7> 역대 국무원(정무원) 기구 증감 통계

시　　기		합 계	부, 위원회	직속기구	판공(판사)기구
사회주의 개조시기	1949	35	29	6	-
	50 - 51	36	30	6	-
	52 - 53	42	38	4	-
	1954	64	35	21	8
	1955	70	39	23	8
	1956	81	48	25	8
대약진 조정기	1957	80	48	24	8
	1959	60	39	15	6
	1962	73	39	19	6
	1965	79	49	23	7
문혁기	66 - 69	78	48	23	7
	1970	32	26	5	1
	73 - 74	42	27	12	3
	75 - 76	52	29	19	4
개혁·개방기	1978	76	37	32	7
	1981	100	52	43	5
	1982	61	43	15	3
	86 - 87	72	45	22	5
	1988	68	41	19	8
	1989	69	41	19	8
	1993	59	40	13	6
	1998	53	29	17	7

참고 : 1) 1945~1953년의 직속기구 수에는 인민은행, 출판총서, 정보총서, 신문총서, 해관총
　　　　서, 기상국 및 정무원 비서청의 증감임.
　　　2) 1954~1969년의 국무원 비서청은 직속기구의 통계에 포함시켰음.
　　　3) 1970년 이후의 국무원 판공청(실)은 판공(판사)기구에 포함시켰음.
　　　4) 국무원 각 부위 관할의 '국가국'은 통계에 포함시키지 않았음.
자료 : 1) 蘇尙堯 主編,『中華人民共和國中央政府機構 1949~1990』
　　　　　　　　(北京, 經濟科學出版社, 1993), p. 135.)
　　　2) 김정계,『중국의 권력구조와 파워 엘리트』(평민사, 1994), p. 67.
　　　3)『人民日報』, 1998年 3月 11일, p. 1.

<표 3 - 8> 중국 국무원 각 부처

거시경제조정관리부서	경제운영부서	국가행정부서
국가발전계획위원회 국방과학기술공업위원회 국가경제무역위원회 재정부 중국인민은행	정보(信息)산업부 과학기술부 대외무역경제합작부 농업부 수리부 노동과 사회보장부 건설부 철도부 교통부 국토자원부	외교부 국방부 교육부 공안부 국가안전부 감찰부 민정부 사법부 인사부 문화부 위생부 국가계획생육위원회 심계서 국가민족사무위원회

과학기술부로, 국가교육위원회는 교육부로 명칭이 바뀌었다. 국가경제체제개혁위원회는 국무원의 고위 의사기구로 바꾸고 총리가 주임, 관련 부서장이 위원회의 성원이 되도록 하여 국무원의 부·위에서는 제외시켰다.[93] 제9기 전인대에서의 국무원 기구개혁의 중점은 사회주의 시장경제운영 메커니즘의 요구에 맞추어 직접적으로 경제를 관리하는 부문은 '정·기 분리'의 원칙에 따라 공사화해서 철폐하거나 타 부처와 통폐합했으며, 반면 거시경제조정관리부문(국가발전계획위원회, 국가경제무역위원회, 재정부, 중국인민은행)은 그 기능을 강화하는 한편, 국가고유의 행정부문은 그대로 존치시키는 방향으로 이루어졌다(<표 3 - 8> 참조).

그러나 국무원의 직속기구는 종전(13)보다 늘어난 17개, 국무원판사기구도 판공청(비서장)을 포함해 종전(6)보다 1개가 늘어난 7개로 조정되었다. 그리고 종래의 부·위급 및 직속기구에 속하던 행정기구(중국과학원·중국사회과학원·국무원발전연구중심, 국가행정학원, 중국지진국, 중국기상국, 중국증권감독관리위원회 등)를 국무원 직속 사업단위로 전환시켰다.

이는 사회주의 시장경제체제와 정부기능의 전환에 따라 정부와 기업의 분리를 실현하고, 행정의 통일성과 효율성을 제고하기 위한 정부기구개혁의 불가피한 선택이라 보겠다.

▶ 국가 최고군사영도기구 : 중화인민공화국 중앙군사위원회

중화인민공화국(국가) 중앙군사위원회는 1982년 헌법에 신설된 전국의 무장역량을 영도하는 국가최고의 군사영도기관이다. 국가중앙군사위원회는 최고국가행정기관(국무원), 최고국가심판기관(최고인민위원), 최고국가검찰기관(최고인민검찰원)과 수평의 관계에 있으며, 최고국가권력기관인 전인대 및 그 상무위원회에 의해 선거·파면된다. 국가중앙군사위원회의 임기는 진인내의 임기와 같으며, 국가 중앙군사위원회 주석은 전인대 및 그 상무위원회에 대하여 책임을 진다. 중앙군사위원회는 주석·부주석 약간명·위원 약간명으로 구성되며 주석책임제를 실시한다. [국가주석] 편에서 이미 언급한 바와 같이 종래 군의 통수권을 국가주석(1954헌법시기) 내지 당주석(1975~1982)에게 주어졌던 것을 국가중앙군사위원회 주석에게 부여한 것은 제도적으로 국가권력을 분산하겠다는 의도라 하겠다.

현재 국가중앙군사위원회 정·부주석 및 위원은 당 중앙군사위원회의 정 부주석 및 그 위원이 겸임하고 있다. 국가중앙군사위원회에 대한 상세한 내용은 [군사]편에서 재론하기로 한다.

2) 지방정부조직

중국은 전통적으로 중앙정부에 정치와 행정의 모든 권력이 집중된 중앙집중적 통일국가인 한편, 지방정부에 대해서도 상당히 자주성을 허용하면서 그 정치체제를 지속시켜 온 국가이다.

오늘날의 지방조직도 모두 중앙정부의 통일적 지도하에 어느 정도의 자주성을 유지하고 있는 '민주집중제'의 원칙에 있다. 오늘날 중국의 지방행정단위는 다음과 같이 구분한다.

①전국을 성(省), 자치구, 직할시로 구분한다.
②성, 자치구를 자치주, 현, 자치현, 시로 구분한다.
③현, 자치현을 향(鄕), 민족향, 진(鎭)으로 구분한다.

그리고 직할시 및 비교적 규모가 큰 시(地級 市)는 구와 현으로 나누며, 자치주는 현 자치현 시로 나눈다. 여기서 자치구·자치주·자치현은 모두 민족자치지방이다. 따라서 오늘날 중국의 지방단위는 전통적인 지방단위와 마찬가지로 성급·현급·기층조직의 계층으로 구성되어 있다. 중국의 지방정부 단위의 현황은 4개 직할시(북경, 상해, 천진, 중경)·23개 성·5개 자치구로 구성되어 있다.

지방의 각급 국가기구는 중앙조직과 마찬가지로 동급 인민대표대회와 인민정부 그리고 인민법원 및 인민검찰원(현급 이상에만 설치)이 수평적으로 연계되어 있다. 지방조직중 대표적인 행정조직은 지방 각급 인민대표대회94)와 인민정부,95) 그리고 민족자치기구다.96)

이상 지방 각급 국가기관 및 민족자치기관 이외 지방기층조직으로서 거민(居民)위원회와 촌민위원회가 있다. 이는 바로 지방의 말단 대중자치조직이다. 이들 위원회는 인민조정·치안보위·공공위생 등의 위원회를 설치하여 당해 주거지역의 공공사무와 공익사업을 처리하며, 민간분쟁을 조정하고 사회치안의 유지에 협조하며, 인민정부에 대하여 대중의 의견과 요구를 반영시키고 건의한다.

3. 군사 지도체제와 정책기구

중국의 무장역량은 국가가 지휘하는 각종 무장력의 조직인데 일반적으로 군대를 주체로 하며, 군대와 기타 정규적 비정규적 무장조직으로 구성된다. 현재 중화인민공화국의 무장역량은 중국인민해방군, 중국인민무장경찰부대(武警으로 약칭)와 민병으로 조직되어 있다. 이는 혁명전쟁시기에 형성된 중국식의 야전군, 지방무장력과 민병의 '3결합'체제를 계승, 새로운 역사적 조건과 현대화건설의 필요에 부응하여 개혁·발전시킨 것이다. 이 중 중국인민해방군은 무장역량의 주체이다.

중국의 정규군은 인민해방군이다. 해방군은 1927년 8월 1일, 강서성(江西省) 남창(南昌)에서 중국공산당을 지지하는 군대가 무장폭동을 일으키고 군사 쿠데타로 정권을 탈취하고자 한 사건(南昌起義)을 중국공산군의 창건으로 규정한다. 1927년부터 1937년간의 제2차 국공내전 때는 '중국농공홍군'(中國農工紅軍)이라 칭하였고, 1937년부터 1945년간의 중·일전쟁기에는 국공내전으로 중국국민당 군사위원회 휘하에 편입되어 '팔로군(八路軍),' '신4군(新四軍)'으로 불리었으며, 1945년부터 1949년까지 제3차 국공내전을 치르는 동인인 1947년 9월에 시금의 명칭인 '중국인민해방군'이 되었다.

원래 중국공산군은 중국공산당의 '당군(黨軍)'으로 발족되어 계속 그 성격을 유지해 왔고, 공산정권 수립 후에도 당 중앙군사위원회가 실질적인 군권을 장악하고 있었다. 그러나 1982년 신헌법에서 국가 중앙군사위원회가 신설되어 군의 통수권이 당에서 국가로 옮겨감으로써 군은 '당군'으로부터 '국군'으로서의 성격을 띠게 되었다.

국가 무장역량의 관리체제는 군사(군령)와 행정(군정)으로 구분된다. 헌법규정에 따르면 국가중앙군사위원회는 전국무장역량의 최고정책결정과 지휘기관인 한편 국무원 소속 국방부 및 국방과학기술위원회 등은 군사와 관련된 국가행정기관이다[97]. 즉 군령과 군정을 엄격히 구분한다.

1) 당·국가 중앙군사위원회 – 실질적인 군사정책결정기구

군의 최고지도권 내지 군 정책결정권이 어디에 있는가. 즉 군사지휘권이 어디에 귀속되는가의 문제는 군사제도 및 국방정책상의 가장 중요한 핵심문제이다. 건군이래 해방군은 당의 군대였다. 그리고 조직상 군의 최고정책결정기관은 당 중앙위원회의 한 기관인 당 중앙군사위원회였다.

　당 중앙군사위원회는 중국공산당이 혁명투쟁을 진행하는 과정 중에 창건·발전시킨 기관이다. 즉 중앙군사위원회는 일찍이 1925년 10월 전국적인 노동자, 농민, 대중혁명운동의 전개와 발전의 필요에 부응하여 당 4대1중전회 확대집행위원회의 제의에 의해 '중국공산당 중앙군사운동위원회'를 설립한 것이 그 효시다. 그 후 '중앙군사부'라 개칭하고 장국도와 주은래가 차례로 부장을 역임하였다. 1926년 말 중앙군사부를 다시 '중앙군사위원회'로 개칭하고 주은래가 그 서기직을 담당하였다. 1927년 7월 당 6기 이후 중앙군사부를 부활하여 양은(楊殷)과 주은래가 차례로 부장직을 맡았다. 1930년 3월 중앙군사부를 다시 중앙군사위원회로 개칭하고 당의 최고군사영도기관으로 하였다.

　그러나 1931년 11월 중화소비에트공화국 임시정부가 성립되자 중화소비에트 제1차 전국대표대회의 결의와 중앙집행위원회의 명령에 의거, '중화소비에트공화국 중앙혁명군사위원회'를 설립하고 주덕을 그 주석에 임명함으로써 정부 군으로서의 중앙혁명군사위원회가 신설되었다. 이는 중국인민무장역량의 최고통할권을 인민정권기구에 귀속시킨 최초의 일이다. 당시 중앙혁명군사위원회는 그 산하에 총참모부, 총정치부와 총경리부 등의 기구를 두고 홍군의 조직·급양·교육·훈련을 관장하고 홍군의 작전을 지휘하였다. 1936년 12월 1·2·4 방면군과 합류한 후 새로운 형세에 대응하기 위해 중화소비에트 중앙정부의 명령에 따라 중앙혁명군사위원회를 23명으로 확대하고 모택동을 주석으로 선출하였다. 그러나 중일전쟁시기 '국공합작'과 같은 새로운 형세에 부응하기 위하여 공산정부하의 소위 국가중앙군사위원회는 폐지되었다.

　따라서 1937년 8월 당 중앙정치국 확대회의는 '당 중앙혁명군사위원회'를 신설하고 모택동을 서기로 선출하였다. 후에 서기를 주석으로 개칭하였다. 1945년 8월 당 7전대회 이후 당 중앙혁명군사위원회를 '당 중앙군사위원회'로 개칭하고 모택동을 주석으로 선출하였고, 1949년 6월, 이를 다시 '중국인민혁명군사위원회'로 개칭하였다.

　신 중국의 수립과 더불어 중국공산당이 중국의 집권당이 됨으로써 당이 창건하고 지도하던 인민무장역량 역시 국가지도하의 무장역량이 되었다. 중화인민공화국 건국초기 헌법을 대신한 <공동강령>은 그 제20조에서 "중화인민공화국의 군대, 즉 인민해방군·인민공안부대는 중앙인민정부 인민혁명군사위원회의 통솔을 받는다"고 하였으며, <중앙인민정부조직법>은 " '중앙인민정부인민혁명군사위원회'는 전국의 인민해방군과 기타의 인민 무장역량을 통일적으로 관할하고 지휘한다"고 규정하였다. 그리고 "중앙인민정부인민혁명군사위원회에는 1인의 주석과 약간명의 부주석 및 위원을 두고, 그 조직관리 및 지휘체계는 중앙인민정부위원회가 통일적으로 제정한다"고 규정하였다.[98] 따라서 <공동강령>시기 군사통할권은 인민정부(국가)의 중앙인민정부인민혁명군사위원회에 속했다.

1954년 <중화인민공화국헌법>이 제정됨과 동시에 '국방위원회'를 신설하고 국가 주석이 국방위원회 주석을 겸임, 전국의 무장역량을 통수하였다. 국방위원회의 부주석과 위원의 인선은 국가주석의 제청으로 선임하였다. 당시 국가주석이었던 모택동·유소기가 전후 국방위원회 주석을 겸임하였다. 그러나 국방위원회는 자문적 성격을 띤 기구에 불과했으며 무장역량의 지도기관은 아니었다. 따라서 무장역량의 지도권(통수권)은 당 주석 겸 국가주석인 모택동이 장악하고 있었다. 유소기(국가주석 겸 국방위원회 주석)의 숙청 이후, 1975년 헌법과 1978년 헌법은 모두 국가기관으로서의 군사통할기관(국가주석제와 국방위원회)을 폐지하고 " '당 중앙군사위원회' 주석이 전국의 무장역량을 통솔한다"고 규정함으로써[99] 당이 군을 지도하는 체제로 되었다.

그러나 등소평 집권 후 권력분산 및 군의 현대화와 관련하여 인민해방군을 당의 군대로부터 국가의 군대(<54헌법체제>)로 전환하는 개혁을 단행한다. 즉 군의 최고통할권을 당에서 국가로 귀속시키게 되었다. 현행 헌법(<82헌법>)은 1978년 헌법의 "당 중앙위원회 주석이 전국의 무장역량을 통솔한다"는 규정과 "중국인민해방군은 노동자 농민의 자제이며, 무산계급 독재의 주춧돌이다"이라는 규정[100]을 삭제하고, 대신 전국의 무장역량은 국가중앙군사위원회가 지도하도록 규정하였다.[101] 그리고 "중국의 무장역량은 인민에게 귀속되며," 새로운 해방군의 임무는 "국방을 공고히 하고 침략에 저항하며, 조국을 방위하고 인민의 평화로운 노동을 견지한다"[102] 라고 하여 국방군으로서의 임무를 규정했기 때문에 당의 군대가 국가의 군대로 된 것이라고 해석하고 있다.

그러나 1982년 당 12전대회에서 통과된 현 <중국공산당장정>은 당의 중앙조직에 여전히 중앙군사위원회를 두고 있으며, 당시 헌법개정위원회 부주임 위원인 팽진이 <중화인민공화국 헌법개정초안에 관한 보고>를 통하여 국가의 중앙군사위원회 성립 이후에도 당의 군대에 대한 지도는 결코 변할 수 없다고 전제하면서, <서언>에서 "당이 국가생활에 있어서 지도적 역할을 한다는 것은 당연히 당의 군대에 대한 지도를 포괄하는 것"이라고 그 입법취지를 설명했다.[103] 또 군의 총정치부를 통하여 당은 실질적으로 군대내의 정치공작을 지도하고 있다.

따라서 현행 <헌법>과 <당장>은 국가와 당이 동시에 중앙군사위원회를 설치하고 있어, 사실상 현재 중국의 무장역량 통수권은 인민정권(국가)과 중국공산당이 공유하고 있다. 그러나, 두 기관의 성원은 동일인이 겸직(1인 2역)하고 있으며, 군에 대한 지도기능 역시 완전 일치하고 있기 때문에 당 중앙군사위원회의 또 다른 이름에 불과하다. 그리고 구성원이 동일인이기 때문에 양 기관의 운영에 불협화음도 있을 수 없다.

그러면 왜 이중적인 기구를 두고 있는가? 스스로는 돌발사건에 대비하여 필요시 신속히 무장역량을 전시체제로 전환시킬 수 있는 장점이 있다고 하면서 이것이 바로 소위 중국적 특색을 지닌 무장역량의 영도체계라 한다.[104]

그러나 그것은 첫째, 이중의 군사정책결정기구를 둠으로써 어느 한 기관에의 권력집중을 막고, 중앙정치와의 통로를 분산시켜 군의 정치개입의 소지를 약화시킬 수 있다. 둘째, 국가중앙군사위원회는 정부의 한 기관으로서 당 중앙군사위원회가 결정하는 바, 구매, 훈련, 연구개발 등 전략적 목표를 달성하기 위하여 여러 국방산업들과 국방관계 위원회에 관한 업무를 조정하여 특히 국가경제계획과 군사장비구매와의 관계를 조절함으로써

군사 현대화의 속도를 4개 현대화의 재정자원과 투자 우선 순위에 맞게끔 하기 위한 것이다.[105]

국가중앙군사위원회는 각종 권력기구와 다음과 같은 법적 관계를 유지하고 있다. 첫째, 전인대와의 관계. 전인대는 최고국가권력기관으로 국가중앙군사위원회 주석을 선거하고 중앙군사위원회 주석의 지명에 의거하여 국가중앙군사위원회의 기타 구성원을 인선하는 권한이 있다. 전인대 폐회기간에는 그 상무위원회가 국가중앙군사위원회의 지명에 근거하여 국가중앙군사위원회의 기타 구성원을 인선한다. 중앙군사위원회 주석은 전인대 및 그 상무위원회에 대해 책임을 진다.

둘째, 국무원과의 관계. 국무원은 중앙인민정부, 즉 최고행정기관으로서 국방건설사업을 지도·관리하는 권한이 있으며, 주로 국방부 및 국방과학위원회를 통하여 전국무장역량의 건설, 편제, 장비, 교육훈련, 국방과학 연구와 계급제도 등을 지도·관리한다. 따라서 국가중앙군사위원회는 군령을, 국방부는 군정을 관장한다. 역대 국방부장은 팽덕회, 임표, 섭검영, 서향전, 경표, 장애평, 진기위, 지호전 등으로 모두 중앙군사위원을 겸직하였다.

셋째, 4총부와의 관계. 중국인민해방군의 총참모부, 총정치부, 총후근부, 총장비부는 중앙군사위원회의 집행기관인 동시에 각각 최고군사지휘기관, 정치공작기관, 후근공작기관, 장비 및 무기 관련 공작기관이다.

한편 역대 중국의 최고군사영도자를 보면, 모택동은 1935년 '준의회의' 이후 사실상의 군권을 장악한 후 사망할 때까지 중앙군사위원회 주석직을 맡았으며, 중국의 최고군사지도자로 군림해왔다. 비록 1957년 4월 제2기 전인대에서 유소기가 국가주석에 당선됨으로써 헌법상의 군사 최고통수권은 유소기에게 넘어가게 되었으나, 실질상의 군 영도권은 당 중앙군사위원회 주석인 모택동에게 있었으며, 유소기가 1968년 10월 숙청됨과 동시에 국가주석제와 국방위원회는 기능이 정지되고, 그 공백을 당 중앙군사위원회(주석, 모택동)가 장악하게 되었다. 모택동이 사망하자 화국봉이 그 주석직을 승계했으나, 1981년 6월 11대5중전회에서 실각 당하고 등소평이 당의 군권을 장악하게 되었다. 1982년 신 헌법의 개정과 더불어 국가주석제와 국가 중앙군사위원회제(전 국방위원회)가 부활되었다. 따라서 이후 당 중앙군사위원회 주석직을 담당하는 자가 국가중앙군사위원회 주석직도 겸임하는 제도가 관례화 되어 등소평에 이어 강택민이 국가중앙군사위원회 주석직도 승계하여 오늘에 이르고 있다. 현재 당 및 국가중앙군사위원회 주석 강택민은 1989년 11월 당 13대5중전회와 1990년 4월 제7기 전인대에서 당과 국가의 중앙군사위원회 주석직에 당선된 후 지금에 이르고 있다.

　요컨대, 현재 중국의 당과 국가의 중앙군사위원회는 실질적으로 중국의 무장역량을 지휘감독하고, 국방정책을 수립하는 최고 군사지도기구이다. 중앙군사위원회의 지도하에 인민해방군은 총부, 군종, 병종, 군구 등 지도기구를 두고있다.

2) 총부 기구

　인민해방군 지휘체계의 중추는 국가중앙군사위원회이며, 중앙군사위원회는 3대 막료기구(4총부) - 총참모부·총정치부·총후근부·총장비부를 통하여 각 대군구, 해군, 공군, 제2포병을 영도·지휘한다. 각 군구(軍區)에 주둔하는 육군의 각 병종(兵種)부대는 군구에 편제되며 군구의 지도와 지휘를 받는다. 요컨대, 중국의 군대편제는 3군 통합 합성체제로 '중앙군사위원회 주석책임제'를 실시하고 있다.

　총참모부는 전군의 작전계획, 병력배치, 최고통수의 명령하달, 작전운영, 교육훈련, 장비의 편성, 소집동원, 각 군구·군종·병종의 조정 등 중요한 업무를 관장한다. 즉 중앙군사위원회의 지도하에 있는 전군의 최고 지휘기관이다. 총참모부는 1931년 11월에 창설되어 오늘에 이르고 있다.

　총정치부는 당 중앙과 중앙군사위원회의 지도하에 군대내의 당의 공작 및 정치공작을 관장하는 최고기관으로, 예하에 문화부와 선전부를 두어 군대 내에서의 당의 조직·선전·교육·문화·보안공작을 담당하게 하

<표 3 - 9> 역대 중국인민해방군 3총부의 주요 지도자

	총참모부		총정치부		총후근부	
	참모장명	계파	주임명	계파	부장명	계파
건국 - 문혁직전 (1949~1966)	서향전 섭영진 속 유 황극성 나서경	화북야 화북야 제3야 제4야 화북야	나영환 담 정 나영환 소 화	제4야 제4야 제4야 제4야	양입삼 황극성 홍학지 구회작	화북야 제4야 제3야 제4야
문혁초기 문혁후기	양성무 황영승 등소평	제4야 제4야 제2야	소 화 이덕생 장춘교	제4야 제2야 문혁파	구회작 장종손	제4야 제1야
개혁·개방전후 1987. 11 1992. 11 1997. 10	등소평 양득지 지호전 장만년 부전유	제2야 화북야 제3야 제2야 제1야	위국청 여추리 양백빙 우영파 우영파	제3야 제1야 제1야 제4야 제4야	장 진 홍학지 조남기 부전유 왕 극	제3야 제3야 홍학지 계 제1야 제3야

고 군에 대한 사상적·정치적 통제역할을 하게 한다. 모택동, 진방헌, 양
상곤, 임필시, 유소기 등 당대 유명 정치지도자들이 건국 전에 이미 총정
치부 주임을 역임한 바 있다.

총후근부는 중앙군사위원회의 지도하에 전군의 후방병참공작을 관리하
는 최고지도기관이다. 즉 군수물자보급, 시설보수, 수송, 병기의 생산과 관
리 등의 업무를 담당한다.

총장비부는 첨단무기와 군사장비의 연구 개발을 담당하는 부서로, 국방
과학공업위원회·총참모부의 장비부와 총후근부의 일부 기구를 합병하여
1998년 4월에 신설한 조직이다. 이로써 종전 3총부에서 4총부체제로 확
대·개편하였다. 이는 21세기를 대비한 중국군의 전력 강화와 건설을 위
한 중대한 조치라고 할 수 있다. 4총부의 지도자는 바로 중국 무장역량의
실세 중의 실세 군사 엘리트다. 역대 중국인민해방군 3총부(총장비부 제외)
의 주요지도자는 정치실세의 부침에 따라 운명을 함께 했다(<표 3 - 9>

참조). 예컨대, 임표가 부상하던 시기는 임표계열 제4야전군 출신이 3총부를 장악했다. 특히 건국 후 임표가 사망할 때까지 총정치부는 제4야전군이 휩쓸었다.

3) 군종, 병종

중국군은 크게 육군·해군·공군, 그리고 제2포병 등 4개 군종으로 나누어진다. 육군은 보병·포병·장갑병·공정병·방화학병 등 병종으로 구성되어 있으며, 편제상 군(軍, 군단) 사(師, 사단)를 기본적 전역(戰役)·전술단위로 하여 단(團, 연대) 영(營, 대대) 연(連, 중대) 배(排, 소대) 반(班, 분대)으로 조직되어 있다.

4) 군구

인민해방군은 지역편재상 크게 7개의 1급 대군구와 29개의 성급 군구로 나누어져 있다. 인민해방군 각 대군구는 몇몇 성군구의 지역적 군사조직을 연합하고 전군을 혼성한 지도 및 지휘기관이다. 따라서 각 군구의 해·공군부대는 해·공군총부와 군구의 이중지도를 받는다. 그러나 해·공의 임무를 위주로 한다.

건국 당시 작전상 필요에 의해 5개 1급 군구(서북 1야, 중원106) 2야, 화동 3야, 동북 4야 등 4개 야전군과 화북 1개 중앙 직속)로 편성되어 있던 것을 1950년 중앙정치국 확대회의에서 4개 야전군(제1, 2, 3, 4야전군)의 명칭을 취소하고, 6개 대군구(동북, 화북, 서북, 화동, 중남, 서남)로 재편하였다. 이 6개 대군구는 대륙 점거과정에서 형성된 것으로 건국 후 군정위원회를 설치하여 지방행정을 관제하는 역할까지 담당하였다.

그러나 1955년 2월 이를 12개(심양, 북경, 제남, 남경, 광주, 무한, 성도, 곤명, 난주, 신강,107) 내몽고, 서장) 군구로 개편되었다. 1956년 대만해협의 불안으로 인하여 복주(福州) 군구를 신설함으로써 13개 대군구가 되었다.

여기서 관심을 끄는 것은 6대 군구를 왜 12대 군구로 증편했는가의 문제다. 그 주요 원인은 모두 정치상의 이유였지 군사상의 이유가 아니었다. 첫째, 모택동(중앙정부)이 볼 때 6대 군구를 그대로 유지할 경우 군구 사령관의 힘이 너무 막강하여 중앙정부에 부담 내지 위협이 될 수 있었다. 과거 군벌세력의 발호 및 고강과 요수석 사건이 그것을 반증해 주었다. 둘째, 1927년 창군이래 혁명전쟁, 중일전쟁, 한국전쟁을 거치는 동안 목숨을 건 투쟁을 한 군 지도자들에 대한 논공행상을 하기 위해서는 군구를 배가시켜 더 많은 지위(사령관, 정치위원, 군단장, 사단장 등)를 만들지 않고는 점증하는 그들의 욕구를 위무시킬 수 없었다. 당시(1955년) 군지도자들에 대한 대대적인 계급부여도 이러한 이유에서 이루어졌다.108)

그 후 1967년 5월 문혁 후 13개 대군구 중 내몽고군구를 성급 군구로 격하시켜 북경군구 산하로 편입시키고, 1968년 12월 또 서장군구를 성급으로 격하시켜 성도군구에 예속시킴으로써 11개 대군구로 통합·조정되었다. 1985년 이를 다시 7개 대군구(북경군구 - 북경·천진·하북·산서·내몽고, 심양군구 - 요령·길림·흑룡강, 제남군구 - 산동·하남, 남경군구 - 상해·강소·절강·안휘·복건·강서, 광주군구 - 광동·광서·해남·호북·호남, 난주군구 - 섬서·감숙·청해·넝하·신강, 성도군구 - 중경·사천·귀주·운남·서장)로 통합 조정하게 되는데, 이는 당·정·군 기구개혁에 발맞춰 등소평의 이른바 100만 감군 원칙에 따른 것이었다.109)

대군구는 관구 내에 육군의 각 병종과 성군구(경비구, 위술구, 수비구, 요새구를 포함)를 체계적·통일적으로 지도한다. 그리고 군구 직속의 학교, 전문부대와 보장단위를 지도·관리하며 관구 내에서의 총부공작을 대행하고, 군구내의 육·해·공군의 합동작전을 통일적으로 지휘한다. 군구에는 사령부, 정치부, 후근부를 둔다.

성군구, 군분구는 군대계통에 예속되는 동시에 지방당위의 군사공작부문에 속한다. 현·시의 인민무장부는 소재지 군(분)구의 직접적인 지도를 받는다. 성군구의 사령부는 그 군구가 소속된 1급 대군구의 지시를 받고 보고를 하며 당해지역에 있어서의 병참, 충원, 동원 및 경우에 따라서는 행정적 공작을 포괄하고 있다. 특히 성군구와 대도시 경비구의 사령관은 문혁 당시에 볼 수 있었듯이 법과 질서에 대한 책임을 지는 등 막강한 정치적 영향력을 행사하기도 한다. 각 군구에는 사령관과 정치위원이 있다. 정치위원은 군대 당의 정치·사상공작을 책임진다. 등소평이 집권한 후 한때 '군대에 대한 당의 절대 영도'를 보증하기 위하여 당무체계의 간부를 군부대 정치위원을 겸직케 한 적이 있다. 1979년 성급군구 이상의 군부대의 정치위원을 당해 부대의 당위원회 서기가 겸하도록 하고, 당 12전대(1982)와 13전대(1987)를 거치면서 지방당위 서기가 군구당위의 제1서기와 군구 정치위원을 겸직함으로써 이 제도를 강화시켜 갔다.110)

한편 군 편제에 있어서 '합성전력'의 집단군이 있다. 1985년 이후 인민해방군은 감군·조정 등의 명목으로 1백만을 삭감하였으나, 오히려 '합성군대'라는 지도방침아래 장갑, 포병, 고사포, 방화, 탱크 등 부대를 한데 합친 합성부대를 조직, '전쟁' 차원에서 독립적으로 공수작전을 탄력적으로 수행하고 있다. 그 대표적인 것이 1989년 5월말 북경사태를 진압한 계엄하의 야전군 - 27군, 38군, 39군, 63군 등이다. 38군은 보정(保定)에 주둔하며, 항전시기는 물론 내전시기, 한국전쟁 시기에 혁혁한 공을 세운 부대이다. 북경군구 역시 5개 집단군으로 조직되어 있으며, 1개 유도탄사단, 3개 장갑차사단, 17개 보병사단 및 1개의 비행장을 보유하고 있다. 인민해방군 야전군 중의 한 최정예부대가 중앙군사위원회의 전략예비대로 선정, 중앙군사위원회의 직접적인 지휘를 받는다. 27군이 바로 중앙군사위원회의 직속전략예비군이다.

중국군의 계급은 3등 11급의 계급제를 실시하고 있다. 원래 인민해방군 계급제는 1955년 이후 '4등 14급제'를 채택111)하였으나, 문혁이 발발하기 직전인 1965년 5월 22일 제3기 전인대 상무위원회 제9차 회의에서 군계급제도를 '봉건주의·자본주의·수정주의'의 해악이며, 관병일치의 혁명전통을 파괴하는 것이라 하여 폐지했다. 그러나 1988년 4월, 제7기 전인대이후 군의 현대화, 과학화, 제도화를 위해 계급제의 부활은 불가피했고, 따라서 동년 7월 1일 전인대 상무위원회 제2차 회의에서 계급제를 부활시켰다. 부활된 계급제는 종전의 원수제를 폐지하고 '3등 11급제'를 채택하였다. 즉 장·교·위 3급을 두고, 장관급은 대장·상장·중장·소장, 교관급은 대교·상교·중교·하교, 위관급은 상위·중위·소위로 계급을 구분했다.

4. 통일전선조직과 정책결정과정

1) 전국인민정치협상회의

중국인민정치협상회외(정협으로 약칭)는 1946년 1월 공산당, 국빈낭, 청년당 등 민주인사가 참가했던 정치협상회의가 모체가 된 기구다. 이 회의는 평화건국방안과 결의를 채택했으나, 국공내전으로 해체되었다. 1948년 내전의 전개에 따라 중공 중앙은 다시 각 민주당파와 인민단체 및 사회저명인사로 새로운 정협회의의 개최와 민주연합정부의 설립을 제안하고 1949년 6월에 정식으로 신정치협상회의 준비위원회를 구성하였다. 이어 신중국 건립의 전야(1949. 9. 21～30 제1차 전체회의 개최)에 정식으로 출범한 '인민민주 통일전선'을 조직하였다. 정협은 그 제1차 전체회의에서 중화인민공화국의 성립을 대내외적으로 선포하고 임시헌법의 성격을 띤 <중국인민정치협상회의의 공공강령>과 <중국인민정치협상회의 조직법>, <중화인민공화국 중앙인민 정부조직법>을 통과시켜 중화인민공화국의 수도를 북경으로, 오성홍기(五星紅旗)를 국기로 정하였으며, '의용군행진곡'을 국가(國歌)로 결정하였다.

정협전체회의는 전인대가 개회되기 전까지 전인대의 직권을 대행하는 국가최고권력기관의 기능을 하였다. 1954년 9월 전인대가 구성되자 정협은 본래의 기능인 통일전선조직으로서의 기능과 임무만 갖게 되었다. 1965년 제4기 전국회의 개최이후 1978년까지(문혁기간 중) 활동이 중단된 상태에 있었으나 1978년 2월 제5기 조직위원회를 개최, 등소평을 주석으로 선출하고, 신 <장정>을 채택함으로써 그 기능을 회복하였다. 신 <장정>은 정협의 성격을 중국공산당이 지도하는 혁명적 통일조직이라고 규정하였다.

현행 <헌법>에 의하면 그 서언에서 "정협은 광범한 대표를 갖는 통일전선의 주요조직으로써 지금까지 중요한 역사적 역할을 하였으며, 앞으로도 국가의 정치생활, 사회생활, 대외우호활동과 사회주의 현대화건설을 추진하고 국가의 통일 및 단결을 수호하는 투쟁에서 보다 중요한 역할을 발휘할 것이다"라고 규정하고 있다. 이는 바로 다음과 같은 정협의 성격을 함축하고 있는 내용이다.

첫째, 정협은 통일전선조직이다. 후술하는 정협조직을 보면 더욱 명백하겠지만 정협은 공산당이 지도하고 각 민주당파와 인민단체가 참가하며, 전체 사회주의 노동자를 포괄한 각계 각층의 인사들로 조직된 광범한 정치연맹체이다.

둘째, 정협은 국가기관이 아니며, 국가의 강제력을 갖지 않는다. 비록 제1기 정협 전체회의가 전인대의 직권을 대행하긴 했으나 일시적인 과도적 조치에 불과했다. 이밖에 중국의 정협을 서구의 양원 중 상원에 상당한 것으로 보는 사람들도 있으나, 이는 정협의 성격을 잘못 판단한 소치이다.

셋째, 정협은 일반 인민단체와는 달리 국가정치생활에 있어 중요한 역할을 한다. 정협은 국가의 중요한 문제에 대해 토론하고 그것을 국가의 지도기관에 건의한다. 전인대가 열릴 때 정협 전국위원회도 동시에 개최되며, 전국위원회 위원 전원은 전인대 회의에 참석한다(그러나 표결권은 없다). 따라서 정협은 일반적인 대중단체와는 크게 다른 성격을 갖고 있다.112)

정협은 전국위원회 및 그 상무위원회와 지방위원회를 둔다. 전국위원회는 정협의 전국적인 조직으로 다음의 3개 부류로 구성된다. 첫째 중국공산당·각 민주당파·무당파 민주인사·인민단체·각 소수민족과 각계대표, 둘째 타이완 동포·홍콩 및 마카오 동포와 귀국화교의 대표, 셋째 특별초청 인사 등으로 구성된다. 매기 전국위원회의 참가단위, 위원수와 인선은 전기 상무위원회가 협의·결정하며, 매 임기내 증원 또는 참가단위의 변경과 정원 및 인선은 당해 기 상무위원회가 협의하여 결정한다. 전국위원회의 임기는 5년이며, 매년 1차 정기회의를 소집한다. 단 필요시는 임시회의를 소집할 수 있다. 제9기(1998. 10) 전국위원회는 2,195명의 전국위원 중 2,048명이 참가했다.

정협 전국위원회는 상무위원회를 설치, 회무를 주재한다. 상무위원회는 전국위원회 주석·부주석 약간 명·비서장과 상무위원 약간 명으로 구성되며, 그 후보자는 전국위원회에 참가하는 각 당파단체 각 민족과 각계 인사의 지명에 따라 전국위원회 전체회의의 선거를 통해 구성한다. 상무위원회는 전국위원회의 상설집행기관으로 정협 <장정>에 규정된 임무와 공작, 전국위원회의 결의를 집행한다. 상무위원회의 입무는 전국위원회의 주석이 주재한다. 주석과 부주석, 비서장으로 주석회의를 구성하며 상무위원회의 일상 공작을 처리한다.

지방위원회는 각 성·자치구·직할시와 자치주·구가 있는 시·현·자치현·구가 없는 시와 시 직할 구에 설치하고 있다. 정협 전국위원회와 그 지방위원회, 상급 지방위원회와 차하급 지방위원회의 관계는 지도와 피지도의 관계에 있다. 성·자치구·직할시·자치주·구가 있는 시의 정협 지방위원회의 임기는 5년이며, 현 자치구 구가 없는 시와 시 직할구의 지방위원회는 그 임기가 3년이다. 지방위원회의 전체회의는 적어도 1년에 1회 소집되며, 정협 지방위원회는 상무위원회를 설치, 그 회무를 주재하게 한다.

역대 정협 전국위원회 주석은 모두 최고위 당직자(당 중앙정치국 상무위원급)가 겸임하였다. 즉 모택동(1949. 9~1954. 12), 주은래(1959. 12~문혁전, 모택동 명예 주석), 등소평(1978. 3~1983. 6), 등영초(1983. 6~1988. 4), 이선념(1988. 4~1993. 3)이 정협주석을 역임하였으며, 현 주석 역시 중앙정치국상무위원인 이서환이 1993년 3월부터 맡고(유임) 있다(<표 3-10> 참조).

<표 3 - 10> 역대 중국인민정치협상회의 전국위원회 주석단

기	주석명	부주석명	비서장명
1기 (49. 9~54. 12)	毛澤東★	周恩來★, 李濟深, 沈鈞儒, 郭末若, 陳叔通	李維漢
2기 (54. 12~59. 4)	모택동 (명예) 주은래★	宋慶齡(여), 董必武◆, 이제심, 張蘭, 곽말약, 彭眞◆, 심균유, 黃炎培, 何香凝(여), 이유한●, 李四光, 진숙통, 章伯鈞, 陳嘉庚, 班禪額爾德尼·却吉堅贊, 包爾漢	邢西萍
3기 (59. 4~65. 1)	모택동 (명예) 주은래★	팽진◆, 이제심, 곽말약, 심균유, 황염배, 이유한●, 이사광,진숙통, 진가경, 포이한, 陳毅◆, 康生◇, 帕巴拉·格列, 朗杰, 阿沛·阿旺晉美, 하향응(60. 4)	徐 冰 o
4기 (65. 1~문혁중 기능정지)	주은래★	팽진◆, 진의◆, 葉劍英◆, 황염배, 진숙통, 劉瀾濤, 宋任窮◇, 서빙o, 高崇民, 蔡廷鍇, 韋國淸o, 鄧子恢●, 이사광, 傅作義, 勝代遠, 謝覺哉o, 沈雁冰, 李燭塵, 파파랍, 許德珩, 李德全(여), 馬敍倫	平杰三
5기 (78. 3~83. 6)	鄧小平★	烏蘭夫◆, 위국청◆, 彭沖◆, 趙紫陽◆, 곽말약, 송임궁●, 심안빙, 허덕형, 歐陽欽, 史良(여), 朱蘊山, 康克淸(여)●, 季方, 王首都●, 楊靜仁●, 張沖, 파파랍, 周建人●, 庄希泉, 胡子昂, 榮毅仁, 童제周, 陸定一●·이유한胡愈之·王昆侖·반선(79.3), 何長工·肖克●·程子華·楊秀峰·沙千里·포이한·周培源·錢昌照(80.9), 劉斐·董其武(81.12)	齊燕銘
6기 (83. 6~88. 4)	鄧潁超◆	양정인●, 유란도, 육정일, 정자화, 강극청●, 계방, 장회천, 파파랍, 호자묘, 왕곤륜, 전창조, 동기무, 陶峙岳, 周叔弢, 楊成武●, 肖華●, 陳再道, 呂正操, 周建人, 주배원, 포이한, 廖雲台, 王光英, 鄧兆祥, 費孝通, 趙樸初, 葉巠陶, 屈武, 巴金, 馬文瑞, 茅以升, 劉靖基(84.5), 華羅庚(85.4), 王恩茂●·錢學森o·雷潔瓊(86.4), 汪鋒·錢偉長(87.4)	鄧友今 周紹錚 (86.4)

기	주석명	부주석명	비서장명
7기 (88. 4~93. 3)	李先念	王任重●, 閻明復●, 方毅, 谷牧, 양정인●, 강극청, 파파랍, 호자묘, 전창조, 주배원, 요원대, 왕광영, 등조상, 조박초, 굴무, 파금, 마문서, 유정기, 왕은무, 전학삼, 전위장, 胡繩, 孫曉村, 程思遠, 盧嘉錫, 錢正英(여)●, 蘇步靑, 司馬義·艾買提●, 候鏡如, 丁光訓(89. 3), 洪學智,(90. 3), 葉選平(91. 4)●	주소쟁 宋德敎 (91.4)
8기 (93. 3~98. 3)	李瑞環 ★	섭선평●, 吳學謙, 楊汝岱, 王兆國●, 아패, 賽福鼎·艾則孜, 洪學智, 양정인, 주배원, 정조상, 조박초, 파금, 유정기, 전학삼, 전위장, 호승, 전정영(여)●, 소보청, 후경여, 정광훈, 董寅初, 孫孚凌, 安子介, 霍英東, 馬萬祺, 朱光亞·萬國權(94)	송덕교
9기 (98. 3~)	이서환 ★	섭선평, 양여대, 왕조국●, 아패(藏족), 조박초, 파금, 전위장, 노가석, 任建新, 宋健●, 李貴鮮●, 陳俊生, 張思卿●, 전정영(여), 정광훈, 손부릉, 안자개, 곽영동, 마만기, 주광아, 만국권, 胡啓立, 陳錦華, 趙南起(조선족), 毛致用, 白立忱(回족)●, 經叔平, 羅豪才, 張克輝, 周鐵農, 王文元	鄭萬通

참고 : 1) ★표는 당 중앙정치국 상무위원, ◆표는 중앙정치국 위원, ●표는 중앙위원,
   ○표는 후보 중앙위원임.
   2) 한자명은 신임, 한글명은 유임.

2) 민주당파

중국의 민주당파는 중국공산당이 지도하는 애국통일전선내의 각종 당파로서 정협을 구성하는 단위를 지칭하는 것이다. 그들은 사회주의 노동자와 연계된 단체이거나 사회주의를 애호하는 애국자들의 정치동맹체이다. 현재 중국의 민주당파는 국민당혁명위원회, 중국민주동맹, 중국민주건국회, 중국민주촉진회, 중국농공민주당, 중국치공당(中國致公黨), 구삼학사(九三學社), 타이완민주자치동맹 등 8개 단체가 있다. 건국 초 제1기 정협의 전국

회의에 참가한 민주당파는 모두 11개였다. 1949년 12월 중순 중국국민당민주촉진회(民促) 및 중국국민당혁명위원회가 합당, 국민당혁명위원회가 되었다. 동년 12월 18일 중국인민구국회 역시 해산됨으로 현재의 민주당파는 8개 단체이다.

이들 8개 민주당파는 1957년 여름 '대명대방(大鳴大放)'시 대대적인 숙청을 당하였고 문혁기간 중 '시한부 해산'을 당할 정도의 수모와 박해를 받았다. 그러나 4인방 타도 후 여러 민주당파가 재건공작에 나서 1983년 11월부터 12월까지 각각 전국대표대회를 소집하고 지도부를 개편하였다. 이는 '4개 현대화 조국통일사업'에의 제협력을 요청하려는 하나의 통일전선전술에 불과하다고 보겠다. 그러나 이들 민주당파와 후술하는 대중조직의 재등장이 함축하는 상징적 의미는 대단히 크다. 왜냐하면 그것이 비록 형식적이긴 하지만 중국의 모든 계급의 폭넓은 단합, 즉 1959년에서 1976년까지 치열했던 계급투쟁이 이제는 약화되었음을 보여주는 것이기 때문이다. 또 그 구성원들은 그들 조직 및 단체를 통하여 그들의 권익을 대변할 수 있게 된다는 희망이 열리고 있기 때문이다.

현재 각 민주당파의 조직은 일반적으로 중앙조직, 지방조직 및 기층조직 등 3급 계층으로 구성되어 있다. 단 타이완 민주자유동맹은 분총부와 지방총부로 나누어져 있다.

3) 대중조직

중국정치에 있어서 대중조직은 정치기구와 대중을 연결해주는 고리로써 당이나 국가의 정치적 경제적 과업을 위하여 대중을 동원하는 기능을 하는 한편, 일관성은 없지만 구성원들의 이익집단과 같은 역할을 수행하기도 한다.

일반적으로 대중조직은 그 규모에 있어 전국적이며, 위계적 단위조직에 의해 구성되어 있고, 이들은 사회·경제적인 공통점을 중심으로 결집된 조직이다. 중국의 대표적인 대중조직은 노동자(工人)조직인 '중화전국총공회,' 농민조직인 '농민협회,' 청소년 조직인 '중국공산주의청년단,' 부녀조직인 '중화전국부녀연합회'가 있다.

이러한 대중조직들은 1950년대에 활발히 활동을 전개하여 조직규모와 구성원의 수가 눈부시게 증가하였고, 모든 대표는 대중운동에 참가했으나 문화대혁명이 발발하자 모든 대중조직은 '주자파(走者派)의 관료적 산물'이라 하여 공격을 받았다. 따라서 이들의 활동은 정지되고 대신 '홍위병'이나 '조반파'로 불리는 조직이 등장하여 문화대혁명에 대중을 동원시켰다. 그러나 문혁 초 홍위병과 조반파의 활동은 두드러졌지만 스스로 체계적인 전국적 조직을 갖추지 못하고 해체되었다. 따라서 1969년부터 대중조직들은 그 활동을 재기하였고, 나아가 그 조직의 철저한 파괴를 강력히 주장했던 '4인방'의 숙청과 동시에 전국대표대회를 개최하는 등 활동을 재개하였다.

제3절   정책결정 메커니즘의 상호관계

레닌주의 조직원칙하 중국정책결정체계에 있어서 당·정·군·대중의 관계는 공산당이 '권력의 원천'이요 '영도의 핵심'으로서 '이당영정·군·군'(以黨領政·軍·群)과 인사상의 '교차겸직 메커니즘'을 통하여 정권을 주도한다. 하지만 당·정·군·대중단체, 중앙과 지방의 관계 등 정책결정구조 - 권력구조간의 역학관계 및 그 조직구조와 기능은 정치노선의 변화에 따라 우여곡절을 거치면서 오늘에 이르고 있다.

중국의 권력구조상 당·정·군간의 관계를 최초로 명문화한 규정은 1954년 <제정헌법>이다. 동 제1조는 중국의 정체를 "노동자계급이 지도하고, 노동자 농민을 기초로 한 인민민주독재국가"113)라고 규정하고 있는데, 여기서 노동자계급은 바로 무산계급이요, 무산계급 지도는 바로 중국공산당 지도로, 이는 중국공산당과 정부 및 군대의 지도와 피지도의 관계를 간접적으로 시사한 것이다. 그러나 이에 대한 직접적인 규정은 없었고, 군사에 대한 지도권 역시 형식상이나마 국가(주석)가 행사하도록 규정되어 있었다.114) 하지만 문혁 후 개정된 1975년 헌법과 1978년 헌법은 당·정·군 관계를 직접 당의 국가와 군대에 대한 일원적 지도임을 아주 명백히 규정했다. 즉 "중국공산당은 전국인민의 지도 핵심이며, 노동자계급은 중국공산당을 통하여 국가를 지도한다"115)고 규정하는 한편, 헌법상 군의 통솔자인 국가주석제를 폐지하고, 군에 대한 통솔권을 당 중앙위원회주석에게 넘겼다.116)

그러나 개혁·개방 후 1982년의 개정 <중화인민공화국헌법>은 당이 국가를 직접 지도하는 규정을 삭제하고, 군사에 대한 통솔권 역시 국가기구(중앙군사위원회)에 넘김으로써117) 당·정 분리, 당·군 분리를 내세우고 있다. 하지만 이 역시 "당이 국가생활에 있어서 지도적 역할을 한다"는 규정을 둠으로써 당의 국가 및 군에 대한 정치적 지도는 여전하다고 보겠다.

1. 정책결정체계상의 당·정 관계 - 중첩성

1) 개혁·개방이전 - 당·정 합일을 통한 통일성 강조

당 13전대 이전 특히 당 11대3중전회 이전 중국공산당과 정부와의 관계는 모든 권력이 당에 집중되어 있는 당정불분, 당 일원화 지도체제였다.

이론상 중국공산당과 국가기관의 관계는 ①공산당은 정부기관에 대해 그 업무의 정확한 성격과 방향을 제시(노선과 방침결정)해주며, ②당은 정부기구 또는 그 업무부문을 통하여 그의 정책을 집행하며, 그들이 집행한 업무를 감독하는 역할을 하는 것이다. 그리고 당은 유능한 간부(당원, 비당원)를 선발하여 정부기구에 수혈하는 기능을 하는 것이다. 즉 공산주의 정치체계의 이론적 입장에서 볼 때, 당과 국가가 동일한 역할을 한다는 것이 아니고, 또 당연히 당이 국가를 직접 지도한다는 의미도 아니며, 어떠한 상황에서나 당의 기능과 국가의 기능이 중첩·혼합되는 것은 온당치 않다고 할 수 있다.

그러나 중국공산당은 혁명전쟁 시대에 지도적 지위에 있었고, 특수한 공헌을 했기 때문에 신정부 수립 후 집권당이 된 이후에도 중국의 정치체계에서 중심적이고 지도적 역할을 하게 되었고, 당과 정부의 지도자들 역시 당이 국가를 지도한다고 인식하고 있었다. 따라서 실제적으로 조직과 인사 두 가지 측면에서 당정불분 또는 이당영정의 체제가 구축되었다.

건국 초 중국공산당의 정부에 대한 지도는 조직과 인사 메커니즘을 통해 실현하였다. 첫째, 조직상으로는 주로 당위원회와 당조(黨組)의 두 가지 형식을 통하여 실현하였다. 1949년 11월 중국공산당 중앙정치국은 중앙인민정부 내에 당위를 조직하고, 중앙인민정부 내에서 활동하고 있는 모든 당원(당의 허가를 받은 자는 제외)은 중앙의 지부조직에 참가하여 당 중앙의 방침에 따라 그 정치노선과 정책을 관철 집행하도록 하였다.

둘째, 공산당 지도부가 정부요직을 겸임하는 이른바 '인사의 겸직 메커니즘'을 통해 국가(정부)의 권력을 분담하고 국가를 장악·통제하였으며, 또 그들을 통하여 당의 방침과 정책을 관철시키려 했다.[118] 그리고 중국의 인민민주독재는 공산당이 지도하는 인민민주통일전선의 정권이어야 한다고 하고, 민주당파는 반드시 중국공산당의 일당독재를 적극 지지하는 입장을 취하도록 하였다.

따라서 <공동강령>시기 중앙인민정부의 일체의 관련 법령 및 중대방침은 모두 공산당이 기초하고 제의했고, 그것은 모두 반드시 정협 전체회의 또는 그 상무위원회의 토론을 거쳐 심의한 후, 재차 중앙인민정부 또는 정무원의 토론을 거쳐 공포·실시하였다. 이 시기 공산당과 정부의 지도 - 피지도의 관계는 형식적이나마 그런 대로 정상적인 절차에 따라 처리하려고 했다.[119]

1954년 헌법이 제정되고 정권기반이 어느 정도 구축되자 공산당은 정부에 대한 지도를 더욱 강화시켜 나갔다. 공산당의 최고 지도핵심인 중앙정치국은 국무원 상무회의·당 중앙군사위원회·중앙비서장공작회의 등 세

가지 회의를 통하여 공산당의 국가에 대한 일상적인 지도를 하였다. 1955년 중국공산당 전국대표대회는 당내의 검사와 감독을 강화하는 결정을 하는 이외, 당의 공작부문에 상응한 정부부문을 감독하는 제도를 만들었다. 이러한 제도는 소련공산당의 조직구조를 모방한 제도이다. 그러나 이 시기 각급 당위원회가 정부부문에 대응하는 부를 설치한 것은 주로 간부를 관리하고 당의 결의를 집행하는가를 검사하기 위한 것이었으며, 당이 직접 정부 업무를 관리하는 것은 아니었다. 따라서 당이 정부부문에 직·간접적으로 지시 하달할 수 있는 체계는 아니었다.

그러나 1957년 여름 이후 공산당조직이 국가화·행정화되고, 개인의 의사결정이 집단지도를 대신하게 되어갔다. 1958년 6월 당 중앙은 <재경·정법·외사·과학·문교 각 소조의 성립에 관한 통지>에서 "큰 정치의 방침은 공산당 중앙정치국에 있고, 구체적인 부서는 서기처에 있다." "오직 하나의 '정치설계원'이 있고, 두 개의 '정치설계원'은 없다. 큰 정치 방침과 구체적 부서는 모두 일원화되어 있고, 당정불분(黨政不分)이다. 구체적인 집행과 세부적인 결정은 정부기구와 그 당조에 속한다"고 했다.120)

이러한 취지에 따라 당 중앙정치국과 중앙서기처하에 5개의 소조를 설치하고, 정부부문의 업무를 5개 부문으로 나누어 각 소조가 이를 지도하도록 하였다. 즉 중앙공업부는 공업·교통운수·기본건설을, 중앙재정무역부는 재정·금융·세무를, 중앙농촌공작부는 농업·임업·수리·기상을 주관하였으며, 중앙선전부는 문화·과학·교육·위생·신문·출판을 각각 주관하였다. 지방당위는 비록 당 중앙과 같은 이러한 소조를 설치하지는 않았지만, 당위 내에 정부 업무부문을 분장하는 서기 또는 상무위원회를 두고 당 중앙의 소조와 유사한 역할을 하게 하였다. 따라서 이 시기 정부의 부·위(위원회)는 위와 같은 당의 유관 계통 부·위와 국무원 유관 판공실의 2중적 지도를 받아 업무를 수행해야 했다.121)

이후 국가행정기관과 사법기관은 원래 인민대표대회 및 그 상무위원회에 대하여 보고하고 책임을 지던 것을 당 중앙과 각급 당의 지도기관에 책임을 지도록 바뀌어갔다. 당 중앙은 큰 정치 방침을 정(大權獨攬)할 뿐만 아니라, 구체적 부서도 결정하였다. 당의 각급 지도기관은 <54헌법>시기에 주로 간부를 관리하고 당의 노선방침정책을 결정하던 것으로부터 정부의 관련 부문의 구체적 업무·생산건설과 행정사무를 직접 관리하고 직접 정부부문에 대하여 명령하고 지시하는 기능까지 하게 되어, 당조직의 행정화, 국가화, 즉 이당대정(以黨代政)의 현상이 나타났다.[122)

결국 정부의 입법·행정·사법 등 국가권력은 모두 당의 기관에 집중되고, 당의 기관의 권력은 또 개인의 손아귀에 집중되어 갔다. 1957년 이후 모택동은 여러 차례 '서기제일'(書記掛帥)을 제의하고, '제1 책임자(把手)'의 기능을 강조하였다. 1959년 여산회의 이후 모택동 개인의 결정이 당 중앙의 집단지도를 대신했다. 지방에서도 이러한 개인의 의사결정이 정책의 주요수단이 되었다. 이 시기는 1인에게 권력이 과도 집중되었고, 당정이 분화되지 않았으며, 당이 정부를 대신하는 병폐가 이미 아주 심각한 문제가 되었다.[123) 한편 중국공산당과 민주당파간의 관계에도 큰 변화가 일어났다. 원래 '장기공존'과 '상호감독'은 중국공산당과 민주당파간 장기합작의 기본방침이다. 반우파 투쟁 후 공산당은 비록 이 방침을 견지하였으나, 상호감독은 실질상 공산당의 민주당파에 대한 감독에 국한된 것이지, 민주당파의 공산당에 대한 감독은 아주 어려웠다. 따라서 민주당파의 임무와 역할은 크게 축소되었다.[124)

그러나 대약진운동의 실패로 조정정책이 추진되자 이에 걸맞은 당·정 관계의 조정이 요청되었다. 1962년 1월 27일 국가주석 유소기는 중앙공작확대회의에서 다음과 같이 지적했다. "최근 몇 년이래 당이 여러 면에 대한 업무의 지도를 강화하여 좋은 실적을 거두었다. 당위원회가 모든 것을 지도하는 것은 반드시 견지할 원칙이다. 그러나 어떤 당위의 경우 행정체계의 일상업무 조차 모조리 대체하는 결함을 노정하고 있다. 이들 일상공작에 일일이 부응하기 위해서는 당위는 서기를 아주 많이 두어야 할 것이고, 당위가 안아야 할 업무는 갈수록 더욱 많아져 행정체계가 당연히 해야할 역할을 발휘할 수 없을 것"이라고 하고, 이로 인해 "당위 스스로도 당 중앙의 방침·정책의 연구에 정력을 집중시키고, 조사연구하고, 대중의 경험을 종합하며, 정치사상공작을 강화하고 각종 업무에 대한 검사를 강화하기에는 곤란할 것"라고 했다.125) 1962년 3월 2일 국무원 총리 주은래도 광주(廣州)에서 소집한 전국과학공작·희극창작 등 대표자 회의에서 "우리 당이 모든 것을 지도한다는 것은 당이 큰 정치의 방침·정책·계획을 관리하여야 한다는 것을 말하는 것이며, 당이 각 부문의 모든 것에 대하여 지도할 수 있다는 말이지, 일체의 사정을 모두 당이 관리해야 한다는 말은 아니다. 구체적 업무에 대해서는 당이 간섭하여서는 아니된다"고 했다.126) 이처럼 유소기와 주은래는 공산당의 만능적 기능에 제동을 걸었다.

이후 당·정 기능의 분리는 실질적으로 이루어져 갔다. 예컨대, 공업기업에서는 당위 지도하에 공장장 책임제를 실시할 것을 제의했다. 즉, 당위는 당의 노선·방침·정책을 집행·관철하는 것을 책임지고, 국가의 계획과 상급행정기관이 배당한 임무를 완성하는 것을 보증하는 한편, 기업의 생산업무에 대한 행정적 지휘는 공장장이 책임을 지고 당위는 공장장이 스스로의 직권을 행사하게 도와야 할 것을 제의했다. 그러나 이 시기의 당정관계는 기층 혹은 중간계층 당정관계의 문제 해결에만 초점을 맞추었지, 고위 및 최고위조직에 대해서는 손을 대지 않았다. 이는 유소기 등 당시 당권파들이 관료병리 문제의 초점을 고위계층이 아닌, 중하위층에 두었던 데서 연유한 것이다.

이상과 같이 중국은 건국이래 계속 당과 국가간 조직의 중첩문제와 권력의 갈등문제가 누적되어왔다. 특히 당주석 모택동과 국가주석 유소기간의 대립 및 당정관계에 대한 사상상의 모순과 노선상의 분쟁은 마침내 문혁을 유발시킨다. 문혁 초기에는 물론 후술하는 바와 같이 당 중앙서기처와 각급 당위 및 행정제도는 파괴되고, 그 직능은 군이 대체한다. 하지만 임표사건 이후 당이 직접 전국을 통치하게 되자 법제는 전면적으로 붕괴되었으며, 유당무정(有黨無政)의 사태가 발생하였다.

결국 이상과 같은 당정불분, 이당대정의 현상은 당조직의 행정화와 권력화 현상을 형성시켰을 뿐만 아니라, 당과 국가의 2중 관리를 조성하여 정부관리의 혼란을 초래하였다.

2) 개혁·개방 이후 – 당·정 분화를 통한 능률성 강조

그러나 모택동 사후 개혁·개방정책의 추진과 더불어 이러한 당의 일원화 체제는 사회주의 현대화에 장애물로 작용하였다. 즉, 권력이 과도하게 1인에게 집중되고, 당과 국가 기구간의 권한과 기능간의 한계가 불분명하고, 당이 정부를 대신하는(以黨代政) 상황이 야기됨으로써 국가기능이 위축되었다. 이러한 잘못을 교정하기 위해 1980년 8월 정치국확대회의에서 당과 국가영도제도의 개혁을 토론하여 '당정분리'를 제기하게 된다. 당정분리의 목적은 권력집중을 막고, 겸직과 부직이 너무 많은 것을 줄이고 '당정분리'외 '이당대징'의 문세를 해결하는 것이라고 하였다. 그리고 얼마 후 거행된 제5기 전인대 3차 회의에서 '당정분리'의 원칙에 의거하여 화국봉이 겸직하고 있는 국무원 총리직과 이선념·진운·서향전·왕진·등소평·왕임중 등이 겸직하고 있는 부총리직을 내놓게 하고, 진영귀를 부총리직에서 해임할 것을 건의하였다. 이것은 '당정분리'의 구체적인 실례라고 하겠다.127)

그러면 당정관계를 어떻게 조정하였는가. 그것은 먼저 당의 일원화 지배를 배제하기 위한 당정기구의 개혁에서부터 시작되었다. 1982년 당 12전대에서 개정된 <당장>은 과거 일원화 지배체제의 상징이었던 당주석제를 폐지하고, 그 대신 중앙위원회 총서기제를 설치, 총서기가 중앙정치회의와 그 상무위원회를 주재하고 중앙서기처의 업무를 관장하도록 하였다.128) 그리고 제6기 전인대에서 신<헌법>은 국가주석제129)를 부활, 국가기구의 위상을 제고하였다. 과거 당 중앙위원회 주석은 체제상 국가주석 위에 위치하고 있었기 때문에 국가기관의 효율적인 운영을 위해 필요한 국가주석이나 국무원총리의 권한 확대를 어렵게 하는 요인으로 작용해왔다. 즉 중국에 있어 당주석제는 당권을 확장시키고 국가기관의 권한을 상대적으로 위축시킴으로써 당이 국가 위에 군림하고 법제를 파괴하는 가장 중요한 제도적 장치였다고 볼 수 있다. 따라서 중국의 신<당장>에 당주석제를 폐지하고 총서기제를 설치한 것과 국가주석제를 부활한 것은 합리적인 당 정분리나 국가기관의 권한과 지위를 신장시키는데 중요한 의미를 갖는 것이다. 그리고 신<헌법>에서 전국인민대표대회를 중국공산당의 지도하에 있는 최고국가권력기관으로부터 '중국공산당의 지도하에 있는'을 삭제하고 '중국 최고의 국가권력기관'으로 바꾼 것[130]은 이와 맥을 같이 하는 것이다. 특히 신<당장>에서는 당권의 무한 확장을 더욱 효과적으로 방지하기 위하여 "당의 역할을 헌법과 법률의 범위내로 제한"하는 규정을 두었다.[131] 다시 말해 당·정 관계에서 당주석제의 폐지만으로 당의 일원화 지배를 막는데 불충분하기 때문에 당의 역할을 법률의 범위내로 한정시키고 법이 당 위에 존재함을 규정함으로써 당의 법률준수를 요구하고 국가기관에 대한 당의 간여를 제한하려는 조치를 취한 것이다. 동시에 신<헌법>도 "모든 국가기관과 무장력, 각 정당과 사회단체, 각 기업과 사업체 등은 헌법과 법률을 준수하여야 하며…, 어떠한 조직이나 개인도 헌법과 법률을 초월한 특권을 갖지 못하도록" 규정함으로써 정책결정을 포함한 모든 정치행위는 법률의 범위 내에서 이루어져야 하며 특정지도자에 의한 인치나 당의 운동에 의해서 좌지우지되어서는 안 됨을 명확히 하였다.

그리고 당의 활동범위를 구체적으로 제한하였다. 당 13대에서 밝힌 구체적인 당의 역할을 보면 당은 주로 정치지도, 즉 정치원칙과 정치방향을 지도하고 중대한 정책결정을 지도하며, 또 국가권력기관의 중요 간부를 추천한다는 것이다. 또 여기서 밝힌 국가사무에 대한 당의 지도방식은 당의 주장을 규정된 절차를 통해서 국가의지로 전환시키고, 당조직의 활동과 당원의 모범적인 행동을 통하여 인민들을 이끌어 당의 노선·방침·정책을 실현하는 것으로 국한하였다. 물론 중앙과 지방 그리고 기층간의 상황이 서로 다르기 때문에 당정분리의 방식도 다르게 규정하였다. 즉 당 중앙은 내정·외교·경제·국방 등 각 방면의 중대문제의 정책결정에 참여하고, 국가최고권력기구의 간부를 추천하며, 각 부문의 업무에 대해 정치적 지도를 하는데 국한한 한편, 성·시·현의 지방당위는 중앙의 노선을 견지하고 전국의 행정통일을 보장하는 전제하에 당해 지역의 업무에 대해 정치적 지도만을 하도록 규정하였다.[132] 나아가 1987년 13전대에서 통과된 조자양의 <정치보고>는 이를 더욱 명확히 하였다. 보고 내용 중 당정관계에 관한 것만 간추려 보면 다음과 같다. ①당조직과 국가정권의 직능을 명확히 구분하고, 그것을 제도화 해 나갈 것. ②중앙과 지방의 당정분리를 규범화할 것. ③당의 조직형식과 업무기구를 조정할 것. 이에는 첫째 각급 당위가 정부의 직책을 겸하는 것을 폐지하고, 당서기 및 상위와 정부직책을 분리할 것. 둘째 정부기구와 중첩된 당위사무(판사)기구를 폐지하고, 그 행정사무는 정부 유관 부분이 관리할 것. 셋째 정부 각 부문의 당조를 점진적으로 폐지할 것. 넷째 당의 기율검사위원회는 당기와 당풍만 사찰하며, 법과 행정의 위반사항에 대해서는 관여하지 말 것. 다섯째 상급 행정부문 당조직이 수직적으로 지도하던 기업 사업단위 당조직은 소재지 지방당위가 지도하도록 바꿀 것 등이다. 조자양의 주장은 바로 당은 당무만을 관장해야 한다는 것이었다.[133] 이에 따라 인사상 겸직 메커니즘의 경우, 1980년대 초(특히, 1980년~1983) 당·정·군의 최고위직을 호요방과 조자양·등소평이 각각 분장한 바와 같이 정부의 고위직을 겸직하는 당 고위간부의 수가 상대적으로 줄어들었다.[134] 여기서 분명히 말할 수 있는 것은 당의 실무자와 정부의 실무자가 동일인이 아니라는 사실이다. 그리고 전인대의 상무위원도 정부의 직을 겸임할 수 없도록 기능을 분화시켰다.

　그리고 당 13전대에서 이러한 당정분리와 동시에 각종 경제조직, 교육·과학·문화조직 및 각종 대중단체(공회, 농회, 부녀조직 등)와 여론기관과의 관계에서도 이러한 조직들이 과거 공산당에 의해 대행, 어용화 되었던 것에서 탈피, 당의 기본노선과 방침 하에 보다 독자적이고 효율적인 관계에서 상호 협조하고 그들이 대표하는 집단의 이익을 추구해 가는 방식을 모색하고 있다. 그리고 공산당과 기타 당파 및 당과 대중간의 상호단결, 상호감독을 제도화함으로써 당외 인사들의 적극적인 국정참여를 유도[135]하고 또 민주집중제원칙의 계승과 확립이 강조되고 있다.[136]

　이상과 같이 11대3중전회 이후 지금까지 <당장>이나 <헌법> 등에서 당정분리나 정부의 권한 확대를 위한 가시적인 조치를 취하고 있다.

　따라서 11대3중전회 이후, 중국의 정책결정체계상 당·정 관계는 다음과 같이 요약할 수 있다. 정책의 대 방향과 원칙은 당 중앙이 결정하는바, 이는 주로 당 중앙서기처가 조사·연구·입안하여 중앙정치국 및 그 상무위원회에서 결정한다. 당 중앙에서 결정된 방침은 서기처를 통해 국무원에 시달되고, 국무원은 이를 전인대에 제출하고, 전인대가 토의·의결한 정책은 형식적으로 국가주석이 공포하는 절차를 밟는다. 이 경우 중앙서기처는 당·정·군의 주요 정책협의를 담당하는 사실상의 당 정책결정의 제1선에 있다. 그리고 구체적이고 세부적인 국가정책의 결정 및 집행사항은 국무원을 정점으로 하는 중앙정부 및 지방정부에 의해 자율적으로 추진되고 있다.

　중국의 국민경제계획을 실례로 정책결정과정을 설명하면 다음과 같다. 국민경제에 관한 장기계획이나 단기계획을 수립할 때, 먼저 당 중앙위위원회의 명의(실제적으로는 그 정치국 또는 그 상무위원회의 결의)로 당해 국민경제계획의 지침을 결정한다. 이 경우 정책결정구조는 중앙서기처 하 당의 각 부·위와 정책연구실에 기반을 두고 있다. 주요 안건은 최고 정책결정기구인 중앙정치국과 중앙서기처의 최종결정에 맡겨진다. 모든 심의는 비공개로 진행되고 결정사항은 정책 혹은 노선에 대한 일반 성명의 형식을 띠거나 행정적 지침 혹은 규정으로 나타난다. 다음 중앙서기처는 이렇게 당 중앙에서 결정한 지침을 국무원에 하달한다. 물론 지침결정과정에서도 중앙서기처와 국무원은 사전에 사안에 대해 협의, 조정하는 것이 관례다. 예컨대, 1985년 9월 당 전국대표대회에서 통과된 제7차 5개년 계획안은 당 중앙서기처와 국무원 주재하에 1년여에 걸친 반복적인 협의와 토론을 거쳐 제정되었다.[137)

　계획안 지침을 접수한 국무원은 이것을 '기획단위'로 보내고, 기획단위는 주요 생산품목과 생산목표가 포함된 국민경제계획안을 기초하여 국무원 해당 각 부·위 또는 지방기관으로 보낸다. 이 초안을 접수한 부 또는 지방은 현실적 가능성 여부와 그 초안에 대한 수정안을 작성하여 건의문 형식으로 다시 기획단위로 반송한다. 이 때 기획단위는 상급으로부터 지시

받은 최소한의 필요성장률과 하급으로부터 건의 받은 최대한의 가능성장률을 함께 고려하여 공식적인 국민경제계획안을 작성한다. 그리고 이 계획안을 국무원으로 넘긴다. 국무원은 이를 최종 마무리하여 전인대로 넘겨 그 의결을 요청하게된다. 이 때 국무원에서는 최종적인 회의를 개최하는데, 당초 당으로부터 지침을 받아 최소한의 필요성장률을 정할 때도 마찬가지로 국무원 전체회의나 상무회의를 통해 최종안을 결정(사실상 결정)한다. 전국인민대표대회는 국무원으로부터 상정된 의안을 심의, 비준함으로써 이 안은 최종 국민경제계획안이 된다.

이상 정책결정과정을 볼 때, 현재 중국정책결정의 현실적인 실무기구는 당 중앙서기처와 국무원이다. 이 두 기관은 모두 중남해(中南海)에 위치하며 수시로 당정협의를 갖는다. 현임 중앙서기처 서기 중 2명(온가보와 나간)을 과거의 관례(개혁개방이후 당정분리)와는 달리 국무원 부총리와 국무위원을 겸직시킨 것은 당정간의 정책협조를 강화하기 위한 의도로 보인다. 서기처는 수시로 정부 부처의 책임자를 불러 정책방향을 질의하고 자료를 요청하기도 한다. 중앙서기처 서기와 국무원 상무회의 구성원들이 모두 당 중앙위원급 이상 고위 당직자들이며, 특히 최근 들어 당 중앙정치국 위원들이 이를 겸직하는 현상이 늘어나는 점으로 보아 서기처와 국무원의 정책기능이 강화되고 있음을 짐작할 수 있다. 현임 중앙서기처 서기 전원, 국무원 총리(주용기)·부총리 전원(이남청·전기침·오방국·온가보) 및 위원(당 중앙위원인 사마의·애마제와 왕충 제외한 지호전·나간)을 당 중앙정치국 위원으로 충원하였다(<표 3 - 11> 참조).

제9기 전인대의 경우도 관례(보통 상무위원장과 제1상무부위원장만이 당 중앙정치국위원)를 깨고, 이붕 위원장과 전기운 제1부위원장 이외, 강춘운과 사비 등 2명의 당 정치국 위원이 보강되었다.[138] 이것 역시 당정간의 정책공조를 강화하기 위한 조치라고 해석할 수 있겠다.

이는 국가기관의 정책은 당이 허용하는 범위 내에서 결정할 수 있음을 강조하는 소이이며, 향후 정책결정에 있어 당의 방침을 정부에 확고히 관철시키겠다는 의도로 풀이된다. 물론, '공산당의 지도'를 포함한 4항 원칙의

<h3 align="center"><표 3 - 11> 역대 국무회의 상무회의 구성원의 당직 겸임 상황</h3>

전인대	총 리	부 총 리	국무위원 및 비서장
정협기 (1949)	주은래 ★	董必武◆, 陳雲◆, 郭沫若, 黃炎培(4명). 李富春(50.4)·鄧小平●(52.8)증원	譚平山,謝覺哉,羅瑞卿○,薄一波●,曾山●,勝代遠●,章伯鈞,李立三,馬敍倫,陳劭先,王昆侖,羅隆基,章乃器,邵力子,黃紹竑.비서장:李維漢
제1기 (1954)	주은래 ★	진운★, 林彪◆, 팽덕회◆, 등소평★, 鄧子恢●, 陳毅◆, 賀龍◆, 烏蘭夫◇, 李富春◆, 李先念◆(10명)	비서장 : 習仲勛○
제2기 (1959)	주은래 ★	진운★, 임표★, 팽덕회◆, 등소평★☆, 등자회, 하룡◆, 진의◆, 오란부◇, 이부춘◆, 이선념◆, 聶榮臻◆, 薄일파◇, 譚震林◆, 陸定一◇, 羅서경●, 習중훈●(16명)	비서장:습중훈(부총리겸임)●
제3기 (1965)	주은래 ★	임표★, 진운★, 등소평★☆, 하룡◆, 진의◆, 柯慶施, 오란부◇, 이부춘◆, 이선념◆, 담진림◆, 섭영진◆, 박일파◇, 육정일◇, 나서경●, 陶鑄●, 謝富治◆(16명)	비서장 : 周榮鑫
제4기 (1975)	주은래 ★ 화국봉 (76·4) ◆	등소평★, 張春橋★, 이선념◆, 陳錫聯◆, 紀登奎◆, 華國鋒◆, 陳永貴◆, 吳桂賢◇, 王震●, 余秋里◆, 谷牧●, 孫健(1명)	
제5기 (1978)	화국봉 ★	등소평★, 이선념★, 徐向前◆, 기등규◆·진석련◆(80.4면), 여추리◆, 경표◆, 진영귀◆, 方毅◆, 왕진●, 곡목●, 康世恩●, 陳慕華◇(13명).王任重(78.12임), 진운★·박일파●·요의림●(79.7임), 姬鵬飛(79.9임)●, 趙紫陽★·萬里●(80.4임).	비서장 : 金明(79.6)

전인대	총 리	부 총 리	국무위원 및 비서장
제5기 (1980)	조자양 ★	楊靜仁 ●·張愛萍 ◆·黃華 ●(80.9임), 등소평 ★·이선념 ★·진운 ★·서향전 ◆·왕진 ◆·왕임중 ◆·진영귀(80.9면) ◆,만리 ◆·요의림 ◇(82.5임),여추리 ◆·경표 ◆·방의 ●·곡목 ●·강세은 ●·진모화 ◇·박일파 ●·희붕비 ●·양정인 ●·장애평 ●·황화 ●(82.5면)	비서장 : 杜星垣(82.5) 여추리 ◆·경표 ◆·방의 ●·곡목 ●·강세은 ●·진모화 ◇·박일파 ●·희붕비 ●·황화 ●·張勁夫 ●(82.5임),장애평 ●(82.11임)
제6기 (1983)	조자양 ★ 이붕 ★ (87.11)	만리 ◆,요의림 ◆,李鵬 ◆,田紀雲 ◆(4명),喬石 ◆(86.4임)	방의 ◆, 곡목 ●, 강세은 ●, 진모화 ◇, 희붕비, 장경부 ●,吳學謙 ●, 王丙乾 ●, 宋平 ●, 宋健 ●(86.4임)비서장:전기운 ◆(겸,85.11면), 陳俊生(85.11임)
제7기 (1988)	이붕 ★	요의림 ★, 전기운 ◆, 오학겸 ◆(3명).朱鎔基 ●·鄒家華 ◆(91.4임)	李鐵映 ◆, 秦基偉 ◆, 왕병건 ●, 송건 ●, 王芳, 추가화 ●, 李貴鮮 ●, 陳希同 ●, 진준생 ●, 錢其琛 ● 비서장:진준생 ●(겸,88.12면), 羅幹(88.12임) ●
제8기 (1993)	이붕 ★	주용기 ★, 추가화 ◆, 錢其琛 ◆, 李嵐淸 ◆(4명). 吳邦國 ◆·姜春雲 ◆(95.3임)	이철영 ◆, 遲浩田 ●, 송건 ●, 이귀선 ●, 진준생 ●, 司馬義·艾買堤 ●, 彭佩雲 ●, 나간 ● 비서장: 나간 ●
제9기 (1998)	주용기 ★	이남청 ★, 전기침 ◆, 오방국 ◆, 溫家寶 ◆☆ (4명)	지호전 ◆, 사마의·애매제 ●, 나간 ◆☆, 吳儀 ◇ 비서장: 王忠禹 ●

주 : 1) ★표는 당 중앙정치국 상무위원, ◆표는 중앙정치국 위원,
　　 ◇표는 중앙정치국 후보위원, ☆표는 중앙서기처 서기,
　　 ●표는 중앙위원, ○후보중앙위원임.

견지가 1백년 불변의 정치노선으로 <당장>과 <헌법>에 명시되어 있는 한 정부정책에 대한 당의 관여는 불가피할 것이다.

2. 군의 정치관여

1) 개혁·개방이전 – 당中 군, 군中 당 현상

중국의 군은 혁명전쟁을 통하여 당군으로서 혁명근거지의 인민과 정부를 통제·관리해 왔다. 그러나 1949년 신정권 수립과 동시에 중국공산당이 중국의 집권당이 됨으로써 당이 창건하고 지도하던 인민무장력 역시 국가 지도하의 무장역량이 되었다.

<공동강령>은 그 제10조에서 "중화인민공화국의 무장역량, 즉 인민해방군·인민공안부대와 인민무장경찰은 인민의 것"라고 했으며, <중앙인민정부조직법>은 "중앙인민정부의 인민혁명군사위원회는 전국의 인민해방군과 기타의 인민무장역량을 통일적으로 관할하고 지휘한다"고 규정하였다. 따라서 정권수립 초기 중국무장역량의 최고지도기구는 중앙인민정부의 인민혁명군사위원회였다. 그리고 인민혁명군사위원회의 주석과 부주석 및 위원 등 주요 구성원은 중앙정부위원회가 선출하였다. 그리고 인민혁명군사위원회는 중앙인민정부에 대해 책임을 지고 또 중요사항을 보고토록 규정하였다. 따라서 이 시기 군대는 공식상 당의 군대가 아닌, 국가(중앙정부)의 지휘하에 있는 군대였다.

중앙정부의 경우 이와 같이 인민혁명군사위원회가 중앙인민정부에 예속되어 있었으나, 지방정부의 경우는 군이 지방행정을 관리하는 체제였다. 즉 정권 초기에는 군이 각급 지방정부를 관리하는 임시적인 정부제도가 실시되었다. 국공합작군인 팔로군과 신4군이 점거한 지역에 군구를 설립하여 군인이 임시정부의 지도자를 겸직하는 지방 정부형태를 취한 것이 그 시초이다. 그러다가 중공군이 전체 중국대륙을 점거하는 과정에서 군구를 설치하여 군정통치(군정위원회)를 실시하면서부터 대군구 시대가 공식적으로 열렸다. 1949년 10월 신중국 성립 후 한동안 동북·화북·중남·화동·서남, 그리고 서북 등 6개 군구를 설치하고, 군사관제를 통하여 당해 지역의 정치·행정 및 사회·경제 등 제 문제를 관리하는 군정을 실시하

였다. 이 시기는 비록 임시적이긴 했으나, 지방의 각급 인민정부가 성립되기 전까지 유효한 지방정부단위로서 행정의 기능도 수행하여 군이 행정의 역할을 한 전례가 되었다.

헌법제정 이후부터 임시적으로 운영되었던 군대의 지방행정관리는 사라졌다. 그러나 문혁이 발발하고, 전국이 홍위병에 의해 무정부 상태에 빠지자 모택동은 질서를 회복하고 권력의 공백을 메우기 위하여 군을 동원한다. 1967년 1월 23일 모택동은 임표에게 문혁에 군이 개입할 것을 지시하였고, 군의 적극적인 개입은 문혁을 승리로 이끄는 데 관건적 역할을 하였다. 따라서 군이 파괴된 당을 대신하게 되고 국무원의 행정까지 관장하게 된다. 31개 국무원 부처 중 13개는 군대가 관리하고, 실제 국무원의 관리는 19개 부문에 불과했다. 물론 국무원 직속기구는 거의 다 파괴되었나. 군대가 관리하는 부문은 그동안 중앙군사위원회 판사조 관할의 국방부·제2·3·4·5·6·7 기계공업부와 총참모부 지도하의 체육운동위원회·공군지도하의 중국민용항공총국·해군지도하의 국가해양국과 중앙문혁소조와 중앙연락부 지도하의 신화사통신사·방송(廣播)사업국·외문출판발행사업국 등 13개 기구였다.

그 밖에 외교부·국가계획위원회·국가기본건설위원회·공안부·농림부·야금공업부·연료화학공업부·제1기계공업부·경공업부·교통부·수리전력부·재정부·상업부·대외무역부·대외경제연락부·위생부·국무원 과학교육조(科敎組)·국무원 문화조·국무원 판공실 등 19개 기구만 국무원이 관장하였다. 그리고 국무원에 있던 기존 판공실을 모두 없애고, 문혁판공실을 신설하여 국무원 산하 각 기구를 감독하였다. 따라서 당시 중앙 행정기관의 지도체계는 양분화 되어 19개 기구는 국무원의 지도하에, 국방관련 공업부는 모두 중앙군위원회의 지도하에 있었다.

문혁 중에는 중앙정부 뿐만 아니라, 지방정부도 수난을 당했다. 문혁은 중국 지방정부의 기능을 정지 및 반(半)정지시키는 상태로까지 몰고 갔다. 문혁 기간 중 지방의 각급 인민대표대회는 오랫동안 소집되지 못했고, 선거 역시 제때에 실시하지 못하였다. 1967년 5월부터 각급 당정군민기관을 군관회(軍管會)에 의해 군대가 관리하기 시작했는데, 당시 이것을 '3지양군'이라 칭하였다. 즉 지좌(支左)·지공(支工)·지농(支農)과 군관(軍管)·군훈(軍訓)이 그것이다.139) 군관회 안에는 다시 두 기구를 설치하였다. 하나는 혁명부문으로 '혁명위원회' 혹은 '지좌위원회'였고, 다른 하나는 생산부문으로서 '생산위원회'였다. 이 때의 군관회는 당·정·군의 기능과 권한이 하나로 집중된 기관이었다. 당시의 지도핵심은 군대내의 각급 당조직이었다.

이처럼 군대를 이용하여 문혁은 성공시켰으나, 모택동의 입장에서 보면 문혁의 목표가 결국 군에 의한 공산당과 정부기능의 완전한 마비는 아니었다. 따라서 모택동은 당의 파괴된 조직과 행정의 기능마비를 복원시키기 위하여 임시권력기구인 혁명위원회를 건설한다.140) 그러나 혁명위원회의 대부분은 군부세력이 장악함으로써 군부세력의 정치적 영향력은 증대되었다. 1968년 9월까지 29개 1급 지방정권에 설치된 혁명위원회의 주임 가운데 21개 단위가 군인이었으며, 나머지 8개 중 6개도 군과 관련이 있는 인물이었다. 나아가 1969년 4월에 개최된 제9차 전국대표대회의 인선 결과에서도 군의 영향력은 당·정 체계를 압도하였다. 우선 군을 대표하는 임표가 당 중앙정치국 상무위원 겸 부주석이 되어 모택동의 후계자로 지목되었다는 점과 중앙정치국 및 중앙위원회에서 군대 출신이 압도적 다수를 차지한 점이다. 279명의 중앙위원 가운데 44%에 해당하는 123명이 군인이었고, 정치국의 경우도 군 우위의 지배체제가 되었다. 이는 바로 문혁에 군이 개입한 이후부터 임표가 사망할 때까지 군이 당·정을 압도하였음을 입증하는 것이다.

그러나 임표의 사망을 전기로 1971~1973년과 1975년 경제체제에 대한 두 차례의 정돈이 있었고, 이에 따라 문혁 때 파괴된 중앙정부(국무원) 부처를 20개나 복원 또는 신설함으로써 군에 의한 행정을 차단하였다.141) 즉 1971년 '9. 13 임표사건' 이후 1973년에 이르는 동안, 중앙군사위원회의 판사조를 없애고 당위가 있는 지구와 부문에 설치된 '3지양군(三支兩軍)' 기구를 폐지하였다. 그리고 당·정부기구에 파견되었던 군대 요원을 퇴출시켰다. 그리고 지방의 각급 당조직을 복원시켜 당위원회가 혁명위원회를 지도하는 방법을 통하여 이전의 당·정 합일체제를 더욱 진일보시켰다.

<표 3 - 12> 대군구·성군구 정치위원 출신별 구분

구분＼시기	1978 (11전대)	1982 (12전대)	1987 (13전대)
당내 정치공작계통	12명	3명	0명
군사공작계통(군간부)	3명	2명	0명
당무공작계통(당간부)	24명	25명	36명

1975년 제4기 전국인민대표대회가 통과시킨 새헌법은 이러한 '당에 의한 일원화 체제'를 명문화하였다. 즉 계급투쟁을 기본노선임을 강조하고, 전국인민대표대회를 중국공산당의 지도하에 있는 최고국가권력기관이라고 규정하고, 군의 통수권을 당주석에게 넘겨주었다. 이로써 이당영정(以黨領政), 이당영군(以黨領軍) 체제는 헌법으로 굳혀졌고, 당이 모든 것을 지도하는 당 일원화체제가 되었다. 요컨대, 이 시기 당·정·군의 관계는 임표 사망을 전환점으로 군 우위 체제에서 절대적 당 우위 체제로 전환되었다. 심지어 '군대에 대한 당의 절대 영도'를 보증하기 위하여 당무체계의 간부를 군부대 정치위원을 겸직케 한 적이 있다. 1979년 성급군구 이상의 군부대의 정치위원을 당해 부대의 당위원회 서기가 겸하도록 하고, 그리고 당 12전대(1982)와 13전대(1987)를 거치면서 지방당위 서기가 군구당위의 제1서기와 군구 정치위원을 겸직케 한 것이 그 예다(<표 3 - 12> 참조).142) 그리고 당 12전대 이후 군의 정치참여를 줄여갔다(<그림 3 - 2> 참조).143)

2) 개혁·개방이후 - 군 정치관여의 점진적 배제

그러나 1982년 당 12기까지도 군의 정치적 영향력은 여전하였다. 4인방 세력의 제거에 절대적인 공을 세운 왕동흥·진석련 등 친위 쿠데타 세력과 섭검영(섭검영·유백승·서향전·섭영진·이선념·소진화·장정발·경표·새복정 등 장성) 세력을 비롯해 위국청·허세우·오란부·여추리·왕진·양득지·진기위 등 등소평 추종자들이 여전히 중앙 정치국의 다수를 차지하고 있었기 때문이다.(<표 3 - 13> 참조). 1980년대 중반에 들어와서 군의 정치개입이 다소 약화되기는 했으나, 1997년의 당 15전대회에서도 이러한 현상이 사라진 것은 아니다.144)

당 중앙위원회의 군의 진출상황을 보면 이를 증명해준다. 군의 중앙위원 진출은 임표가 득세하던 9기(44.1%)가 최고조에 달했으나, 임표 사망 후 10기(30.4%)·11기(30.9%)에 다소 줄어들었고, 권력의 분산을 강조하던 1982년 당 12기(21.5%)이후 조자양 총서기 시절인 13기(12.6%)에 급격히 감소했으나, 강택민이 집권한 14기 이후 다시 그 비율이 상승(22.2%)하였고, 현 15기에는 18.1%를 차지하고 있다(그림 <3 - 2> 참조).145)

최고의 입법기관인 전국인민대표대회에도 인민해방군은 여전히 독립된 선거단위로서 대표를 선출하고 있다.146) 1975~1983년 제4기(486명, 13.4%), 5기(503명, 14.4%)보다는 줄어들었으나, 제6기~ 제8기(267명, 9.0%)와 현 제9기(268명, 9.0%)에도 여전히 군의 비중은 상당하다.147)

이외에도 군은 유사시 국가의 체제유지와 정치안정을 위하여 정권을 보위하고 적대세력을 타도하는 중요한 역할을 한다. 문혁은 물론, 4인방 제거, 6·4사태시 군의 정치개입은 이에 대한 좋은 본보기다. 그리고 인민해방군은 하나의 인민의 정치대학이 되어 인민의 정치사상공작을 선도해오고 있다. '뇌봉(雷鋒)운동'은 그 대표적인 예다.

하지만 과거보다 군이 최고정책결정기구인 중앙정치국에서 차지하는 비율은 현격히 줄어가고 있는 추세다. 현 신 강택민 정권에서는 2명의 군인(지호전, 장만년 장군)만이 정치국에 진출했고, 그것도 정치국 상무위원회에는 1인도 진입하지 못했다.148) 이는 결국 정책결정에 있어 군의 영향력이 과거보다 현격히 줄어들고 있음을 입증하는 것이라 볼 수 있다.

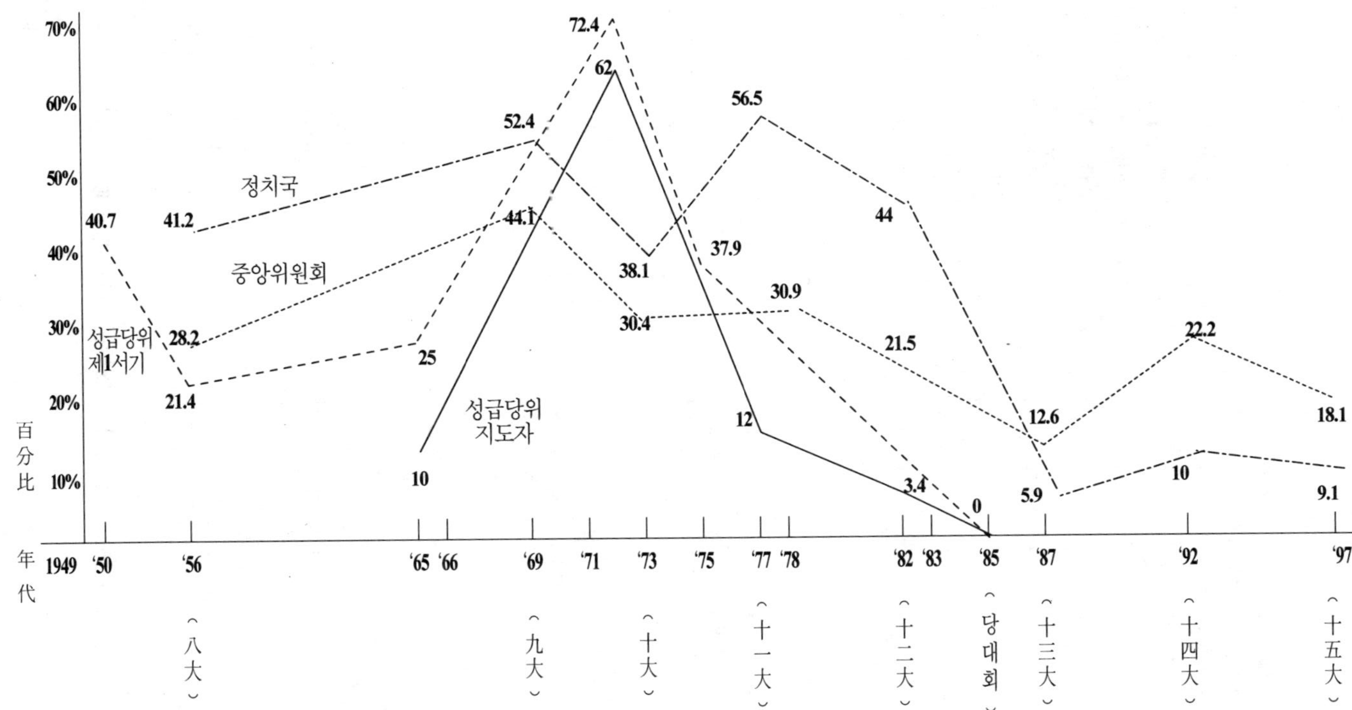

<그림 3 - 2> 인민해방군의 정치참여 증감도

<표 3 - 13> 역대 중국 최고 군사지도자의 당직 겸임 상황

공산당 최고군사지도		국가 최고군사지도	
기관명	주석 및 부주석, 위원	기관명	주석 및 부주석, 위원
중앙군사 위원회 (45.6) 중국인민 혁명군사 위원회 (49.6)	<주석> 毛澤東☆ <부주석> 朱德☆, 劉少奇☆, 周恩來☆, 彭德懷☆ <비서장> 楊尙昆 상동	중앙인민 정부인민 혁명군사 위원회 (49.10)	<주석> 모택동☆ <부주석> 주덕☆, 유소기☆, 주 은래☆, 팽덕회◆, 程潛, 林彪◆· 高崗(51증보)◆, 劉伯承●, 賀龍 ●, 陳毅●, 羅榮桓●, 徐向前●, 聶榮臻●, 葉劍英●(54증보) <위원> 하룡●, 유백승●, 진의 ●, 임표●, 서향전●, 섭검영●, 섭영진●, 고강◆, 粟裕ㅇ, 張雲 逸, 鄧小平●, 李先念●, 饒漱石 ●, 鄧子恢●, 習仲勛ㅇ, 羅瑞卿 ㅇ, 薩鎭冰, 張治中, 傅作義, 蔡廷 鍇, 龍雲, 劉斐, 徐海東(54증보)
중앙군사 위원회 (54.9)	<주석> 모택동☆ <위원> 주덕☆, 팽덕회◆◉, 임표◆, 유백승◆, 하룡◆, 진 의◆, 鄧小平◆, 나영환◆, 서 향전●, 섭영진●, 섭검영◆, <일상공작주재> 팽덕회◆	국방 위원회 (54.9)	<주석> 모택동☆ <부주석> 주덕☆, 팽덕회★◉, 임 표◆, 유백승◆, 하룡◆, 진의◆, 등소평◆, 나영환◆, 서향전●, 섭영진●, 섭검영●, 정잠, 장치 중, 부작의, 용운
중앙군사 위원회 (59.9)	<주석> 모택동★ <부주석> 임표★◉, 하룡◆, 섭영진◆, 진의◆·유백승◆·서 향전◆·섭검영◆(66.1증보) <상위> 모택동★, 임표◉, 하 룡◆, 섭영진◆, 주덕★, 유백 승◆, 진의◆, 등소평★, 나영 환(63.12사)◆, 서향전◆, 섭검 영◆, 나서경◆, 譚政●☆ <비서장>나서경◆, 섭검영◆ (66.1)	국방 위원회 (59.4) 국방 위원회 (65.1)	<주석> 유소기★ <부주석> 팽덕회◆◉, 임표★◉, 유백승◆, 하룡◆, 진의◆, 등소 평★, 나영환◆, 서향전◆, 섭영진 ◆, 섭검영◆, 정잠, 장치중, 부작 의, 衛立煌 <주석> 유소기(68.10출당)★ <부주석> 임표◉, 유백승◆, 하 룡, 진의◆·등소평★, 서향전◆, 섭영진◆, 섭검영◆, 나서경◆, 정잠, 장치중, 부작의, 채정개

공산당 최고군사지도		국가 최고군사지도	
기관명	주석 및 부주석, 위원	기관명	주석 및 부주석, 위원
중앙군사 위원회 (69.4)	<주석> 모택동(76.9병사)★, 華國鋒(76.10승계)★ <부주석> 임표(71.9사)★◉, 유백승◆, 진의●(72.1사), 서향전●, 섭영진●, 섭검영◆, 등소평(75.1, 76.4면, 77.7복권)◆ <상위> (75.2성립):섭검영★◉, 王洪文★·張春橋★, 유백승◆, 陳錫聯◆, 汪東興◆, 蘇振華◇, 서향전●, 섭영진●, 속유●	문혁기	기능정지
중앙군사 위원회 (77.8)	<주석> 화국봉(81.6면)★, 등소평(81.6승계)★ <부주석> 섭검영★◉, 등소평★, 유백승◆, 서향전◆◉, 섭영진◆ <상위> 이선념★, 왕동흥★, 진석련◆, 위국청◆, 소진화(79.2사)◆, 張廷發◆, 속유●, 나서경(78.8사)●, 왕진(78.3임), 耿飇◆(79.1임), 양상곤●, 王平●, 楊勇●, 韓先楚●, 양득지● <비서장> 나서경(78.8사)◆, 경표◉(79.1), 양상곤(81.7)●	(75.1~ 82.12)	헌법상 폐지
중앙군사 위원회 (82.9)	<주석> 등소평★ <부주석> 양상곤(상무)◆, 섭검영★, 서향전◆, 섭영진◆ <비서장> 양상곤◆	중앙군사 위원회 (83.6)	<주석> 등소평★ <부주석> 섭검영★, 서향전◆, 섭영진◆, 양상곤◆ <위원>余秋里◆, 楊得志◆, 張愛萍◉, 洪學智●
중앙군사 위원회 (87.11)	<주석> 등소평(89.11면) 江澤民(89.11임)★ <제1부주석> 趙紫陽(89.6면)★, 양상곤(89.11임)◆, <상무부주석>양상곤(89.11면), 劉華淸(89.11임)◆ <비서장> 양상곤(89.11면), 楊白冰●(89.11임) <부비서장> 홍학지◆, 유화청(겸) <위원> 秦基偉◆◉, 遲浩田◆, 趙南起◆	중앙군사 위원회 (88. 4)	<주석> 등소평(90.4면) 강택민(90.4임)★ <부주석> 조자양(89.6면)★, 양상곤◆, 유화청(90.4◆) <위원> 홍학지●, 유화청●, 진기위◆◉, 지호전●, 양백빙●, 조남기●

공산당 최고군사지도		국가 최고군사지도	
기관명	주석 및 부주석, 위원	기관명	주석 및 부주석, 위원
중앙군사 위원회 (92.10)	<주석> 강택민★ <부주석> 유화청★, 張震 ● <위원> 지호전◉, 張萬年 ●, 于永波, 　傳宋有 ●	중앙군사 위원회 (93.3)	<주석> 강택민★ <부주석> 유화청★,장진 ● <위원> 지호전◉,장만년, ● 　우영파 ● ,부전유 ●
중앙군사 위원회 (97.10)	<주석> 강택민★ <부주석> 장만년◆ ☆, 지호전◆ ◉ <위원>부전유●, 우영파●, 王克 ●· 　王瑞林 ● (95.9임)	중앙군사 위원회 (98.3)	<주석> 강택민★ <부주석> 장만년◆, 지호전◆ ◉ <위원> 부전유 ●, 우영파 ●, 　왕극 ● ·왕서림 ● (95.4임)

주 : 1) ★표는 당 정치국 상무위원, ◆ 표는 정치국위원, ◇ 표는 동 후보위원,
　　☆표는 서기처 서기, ● 표는 중앙위원, ○ 표는 중앙후보위원
　　◉표는 당시의 국방부장 겸임.

3. 중앙과 지방 관계의 변증법 - 정책결정의 중앙집권성

중국은 진(秦)나라 이후 계속 하나의 다민족의 통일적 중앙집권제 국가를 유지해 왔다. 2천여 년의 역사동안 비록 지역이 분열되어 할거주의적 양상을 띤 경우도 있긴 했으나, 다민족의 통일적 중앙집권제의 역사전통은 거대한 응집력을 가질 수 있었고 또 대국으로서의 면모를 다지는 기초가 되었다. 신중국 건립 이후 이러한 전통은 국가적 통일을 유지하는데 적극적 작용을 하였다. 하지만 과도한 중앙집권은 지방 및 기층단위와 개인의 권한을 크게 위축하고, 이들의 자율성과 적극성을 저해하는 요인으로 작용하여 사회주의 현대화 추진에 장애물이 되고 있다.

1) 개혁·개방이전 - 집권적인 계획체제 속의 분권화

1949년 공산당이 정권을 장악하였을 당시 성 및 지방정부는 유격대의 혁명근거지에서 설립되었는데, 그곳은 어떤 의미에서 자급자족의 전통을

갖고 발전하였기 때문에 정부의 정책과 계획을 실행함에 있어 상당한 자율권을 갖고 있었다. 이러한 지방정부는 본질적으로 편의적인 이유와 더불어 외지인에 의한 지배라는 비난을 피하기 위하여 대부분 당해 지역의 거주민에 의해 충원되었다. 그리고 이러한 지방과 중앙정부를 연계하는 중간계층으로 대행정구를 설치하여 중앙정부에 협조하고 지방(省)을 지원하도록 하였다.

대행정구는 군사관제위원회와 행정위원회에 의해 통치되었는데, 이들을 이끈 당·군사지도자들은 관할 성을 지도·감독함에 있어 상당한 권한과 재량권을 행사하였다. 또 공산정권이 중앙의 권력을 강화하는 동안 이들 대행정구에게는 상당한 정도의 지방자치가 허용되었고, 그로 인해 지방할거주의의 역기능이 표출되기도 하였다.

그러나 국민당군을 대륙에서 완전히 축출한 후, 중국은 정치적으로 정권기반을 공고히 하고, 피폐한 경제를 부흥발전시켜 사회주의체제의 기초를 다지는 것이 국가적 대과제였다. 따라서 이러한 기본 임무를 조속히 달성하기 위해서는 권력이 고도로 중앙에 집중된 중앙집권적인 정치체제의 건설이 불가피했다. 즉 경제적으로 계획, 기본 프로젝트 및 생산원료와 임금 그리고 물가를 국가가 통일적으로 분배관리하며, 국가재정을 중앙정부에 집중하여 국가가 통수통지(統收統支)하는 재정체제를 실시하였다. 따라서 그 때까지 존재했던 대행정구는 폐지되었다. 그러나 이러한 중앙의 권력 강화(집중)는 지방의 반감을 불러 일으킨다. 제2장에서 비교적 자세히 언급한 고강과 요수석 사건이 바로 그 예다.

이러한 중앙집권화의 결과, 국가재정의 75%를 중앙이 관리하고, 지방은 불과 25%만을 관리하는 수준이었다. 중앙직속기업의 경우, 1953년 2,800개에서 1957년 9,300개로 증가하였다.[149] 기본건설의 경우 지방단위의 것에 조차도 중앙 각부의 지시를 따라야 했다. 그리고 1957년 국가계획위원의 통배물자(統配物資)와 부관물자(部管物資)는 무려 532종에 달했다.[150]

이러한 고도의 중앙집권화는 중점사업의 효율적인 건설과 국민경제의 균형적인 발전을 가져오고, 시장물가의 안정과 인민생활의 개선에 큰 역할을 하였다. 그리고 직접계획의 범위와 규모가 확대되면서 업종의 전문화에도 크게 기여하였다. 그러나 지나친 중앙부서 중심의 집권화(할거화)는 부서간·업종간의 횡적인 연계를 약화시켰으며, 성(省)과 그 이하의 지방행정단위 및 기업의 자율성과 적극성을 저해하는 등 날이 갈수록 생산력의 발전에 상응하지 않는 여러 가지 모순이 돌출하였다.

따라서 이것은 거꾸로 '방권(放權)'과 '분산'을 필요로 하게 되었다. 1차 5개년 계획 말기에는 권한을 성(省)이나 기업 등 하부로 이양하는 것이 커다란 정치문제로 부각되었다. 모택동은 분권화로의 복귀를 옹호하면서 지방권력의 확대를 공개적으로 주장하였다. 모택동은 1956년 4월 25일 중앙정치국 확대회의에서 <10대 관계를 논함>이라는 보고를 통해 '중앙과 지방의 관계'를 "중앙의 통일적인 지도를 공고히 하는 전제하에 지방의 권력을 확대하고 독립성을 더 주어야 한다"고 하였다. 5월 2일 국무회의 석상에서 부연설명을 통해 국무원과 당 중앙에 협의도 거치지 않고 성과 시의 관할 부서에 직접 명령하는 중앙 기능부서의 관행을 신랄히 비판하였다. 또 그는 중앙과 지방의 관계에 있어 중앙이 지방으로부터 존경을 받고 더욱 강해지려면 중앙의 통일적인 지도를 공고히 하는 전제아래 지방의 권력을 확대하고 독립성을 더 주어야 한다고 하였다. 즉 지방의 적극성을 유도하기 위해서는 지방 나름의 자율성을 보장해야 함을 강조한 것이나, 그 전제는 중앙의 통일적 지도를 더욱 강조한 것이다.151) 주은래도 당 8전대회에서 <국정보고>를 통하여 "통일영도의 원칙하에 분급관리(分級管理), 인지제의(因地制宜), 인사제의(因事制宜)의 방침을 제시하고, 지방의 적극성을 충분히 발휘할 수 있도록 중앙과 지방의 행정관리 권한을 획분하여야 한다"고 했다.152)

모택동이 중앙집권화의 과잉성과 지방의 적극성 상실에 대하여 진심으로 우려한 바도 있겠으나, 순전히 정치적인 고려에 의해서도 자극을 받았을 것으로도 보인다. 중앙집권제는 중앙집권화된 부서와 국무위원들에게 막강한 권력을 부여하였고, 때때로 이들이 모택동의 정책에 도전하였으며, 모택동이 추진하는 급진적인 집단화 정책을 반대하였다. 지방으로의 권력

분산을 옹호함으로써 모택동은 지방에 근거지를 둔 지방정치세력의 지지를 받았다. 이것은 모택동과 중앙의 고위 실무 당·정 간부들과의 대립에서 견제세력으로 이용될 수 있었다.[153] 모택동이 주장한 분권화로의 복귀는 제2차 5개년 계획 초안을 심사·통과시키기 위하여 개최된 당 7대7중전회에서 명백히 받아들여졌다.

대약진운동은 이러한 집중화의 폐해를 줄이기 위해 분권화를 위한 실질적인 노력을 시도하게 되는데, 그 대표적인 것이 계획관리권의 하방, 재정과 세재의 하방, 중앙소속 기업의 하방관리, 기본건설 인허가권의 하방, 상업관리권의 하방 등이다.[154]

먼저 계획관리권 하방의 경우, 계획절차를 밑으로부터 위로, 지방과 중앙의 종합적인 형평을 기하기 위하여 추신되었다. 그러나 실제적으로 이러한 계획관리권의 하방은 지방의 계획관리권의 확대에만 치중하여 중앙이 통일적인 계획과 종합적인 형평을 기할 수가 없었다.

둘째, 재정 및 세수권 하방의 경우를 보면, 1958년 재정체제를 과거의 '이지정수(以支定收)' 1년 단위로부터 '이수지정(以收定支)' 5년 불변단위로 개조하였다. 즉 지방의 지출경비는 먼저 지방의 고정수입으로부터 해결하고, 부족분은 중앙직속기업의 수입(20%)에서 보충하였다. 지방재정권의 확대와 동시에 지방에 세수에 관한 자율권을 확대해 나갔다. 따라서 중앙이 지배하는 재력은 제1차 5개년 계획기의 75%에서 50%로 낮아졌고, 반면 지방이 지배하는 재력은 25%에서 50%로 상승하였다.

셋째, 중앙소속 기업의 지방 하방관리의 경우, 대부분의 중앙직속기업을 지방에 하방하였다. 따라서 중앙 각 부 소속 기업과 사업단위는 1957년 9,300여 개에서 1958년 말 1,200여 개로 줄어들었다. 약 88%가 지방에 하방되었다. 중앙직속기업의 공업생산액이 전체 공업총생산액에 차지하는 비중은 39.7%에서 13.8%로 하강하였다.

넷째, 기본건설 인허가권 하방의 경우, 지방이 건설하는 투자기준액 이상의 건설항목은 그 계획요강을 중앙에 보고하여 허가를 받아야 하나, 기타 설계와 예산문건은 일률적으로 지방이 심사·허가하도록 그 권한을 하방하였다. 이러한 기본건설 인허가의 하방은 기본건설에 대한 느슨한 관리를 조성하였고, 그것은 계획외 항목의 대량 증가를 초래하였다. 1957년 143억 3,200만元이었던 기본건설 총액이 1960년에는 388억 6,900만元으로 1.71배 증가하였다.

다섯째, 상업관리권의 경우 중앙 유관 부문에게 몇 몇 관리권한을 하방하고, 각급 기업관리기구를 행정부문과 병합시켜 '정기합일(政企合一)'의 조직형태를 실시할 것을 요구하였다. 그리하여 1958년 2월, 성시복무부와 전국공소합작사총사를 합병하여 제2상업부를 신설하고 원 상업부는 제1상업부로 개칭하였다. 또 제1·2상업부는 또 상업부로 합병되었다. 중앙소속 공업기업의 하방이 지방으로 에스컬레이트화된 것처럼, 상업부문 역시 행정부문 및 전업부문 직속기업의 무분별한 하방이 이루어졌다. 농촌에는 '양방(兩放),' '3통(三統),' '일포(1包)'의 재무(財貿)체제가 실시되었다.155)

이와 같은 관리권한의 하방은 첫째, 제1차 5개년 계획기에 형성된 과도한 중앙집중적 관리체제를 개혁하고 지방단위·기업단위의 적극성을 끌어내기 위한 조치였다. 그러나 그것은 분산적 투자와 지방적 할거주의 및 무정부주의적 기업관리 현상을 초래하여 중국경제를 혼란시키는 한 원인이 된다. 다른 한편, 정부부처의 지방경제활동에 대한 중앙집권적인 지휘·감독권이 약화됨에 따라 지방지도자들이 중앙의 정책과 계획에 도전할 수 있는 경제적인 권력기반을 획득하게 되었으며, 필연적으로 지방주의의 급성장이라는 결과를 초래하였다.

따라서 1959년에 대약진이 실패로 돌아가자 당 중앙은 지방지도자들에 대하여 중앙지도력을 강화시키려는 재중앙집권화 계획을 수립하였다. 1961년 1월, 당 8대9중전회는 국민경제조정의 효과적인 지도 감독과 각 성이 '준국가기관'으로 변화하려는 경향을 막기 위하여 6개 중앙(지구)국 - 동북국·화북국·화동국·중남국·서북국·서남국 - 을 부활시켜 각 성·시·자치구의 각급 지방당위에 대한 통제를 강화하기로 결정하였다. 그리고 같은 달 당 중앙은 <관리체제 조정에 관한 약간의 임시규정>을 제정하고, '대권통람, 소권분산(大權統攬, 小權分散)'의 원칙에 따라 행정관리권을 중앙과 중앙국으로 회수하도록 하였다. 그리고 급진적인 지방지도자들을 숙청하기 위한 정풍운동의 지휘권을 이 지구국에 위임하였다. 즉 국민경제의 '조정·공고·충실·제고의 8자 방침에 따라 중앙과 지방의 관계를 조정, 대약진이래 지방으로 하방·분산되었던 기업과 사업단위를 다시 중앙부문의 관리로 회수하기에 이른다. 특히 공업관리 권한을 더욱 중앙으로 집중시켜 계획·기본건설·재정·신용업무와 물자의 통일적 관리를 강화하였으며, 동시에 하방되었던 민용기업과 전부문의 국방공업관련 기업의 관리권을 중앙으로 회수하였다. 인민공사의 비농업적 기능(공산품 생산, 상업, 금융 및 民兵 제공 등)도 중앙관서로 이관하였다.

따라서 1965년 국민경제의 조정임무가 완성될 즈음, 중앙 각 부문의 직속기업과 사업단위는 1958년의 1,200여 개에서 1만 533개로 증가하였다. 그 생산액은 전체공업생산액의 42.2%이고, 그 중 생산재료부분은 55.1%를 점하였다. 중앙이 직접 장악한 재정수입은 50%에서 60%로 높아졌다. 1964년 3·4분기부터 12개의 공업·교통 트러스트를 중앙 각 부가 시험적으로 관리하기 시작했는데, 그 중 지방적인 것은 3개였고, 전국적인 것이 9개였다.[156] 국무원의 중앙부처도 재팽창되어 1959년의 60개 부서에서 1965년에는 다시 79개로 증가하였다. 이는 대약진 이전 1956년의 81개에 접근하였다.[157] 이에 따라 중앙정부의 당정군(群)간부 수도 제1차 5개년 계획기간 급속히 증가되던 것(1956년 294만 3천명)이 대약진기에는 감소(1956년 246만 7천명)되었고, 조정기에는 다시 증가(1961년 315만명)되는 현상을 보였다.[158]

그러나 문혁이 발발하자 상황은 다시 역전되었다. 문혁은 중국 지방정부의 기능을 정지 및 반(半)정지시키는 상태로까지 몰고 갔다. 따라서 문혁 중 중앙과 지방의 관계, 특히 1969년 이전의 문혁 전기, 중앙과 지방의 관계는 문자 그대로 혼란상태였다. 따라서 사회·정치와 경제의 안정을 위하여 1970년대 초 중앙과 지방 관계의 조정을 시도하기 시작하였다. 문혁 정신에 따라 경제체제는 다시 지방에의 맹목적 권력하방이 시작되었다. 즉 중앙의 통일적 계획하에 지방의 권력을 확대함으로써 지방의 적극성을 유도하려 하였다. 이는 모택동의 일관된 사상이었다.

1970년 3월, 당 중앙은 국무원 공업·교통 각 부의 직속기업, 사업단위의 절대 부분은 지방에 하방관리하고, 소수는 중앙 부와 지방이 이중으로 지도하되 지방이 주가 되도록 요구하였다. 하방후 중앙직속 공업기업은 142개에 불과했다. 그리고 재정수지 및 물자분배와 가본 건설투자 부문도 지방에 하방, 대포간(大包干)제를 실시하였다. 이 시기의 하방은 무차별적으로 너무 많이 지나치게 급속히 이루어졌기 때문에 조직공작이 이를 따라가지 못하였다. 또 기업의 지방에로의 하방 이후, 지방 이기주의의 난무로 지방마다 맹목적인 건설과 중복 생산이 이루어져 기업의 경영상태를 악화시켰다. 1971년과 1972년 공업의 노동생산율은 전년에 비해 각각 0.2%와 1.5% 하강하였다. 1976년 전국 공업 기업의 자금 이윤율은 겨우 1965년의 50%에 달할 정도였다.159)

따라서 문혁 후기에 들어서는 하방기업에 대한 재집중이 요청되었다. 1975년 1월 제4기 전인대 이후, 주은래와 등소평은 4개 현대화 계획의 추진에 따라 중앙 각 부가 지방에 하방한 지방의 기업과 원래 지방이 관리하던 대·중형 기업에 대한 관리권을 다시 중앙으로 회수하기 시작한다. 그리고 문혁 종결 후 본격적으로 이들에 대한 관리권을 중앙에 회수하고, 중앙의 관련 부처가 이들을 직접 관리하였다. 또 성·시에 속하는 철도·우전·항공운수·전산망·민간항공·송유관과 탐사대·중요 과학연구설계단위·중점건설 항목 그리고 대유전 등 소수의 관건 기업은 중앙의 각 부·위가 관리하고, 물자관리체제 등도 모두 중앙에 집중시켜, 국가의 경제활동에 대한 집중적이고 통일적인 지도를 강화하는 방향으로 나갔다.

요컨대, 이상 개혁·개방 이전의 중앙과 지방의 권력관계는 집권적인 계획경제체제를 전제로 발전전략이 추진되었기 때문에 지방정부의 자율성은 중앙정부의 통일적 계획의 전제로 한 부분적 수단적 분권화에 불과했다. 따라서 대약진·문혁 등을 통해 지방에 행정권을 분산시켜 지방에 활기를 불어넣어 균형적인 발전을 유도하려 했으나, 지역간의 균형과 지역간의 연계가 취약한 중국에 있어서는 오히려 지방정부의 할거주의와 독립왕

국화를 조장시켜 자원배치의 중복, 경제발전의 불균형, 생산력의 저발전을
초래하였다. 이는 모든 결정을 더욱 중앙에 재집중시키는 결과를 빚었다.
즉 중앙집중에 대한 지방분권은 분권화의 부작용에 따라 곧 중앙집중화로
회귀하는 성향을 띠었다. 결국 개혁·개방이전 30여 년간 중국의 중앙과
지방관계를 보면, 정치적·경제적 이유로 해서 비록 지방권한을 부단히
확대해가긴 했지만, 중앙에 권력이 고도로 집중된 정책모형과 가치지향에
는 근본적인 변화가 없었다.

2) 개혁·개방이후 – 분권적인 시장경제체제 속의 통일화

1978년 12월, 11대3중전회는 중국경제세세에 내재한 폐단과 개혁의 방
향을 다음과 같이 제기함으로써 중앙과 지방의 관계의 전환을 촉구하였다.
즉 중국경제체제가 처한 가장 심각한 문제는 생산력의 저발전과 권력이
과도하게 중앙에 집중되어 있는 것이라 보고, 개혁의 초점을 중앙에 고도
로 집중된 권력을 하부단위로 이양하는데 맞추었다.[160]

등소평은 1978년 11대3중전회에서 행한 <사상해방, 실사구시, 일치단결
하여 앞을 향해 보자>는 연설에서 "현재 우리 나라 경제관리체제의 가장
큰 결함은 권력이 과도하게 집중되어 있는 것이다. 따라서 이에 대한 계
획을 세워 과감하게 중앙에 집중된 권력을 하방하여야 하며, 국가의 통일
적 지도하에 있는 지방과 농공기업에 더 많은 경영관리의 자주권을 주어
야한다. 그렇지 않으면 국가·지방·기업 그리고 노동자들의 적극성을 충
분하게 발휘하게 할 수 없으며, 이렇게 되면 현대화된 경제관리와 노동생
산율의 제고에 불리하다"[161]고 주장했다. 그후 그는 또 권력하방을 정치체
제개혁의 한 목표로 설정하여 "우리는 최근 몇 년간 개혁을 추진해 온 결
과 하나의 경험을 얻었다. 그것은 농민의 적극성을 유도하기 위해서는 권
력을 하방시켜야 한다는 것이다. 농촌개혁을 위해서도 권력을 하방시켜야
하며, 공업기업의 개혁을 위해서도 권력을 하방시켜야 한다. 권력을 최하
층까지 하방시켜 노동자와 지식분자의 적극성을 자아내어 그들로 하여금

관리에 참여하게 하는 것, 즉 관리의 민주화를 실현해야 한다. 각 방면 모두 이 문제를 해결해야 한다"162)고 주장하였다.

등소평의 이러한 지도사상에 근거하여 중국공산당 13전대회는 다음과 같은 점을 밝히고 있다.

> "지나친 권력집중현상은 행정, 경제, 문화조직 및 대중단체의 권력이 당위지도기관에 지나치게 집중되는 현상이 노정되었을 뿐만 아니라, 기층조직의 권력이 상급지도기관에 지나치게 집중되는 현상이 노정되었다. 지도기관은 한편으로 자신들이 관리해서는 안될 일, 잘 관리할 수 없는 일 등을 관리함으로써 사무주의의 늪에 빠져 버렸으며, 다른 한편으로는 기층조직의 자주권을 상실시켜 인민대중의 적극성을 충분하게 발휘시키기 곤란하게 하였다. 이러한 폐단을 극복하기 위한 효과적인 방법은 권력을 하방하는 것이다. 이 점은 농촌개혁에서 증명되었다. 따라서 기타 다른 부문에서도 계속 실시해 가야한다."163)

권력하방의 내용은 크게 두 가지로 나눌 수 있다. 첫째는 중앙과 지방과의 관계를 조정하여 지방의 자주권을 강화시키는 것이다. 등소평의 주장에 의하면, 권력하방으로 중앙과 지방관계를 해결하는 것이며, 동시에 지방의 각급 기관도 더욱 더 하부기관으로 권력을 이양해야 한다는 것이다. 중국은 광활한 영토와 수 많은 인구를 보유하고 있다. 지방정부 가운데 어떤 성은 유럽의 한 국가만큼 크다. 따라서 이처럼 광활한 성급 지방정부 역시 권력을 하부단위로 하방하여야 한다. 중앙이 권력을 하방하여 하급기관에 대한 간섭을 적게 하면, 지방의 자율성은 증대되어 현지의 사정을 잘 감안하여 발전을 가속화시킬 수 있게 된다. 그렇다고 해서 중앙이 지방을 통제할 수 없을 정도로 권력을 하방하거나, 지방이 중앙으로부터 완전히 독립해서도 안 된다. 중앙의 효율적인 통제와 지방의 적극성을 해치지 않는 범위 내에서 권력하방이 이루어져야 한다.164)

둘째는 권력을 기층조직, 특히 기업에 이양해주는 것이다. 이에 대해 등소평은 "현재 가장 절박한 문제는 기업과 생산대의 자주권을 확대하여 모든 기업과 생산대들이 능동적으로 창의성을 발휘할 수 있게 하는 것이다. 하나의 생산대에게 경영의 자율권이 주어진다면 그들은 잠도 자지 않고 온갖 아이디어를 동원하여 토지와 자원을 활용하려고 할 것이다. 전국 수십만 개의 기업과 수 백만 개의 생산대가 모두 이렇게 된다면 얼마나 많은 부(富)를 증대시킬 수 있겠는가"165)라고 하여 권력분산의 효율성을 강조하였다.

요컨대, 권력하방에 대한 등소평의 구상은 당·정 분리의 원칙하에서 더 나아가 과거 당이 독점해 온 기업·경제·문화조직 및 대중조직의 권한을 그들에게 돌려주고, 중앙에 지나치게 집중된 권력을 지방과 기층조직에 위임하여 그들에게 자율권을 줌으로써 그들의 적극성과 효율성을 제고시키고자 한 것이었다. 이러한 구상에 따라 개혁·개방이래 경세 및 사회문화적 부문에서 중앙은 지방에 다음과 같이 그 권한을 하방한다.166)

첫째, 경제와 사회문화적 면에서 지방정부의 관리권한이 확대되었다. 지방의 재정포간제(財政包干制)167)의 실시 등을 통하여 지방의 재정권이 확대되었고, 지방정부의 고정자산 투자에 대한 인가권, 지방정부의 대외무역 관리권과 물가 관리권을 확대하고, 지방정부가 분배할 수 있는 통배물자의 종류와 수량을 늘여 주었으며, 지방정부에게 대외여행관련 권한을 위임하는 등 지방정부에게 경제·사회적 제 권한을 이양해주었다. 따라서 1979년에서 1980년의 경제조정의 초기단계에서 각 성들은 대외무역부문에서 상당한 자율성을 보장받았다. 중앙정부는 연해지역에 경제특구를 설치하는 한편, 대외무역의 확대 및 적극적인 외자유치를 위해 각 성들에게 직접적인 수출입권 및 외자기업 인가권, 외자이용권 등을 넘겨주었다. 이후 각 성은 독자적으로 무역회사를 설립할 수 있었고, 중앙정부는 각 성에게 외국과의 합작투자를 독려하였다.

둘째, 중앙 부처에 속하는 일부 기업의 관리권을 지방에 하방시켜 기업의 자율권을 확대해 나갔다. 1984년 당 12대3중전회 이후 도시지역에서의 경제개혁은 분권화 정책을 더욱 촉진시켰다. 정부와 기업의 관계에 대하여 금후 각급 정부 부문은 원칙상 직접 기업을 경영·관리하지 말 것을 촉구하고, 부득이한 경우도 정부경제부문은 간정방권(簡政放權)의 정신에 따라 권력집중에 따른 폐해를 줄이고 기업과 기층의 자주경영과 활력을 증강시키도록 했다.[168]전자공업부는 산하 기업의 98.8%에 해당하는 170개 기업을 지방에 하방하고, 기계·방직·야금·화학공업부 등 중앙 부처도 소속 기업의 대부분을 지방에 그 관리권을 하방하였다. 1984년 이후 국무원은 13개 문건(97조 규정)을 보내 계속하여 기층과 기업에 생산계획, 생산품 판매·가격, 자금 사용, 노무인사, 보수 등의 결정에 관한 자율권을 보장해주었다.

셋째, 중심 도시에 자율권을 보장해주었다. 1983년 이후 국가는 14개 대·중 도시를 계획단열(單列)시로 지정하여 이들에게 성급 정부에 해당하는 경제관리권을 부여하였다. 또 이를 전후해 115개 도시에서 시가 현을 지도하는 체제로 권한을 위임하였다.

이러한 중앙정부의 권력하방은 중앙정부의 권한이 직접 기층 및 기업에 하방된 것이 아니라, 중앙의 권한이 지방정부에 하방되어 지방정부가 중앙정부를 대신해서 기업을 관리하는 방식이었다. 따라서 이러한 권력하방은 지방정부의 권력강화에 크게 영향을 미쳤다.

다음, 정치제도적인 측면에서도 부분적이긴 하지만 지방정부의 입법권과 대표의 직접선거권을 법적으로 보장해 줌으로써 지방의 자율권이 증대되었다. 즉 1982년 <헌법>은 "성·자치구·직할시의 인민대표대회 및 그 상임위원회는 헌법, 법률 및 행정법규에 저촉되지 않는 범위 내에서 지방 법규를 제정, 공포할 수 있다"[169]고 규정함으로써 지방정부의 권력(자율권)을 강화시키는데 기여했다. 이는 과거 입법권이라 하면 모두 중앙이 독점하였던 것을 중앙과 지방이 공유하게 된 것으로 성·자치구·직할시의 권력이 확대된 것을 의미한다. 실제로 1979~1991년에 걸쳐 각 지방에서 외자유치 및 부동산 거래와 관련하여 상당한 수의 자치법규가 입법화되었으며, 총 2,483건 중 약 25%에 달하는 611건이 경제관련 입법이었다.[170] 그리고 직접선거의 범위를 과거 향 (鄕)수준에서 현, 구를 두고 있지 않는 시, 시 관할구, 진(鎭) 수준으로 상향한 것[171]도 기층 정부의 자율권을 크게 신장한 것이다.

이처럼 권력의 하방을 통하여 중앙은 지방에게 더 많은 자율권을 넘겨줌으로써 지방의 적극성과 능동성을 극대화하고 생산력의 발전을 제고시킬 수 있었다. 따라서 국민경제에 새로운 활력과 생기를 불어넣을 수 있게 되었다. 그러나 지방의 자율성은 지역간의 격차와 지역이기주의를 부추겼고, 가격경쟁, 관료부패는 물론, 지방세력의 증대로 인한 중앙의 통제불능이라는 사태로까지 진전되었다. 심지어 지방정부들이 스스로의 이익을 보호하기 위해 지방의 이익에 제한을 가하고자 하는 정책변화에 대항하기 위해 연합하는 경우가 보편화되었다. 이에 성급한 서구학자들은 중국의 분열론까지 주장하게 되었다. 따라서 중앙정부는 '지방분권화와 통일된 계획 사이에서의 균형을 유지하는 정책' 즉 지방의 활동을 더욱 통제하는 정책으로 복귀하지 않으면 안 되었다.[172]

여기에 1989년 6·4천안문사태가 발발하여 일반대중들의 정치민주화의 요구가 겹치면서 중앙정부의 경제, 긴축경제를 비롯한 제반 분야에서 집권화가 강조되었다. 1988년 당 13대3중전회 이후 실질적으로 경제를 주도하고 있던 이붕 등 보수파는 정부투자규모의 축소, 주요 건설사업에 있어 중앙정부의 승인 필요, 과도한 소비수요증대의 억제 등과 같은 조치를 취하였다. 즉 조정정책 - '치리정돈' 기간 중앙의 거시조정을 강화하고 중앙 및 중앙 각 부문은 하방된 권력을 부분적으로 회수하기 시작하였다. 그러나 과거 권력집중 때와는 달리 개혁·개방이후 지방정부가 가졌던 경제적·사회적 부문의 권력은 그대로 유지하였다. 즉 중앙정부 차원의 집권화 정책이 강화된 것은 사실이지만, 개혁정책을 폐기하지 않는 이상 이미 확보된 지방정부의 자율성은 쉽게 중앙정부에 회수될 수 없는 처지였다. 특히 개방정책에 의한 중국의 경제는 이미 해외시장(중국에 투자한 해외자본)과 연계되어 있었기 때문에 중앙정부의 전면적인 집권화는 한계를 가질 수밖에 없었다. 여기에 지방정부들은 개혁기간 동안 지방이 향유했던 지방의 자율권을 유지하기 위한 저항까지 서슴지 않았다.

1992년 당 15전대 이후 강택민을 비롯한 집권세력은 조정정책으로써는 개혁의 부작용을 해결할 수 없다는 점을 정리하고, 오히려 개혁정책의 가속화를 통해 이런 문제를 해결하려는 정책으로 선회하게 된다. 따라서 등소평의 <남순강화>로부터 1993년 말의 당 14대3중전회에 이르는 기간, 사회주의시장경제체제 건립이라는 목표에 고무되어 지방은 다시 자율성이 제고된다. 그것은 단순한 권력하방에 기인한 것이 아니라, 시장기능의 확대에 따른 국가계획기능의 약화 전략에 기인한 것이었다. 1993년의 경우 국가계획위원회가 직접 관리하던 농업, 공업, 물자 및 상업부문 계획지표가 전년도의 221개에서 139개로 감소했는데, 그 중 지령성 계획지표는 143개에서 73개로 49%나 감소된 것[173] 등이 이를 예증한다. 즉 중앙의 지령성 지표가 급감하고 대신에 지방단위의 여건과 상황에 맞게, 인지제의(因地制宜)의 원칙이 더욱 잘 적용될 수 있는 기반이 마련되었기 때문이라고 볼 수 있다.[174]

이러한 계획체제의 약화, 그리고 그에 상응하는 지방의 자율성 제고가 경제의 효율성을 높이는데 큰 공헌을 했다는 데는 이견이 있을 수 없다. 지방은 중앙보다도 경제주체에 훨씬 가까이 있어 기층에 대한 많은 정보에 더 쉽게 접근할 수 있기 때문에 많은 부문에 대해 결정권을 지방단위에 양여한 것은 분명히 상당한 발전의 인센티브를 제공했다. 그 결과 천안문사건 이후 정체된 상태로부터 빠져 나와 고도성장의 궤도에 오르게된다. 그러나 이러한 분권화의 과정은 심각한 문제를 파생하였다. 주식·부동산 투기 및 개발구 설립이라는 3대 과열(일종의 거품 경기)이 발생하여 인플레이션율도 1993년 6월에 20%대에 육박했다.[175] 여기다 계획기능의 약화전략으로 중앙정부가 과거에 갖고 있던 자원배정권한(재원)도 갈수록 줄게 되어, 중앙정부는 과거와 같은 권위를 가지지 못하게 되었으며, 중앙이 자신의 의도를 관철시키기 위해서는 번번이 지방정부와 협상할 수밖에 없는 지경에 도달하였다.[176] 나아가 투자부문과 대외무역에까지 지방의 일탈행위가 나타났으며, 더구나 각 지방은 서로에 대한 견제를 통해 자기들의 이익만 도모하는 이른바 '제후경제(諸侯經濟)'와 '지방보호주의' 등의 폐해까지 나타나게 되었다.[177] 이는 약화된 중앙의 계획부문을 시장기능이 충실히 메워주지 못한 상태에서 중앙정부 또한 지방정부의 강화된 자율성을 적절히 통제할 수 있는 기제를 마련하지 못한 데 기인한 것이다.

따라서 중앙정부의 능력 하강을 우려한 나머지 중앙의 권위와 중앙의 거시조정기능을 강화하자는 주장이 대두되었고, 급기야 '국가능력의 위기,' '영토분열의 위기' 문제까지 파생되었다. 국가능력의 하강을 우려한 대표적 학자는 호안강(胡鞍鋼)이었다. 그는 "전통 계획경제체제 하의 과도한 권력집중은 정치·경제적 민주에 장애가 되었기 때문에, 이러한 폐단을 제거하기 위해 개혁을 하는 것이지, 결코 국가능력을 약화시키기 위해 개혁을 하는 것은 아니며, 시장경제는 국가의 관여를 배제하는 것을 의미하는 것이 아니다. 중앙의 재정력을 지나치게 약화시키는 것은 이와 마찬가지로 우리 나라를 현대회시키는 데 이익이 되지 않는냐"고 주장했다. 또 그는 "재정포간제의 실시는 중국 중앙정부의 재정능력을 최악의 상태로 몰고 갔으며, 세계은행보고에 의하면 중국의 중앙재정상태는 1972∼1989년 유고슬라비아(GNP비중 21.1%→5.3%)처럼, 1992년 GNP비중 199.9%에서 6.9%로 하강하여 중앙정부의 약화와 중국정부의 통합에 위기를 가져오고 있다"고 경고했다.178)

이러한 상황에서 1993년 7월 이붕 총리의 와병으로 인하여 이붕을 대신하여 경제를 주관한 주용기는 시장주의에 입각한 재정·세수·금융 등 거시적 경제조정정책을 통해 지방에 대한 중앙의 통제를 강화하는 정책을 채택한다. 특히 기존의 재정포간제를 폐지하고 '분세제(分稅制)'를 실시179) 함으로써 지방정부의 분리주의 경향에 제동을 걸었다. 나아가 1995년 9월 당 14대5중전회에서는 "반드시 중앙의 통일적 지도를 더욱 강화하고, 중앙의 권위를 유지 옹호하여야 한다"는 데 뜻을 모았다.180) 즉 동 회의에서 강택민은 "일부 지방과 부문에서는 그 지역과 부문의 국부적인 이익을 지나치게 고려하여 중앙의 방침·정책의 관철 및 집행에 최선을 다하지 않았으며, …'위(중앙)에 정책이 있으면, 아래(지방)에는 대책이 있다(上有政策, 下有對策)'거나 명령이 있어도 수행하지 않고 금지해도 그만두지 않는 현상이 나타난다"고 하면서 지방의 지나친 이기주의와 분권화에 쐐기를 박았다. 따라서 그는 중앙과 지방정부는 각자의 사무권한 및 정책결정권을 명확히 할 것을 강조하면서도 위와 같이 중앙의 통일적 지도와 권위는 반드시 강화되고 지켜져야 함을 강조하였다.

1997년 9월 15전대에서도 강택민은 <정치보고>를 통하여 "재력을 집중하고 국가재정을 진흥하는 것은 경제사회 각종 사업의 발전을 보증하는 중요한 조건"이라 하고, "국가·기업·개인간과 중앙과 지방간의 분배관계를 정확히 처리하여, 재정수입이 GNP에서 차지하는 비중을 높이고, 중앙의 재정수입이 전국의 재정수입에 차지하는 비중을 제고하여야 한다. 그리고 소유제 구조와 정부기능 변화에 적응하여 재정 수지구조를 조정하고, 안정적이고 균형적인 국가재정을 구축하여야 한다"고 주장하였다.181) 결국 사회주의 시장경제의 건설에 따라 지방의 자율성은 보증하되, 중앙의 영도를 이탈하는 행위는 용납하지 않겠다는 것이며, 그를 위해 중앙재정을 강화하겠다는 뜻이다.

이상 중국 개혁·개방 이후 중앙과 지방의 관계를 살펴보았다. 먼저 개혁·개방 이전과 다른 점은 개혁·개방 이전에는 중앙집중식 계획경제체제의 테두리 내에서 그 병폐를 보완하기 위하여 지방 분권화를 추진했으나, 분권화의 폐해가 노출되면 다시 집권화(중앙계획체제)를 더욱 강화시켜 나간 것이 특징이다. 그러나 개혁·개방 이후에는 '생산력 발전'을 위한 시장화정책의 기초 위에서 그 병폐를 보완하기 위하여 중앙집권(거시적 조정정책)을 강화시켜 나가고 있는 점이 다른 점이다. 따라서 개혁·개방이전에는 집권과 분권의 사이클에 따라 중앙 부처의 수와 간부의 수도 동시에 증감을 동반했으나, 개혁·개방 이후의 경우 집권과 분권과는 관계없이 중앙 부처 및 공무원 수를 감축하는 방향으로 행정개혁을 추진하고 있다.

요컨대, 현재 중국은 비록 시장화 정책에 의해 계획체제가 약화되었고, 나아가 경제발전에 따라 이데올로기적 통제기제가 그 기능을 상실하고 있음은 분명한 사실이다. 그러나 이로 인해 지방이 정책결정에 있어 중앙으로부터 완전히 자유로울 수 있다거나, 중앙으로부터 이탈하여 분열할 것이라는 것은 지나친 예단이다. 왜냐하면 아직도 지방에 대한 인사권을 중앙이 장악하고 있으며,[182) 중앙이 정보와 통계체제를 재정립[183)하고 있기 때문이다. 지방의 군사체제(대군구) 또한 1급 지방 당·정 체제와 일치하지 않은 것[184)도 과거 국민정부시대 군·당·군이 1급 지방정부에 모아져 군벌화 되었던 것과는 다른 양상을 띠고 있다. 여기다 비록 지방에 대한 입법권을 헌법에 보장하고 있긴 하지만, 실제로 지방에서 입법화된 법규들이 중앙(국무원)의 의도(법규)에 상충된다하여 그 해결을 전인대 상무위원회에 제청한 경우가 허다한 점[185)으로 보아 결국 지방은 중앙의 권위로부터 결코 자유로울 수 없다.

최근 인사에서 보면 동북 출신으로 지연이나 학연이 두텁지 않고 최연소 정치국위원인 이장춘(李長春) 하남성 당위 시기를 중국에서 경제규모가 가장 큰 광동성 당위 서기로 전보한 가장 설득력 있는 배경은 광동성에 대한 중앙의 장악력을 강화하기 위한 것이라는 분석이다. 섭선평(葉選平)이래 광동성은 '경제독립국'이라 부를 정도의 막강한 경제력을 배경으로 중앙의 지시에 순종하지 않았다. 중국 분열론을 주장하는 서구 학자들은 광동성을 분열 1순위로 꼽을 정도로 광동성은 중앙의 통제범위를 벗어나고 있었다. 따라서 현지 출신 성당위 서기(중앙정치국위원) 사비를 전인대 부위원장으로 중앙에 흡수하고 동북출신인 이장춘으로 교체함으로써 '지방분권주의,' '지방보호주의'에 쐐기를 박을 수 있다고 본 것이다.

□ 3장 주석 □

1) 강택민 정권의 시기(始期)에 대해서는 논란이 많다. 필자도 형식상으로 보았을 때는 1992년 당 14전대회와 1998년 9기 전인대에서 강택민이 당(총서기)·정(국가주석)·군(중앙군사위원회 주석)의 최고지도권을 함께 장악이후부터라고 보는 것이 옳다고 본다. 특히 이 시기부터 당의 중앙기구의 하나인 중앙고문위원회를 폐지하여 원로들의 공식적인 정치 간여를 제도적으로 차단하였다는 점에서도 논리적 근거를 찾을 수 있다. 그러나 실질적으로 등소평이 1997년 당 15전대회가 열리는 해 까지 생존하면서 후견정치를 하고 있었다는 점에서 강택민 정권은 등소평 사망 후 당 15대와 7기 전인대에서 당·정·군의 최고지도권을 재장악한 이후부터로 볼 수도 있다. 이러한 점을 고려하여 본서에서는 강택민의 재집권 이후부터를 '신 강택민 정권'이라 칭하기로 하였다.

2) 施善玉·鮑同 主編, 『1921~1991中國共産黨 黨史知識集成』(北京, 長征出版社, 1991), p. 53.

3) 중국공산당은 매 전국대표대회마다 <정치보고>를 한다. 이 보고는 <당장>보다 더욱 직접적이고 현실적인 당의 입장을 보여주는 것인데, 당시의 정치적 환경을 비롯하여 최고지도자나 최대파벌의 정치노선과 정세관 등을 간파할 수 있는 준거가 된다.

4) Peter Christian Ludz, *Ideologiebegriff und marxistishe*(Opladen, 1972), p. 144; 全得柱 『이데올로기론』(博英社, 1985), p. 77.

5) Anthony Wallace, *Culture and Personality*(New York, Random House, 1961), pp. 145 - 148.

6) Chalmers Johnson (ed.), *Change in Communist system*(Stanford, Stanford University Press, 1970), p. 7.

7) 셔만은 중국에서는 순수 이데올로기에 상응하는 개념으로써 '이론' 또는 '주의'라는 용어를 사용하며, 실천 이데올로기에 상응하는 개념으로써 '사상'이라는 개념을 사용한다고 하였다(Ibid., pp. 23 - 24). 그의 이같은 분류에 의하면 현재의 <당장>상 등소평이론은 순수 이데올로기에 속하지만, 등소평이론은 실천 이데올로기적 성격을 갖고 있다. 따라서 중국의 경우 '이론'과 '사상'이라는 표현으로써 순수 이데올로기와 실천 이데올로기를 구분하는 것은 온당치 않다.

8) Lucian W. Pye, *The Spirit of Chinese Politics*(Chambridge, M. I. T. Press, 1968), p. 31.

9) Richard Solomon, " From Commitment to Cant: The Evolving Functions of Ideology in the Revolutionary Process," Chalmers Johnson (ed.), *Ideology and Politics in Contemporary China*(Seattle, University of Washington Press, 1973), pp. 47 - 77.

10) 吳安家, 『中共意識型態的變遷與持續』(臺北, 自印, 1985), p. 8.

11) David Easton, *A System Analysis of Political Life*(New York, John Wiley and Sons, 1965), pp. 159 - 161.

12) Robert G. Wesson, *Communism and Communist System*(Englewood Cliffs, N. J., Prentice - Hall,

1978), p. 16.

13) 兪雨霖, 앞의 논문, p. 21.

14) 이는 자본주의의 모순이 극대화되기 이전에는 자본주의적 생산양식이 생산력발전에 적합하다는 것을 인정하고 있음을 보여주는 것이다. 마르크스와 엥겔스는 <공산당선언>에서 "부르주아는 백 년도 채 못되는 계급지배 기간동안에 과거의 모든 세대가 만들어낸 것을 합친 것보다 더 거대한 생산력을 만들어냈다"고 함으로써 이를 인정하였다(K. Marx and F. Engels, *Manifesto of the Communist Party*(Moscow, Progress Publisher, 1986), p. 53.

15) 엥겔스는 "혁명을 몇몇 소수의 혁명가들의 기습으로 보아서는 아니된다. 그렇게 되면 혁명의 성공은 자연히 그리고 불가피하게 독재 - 전체의 혁명계급, 프롤레타리아가 아니라 반란을 일으킨 1인 또는 몇 명의 독재하에 조직된 - 의 수립을 수반한다"고 경고했다(Wolfgang Lenhard, *Three Faces of Marxism*, New York, Holt, Rinehart and Winston, 1974, p. 26).

16) *Ibid.*, p. 51.

17) 권오윤, 『북한체제변화론』(다다미디어, 1998), p. 138.

18) 당의 성격은 중국 노농자계급의 선진적 조직적 부대이며, 그의 계급조직의 최고 형식이라고 규정하고, 당의 최종목표는 역시 공산주의제도를 실현하는 것이라고 규정하였다. 당면목표는 중국의 노동자·농민·소자본가·지식인과 모든 반제국주의 반봉건주의자들과 국내 각 소수민족이 공산당과 하나로 조직하고 단결하여 중국의 신민주주의제도를 실현하는 것이라고 하였다(1945년 <中國共産黨章程> 총강 참조).

19) 당 8전대회 <당장>에서는 모택동사상에 대한 규정을 삭제한 외에, "중국공산당은 마르크스·레닌주의를 스스로의 행동지침으로 삼는다"고 하고, "…따라서 당은 스스로의 활동 중 마르크스·레닌주의의 보편적 진리와 중국 혁명투쟁의 구체적 실천을 밀접히 결합시키는 원칙을 견지하여야 한다고 했다. 그리고 중국공산당의 목표는 "중국의 사회주의와 공산주의를 실현하는 것"이라 하고, 당면 임무는 "신민주주의로부터 계속해서 사회주의제도로 개조, 전환하는 것"이라고 규정하였다(1956년 <中國共産黨章程> 총강).

20) 본서 제2장 제2절 참조.

21) 1973년 8월 10전대회 <당장>역시 모택동사상을 중국공산당의 이론적 기초로 삼는다는 통치 이데올로기와 당의 최종목적은 공산주의의 실현이라는 규정 및 계급투쟁과 계속혁명이라는 기본강령에는 종전과 변함이 없었다.

22) 이러한 문혁파의 기본노선을 천명한 것은 『人民日報』, 1966年 7月 1日, <社論>(毛澤東思想萬歲) 참조.

23) 단 본 세기 내에 당이 전국 각 민족 인민을 지도하여 중국을 농업·공업·국방과 과학기술이 현대화된 사회주의 강국을 건설해야 한다는 것이 모택동 생전의 <당장>과 다른 점이었다(1977년 <中國共産黨章程> 총강).

24) 제임스 왕 지음, 금희연 옮김, 앞의 책, p. 66.

25) 金永俊,『毛澤東思想과 鄧小平의 社會主義』(亞細亞文化社, 1985), pp. 337 - 338.

26) 중국공산당은 1921년 7월 창당대회에서 <중국공산당 강령>과 <당면한 실제 공작

에 관한 결의>를 통하여 당의 목표를 "무산계급 혁명군대로 자산계급을 전복하고, 노동자계급이 국가를 건설하여 계급차별을 소멸"시키는 것이라고 규정하였으며, 당 2전대회(1922. 7)에서는 최초로 중국공산당 <장정>을 제정하고, <중국공산당 제2차 전국대표대회 선언>을 통하여 최고 강령과 최저 강령을 선언하였다. 최고 강령은 "노동자 농민의 독재정치를 건립하고 사유재산제도를 폐지하여 점차적으로 하나의 공산주의 사회에 도달하게 하는 것"이며, 최저 목표는 중국 현 단계의 혁명 임무로 "내란을 일소하고 군벌을 타도하여 국내의 평화를 건설하는 한편, 국제 제국주의의 압박을 뒤엎어 중화민족의 완전한 독립을 쟁취하며, 진정한 민주공화국으로 중국이 통일되는 것"이라고 하였다(施善玉·鮑同, 앞의 책, p. 53). 요컨대, 공산주의사회의 실현을 최고 목표로 중국의 통일을 당면(최저) 목표로 확정하였다.

27) Michel Oksenberg and Richard Buch, "China's Political Evolution: 1972~1982," *Problem of Communism*(1982, 09~10), p. 15.

28) 毛里和子, "中國政治體制の變容," 岡部達味·毛里和子 編, 『改革·開放時代の 中國』(東京, 日本國際問題硏究所, 1991), p. 3.

29) 서진영, 『현대중국정치론』(나남출판사, 1997), pp. 98 - 99.

30) 鄧小平, "在全軍政治工作會議上的講話"(1978年 6月 2日), 『人民日報』, 1978年 6 月 6日.

31) 鄧小平, "目前的形勢和任務"(1980年 1月 16日) 『鄧小平文選 1975 - 1982』(香港, 三聯出版社, 1984), p. 208.

32) 중국의 주요 모순을, 나날이 증가하는 인민의 물질문명에 대한 수요와 사회생산간의 모순(생산력의 저발전)에서 찾는 한편, 당의 공작의 중점을 사회주의 현대화와 경제 건설의 추진에 두었다.

33) 谷連瑞, "中國共産黨十一屆三中全會," 田克勤·于文藻 主編, 앞의 책, pp. 560 - 562.

34) 時文之, 中國共産黨十一屆六中全會," 위의 책, pp. 563 - 567.

35) 등소평은 비록 모택동 및 그 사상에 많은 결함과 착오가 있었지만, 모택동의 지배를 전적으로 부정한 것이 아니라, 1957년을 기준으로 양분하여, 그 이전의 모택동의 지도는 정확했다고 했다. 단지 1957년 반우파투쟁 이후 갈수록 그 착오는 증가되었다고 주장한 등소평의 의도는 한편으로 모택동의 역사적 지위를 확립하고 모택동사상을 견지·발전시키며, 다른 한편으로 모택동의 착오를 지적하기 위해서였다(鄧小平, "對起草 <關於建國以來黨的若干歷史問題的決議>的見解," 『鄧小平文選 1975 - 1982)』, 앞의 책, pp. 258 - 259). 이처럼 모택동 및 그 사상을 완전히 부정하지 못한 이유는 다음과 같다. 첫째, 모택동은 중화인민공화국 건립에 기여한 공이 현저하다. 둘째, 모택동사상은 1945년 당장에 공식화된 이래 시종 중공의 행동을 지도하는 주요 이론적 위치에 있다. 셋째, 모택동이 주창한 신민주주의, 농촌이 도시를 포위하는 전략, 인민전쟁과 통일전선 등 학설은 모두 중공이 정권을 쟁취하는데 유리한 이론이었다. 넷째, 모택동사상을 긍정하는 것은 당권파에게 유리하였다(吳安家, 앞의 책, pp. 42 - 44). 무엇보다도 이처럼 모택동과 모택동사상을 분리하여 모택동의 착오는 비판했으나, 아무도 모택동사상은 부정하지 않았던 것은 모택동 비판을 통

해 과거 노선으로부터 정책전환의 정당성을 확보하면 되는 것이지, 결코 중국혁명
과정에서 형성된 중국공산주의(모택동)사상을 부정함으로써 중국공산당의 정통성이
훼손되어 사상적 혼란이 초래되어서는 안 된다는 점에 기인한 것이다.

36) 위의 책, p. 569.

37) 蘇紹智, "中國特色的社會主義面貌,"『人民日報』, 1985年 7月 3日.

38) 李英明, " 論中共意識型態,"『共黨問題研究』第13卷 제12期(1987), p. 32.

39) '사회주의 초급단계'이론은 1981년 11대6중전회에서 통과된 <건국이래 약간의 역사
문제에 관한 결의> 중, "비록 우리들의 사회주의는 아직도 초급단계에 처해 있다.
하지만 추호도 의문할 바 없이 우리는 이미 사회주의제도를 건립했고, 사회주의사
회에 진입했다"고 언급한 것이 그 최초다. 이후 1982년 당 12대에서는 <보고>를
통해 "우리 나라는 아직도 사회주의 초급단계에 처해 있으며, 물질문명이 아직도
발달하지 못했다"고 했으며, 1986년 12대6중전회에서는 <결의>를 통하여 "우리 나
라는 아직도 사회주의 초급단계에 처해 있다. 때문에 안노분배를 실시하고 사회주
의 상품경제를 발전시키고, 공유제를 기초로 한 다종의 경제를 발전시키며, 공동을
부유하게 한다는 목표하에 1부분을 먼저 발전시켜야 한다"고 했다. 또한 낭 13대에
서는 이상을 종합하여 사회주의 초급단계의 이론적 기초와 특징, 성격, 모순과 임무
를 천명하고, 그 초보적 이론을 형성시켰다(吳國衡, 앞의 책, pp. 177 - 178).

40) 趙紫陽,『沿着有中國特色的社會主義道路前進』(香港, 三聯書店, 1987), pp. 6 - 7.

41) 金達中 外,『中國의 改革政治와 政策』(法文社, 1990), p. 165.

42) 위의 책.

43) 1992년 <中國共産黨章程> 총강 참조.

44) 15대 당장은 14대에 비교하여 등소평이론을 삽입한 이외, 총강에서 "중국공산당은
전국의 각 민족인민을 지도하고, 장기적으로 제국주의·봉건주의·관료자본주의를
반대하는 혁명투쟁을 통하여 신민주주의혁명의 승리를 취득하였으며, 인민민주독재
의 중화인민공화국을 건국하였다…"를 "중국공산당은 전국의 각 민족인민을 지도하
고, **모택동사상의 지도 인도하에** 장기적으로 제국주의·봉건주의·관료자본주의를
반대하는 혁명투쟁을 통하여 신민주주의혁명의 승리를 취득하였으며…"로 수정하
고, 또 제12조에서 "당중앙과 지방 각급 위원회는 필요한 경우 대표대회를 소집할
수 있다"를 "…필요한 경우 대표대회를 **소집한다**"로 바꾸었다『15大修改後的黨章
與原黨章조文對照 』(北京, 中國方正出版社, 1997).

45) 또한 강택민은 15전대 <정치보고>의 제목을 <등소평이론의 위대한 깃발을 높이
들고…>라고 하면서 "사회주의 초급단계는 장기간 동안 지속될 것이며, '뛰어넘을
수 없는 역사적 단계'임을 강조하고, 등소평의 경고(남순강화)와 같이 "'우경적 경
향'에 경계를 늦추지 말아야 하지만, 경계의 주된 대상은 '좌경적 경향'임"을 경고
했다.

46) 蘇紹智, "中共十五大剖析",『爭鳴』(1997年 10月), pp. 19 - 27.

47) 金達中 外,『中國的 社會主義와 改革政治』(法文社, 1989), pp. 11 - 15.

48) 何虎生外 3人 主編,『中華人民共和國職官志』(北京, 中國社會出版社, 1996), p. 4.

49) 중앙고문위원회는 당시 중국공산당의 당면과제였던 영도간부들의 세대교체와 연소

화(年輕化)를 원활하게 하기 위하여 당 12전대회에서 14전대회 직전까지 존속한 일종의 과도적 기구였다. 중앙고문위원은 40년 이상의 당력을 가진, 정치경험이 풍부하며 명망이 높은 인사 가운데서 선출하였다. 등소평, 진운이 차례로 그 주임직을 겸임하였으며, 그 위원은 중앙위원회 전체회의에 참석할 수 있었고, 그 부주임 및 상무위원(주로 원로들로 구성)은 정치국회의에 참석할 수 있었던 것 등으로 미루어 보아 반드시 형식적인 원로집단적 성격만 갖는 것이 아니고, 중앙위원회와 정치국을 상당히 견제하는 힘을 가진 기구였다고 보겠다(鄧小平, "設顧問委員會是廢除領導職務終身制的過渡辦法", 앞의 『鄧小平文選 1975－1982』, pp. 368－369; 김정계, 앞의 책 p. 30－31 참조).

50) 여기서는 정책결정기구만 언급하기로 했기 때문에 기율검사위원회에 대한 설명은 생략한다. 이에 대한 상세한 설명은 김정계(1984), 앞의 책, pp. 41－43. 및 금희연 역, 앞의 책, pp. 128－132. 참조

51) "당의 최고지도기관은 전국대표대회와 그에 의해 선출된 중앙위원회다"라고 규정하고 있다(현행 <中國共産黨章程> 제10조 3항 참조).

52) 현행 <中國共産黨章程> 제19조.

53) 1921년 창당이래 현재에 이르기까지 단 15회만 소집되었다. 특히 1956년의 제8기 대회는 11년만에, 1969년 제9기 대회는 13년만에 소집되었다. 이는 바로 전국대표대회의 위상을 말해주는 것이다.

54) 그러나 중앙위원회가 필요하다고 인정하거나 省급 조직 3분의 1 이상의 요구가 있을 때는 앞당겨 소집할 수 있으며, 이 경우 비상상황이 아니면 소집을 연기하여서는 아니 된다(현행 <中國共産黨章程> 제18조 참조).

55) 현행 <中國共産黨章程> 제21조.

56) 위 <장정> 제22조.

57) 劉烈 編, 『中華人民共和國國家機構』(哈爾濱出版社, 1988), p. 300.

58) 역대 중앙정치국 위원의 성분과 정치변화 과정에 대해서는 본서 제2장 및 제4장 제3절 참조.

59) 주은래는 "현재 중앙문혁소조가 하는 일은 중앙서기처의 공작에 상당한 것"이라고 했다(丁望, 『中共文革運動中的組織與人事問題』, 香港, 當代中國研究所, 1970, p. 6).

60) 1982년 <中國共産黨章程> 제21조.

61) 현행 <中國共産黨章程> 제22조.

62) 위 <장정> 제23조.

63) 중국공산당대표는 1대(1921. 7～1922. 7) 임시중앙집행위원회 서기, 2대(1922. 7～1923. 6)·3대(1923. 6～ 1925. 1) 중앙집행위원회 중앙국 위원장, 4대(1925. 1～1927. 5) 중앙집행위원회 중공중앙국 총서기, 5대(1927. 5～1928. 7)·6대(1928. 7)～瑞金회의(1934. 1) 중공중앙 총서기, 서금회의 이후부터 준의회의 (1935. 1)까지 중앙서기처 총서기로 변화되어 왔음.

64) 1945년 연안(延安)에서 개최한 7전대회에서 총서기직을 폐지했다는 기록은 에드가 스노우 著, 愼洪範 역, 『中國의 붉은 별』(두레, 1985), p. 544 참조.

65) 何虎生 外 3人 主編, 앞의 책, pp. 7 - 56을 참고하여 작성.

66) 현행 <中國共産黨章程> 제22조 참조.

67) 당의 지방조직과 기능에 대해서는 현행 <中國共産黨章程> 제24조～29조 참조.

68) 당의 지방기율검사위원회의 조직과 기능에 대해서는 현행 <中國共産黨章程> 제40
조～42조 참조.

69) 당의 기층조직과 기능에 대해서는 현행 <中國共産黨章程>, 제30조～32조 참조.

70) 詹姆斯 R 湯森·布蘭特利 沃馬克 著, 顧速·董方 譯, 『中國政治』(江蘇人民出版
社, 1996), p. 93.

71) 1954年 <中華人民共和國憲法> 제42조 참조.

72) 1975年 <中華人民共和國憲法> 제15조～16조 참조.

73) 1978年 <中華人民共和國憲法> 제20조 및 제43조 참조.

74) 1982年 <中華人民共和國憲法> 제93조 참조.

75) 1982年 <中華人民共和國憲法> 제57조～78조 참조.

76) 단 그 상무위원회에서 필요하다고 인정할 경우 또는 대표자 5분의 1 이상의 제의가
있는 경우는 전국인민대표대회를 임시 소집할 수 있다(현행 <中華人民共和國憲法
> 제61조 참조).

77) 전국인민대표대회의 직권에 대해서는 현행 <中華人民共和國憲法> 제62조 참조.

78) 1995년 3월, 오방국에 대해서는 무려 196명이 반대표를 던졌고, 강춘운의 부총리 임
명 동의안에는 반대 605표, 기권 391표, 투표거부자 10표가 나와, 관례를 깨고 당의
결정에 정면으로 반대하였다.

79) 1978～1997년 기간 동안 전인대와 그 상무위원회에서 제정한 법률은 무려 300종에
이르렀으며, 중국의 정치, 경제, 사회 등 제 분야에 관련된 지방법규는 4,000종에 달
한다(*Bejing Review* 3 - 9, Feb. 1997, p. 25).

80) 李遠, "充分發揮全人大代表的作用,"『光明日報』, 1981年 4月 14日.

81) 전인대 상무위원회는 전인대에서 선거되고 파면되며, 이 구성원 속에는 반드시 적당
한 수의 소수민족대표가 포함되어야 한다. 그리고 이 구성원은 국가의 직위를 겸임
할 수 없다(현행 <中華人民共和國憲法> 제65조).

82) 전인대 상무위원회의 직권에 대해서는 현행 <中華人民共和國憲法> 제68조.

83) 현행 <中華人民共和國全國人民代表大會常務委員會議事規則> 제3조.

84) 현행 <中華人民共和國憲法> 제70조.

85) 현행 <中華人民共和國全國人民代表大會常務委員會議事規則> 제12조.

86) 현행 <中華人民共和國全國人民代表大會組織法>, 제31조; <中華人民共和國全國
人民代表大會常務委員會議事規則> 제4조.

87) 전인대 상무위원회의 직권에 대해서는 <中華人民共和國憲法> 제67조 참조.

88) 1993년까지는 이러한 의도가 지켜졌으나, 이후 당 총서기 강택민이 국가주석, 중앙
군사위원회 주석직을 모두 겸임하였다. 1983년 이후 이선념 - 양상곤이 국가주석을,
호요방 - 조자양 - 강택민이 당 총서기를, 등소평이 당·국가중앙군사위원회 주석을
분장하였다.

89) 중국의 국가원수제도에 대해서는 김정계, "중국의 국가원수제도에 관한 연구"『社會

科學研究』제3輯(창원대학교 사회과학연구소, 1996), pp. 63 - 78 참조.

90) 국무원이 비록 최고행정기관이긴 하나 국무원 총리는 헌법상 최고의 지위에 있는 것은 아니다. 그것은 국가주석과 상무위원장 다음의 위치에 있다. 그러므로 국가주석이 아닌 정부수뇌라고 하겠다.

91) 부와 위원회의 차이점은 위원회의 업무가 종합적이고 광범한 업무에 연계되어 있는 반면, 부의 업무는 비교적 전문적인 성격을 띠고 있다는 것이다(정무원시기의 위원회는 部級보다 상위에 있었다. 즉 정무원과 部의 중간계층으로서 정무원을 도와 산하 부의 업무를 협조하고 지도하는 위치에 있었다). 국무원의 각부는 두 가지 유형으로 나누어진다. 그 첫째 유형은 업무의 성격이 지방정부와는 비교적 관계가 적고 일체의 업무가 거의 중앙에 집중되어 중앙정부가 직접 처리하는 경우이다. 이를 다시 세분하면 경제적 성격을 띤 기업기구와 비경제적 성격을 띤 사업기구로 구분된다. 전자의 경우는 기계공업부·철도부 등과 같은 것이며, 후자의 경우는 외교부·국방부 등과 같은 것이다. 둘째 유형의 부는 그 업무의 성격이 비교적 지방정부와 긴밀한 관계가 있으므로 일체의 공작을 지방행정기관의 조직적 지도를 통하여 달성할 수 있는 업무를 관장하는 부류이다. 교육부·민정부 등이 이 부류에 속한다. 김정계, 앞의 책(1994), p. 66.

92) 본서 제2장 각 절 및 제4장 제2절 <표4 - 7> 참조.

93) 『人民日報』, 1998年 3月 11日 ; 星星 主編, 『改革政府 - 20世紀末的政治旋風』(北京, 經濟管理出版社, 1998. pp. 332 - 362.)

94) 지방각급 인민대표대회 및 그 상무위원회의 직권 등에 대해서는 현행 <中華人民共和國憲法>, 제96조~104조 참조

95) 지방각급 인민정부의 헌법상 주요 직권은 현행 <中華人民共和國憲法> 제107조~110조 참조.

96) 현재 중국은 5개 민족자치구, 29개 민족자치주, 66개 민족자치현 등이 있으며, 이들 자치지역의 총인구수는 1억 2천만 명으로 그중 소수민족은 약 5천만 명이다. 중국은 漢族외에 55개(비공식으로는 350개) 소수민족이 살고 있는 다민족국가이다. 소수민족은 비록 전체인구의 6.7%인 6,720만에 불과하지만 이들은 전중국 영토의 60%에 해당하는 16개의 자치구·성 등에 광범위하게 분포되어 있다. 이 한가지 사실만으로도 그들이 중국정치에 차지하는 비중이 크겠지만, 그들이 거주하는 지역은 첫째, 소수민족이 거주하는 지역은 인접국가와의 국경지역의 90% 이상에 해당하는 지역이며, 둘째, 소수민족의 거주지역은 천연자원이 풍부하다는 특징을 가지고 있어 그들의 위치는 더욱 중요성을 인정받고 있다. 이처럼 소수민족 거주지역의 전략적 중요성과 경제적 잠재력은 소수민족의 동질성을 저해하지 않고 그들의 생활수준을 제고시키려는 중국의 소수민족정책의 요체가 되고 있다. 김정계, 앞의 책(1994), pp. 86 - 87). 민족자치기구의 조직과 권능에 대해서는 현행 <中華人民共和國憲法>, 제3章 제5節 참조.

97) 左言東 編著, 『中國政治制度史』(抗州 : 浙江古籍出版社, 1989), pp. 553 - 555.

98) 1947년 <中華人民共和國中央人民政府組織法> 제23조 - 25조, 中央人民政府法制委員會 編, 『中央人民政府法令彙編(1949 - 1950)』(北京, 法律出版社, 1982), p. 21;

p. 7.
99) 1978년 <中華人民共和國憲法> 제19조.
100) 1978년 <中華人民共和國憲法> 제19조.
101) 국가중앙군사위원회는 인민의 대표기관인 전인대에 의해 선출되며, 전인대 상무위원
    회에 대하여 책임을 지도록 규정하고 있다(현행 <中華人民共和國憲法> 제62조,
    93조, 94조).
102) 현행 <中華人民共和國憲法> 제29조.
103) 『人民日報』, 1982年 12月 6日.
104) 李壽初 編, 『中國政府制度』(北京, 中央民族大學出版社, 1997), p. 297; 浦興祖 主
    編, 『當代中國政治制度』(上海, 人民出版社, 1992), pp. 313 - 316.
105) Alastair I. Johnston, "Changing Party - Army Relations in China, 1979~1984," *Asian Survey*
    Vol. 24, No. 10(Oct. 1984), pp. 1021~1022.
106) 중원군구는 1949년 5월 화중군구로 개칭되었다가 1949년 12월 다시 중남군구로 개칭
    되었다. 그리고 얼마 안되어 다시 서남군구로 확정하였다.
107) 훗날 우루무치군구로 개칭.
108) 김정계, "사회주의 개조시기 소련모형 중국의 정치행정체계", 『社會科學硏究』제5輯
    (창원대학교 사회과학연구소, 1999), p. 15.
109) 李俊亨·楊金河 主編, 『中國武裝力量通覽』(北京, 人民出版社, 1990), pp. 15 - 20.
110) 李健一, "中共에 있어서 黨과 軍의 關係," 『共産圈硏究論叢』創刊號(1988), p. 132.
111) ①원수급 : 중화인민공화국 원수, 대원수, ②장관급 : 소장, 중장, 상장, 대장, ③교관
    급 : 소교, 중교,상교, 대교, ④위관급 : 소위, 중위, 상위, 대위가 그것이다.
112) 許崇德 主編, 『中國憲法』(北京 : 人民大學出版社, 1963), p. 384.
113) 1954년 <中華人民共和國憲法> 제1조.
114) "중화인민공화국 주석은 전국의 인민무장역량을 통솔하고, 국방위원회 주석을 담임
    한다." 1954년 <中華人民共和國憲法> 제42조.
115) 1975년 <중화인민공화국헌법>, 제2조; 1978년 <중화인민공화국헌법> 제1조, 제2조
    참조.
116) 1975년 <中華人民共和國憲法>, 제15조.
117) 1982년(현행) <中華人民共和國憲法>, 제93조.
118) 김정계, "<공동강령>시기 중국의 정치·행정체계," 『인문논총』제5집(창원대학교 인
    문과학연구소, 1998), p. 187, 189.
119) 謝慶奎, 앞의 책, pp. 44 - 45.
120) 『黨史通訊』, 1987年 제10期, p. 36.
121) 국무원 판공실은 부·위의 장이나 주임을 겸임하는 부총리가 주관하였으며, 그 직무
    는 국무원을 보좌하여 업무가 유사한 몇 개의 부·위를 묶어 하나의 판공실 관할하
    에 두고, 각 부·위의 업무를 연계·감독하는 기능을 하는 것이었다.
122) 吳國衡, 앞의 책, p. 36.
123) 謝慶奎, 앞의 책, p. 45.
124) 결국 민주당파의 사회·정치적 지위는 1957년 이전의 상황에 비하여 크게 하강되었

다. 1957년 이전 각 민주당파는 국가의 정치·경제·문화·외교 등 중대한 문제의 협상과 토론에 참여할 수 있었고, 어떤 경우는 직접 국가권력·행정·사법기관 및 기업 사업단위의 책임자가 되어 국가의 각종 업무를 관리하였다. 예를 들자면, 제1기 전국인민대표대회 제1차 회의 후 국무원의 부장 및 주임 중 비공산당원이 37%를 차지하였다. 그러나 1959년 제2기 전국인민대표대회 제1차회의 이후 국무원 부장 및 주임 중 비공산당원의 점유율은 23.6%로 하강하였다. 지방 각급 정부기관 중의 민주당파의 비율 역시 이와 같이 줄어 들어들었다. 학교·기업 등에서도 당외 인사를 배척하고, 그들의 권한을 존중하지 않는 현상이 도처에서 일어났다(吳國衡, 앞의 책, pp. 38 - 39).

125) 劉少奇, <在擴大的中央工作會議上的報告>, 1962年 1月 27日.

126) 『周恩來選集』下卷(北京, 人民出版社, 1984), p. 365.

127) 김정계·정차근, 『중국정치론』(평민사, 1997), pp. 382 - 384.

128) 1982년 <中國共産黨章程> 제21조 및 현행 <中國共産黨章程> 제22조.

129) 현행 <中華人民共和國憲法> 79조 - 84조.

130) 현행 <中華人民共和國憲法> 제57조.

131) 현행 <中國共産黨章程> 서언에서 "당은 헌법과 법률의 범위 내에서 활동하여야 한다"로 규정하고 있다.

132) 『中國共産黨大辭典』(北京, 中國國際廣播出版社, 1991), p. 386.

133) 拳鼓, "中共'政治'的歷程及其難題," 『匪情研究』제32卷 제1期, p. 107; 제임스 왕 지음, 금희연 옮김, 『현대중국정치론』(도서출판 그린, 1999), p. 153.

134) 그러나 이는 좀처럼 개선되지 않았고, 정치안정이라는 명분 하에 1989년 조자양 몰락이후 상호중첩성의 정도가 오히려 강화되어 가고 있다. 1989년이래 당 총서기가 된 강택민은 당 중앙정치국 상무위원, 당과 국가중앙군사위원회 주석을 차례로 겸직하였고, 1993년 제8기 전인대에서 국가주석에 오르게 되어 당·정·군의 최고지도자직을 한 손에 장악, 현재까지도 이 직에 연임하고 있다.

135) 신 강택민 정권 수립 이후 32개 성·자치구·직할시의 부성장·부주석·부시장 중 당외 인사를 28명이나 수혈하였고, 성장보 또는 주석보 중 4명이 당외인사다. 그리고 15개 부성급 시정부의 부시장을 전부 당외 인사로 배치하였다(『人民日報』, 1999年 9月 27日).

136) 1982년 <中國共産黨章程> 서언 및 제7장 참조; 朴斗福 외, 앞의 책, pp. 116 - 118.

137) 趙紫陽, "關於7.5計劃制訂的說明", 김정계, "중국 중앙정부의 구조적 특징과 기능," 『한국행정학보』제22권 제1호(한국행정학회, 1988), p. 317.

138) 본서 제4장 제2절 및 <표 3 - 6> 참조.

139) 三支兩軍의 임무와 그 영향에 대해서는 鄭樂中, 『中共의 權力鬪爭史』(大旺社, 1983), pp.126 - 135

140) 그러나 혁명위원회를 헌법에 명문화 한 것은 훨씬 뒤의 일이다. 1975년에 가서야 헌법은 "지방 각급 혁위는 바로 지방인민정부"라고 규정함으로써 혁위의 존재는 비로소 헌법으로 보장되었다. 조반파의 마음으로는 혁위는 지고무상한 권력기관인 것으로 여겼다. 그러나 1975년 헌법은 인민대표대회에 관한 규정을 삭제할 수는 없었

다. 그래서 개정 헌법에서는 "지방 각급 인민대표대회는 모두 지방국가권력기관이
다"라고 명문화하는 한편, "지방 각급 혁위는 지방 각급 인민대표대회의 상설기관이
며, 동시에 지방 각급 인민정부라고 규정함으로써 혁위가 실질적인 권력기관임을
명시하였다.

141) 첫째, 국방공업관리체계를 조정하는 동시에 국무원 국방공업판공실을 복원하여 중앙
군사위원회 판사조가 관할하던 국방공업 부문을 회수하고, 총참모부로 부터 체육운
동위원회를 독립시켜 원 위치로 복구하였다. 원래 총참모부에 속했던 기상국과 측
회부문을 국무원 직속기구인 중앙기상국과 국가측회국으로 부활시켰다. 또 통신병
부로부터 우전부 전신총국을 분할 복구하고, 그것과 교통부 우정부분을 합쳐 우전
부로 하였다. 둘째, 국가표준계량국·국무원종교사무국·중국문자개혁위원회·국가
지진국·국가문물사업관리국과 국무원 정치공작소조를 부활 또는 신설하였다.

142) 李健一, 앞의 논문, p. 132.

143) 兪雨霖, "中共軍人的政治特色 : 比較與歷史觀點," 中國國立政治大學東亞硏究所
博士論文, 未出版, p. 514.

144) 15기 당 중앙위원회 정위원 193명 중 42명(21.8%)이 군인시었으며, 이는 14기 중앙위
원회와 비슷한 수준이다. 금희연, 앞의 책, p. 261.

145) 본서 제4장 제2절 참조.

146) "전국인민대표대회는 성·가치구·직할시 및 군이 선출한 대표로 구성한다." 현행
<中華人民共和國憲法> 제59조 1항.

147) 본서 제4장 제2절 참조.

148) 중앙정치국 구성원 중 군 출신 비율의 변화 추세는 본서 제4장 <표 4 - 20 > 참조.

149) 馬洪, 『中國社會主義現代化的道路和前景』(上海人民出版社, 1988), p. 154.

150) 趙立波, 『政府行政改革』(濟南, 山東人民出版社, 1998), p. 34.

151) 施九靑, 『當代中國政治運行機制』(濟南, 山東人民出版社, 1993), pp. 475 - 476.

152) 趙立波, 앞의 책, p. 35.

153) 금희연 역, 앞의 책, p. 228.

154) 馬洪, 앞의 책, p. 15; 吳國衡, 앞의 책, pp. 41 - 42.

155) 양방(兩放)이란 국가는 농촌에 있는 상업·식량·재정·은행 등 재무기구를 전부 인
민공사가 관리하도록 하방하는 것이다. 3통은 정책의 집행, 계획의 제정과 유동자금
의 관리는 국가에 복종하는 통일규정이다. 1포는 재정의 청부 납부 임무다.

156) 馬洪, 앞의 책, p. 155.

157) 중앙정부(국무원) 부처의 상세한 증감 현황은 본장 제2절 <표3 - 7> 참조.

158) 趙立波, 앞의 책, pp. 38 - 39.

159) 吳國衡, 앞의 책, p. 68.

160) 김정계(1997), 앞의 논문, p. 228.

161) 앞의 『鄧小平文選 1975 - 1982』, p. 135.

162) 『建設有中國特色的社會主義』(增訂本)(北京, 人民出版社, 1987), p. 147.

163) 김호길, "중국의 개혁·개방정책에 관한 연구" (경남대학교 박사학위논문, 1991), p.
112.

164) 陳志良·楊耕, 『鄧小平與當代中國』(瀋陽, 人民出版社, 1992), p. 339.

165) 앞의 『鄧小平文選 1975 - 1982』, p. 135 - 136.

166) 施九靑, 앞의 책, pp. 485 - 486.

167) 이 제도하에서는 중앙이 소유하는 기업들이 내는 세금을 제외하고는 지방에서 거둔 모든 세입이 지방재원으로 배정되고, 중앙정부와 지방정부가 협상하여 결정한 고정액은 국고로 상납되거나 지방정부의 적자를 보조하는데 사용되었다. 중앙정부로의 상납액이 비율이 아닌 정액으로 정해짐으로써지방은 더욱 많은 세입을 거두어 자신이 보유하고 재투자할 수 있는 유인구조를 갖게되었다. 이 제도는 1971 - 1973년 비록 명목상이였지만 처음로 채택되었고, 개혁기 들어서는 1980년 광동성과 복건성에서 처음으로 실시하였다.

168) 吳國衡, 앞의 책, pp. 150 - 152.

169) 현행 <中華人民共和國憲法> 제100조.

170) 國家計劃委員會政策硏究室, "我國中央與地方經濟管理權限硏究," 『經濟硏究參考』434·435(1994. 3. 1), pp. 53 - 54.

171) 현행 <中華人民共和國憲法> 제97조.

172) 금희연 역, 앞의 책, p. 230.

173) 桂世鏞 等 主編, 『中國計劃體制改革』(北京, 中國財政經濟出版社, 1994), pp. 218 - 219.

174) 정재호, 『중국의 중앙 - 지방 관계론』(나남출판사, 1999), pp. 84 - 85; 1993년 <中華人民共和國憲法> 제3조에서 "중앙 및 지방국가기구의 직권구분은 중앙의 통일적 영도하에 지방의 능동성·적극성을 충분히 발휘시킨다는 원칙에 의한다"고 규정하고 있다.

175) 주젠룽 지음, 신동기 옮김, 『주룽지 - 새로운 중국 그 선택과 결단』(생각의 나무, 1999), p. 105.

176) 중앙정부의 재원 감소경향에 대해서는 백승기, "중국의 중앙정부와 지방정부간의 관계 : 정치경제적 관점"『한국행정학보』제30권 제1호(한국행정학회, 1996 봄), p. 149 참조.

177) 陳甬軍, 『中國地區間市場封鎖問題硏究』(福州, 福建人民出版社, 1994).

178) 胡鞍鋼, "正確認識和處理市場經濟轉型中中央與地方關係," 『人民日報』, 1994年 7月 15日; 董輔礽 等著, 『集權與分權 - 中央與地方關係的構造』(北京, 經濟出版社, 1997), p. 73.

179) 1992년 11월 당 14대3중전회에서 이에 대한 결정이 내려지고, 이 결정에 대한 전반적인 집행력을 제고할 목적으로 1994년 3월 제8기 전인대 2차 회의에서 분세제 시행의 구체적인 방법을 담은 예산법이 입법화되었다.

180) 趙立波, 앞의 책, p. 119.

181) 江澤民, 『高擧鄧小平理論偉大旗幟把建設有中國特色社會主義事業全面推向二十一世紀』(北京, 人民出版社, 1997), p. 27.

182) 중국은 1993년 간부체제의 개혁을 통하여 중앙의 對지방 인사통제권을 하관양급(下管兩級, 성·지구급)에서 성 단위까지만 관할하는 하관일급 으로 바꾸고, 중앙당조

직부가 관장하는 간부 수도 1만3천여 개에서 7천여 개로 줄이긴 했으나, 성급 단위의 실질적인 지도자인 성당위 서기·부서기, 성장·부성장등의 임면에 대한 중앙의 권한에는 영향을 미치지 못하였다. 그리고 지구급 정부지도자와 14개 단열시의 당위 및 정부의 정·부 책임자의 인사도 중앙당조직부의 관장 대상이다. 더구나 감찰부(1987)와 심계서(1983) 등의 설치 또한 중앙의 대지방 통제의 주요 메커니즘을 보여주는 것이라 하겠다(정재호, 앞의 책, pp. 89 - 90).

183) 중앙정부 산하의 각 부위에 정책연구실 또는 연구소 등이 복원 또는 신설되고, 이들이 하부지방단위에 대한 독자적 조사를 수행함으로써 많은 양의 정보와 통계자료가 중앙에 집중되었다. 특히 통계체제의 복원은 중앙의 지방에 대한 통제를 강화시켜 주었다. 1978년 국가통계국이 국가계획위원회의 1개국으로부터 국무원 직속기관으로 복원되고, 1981년에는 성과 현정부 산하 통계국의 국장 및 부국장의 임명에 반대할 수 있는 권한이 국가통계국에 주어졌으며, 이들은 중앙당조직부 관장의 간부에 포함되었다. 그 인원편제도 급격히 증가되었다. 1986년에 하부 통계계통 인원이 6만 7천명이 넘었으며, 각 시와 현 단위에도 1천 개가 넘는 縣市抽樣조사대를 보유하게 되었다(위의 책, pp. 92 - 93).

184) 본서 본절 [군편] 참조.

185) 國家計劃委員會政策研究室, 앞의 책, p. 55.

제4장
신 강택민 정권 파워 엘리트의
성분과 정책성향

본 장에서는 21세기 중국을 열어갈 중국 최고지도층의 사회적 배경, 그들과 강택민과의 관계 및 그들 파워 엘리드 상호간의 관계를 분석해보고, 등소평 사후 처음 구성된 신 강택민 체제 최고지도층(15기 당 중앙정치국 위원)의 성분을 15기 이전의 그것과 비교해 봄으로써 21세기 초 중국정책 노선의 방향을 가늠해보고자 한다. 먼저 최고지도핵심의 프로필부터 보기로 한다.

제1절 신 강택민 정권 최고지도핵심의 프로필

중국의 정치관례상 최고지도층(領導層)이라 함은 중국공산당의 경우 당내 직위가 중앙서기처 서기 이상인 자, 국가의 경우 '4부4고(4副4高)' 이상인 직위, 즉 국가 부주석·전국인민대표대회 상무위원회 부위원장·국무원 부총리 및 중국인민정치협상회의 전국위원회 부주석, 최고인민검찰원 검찰장과 최고인민법원 원장을 일컬으며, 군의 경우 당·국가중앙군사위원회 위원 이상인 자를 통칭한다.

그러나 중국정치의 최고지도핵심은 당 중앙정치국 상무위원을 지칭한다. 왜냐하면 중앙정치국 상무위원은 겸직 메커니즘에 의해 모두 당·

정·군·대중단체의 최고위직책을 겸임하고 있기 때문이다. 따라서 여기서는 당 중앙정치국 상무위원에 국한하여, 그들의 프로필과 정치적 성향을 소개하고자 한다.[1]

1. 강택민(江澤民, Jiang Zemin. 1926~   )
- 당 총서기, 국가주석, 당·국가 중앙군사위원회 주석

강택민은 1989년 천안문사태로 조자양이 총서기에서 물러난 뒤 비교적 알려지지 않는 상태에서 일약 중국공산당 중앙위원회 총서기로 발탁, 중국 최고권력의 핵심으로 부상한 인물이다.

강소성(江蘇省) 양주(揚州) 태생으로 상해교통대학 전기과를 졸업했다. 1946년 재학 중 중국공산당 지하당원인 오학겸(전 외교부장 겸 중앙정치국 위원) 등이 주동한 학생 좌익운동에 가담, 동년 4월 교통대학 재학 중 중국공산당에 입당한 공산당 3세대다. 소련 모스크바 스탈린자동차제조창 및 루마니아 기계제조창에서 각각 1년간 자동차공업 및 과학기술 연수를 통해 동구의 선진기술을 접했다. 1956년 소련에서 귀국한 후, 곧바로 중국 제1의 장춘(長春) 제1자동차제조창의 부총공정사 및 동력분창 창장을 거치는 등 지방 기층조직의 경험을 쌓았다. 1959년 9월 국무원 제1기계공업부로 자리를 옮겨 상해전기과학연구소 부소장, 무한(武漢)열공(熱工)기계연구소 소장, 동 당위 대리서기, 그리고 제1기계공업부 부장보(助理) 등으로 승진하는 등 그의 관운은 비교적 형통했다.

문혁 발발 후 '자산계급 학술권위'는 죄명으로 수난을 겪었으나, 1970년부터 다시 지도적 직무로 복귀하였다. 1972년 중국전가조(專家組) 부조장의 명의로 루마니아 기계제조창에서 1년간 근무, 귀국 후 제1기계공업부 외사국장직을 맡게 되었고, 이후 고속승진의 길을 걷게 되었다. 1976년 10월 '4인방' 분쇄 후 팽충, 예지복을 따라 상해에 파견되어 상해주재 중앙공작조 조원으로 활동하였고, 1980년 8월 국가수출입(進出口)관리위원회와 국가외국투자관리위원회 부주임 및 비서장을 거쳐, 1982년 5월 국무원 전자공업부 제1부 부장과 동년 9월 당 제12기 중앙위원에 당선됨으로써 당 중진의 반열에 진입하게 되었다. 1년 후인 1983년 6월 전자공업부장에 승진하여 1984년 9월부터 국무원 전자진흥영도소조(小組) 부조장을 겸임하면서 당시 동 소조 조장이었던 현 전인대 상무위원장 이붕과 함께 일했다. 1985년 6월 국무원 전자공업부장에서 상해시 당위원회 부서기로 이동되었고, 동년 7월 왕도함(王道涵, 현재 중·대만관계 책임자)에 이어 중국 최대의 상공업 도시 상해의 시장이 되었다. 그리고 1987년 11월(12전대) 당 중앙정치국의 위원에 발탁됨과 동시에 상해시 당위 서기에 승진(전임 서기 예행문 당 중앙서기처 서기로 영전)하였다. 상해시장직은 1988년 4월 부시장이었던 주용기(현 국무원 총리)가 승계하였다.

1989년 6월 '6·4사태' 이후 개최된 당 13대4중전회에서 중앙위원회 총서기 겸 중앙정치국 상무위원에 선출됨으로써 중국의 최고영도핵심이 되었다. 이어 동년 11월 13대5중전회에서 당 중앙군사위원회 주석직을 겸임(전임자 등소평)하였고, 다음 해인 1990년 3월 제7기 전인대 제3차 회의에서 국가중앙군사위원회 주석직(전임자 등소평)도 겸임하게 됨으로써, 당 중앙위원회 총서기직을 승계하고도 당 및 국가 중앙군사위원회 주석직에 오르지 못했던 호요방 및 조자양과는 달리, 당과 군의 최고지도자가 되었다. 1992년 10월 당 14대1중전회에서 당 중앙위원회 총서기, 중앙정치국 상무위원, 중앙군사위원회 주석에 연임되었고, 1993년 3월 제8기 전인대 제1차 회의에서 국가주석 및 국가중앙군사위원회 주석에 당선됨으로써 당·정·군의 최고영도자, 즉 소위 '제3대 영도핵심'으로 부상하게 되었다.

등소평 사후 처음으로 열린 1997년 9월 당 15대1중전회에서 당 중앙위원회 총서기, 중앙정치국 상무위원 겸 당 중앙군사위원회 주석에 재선되었고, 1998년 3월 제9기 전인대 1차 회의에서 국가주석 및 국가중앙군사위원회 주석에 재임됨으로써 21세기를 열어갈 중국의 명실상부한 최고영도자가 되었다.

▶ 혁명혈사 가문 출신의 테크노크라트

강택민은 비교적 유복한 서향문재(書香門第) 출신으로 공산주의 혁명열사 가문의 배경을 갖고 있다. 조부 강석계(江石溪)는 고향 양주일대의 명의(名醫)였으므로 그는 유년시절 비교적 유복한 가정에서 양호한 교육을 받을 수 있었다. 그의 생부는 평범한 일개 직원으로 정치와는 무관한 사람이었다. 그러나 강택민이 13세 되던 해 여섯째 숙부 강상청(江上淸) 밑으로 입양되면서부터 그의 운명은 바뀌게 된다. 숙부(양부) 강상청은 1930년대의 중국공산당원으로서 환(安徽省의 별칭)동북특위 위원, 신4군 위생부장 등을 거쳤으며, 당시 신4군 군단장 진의(전 외교부장 겸 8기 중앙정치국 위원), 부정치위원 담진림(8기 중앙정치국 위원), 4사단장 장애평(전 국방부장), 5사단장 이선념(전 국가주석 겸 중앙정치국 상무위원) 등 신4군 수뇌들과 긴밀한 관계를 맺었다. 강상청은 안휘·강소성 일대에서 국공합작의 지방무장력을 조직하여 중일전쟁에서 크게 활약했으나, 1939년 봄 강소성 염성(籃城)전투에서 국민당군의 유탄에 맞아 전사했다.

양부를 잃은 강택민은 신4군 소재지 염성에서 항일소학교와 중학교를 졸업하였으나, 고등학교부터는 혁명열사의 혈육이었기 때문에 중공지하당의 배려로 상해에서 공부를 계속할 수 있었다. 강택민은 대학재학 중 비밀리에 중국공산당 지하당에 입당, 적극적으로 학생운동을 전개했다. 강택민이 상해교통대학에서 지하당공작에 참가할 당시, 지하당 상해학생위원회 서기는 오학겸이었으며, 교석(전 중앙정치국 상무위원 겸 전국인민대표대회 상무위원장)은 중공상해학생위원회 총책이었다. 따라서 당시 강택민은 오학겸의 직접 지도하에 있었으며, 교석은 상상급의 위치에 있었다. 오학겸이나 교석 등 소위 공청단 및 학생운동지도자들과의 긴밀한 관계는 강택민의 청년시절 유력한 정치적 배경이 되었다.

강택민의 파격적인 도약에는 양부인 강상청의 옛 상사 진의(당시 상해 군사관제위원회 주임), 이선념 등의 보살핌이 컸었다. 이선념과 강택민의 관계는 적어도 70년대 중기까지 거슬러 올라가는데, 그가 4인방 분쇄 후 국무원 제1기계공업부에서 상해주재 중앙공작원으로 파견된 것도 이선념(당시 중앙정치국 위원)의 추천 때문인 것으로 전한다. 강택민이 중공 고급간부대열에 합류한 것은 바로 이 시기부터이다.

6·4사태 이후 이선념은 6·4동란으로 조자양이 무력해진 기회를 포착하여 등소평에게 강택민을 강력히 추천했다. 특히 강택민이 1986년 상해학생시위 때 과감하게 학생들과 맞부딪쳐 그들을 설복 시킨 점과 1989년 봄 <4·26사설>이 발표되던 날 즉각 상해시 기층간부당원대회를 소집하고 『세계경제도보(世界經濟導報)』 주필 흠본립(欽本立)의 파면을 선포한 점, 그리고 '6·4학생운동'에 대해 '다시는 양보할 수 없다'는 자세를 견지하는 등 강택민이 보인 정치적 민감성과 강력한 조직원칙성 등을 들어 적극적으로 그를 추천하였다고 한다. 어기디 강택민의 양부가 혁명열사라는 점, 그리고 강택민이 상해시장이 된 후 보여준 뛰어난 재능과 위민적(爲民的)·개방적 태도는 등소평의 머리에 '흔하지 않은 인재,' '얻기 어려운 인재'로 인상되어졌다. 특히 등소평은 강택민이 상해시장과 당위서기를 겸임하면서 상해를 중국의 금융중심으로 만들고 또 산업기지로 소생시키기 위하여 외국자본을 성공적으로 끌어들이는 등 그가 보인 탁월한 능력에 상당한 호감을 갖고 있었다.

이선념과 등소평의 호감 못지 않게 진운·팽진·박일파·왕진 등 보수파 원로들의 강택민에 대한 인간적 신뢰 또한 컸다. 이들 원로들은 강택민과의 내왕이 잦지는 않았지만 그가 혁명열사의 후예였으므로 마음을 놓을 수 있었다. 또 그의 평소 태도로 보아 문제를 야기 시킬 사람도 아니라는 점에서 원로들의 신임을 얻었다. 실제로 강택민은 이들에 대해서 선친(강상청)과의 관계를 생각하여 깍듯이 예우해 왔다.

▶ 태자당들과의 관계도 무난

한편, 강택민은 그에게 가장 강력한 라이벌이 될 수 있었던 신진 엘리트그룹, 특히 '태자당(太子黨)'이라고 불리는 이붕(주은래·등영초의 양자), 이철영(전 조직부장 李維漢의 아들) 등과의 관계에 있어서도 큰 무리가 없었다. 특히, 현 전인대 상무위원장 이붕과의 관계는 강택민이 전자공업부 재직시부터 전력공업부 부장이었던 이붕과 혁명열사의 유족이라는 점에서 상호 신뢰하고 있었고, 또 소련유학파와는 과학기술방면의 전문가라는 점에서 상호 의기투합이 되었다. 1984년부터는 국무원 전자진흥영도소조에서 정(李)·부(江)조장으로 함께 머리를 맞대고 중국의 전자공업발전을 기획했다. 강택민의 경우 사실 이붕의 배후에 진운, 등영초(주은래의 처이며 이붕의 양모) 등 거물급이 있다는 점을 모르는 바 아니었기 때문에 더욱 긴밀한 관계를 유지했는지도 모른다.

또한 강택민과 이철영(현 중앙정치국 위원 겸 사회과학원장)의 관계를 보면 강택민이 소련으로부터 귀국했을 당시 체코슬로바키아 유학을 마치고 돌아온 이철영과 동북지방에서 함께 활동한 경험이 있다. 그후 강택민에 이어 이철영이 전자공업부장이 되었을 때 두 사람은 전임자와 후임자의 관계에서 중국 전자공업의 장래에 대해 견해를 함께 하는 허물없는 사이가 되었다.

▶ 정치적 편좌, 경제적 개혁 성향

1989년 6·4사태 당시 강택민은 경제적으로 보수적인 진운 및 이붕과 급진적 개혁성향의 조자양 사이에서 중도노선을 취했으며, 정치적으로는 좌(左)의 이붕과 좌우경(左右傾)인 조자양의 사이에서 편좌(偏左)성향을 견지하였다. 즉 강택민은 편좌적 중간노선(온건개혁)을 견지하면서, 등소평의 '새장정치(鳥籠政治)'를 추종했다. 따라서 1989년 민주화 시위 때 강택민은 '강경파' 이붕과 '온건파' 조자양 사이에서 편경적(偏硬的) 온건의 자세를 취했다. 이러한 강택민의 사상적 기반이 바로 당시 중국의 위기, 즉 급진적 민주화운동과 소련의 붕괴 및 동구의 몰락에서 오는 정치적 불안을 극복할 수 있는 최적의 인물로 지목된 가장 중요한 요인이라고 보겠다. 특히 군대내 계파가 없는 이선념의 사람이었다는 점은 경쟁자들로 하여금 마음을 놓게 할 수 있어, 그의 부각에 플러스 요인으로 작용하였다.

　이상과 같이 강택민은 중국의 현실 상황과 조화되는 평범성 및 혁명 1세대들이 마음놓을 수 있는 가족적 배경, 혁명 2세대들과의 의기투합, 여기에다 모나지 않은 인간관계와 테크노크라트적 재능, 그리고 소련·동구 등의 몰락(중국에서는 급진적 개혁의 결과라고 봄)으로 인한 국제적 환경 변화 등이 모두 오늘의 그를 있게 한 행운적 요소다. 그러나 비록 그가 당·정·군의 최고지도자가 되어 '제3대 영도핵심'이 되긴 했으나, 군 경험이 없는 그가 '권력은 총 끝에서 나온다'는 중국의 현실정치상황에서 과연 등소평 사후에도 흔들림 없이 중국을 이끌어나갈 지에 대해서는 회의적이었다. 다시 말해 등소평이라는 권력의 버팀목이 무너졌을 때, 14전대 이후 권력의 핵심으로부터 소외된 군대세력과 급진개혁 및 보수파 그룹과 어떻게 권력을 조화시키며 중국을 지탱해 나갈 것인가가 바로 그가 선택하고 결정해야할 외롭고 중요한 과제였다. 그러나 그는 총서기가 된 후 정치적으로 급진적인 개혁을 지양함으로써 보수파의 불만을 무마하고, 경제적 개혁·개방을 지속함으로써 급진개혁세력의 도전을 약화시켜 나갔다. 그리고 군의 현대화를 지속적으로 추진함과 동시에 군의 신진인사를 승진시켜 양상곤과 양백빙 형제의 세력을 견제함으로써 호요방과 조자양의 전철을 밟지 않았다. 등소평이 없는 중국에서도 권력의 대들보의 위치에서 당·정·군 최고지도부에 자파 세력을 끌어들이고, 다양한 정치세력의 갈등과 조정을 견지함으로써 자기의 정치적 위상을 공고히 하고 있다.

2. 이붕(李鵬: Li Peng, 1928~　　)
─ 당 중앙정치국 상무위원, 전인대 상무위원장

　소위 중국식 국회의장격인 전국인민대표대회 상무위원회 위원장 이붕. 그는 중국공산당 중앙정치국 상무위원 중 보수적 색채가 가장 뚜렷한 인물이다. 그는 친·외척 할 것 없이 공산혁명의 피가 흐르고 있는 붉은 가문의 후예다. 어린 시절 주은래와 등영초의 양자가 되었으며, 근년에 와서는 등소평, 진운 등 영향력 있는 원로들과 제휴하여 초고속의 승진가도를 달릴 수 있었다.

▶ 든든한 홍색가문의 배경 - 주은래·등영초의 양자

원적은 사천성(四川省) 성도(成都)이나 혁명의 와중에 상해에서 출생하였다. 1931년 3세 때 공산당 청년지도자였던 아버지 이석훈(李碩勳)[2]은 국민당에 체포되어 해남(海南)에서 처형당했다. 1939년 이붕의 어머니 조군도(趙君陶)[3]는 중공지하공작에 전념하기 위하여 이붕을 성도(城都)의 친척집에 입양시키는데, 당시 중경(重慶) 팔로군 판사처 책임자로 있던 주은래의 처 등영초가 이붕을 성도에서 중경으로 데려와 양육(당시 11세)한다. 그러나 1941년 중경의 전세가 위급해지자 주은래는 이붕을 연안으로 보내 연안중학과 당이 고급간부의 자제를 교육시키기 위하여 특별히 건립한 최초의 대학인 연안자연과학원, 그리고 장가구(張家口)공업전문학교를 수학케 한 다음, 모스크바 power Institute 전력학과(수력발전학)로 유학을 보낸다.

당시 혁명열사의 자제로 연안중학에 수학한 섭선평(葉選平, 섭검영 장군의 아들, 전 광동성위 서기, 현 정협 부주석) 장남상(蔣南翔, 전 고등교육부장) 등과 연안자연과학원을 수학한 수백 명은 '연안인맥'을 형성, 이붕의 든든한 정치적 기반이 되고 있다. 1948년 이붕과 함께 소련 유학을 떠난 학생 역시 모두 고급간부의 자제였다. 즉 전 중앙정치국 위원 겸 국무원 부총리 추가화(섭검영의 사위, 현 전인대 상위 부위원장), 섭정대·섭정명(葉正大·葉正明, 당원로 葉珽의 아들) 등 혁명열사의 자제 이외, 섭검영의 딸 섭초매(葉楚梅, 추가화의 처), 임표의 조카 임한웅(林漢雄, 전 국무원 건설부장), 소경광(蕭勁光) 대장의 장자 소영정(蕭永定, 전 경공업부 부부장), 임필시(전 중앙정치국 위원)의 조카와 질녀인 임상(任湘)·임악(任岳) 등이었다. 이들은 '이붕 내각' 출범 이후 그 주요 구성원이 되었으며, 그 중 추가화와 섭초매는 부부가 되었고, 이붕과 섭정대는 사돈간이 되었다.

이붕은 소련 유학 중 막강한 배경을 업고, 재소련 유학생총회 회장을 지냈다. 1955년 귀국 후 당시 중국 최대의 수력발전창인 길림풍만(吉林豊滿)발전창의 부창장·총공정사, 그리고 중국 최대의 화력발전창인 요녕성 부신발전창(阜新電廠) 창장을 역임함으로써 기층 공작의 경험을 쌓았다. 문혁기간 중에는 주은래 총리에 의해 당시로서는 아주 중요한 수도 북경시의 전력을 공급하는 북경 공전국(供電局) 혁명위원회 주임 및 북경전력관리국 혁명위원회 부주임·국장의 직에 있게 되어 조반파의 난동을 막는 한편, 자신도 문혁의 폭풍에서 벗어날 수 있었다.

▶ 소련유학파 테크노크라트로 문혁도 비켜가

1979년 국무원 전력공업부 부부장을 맡음으로써 중앙무대에 진입하게 되었고 이어 1981년 전력공업부 부장으로 승진하였다. 다음 해 제12기 당 중앙위원에 당선되어, 1983년 국무원 부총리에 선임됨으로써 고급간부의 반열에 진입하게 되었다. 1984년 9월 국무원전자진흥영도소조 조장을 겸임하는 동안 부조장이던 강택민과 서로가 혁명열사의 자제라는 점과 유학파 테크노크라트인 점에서 의기투합되었다. 1985년 6월 국가교육위원회 주임 겸임, 동년 9월 간부 '연소화' 정책에 따라 12대5중전회에서 당 중앙정치국 위원, 중앙서기처 서기에 보선되었다. 이 때부터 권력의 핵심부를 향해 질주한 바, 1987년 11월 중앙정치국 상무위원에 당선되어, 조자양이 총리직을 사임하자 국무원 대리총리 - 총리(국가경제체제개혁위원회 주임 겸임)에 선임되는 등 그야말로 초고속의 승진가도를 달리게 된다.

이붕이 초고속의 출세 가도를 걷게 된 데는 누구보다도 주은래·등영초 부부의 후광이 있었기 때문임은 결코 부인할 수 없다. 이붕이 여느 유학생출신(자산계급 학술권위)들과는 달리 문혁의 박해로부터 벗어났던 것도 1966년 주은래가 이붕을 소위 혁명열사의 자제(根正苗紅)임을 들어 북경전업관리국의 당위 대리서기 겸 혁명위원회 주임으로 추천했기 때문이며, 1983년 부총리 승진도 등영초가 "우리의 자제는 방심할 수 있다"는 논법으로 그를 적극 추천했기 때문이다. 그러나 이붕이 국무원 총리가 되어 권력의 정상에 부각된 것은 호요방 실각 이후 보수파 원로들의 추천에 의해서였다. 1987년 초 호요방 실각 후, 당 중앙은 국무원 총리 조자양을 호요방의 후임 당 중앙위원회 총서기로 발탁함과 동시에 조자양의 후임 총리를 물색하고 있었다. 이때 등소평은 만리를, 진운·이선념 등은 요의림을, 조자양은 전기운을 의중에 두고 있었다. 이때 조자양은 자기와 호요방 관계의 경험으로 비추어 총리는 총서기인 자신이 장악할 수 있는 인물이라야 마음놓을 수 있다는 의도에서 능력 유무를 떠나 만리가 후임총리로 기용되는 것을 반대했다. 특히 만리는 등소평과 밀접한 관계라는 점에서 더욱 마음놓을 수 없는 인물이었다. 한편 진운과 이선념이 밀고 있는 요의림은 스스로가 건강 상태가 좋지 않음을 이유로 총리직을 고사, 제1부총리로서 새로운 젊은 총리를 보좌하겠다고 나섰다. 그러면서 요의림은 젊은 총리로서 제3의 이붕을 추천했다. 따라서 조자양은 자연히 그가 의중에 둔 전기운을 고집하지 않으면서 만리의 기용을 막는 목적을 달성할 수 있는데 이붕이 적합한 인물이라 동의했으며, 진운·이선념 등도 역시 이에 환영을 표시했다. 등소평 역시 간부의 전문화, 연소화를 주장한 터라 이에 반대할 이유가 없었다. 특히 과거 주은래와의 관계를 고려해도 반대할 도덕적 명분이 없었다.

▶ 보수파의 선봉장 - 중앙집중적 계획체제에 익숙

정확히 말해 1989년 6·4사태 이전까지만 해도 인민들의 이붕에 대한 인상은 좋지도 나쁘지도 않는 그저 귀족적이면서 틀에 박힌 사람으로 남아있었다. 그러나 6·4사태 이후, 그의 인상은 국내외적으로 아주 잔인하고 비인도적이며, 무능한 정치인으로 낙인찍히고 말았다. 1989년 봄 학생시위가 시작되자 이붕은 등소평이 이를 동란으로 규정한 점과, 조자양과 등소평의 상호 모순된 태도에서 조자양이 호요방의 운명과 같이 될 것을 간파하였다. 따라서 이붕은 시종 조자양과 첨예하게 대립되는 입장을 취하였다. 조자양이 학생 민주화 시위를 두고 유화적인 입장을 취한데 반해 이붕은 이를 '반당(反黨) 사회주의 동란'으로 규정하였고, 1989년 5월 2일 계엄령 선포를 두고 강경 입장을 견지하였다. 계엄선포 직전, 조자양·교석·호계립 등은 지역 계엄령 선포는 <중화인민공화국헌법>에 의거, 반드시 지역 인민대표대회를 소집하여 그 결의를 통해 선포해야 한다는 신중론을 폈다. 그러나 이붕은 헌법규정에 의하면 국무원 역시 지역 계엄 선포권이 있으니 이는 나(국무원 총리)의 고유권한에 속한다며 자신이 단독으로 계엄을 선포해 버렸다.

이상과 같은 그의 행동 등으로 오늘날 중국 인민들에게는 이붕 하면 '탱크로 싹쓸이하는 사람'의 이미지가 강하게 남아있다. 그럼에도 어떻게 국내외의 여론과는 달리 1992년 당 14전대와 1993년 3월 제8기 전국인민대표대회에서 정치국 상무위원 및 국무원 총리에 연임될 수 있었는가? 그리고 등소평 사후에도 명목상 중국정치의 2인자인 전국인민대표대회 상무위원장(중앙정치국 상무위원 겸임)에 오를 수 있었는가? 이에 대한 회답은 간단하다. 전자의 경우는 6·4사태 때 저지른 이붕의 과오가 결코 그 자신의 것이라기보다는 등소평의 생각대로 행동하고 실천한 것에 불과하기 때문이다. 비록 등소평은 이붕의 보수적 경제정책에 대해서는 못마땅히 여기고 있었으나 '6·4'를 전후해서는 정치적으로 서로 '순망치한'(脣亡齒寒)의 관계에 있었기 때문에 이붕을 계속 총리에 유임시켰다. 물론 여기에는 진운을 비롯한 보수파의 지원 역시 컸다. 후자의 경우는 강택민이 이붕을 끌어안음으로써 소외된 보수세력의 불만을 다독거릴 수 있는 동시에 경제적으로 급진적인 주용기에 대해 제동을 걸 수 있으므로 정치적 안정과 세력의 균형을 기하겠다는 당 지도부(특히 강택민)의 의도 때문인 것으로 평가된다.

이붕은 1950년대 소련 유학을 통하여 '스탈린식 중앙집권적 계획체제'에 익숙해 있을 뿐만 아니라, 오랫동안 보수파 원로들의 비호를 받아 성장한 관계로 자연히 보수원로의 대표격인 진운의 '새장경제'(鳥籠經濟)를 옳게 받아들이고 행정적 수단을 동원하여 경제운용을 통제하려는 이른바 사회주의 경제체제에 길들여져 있다. 그러므로 설사 그가 일부 개혁사상을 갖고 있다 할지라도 그것은 중앙집권적 계획경제체제 내부에서의 수단변화에 불과한 것이다. 국무원 총리 주용기가 강력히 밀어붙이는 '사회주의 시장경제정책'에 자주 제동을 거는 소이도 바로 여기에 있다.

3. 주용기(朱鎔基, Zhou Rongji, 1928 ~   )
- 당 중앙정치국 상무위원, 국무원 총리

주용기는 모택동과 동향인 호남성 장사(長沙)태생으로 조부와 외조부 모두 청말 과거시험에 합격할 정도의 엘리트 집안 출신이다. 그러나 유복자로 태어나 9세에 어머니마저 사망하고 백부 집에 의탁하여 교육을 받았다. 어린 시절부터 머리가 뛰어나 모택동의 모교였던 호남성 성립 제1중학을 졸업한 후, 고학으로 명문 청화대학 전기공정학과에 입학하여 총학생회장[4]을 거쳐 중국의 행정수반이 된 입지적인 인물이다.

▶ 명문 청화대학 학생회 회장출신의 테크노크라트

1949년 청화대학 재학 중 중공지하당이 지도하는 '반장(反蔣介石)애국학생운동'에 참가, 중공지하당의 외곽조직인 '신민주주의 청년연맹'에 가입하였고, 이어 동년 10월 중국공산당에 입당하였다. 1951년~1952년 대학졸업 후 동북인민정부로 배치되어 동 공업부 계획처 생산계획실 부주임으로 일했다. 재임 시 동북인민정부(주석 고강, 부주석 이부춘) 부비서장인 마홍(馬洪)[5]을 만나게 되었고, 그의 총애를 받았다. 따라서 1952년 11월 고강이 국가계획위원회 주임을 겸임하게 되어 입경하자, 마홍(국계위 부비서장)의 추천으로 주용기 또한 동 연료동력국(燃動局)과 종합국 조장을 맡아 입경하였다. 당시 그의 나이 24세였다. 1954년 9월 이부춘이 고강에 이어 국가계획위원회 주임이 되어 국무원 부총리로 승진하자 주용기도 국가계

획위원회 판공실 부처장이 되어 부주임인 장계(張啓)의 비서공작을 맡게 되었다.6)

그러나 1957년 '대명대방'(大鳴大放) 운동이 벌어지자 주용기는 '우파분자'로 몰려 당적을 박탈당하고, '하방' 되어 5년간 강제노동에 종사하였다. 1962년 '사상개조'가 양호하여 '우파분자'의 멍에를 벗고 국가계획위원회 간부업여학교 교원을 거쳐 동 국민경제 종합국 공정사(엔지니어)가 되었다. 아이러니컬하게도 우파(?) 분자가 반우경화 사상교육을 맡았던 것이다. 그러나 문혁이 발발하자 1970년~1975년 다시 하방되어 국가계획위원회 '5·7 간부학교'에서 5년간 노동개조를 받았다. 사실 현 중국최고지도층 중 주용기 만큼 장기간 하방되어 노동개조를 받은 인사는 없다. 그는 1957년 '반우파 투쟁' 때 5년, 문혁 때 5년 모두 10여 년에 걸쳐 노동종사 및 노동개조를 당한 사람이다. 물론 그는 그동안 독학으로 꾸준히 영어와 거시경제학에 대한 이론을 공부하게 되는데, 그것이 오늘의 그를 있게 한 큰 자산이기도 하다.

▶ 경제학자 마홍의 문하생으로 10년간 노동개조 받음

1975년 석유부문을 담당하는 간부(북경석유화공구 건설지휘부 부감독)로 복귀한 마홍의 주선으로 하방생활을 청산하고 석유공업부 파이프관리국(管道局) 전력통신 공정공사의 판공실 부주임 및 기사(석유화학공업부장, 康世恩)로 임명되었다. 문혁 종결 후 1978년 복권되어 마홍의 추천으로 중국사회과학원 공업경제연구소(소장, 마홍) 주임이 되면서부터 그는 그동안 연구해 온 이론과 능력을 발휘할 수 있는 기회를 포착하게 된다.

이어 석유화학공업부장 강세은이 국가경제위원회(1978년 회복) 주임으로 승진되자 다음 해 주용기는 동 위원회 연료동력국 과장(고급공정사)이 되었고, 1년 후 동 국민경제종합국 부국장에 승진하였다. 주용기는 거시경제에 대한 정세 판단, 실무 지도 및 이론에는 뛰어나지만, 구체적인 경제운용과 부문간의 조정 및 그 문제점에 관한 파악은 미숙한 단계에 있었던 터라 국가경제위원회에서의 경험은 훗날 경제의 최고 책임자가 되기 위한 훌륭한 수업과정이었다고 볼 수 있다. 그 후 그는 모교인 청화대 경제대학장을 겸임하면서 얼마 전까지도 동 대학 금융학과에서 박사과정 학생의 지도교수를 맡았던 학구적인 경제인이다.

1982년 조자양 총리가 구조개혁 차원에서 10여 개 경제관련 부서를 국가경제위원회로 개편하자, 그 해 5월 주용기는 동 위원회 위원 겸 기술개조국 국장에 임명되었다. 1983년~1987년 국가경제계획위원회 부주임 겸 당조 부서기(차관급)에 승진하여 당과 국가 차원의 고급 반열에 오르게 되었다. 이 때부터 주용기는 조자양의 명에 따라 등소평에게 직접 업무를 보고하게 되었고, 이를 계기로 등소평에게 깊은 인상을 남겼다. 동시에 중국국제신탁공사 상무이사를 겸임함으로써 거시경제와 실물경제의 흐름을 익혔다.

1987년 10월 당 13전대에서 조자양이 호요방의 뒤를 이어 정식으로 총서기에 취임하고, 1988년 이붕이 조자양의 총리직을 승계한다. 당 지도부는 1987년 말, 다음 해 전인대에서 국무원의 기구개혁을 단행하여 국가경제위원회를 국가계획위원회에 통폐합하고 요의림 부총리가 그 주임직을 겸임하도록 계획하였다. 이러한 계획에 따라 실질적으로 국가경제위원회 멤버들이 자리에서 물러나야 하는 입장에 처하게 되었다. 주용기는 한 때 홍콩 신화사의 책임자로 자리를 옮긴다는 설이 있긴 했으나, 결과는 상해 시장에 내정되었다. 당시 상해시 당위 서기 예행문(조자양계 급진개혁파)과 시장인 강택민과의 사이가 원만치 못하여 조자양은 예행문을 당 중앙 서기처 서기로 승진시키고 강택민을 상해시 당위 서기로 옮기게 함과 동시에 시장에는 주용기를 내정했던 것이다.

따라서 1987년 12월 조자양과 당 중앙 조직부장 송평의 추천으로 상해 시장 및 당위 부서기가 되었고, 1989년 8월 강택민 후임 상해시 당위 서기로 승진하여 지방정부 지도자로서의 경험을 쌓게 된다. 그때까지 상해시장 자리는 최소한 장관급의 간부가 맡았는데, 차관급인 주용기가 내정된 배경에 대해서는 첫째, 1984년 9월 국무원 부비서장인 마홍이 조자양 총리

의 명을 받아 상해시 경제발전전략 수립을 위한 조사단을 구성하여 상해
에 파견하였던 바, 당시 주용기는 그 일원으로 활동, 상해에 대한 풍부한
예비지식을 갖고 있었다. 둘째, 그의 강하고 소신 있는 성격이 정체된 상
해를 발전시키는 데 적합하고, 청화대학 출신이라는 학력이 거드름을 피우
는 상해시 간부들을 통제하는 데 도움이 될 것으로 판단한 것. 셋째, 조자
양은 등소평이 주용기의 존재를 높이 평가하고 있다는 사실을 알고 있었
다는 것 등을 들고 있다. 한편 주용기 본인의 입장에서 상해 시장 취임은
그가 꿈꾸어 온 근본적인 중국의 경제개혁 구상을 중국 최대의 공업도시
인 상해에서 시험해 보는 기회가 되었고, 이러한 시도는 중국 전체를 바
꾸는 실험을 단행하기 위한 예비 무대가 된 것이다.

　상해인들에게 주용기는 "중국의 사정을 가장 잘 아는 실천적인 지도자"
로 알려져 있다. 그는 상해시정을 맡은 그날부터 상해를 하나의 투명하고
효율적이며 위풍 있는 시로 만들기 위해 이를 몸소 실천하기로 결심하고
'상해웅풍의 재건'을 구호로 내걸었다. 따라서 먼저 간부 <청렴 수칙>을
제정, 식사대접 및 선물 교환을 엄금하고, <간부 청렴가>를 만들어 매일
상해 TV방송의 시·종막곡으로 방영했다. 그리고 시당위 기율검사위원회
에 '아부하지 말고 강직하게, 공적으로 법을 집행하고, 청렴에 유념하자(剛
直不阿, 秉公執法, 留得兩袖淸風)'는 한 폭의 족자를 보내 기율검사
위원회 간부에게 먼저 주용기 자신부터 감찰한 후 주저하지 말고 과감히
부패간부를 대거 숙청할 것을 고무하였다. 이어 부패와 관련된 두 명의
부현장을 파면시키고 한 명의 시당위 후보위원을 즉각 투옥시켰다. 그리고
주용기는 '공론(空論)'을 척결하고 '무실(務實)'을 간부의 수칙으로 삼게
했다. 사실 그동안 습관화 된 '무과실이 바로 공'이라고 생각하는 무사안
일적인 간부에게는 큰 타격이 되었다. 이처럼 주용기가 앞장서 부패를 과
감하게 척결하고 '무실역행'을 거리낌없이 강조한 이면에는 그 스스로가
어떠한 부패혐의도 무실에 어긋나는 행동을 하지 않았기 때문이다. 일반
중국인민들이 중앙지도층의 부정부패연루 행위를 종종 언급하는 경우가
있으나 주용기에 대해서는 어떠한 혐의도 찾아낼 수 없다는 것이 일반적

여론이다.

▶ 실천적이고 결단력 있는 행정가

6·4사태 때 주용기는 단 한 번도 '폭동,' '동란'이라는 표현을 사용치 않고, '북경에서 일어난 사건'이라고 말하면서, "역사의 진실은 아무도 숨길 수 없으며, 언젠가는 밝혀질 것이다"라고 말하였다. 또한 "99.9%의 시민과 학생은 선량한 사람들이며 군대를 투입할 필요는 전혀 없다"고 입장을 밝히고, 학생시위에 대해서는 "여러분의 애국심에 불타는 열의는 훌륭하나, 시정부를 큰 혼란에 빠뜨리는 행동은 여러분이 바라는 방향과는 정반대이다"라고 충고하고 즉시 캠퍼스로 돌아갈 것을 요구하였다. 이로 인해 이붕 등 강경진압을 주장하는 보수파 내지 당 원로들로부터는 좋지 않은 인상을 받기도 했다.

그러나 주용기의 개혁정신과 무실역행은 헛되지 않아 1991년 등소평의 추천 및 전임자인 강택민의 지원으로 국무원 부총리로 승진하였다. 1991년 3월 17일 등소평 판공실에서 갑자기 추가화와 주용기를 부총리로 내정, 전인대 비서처에 하달했을 때, 보수파의 대부인 진운을 비롯해 당시 국무원 제1부총리였던 요의림 등은 과거 주용기의 우파 경력을 이유로 이의를 제기했다. 그러나 오히려 등소평은 그들의 말을 듣지 않고, 4월 12일 제7기 전인대 4차 회의에서 주용기를 정식 부총리로 선임하였다. 주용기가 국무원 부총리에 임명되자 보수파 이론가들은 일제히 그의 전력을 들어 공격을 퍼부었다.

7기 전인대에 제출된 주용기에 관한 추천서에는 "오랜 기간에 걸쳐 경제업무에 종사하여 우리 나라의 경제상황을 매우 잘 알고 있으며, 맡은 업무에 열성적이면서 결단력이 있고 개척정신을 지닌 인물이다. 아울러 매끄럽게 일을 추진하며 조직장악 능력이 뛰어나고 정책과 이론의 수준이 높고 청렴결백하다"라고 상해시장 재직 때까지의 주용기의 업적에 대한 최고의 평가가 씌어 있었다. 그러나 당시의 총리 이붕은 주용기의 부총리 취임을 못마땅하게 생각한 것 같다. 그 이유는 1989년 천안문사태 이후 이붕은 자신이 쌓은 공로면 충분히 조자양의 후임 총서기가 될 것으로 기대했는데, 정치적으로 무명이며 자기보다 경력으로도 후순위인 강택민(상해시 당위 서기)이 총서기에 발탁되었고, 여기다 부총리마저 총리인 자신의 의도와는 달리 상해 출신에게 맡겨진다는 것은 자신의 기반이 위협받는 느낌이 들었기 때문이었다. 그래서 주용기는 부총리 취임의 직후 이붕·요의림(당시 제I부총리) 등 보수세력의 견제로 제대로의 역할을 맡지 못하고 국무원 3각채(三角債)청산영도소조 조장, 생산판공실 주임, 전국안전생산위원회 주임 등 국무원 비상설기구의 책임을 맡는 데 그쳤다. 그러나 건국초기 국가경제위원회 주임을 역임한 박일파가 통합된 국가계획위원회는 '큰 경제위원회, 작은 계획위원회(人經委, 小計委)'라야 한다는 주장에 밀려 이붕은 부득불 국무원 생산판공실을 철폐하고 동시에 국무원 경제무역판공실을 신설하게 되었으며, 그 주임을 과거 국가경제위원회 출신인 주용기에게 맡기게 되었다. 경제무역판공실은 생산과 무역 양대 영역에 대한 거시적 조정기구로 경제무역사무를 주관하는 국무원 산하 최고 부서였다. 시장경제체제의 진전에 따라 이 부서의 역할 증대는 불가피하였고 주용기의 국무원에서의 지위 또한 확고해졌다. 당시 경제무역판공실 부주임이었던 이남청(현 중앙정치국 상무위원)을 당 14대 1중전회에서 중앙정치국 위원에 그리고 8기 전인대에서 부총리로 입각시킬 정도로 주용기의 역량은 증대되었고, 주용기 역시 요의림의 후임으로 중앙정치국 상무위원에 발탁되었다.

1992년 6월 등소평과 진운이 당 제14기 중앙정치국 상무위원의 인선 조정을 놓고 의견 교환이 있었다. 등소평은 전기운(현 전인대 상무부위원장)·유화청(전 중앙군사위원회 부주석)·이철영(현 중앙정치국 위원)을, 진운은 추가화(현 전인대 상무부위원장·유화청(왜냐하면 진운은 송평의 유임을 바랬기 때문)을 추천했다. 사실 진운의 방안은 강택민과 이붕의 의견과 같은 내용이었다. 소식통에 의하면 강택민은 1992년 4월 이미 호금도(현 국가부주석)를 불러 "중앙은 당신을 정치국과 서기처 일을 맡기려 하고 있다. 그 이후에는 송평이 맡고 있는 당 건설공작과 조직공작을 돕는 일을 해야 할 것”이라 했다. 이 점으로 보아 당시 강택민은 송평의 유임을 생각하고 있었음을 알 수 있다. 왜냐하면 강택민은 당시 정황으로 보아 그에게 적극적이 아닌 교석(8기 전인대 상무위원장)과 이서환(현 정협 주석)의 유임은 확실시되는데. 만약 자기를 뒤에서 지지할 수 있는 송평이 실각된다면 사실 정치국 상무위원회 내에서 그의 위상은 약화될 수밖에 없으므로 송평의 유임을 지지하는 쪽에 있었다고 볼 수 있다. 이붕의 경우 가장 두려워한 것은 전기운의 정치국 상무위원회 입국이었다. 만약 전기운이 상위에 들어온다면 틀림없이 1993년 3월에 열릴 전인대에서 총리로 기용될 가능성이 커 결국 자기의 라이벌이 될 것이라고 생각했기 때문이다. 왜냐하면 전기운은 이미 부총리를 2회 연임했기 때문에 요의림(당시 제1부총리)의 후임이 될 수 없고(헌법상 3회 연임 불가), 또 전기운의 경력으로 보아 국가주석이나 정협 주석 및 전인대 상무위원장이 될 가능성은 없기 때문에 응당 자기의 강력한 라이벌이 될 것이라고 예측했다. 따라서 이붕의 목적은 오직 전기운의 정치국 상무위원회 입국을 막는 데 있었다. 그리고 이붕은 같은 소련 유학파인 추가화를 정치국 상무위원회에 입국시켜 요의림의 제1부총리직을 승계케 하려고 했다. 이상과 같이 자기세력의 확대를 위해 강택민과 이붕은 진운의 의견과 접근되어 갔다. 그리고 이들 모두는 전기운이 조자양의 오른팔이었음을 들어 그의 상무위원회 진입을 강력히 반대했다.

　이상과 같은 당내 이견 분출을 모르는 바 아닌 등소평은 양상곤과 박일파에게 이렇게 전기운에 대해 이견이 많으면 주용기를 입국시키는 것이 좋겠다고 했다. 왜냐하면 이붕과 추가화는 온건형(개혁·개방에 있어서) 간부이며, 전기운과 주용기는 과단성 있는 간부이기 때문에 전기운을 대신해 주용기를 상위에 입국시킴으로써 이들을 조화시키는 것이 좋을 것이라고 했다(사실 등소평은 내심 주용기를 요의림의 후임으로 이미 찍어 놓고 있었다). 이 소식이 정치국 상무위원회에 전달되자 강택민도 이붕도 보수파 원로들도 결코 자기 주장만 할 수 없었고, 또 그들의 목적은 달성되었기 때문에 등소평의 의견에 찬성했던 것이다. 결국 등소평의 원모에 의해 주용기는 당 13기 중앙위원회 후보위원에서 3단계(중앙위원회 위원 - 정치국 후보위원 - 정치국위원)나 뛰어올라 일약 제14기 중앙정치국 상무위원에 오르게 되었다. 이어서 주용기는 요의림의 후임으로 국무원 제1부총리직을 승계하게 되었고, 1993년 7월 2일에는 중국중앙은행인 중국인민은행장까지 겸직하게 되었다.

▶ 시장경제 건립의 기수로 인민들에게 가장 인기있는 정치인

그가 중국인민은행장(전임, 이붕계의 소련유학파 李貴鮮)에 임명되었을 때 중국의 관영 매체인 ≪신화사통신≫은 "그는 모든 일처리가 과단성 있고 공평무사하며, 마무리 역시 번갯불처럼 빠르다(鐵面無私, 雷厲風行)"고 추켜세웠다. 이 매체의 논평은 중국 지도부가 주용기를 인민은행장에 겸직시킨 배경을 어느 정도 대변하고 있었다. 당시 중국 경제를 과열시키고 있는 인플레이션의 불을 하루 속히 끄기 위해서는 시장경제에 대한 지식은 물론 불도저 같은 업무추진력을 갖춘 인사가 필요했다. 당 지도부가 일반적으로 국무위원급이 겸직해 오던 인민은행장에 그보다 상위직급인 주용기 제1부총리를 발탁하는 파격적인 인사를 단행한 것도 그의 업무추진력을 높이 평가한 때문이었다.

그동안 거시적인 경제조정 책임을 맡아 온 주용기는 인민은행장 겸직으로 국무원 내부에서 '슈퍼 맨'의 위상을 굳히게 되었다. 인민은행장과 국가계획위원회 등은 전통적으로 이붕의 영향하에 있는 보수파의 아성이었다. 그러나 주용기가 인민은행장을 겸직하게 된 것을 계기로 국무원은 사실상 주용기 체제(개혁파)로 굳혀진 반면, 그동안 재정 및 계획부분을 장악해 온 이붕을 비롯한 구소련 유학파(보수파)들의 입지는 상대적으로 위축되었다.

이후 그의 능력은 유감없이 발휘되었고 개혁·개방을 희구하는 중국인의 희망으로 부각되었다. 청화대학 총학생회장 시절 북경시 대학가 청년들의 우상이었던 그가 이제는 전 중국인의 희망으로 부각되고 있다. 주용기는 정치적으로 사회주의를 유지하면서도 경제적으로 자본주의 시장경제체제 확립이라는 중국공산당의 새로운 목표 달성에 중추적 역할을 맡고 있다. 상해시 정·부시장 및 상해시 당위 정·부서기를 강택민에게 넘겨받았던 것처럼, 21세기 중국의 미래 또한 주용기의 무대가 될 것인지. 전세계의 이목이 집중되는 가운데 주용기는 무리 없이 국무원 총리(1998년 3월)가 되어 실질상 중국정치의 제2인자적 위치를 굳히고 있다. 자파 세력인 이남청을 중앙정치국 상위 겸 제1부총리직에 끌어들였고, '상해방'들이 그를 떠밀고 있는 한 그의 위상은 확고하다. 무엇보다도 중국의 전 인민이 그를 신뢰하고 따르고, 그와 중국의 개혁·개방이 함께 하기를 강력히 희망하고 있기 때문에 그의 위상은 더욱 흔들림이 없다.

그의 개혁사상은 ①방법상 점진에서 급진으로, ②대상에 있어서 개별에서 전체로, ③내용에 있어 표면에서 출발하여 전체로 향하는 것을 특징으로 하고 있다.

4. 이서환(李瑞環, Li Ruihuan, 1934~   )
– 당 중앙정치국 상무위원, 정협 주석

이서환은 천진시 보저현(寶抵縣)의 하잘 것 없는 빈농출신으로 일개 목공에서 중국공산당 최고권력의 핵심인 중앙정치국 상무위원의 자리에까지 오른 자수성가형 간부다. 중국 최고지도층 가운데 보기 드문 순수 노동자 출신으로 보수·개혁 어느 쪽에도 정적이 없는 비교적 중립적인 인물이다. 그래서 중국인민정치협상회의 주석은 그에게 가장 어울리는 직위다.

▶ 순수 노동자 출신의 자수성가형 엘리트

1982년 천진시장에 당선되었을 때, 그 스스로도 "목공이 시장이 된다는 것을 감히 상상조차 할 수 있었겠느냐"고 술회했다. 이서환은 오늘날 여느 중국의 제3세대 간부들처럼 특별한 인맥을 가졌거나 해외 유학파도 아닌, 노동인민가정 출신으로 그 스스로의 능력과 노력, 기민한 기회포착으로 오늘의 위치에까지 오른 순수 노동자 출신 간부이다.

1958년 북경인민대회당 건조에 참여, 새로운 <척산법>을 개발하여 건설공사에 획기적인 공헌을 함으로써 당시 북경시 당위 서기 겸 부시장이었던 만리로부터 그 능력을 인정받아 공청단 제1서기 호요방에게 추천됨으로 간부로 성장할 수 있는 길이 열렸다. 1964년 호요방의 추천으로 공청단 중앙위원에 당선된 후 친 호요방계 인사가 되었다. 중국에서 교육영화로 널리 홍보되었던 '청년노반'(靑年魯班)은 바로 이서환을 주인공으로 하여 모범청년 노동자의 생활상을 주제로 한 영화이다.

문혁때 일시 '반혁명분자'로 몰려 비판을 받았으나, 순수 노동자 출신이라는 그의 배경으로 1971년 이후 해방되었다. 이후 1979년까지 북경시 건축위원회 부주임, 북경시 총공회 부주임, '모택동기념당' 공사 현장 지휘부 당위 서기, 그리고 북경시 건설위원회 부주임을 거치면서 북경시의 기본건설을 지휘하였다. '4인방' 축출 후 공청단이 재건되자 만리 및 호요방·호계립 등과의 옛 인연으로 착실히 성장, 1981년 공청단 상무위원, 서기처 서기가 된다. 그리고 동년 호계립(호요방 - 조자양계)이 천진시 당위 서기 겸 시장이 되자 그를 따라 천진시 당위 부서기 겸 부시장이 되었다. 1982년 마침내 호계립이 중앙정치국 위원으로 발탁되어 중앙의 업무만 맡게 되자 그 후임으로 천진 시장이 되었다. 그것이 바로 오늘의 그가 있게 된 계기이다.

그가 천진시장이 될 당시는 당산(唐山) 대지진이 일어난 지 이미 5년이 지났지만 여전히 폐허 그대로였고, 십수 만의 난민은 방진(防震)막사에서 생활하고 있었으며, 교통은 문자 그대로 대혼란이었다. 여기서 그는 주택문제를 획기적으로 개선하고, 만하(灣河) 수도공사를 1년 6개월 앞당겨 완공함으로써 만성적 식수난을 해결하였다. 이밖에도 그는 천진시장 재임 중 물가를 안정시키고 교통을 원활하게 하였으며, 천진의 문예를 진흥시키는

데 있는 힘을 다 쏟았다. 1986년 8월 등소평은 천진 시정공정 및 천진 신항구 확장건설, 천진 고문화 복구현장 등을 시찰한 후 그 진척 상황에 크게 감동, 천진을 전국도시건설계획의 모델로 삼도록 했다. 사실 이것이 이서환이 천진의 당·정을 독람하고 중앙정치국 진입의 발판을 마련하는 관건적 계기가 되었다.

1986년 말~1987년 초 등소평 등 원로들은 호요방(당 총서기) 실각이후 조자양(국무원 총리)의 후임 총리로 요의림·이붕·전기운·만리 등을 거론하고 있었다(이붕 편 참조). 이때 등소평은 만리를 밀었으나 조자양의 반대에 부딪혔다. 그러자 차선책으로 이서환을 추천한 적이 있다. 그러나 역시 조자양의 반대로 총리직은 이붕에게 돌아가고 말았다. 때문에 조자양에 대한 이서환의 감정은 좋지 않았다. 사실 당시 조자양이 만리나 이서환을 제치고 차선책으로 이붕을 지지한 것은 전자의 두 사람보다 이붕이 다루기 쉽다고 생각했기 때문이다. 그러나 6·4전후 이붕의 조자양에 대한 태도는 기대와는 완전히 달랐다. 1987년 6월 기자들이 이서환에게 "당신의 총리 기용설이 확실한가"라고 물었을 때, 그는 "내 출신은 미천하고 내 고향에서는 그렇게 높은 관직이 나온 적이 없다. 일개 목공이 시장이 된 것도 생각 밖의 일인데 더 큰 자리는 더욱 상상할 수 없고 사실 또한 불가능한 일이다. 이는 개인문제가 아닌 10억 인구의 대사다." "사람은 이름나는 것을 두려워하고, 돼지는 살찌는 것을 두려워한다(人怕出名豚怕壯)"고 하면서 총리기용설을 부인했다.

이서환은 1982년 제12기 중앙위원에 당선되고, 1987년 당 13기1중전회에서 중앙정치국 위원에 기용됨으로써, 한편으로는 천진시를 주관하면서 다른 한편으로 중앙의 정치향방과 정책결정에 민감하게 대응할 수 있는 기회를 얻게 되었다. 1980년대 초 호요방 총서기, 조자양 총리의 개혁·개방체제가 구축되자 이서환은 그들의 정책을 적극 지지, 경제개혁과 정치적 민주화를 소리 높여 외쳤다. 그러나 1983년부터 정신오염청산 및 자본주의 사상침투의 방지 등 일련의 조치가 취해지기 시작하자 그는 당원의 청결을 강조하고 자본주의 계급사상의 전파를 방지하는 데 앞장섰다. 또 1985

년부터 민주화·자유화의 물결이 고조되자 천진 작가들의 모임을 주관, 어떻게 하면 민주정신을 고양하여 문예진흥에 이바지할 수 있는가 등에 대해 관심을 표명하기도 했다. 하지만 1986년 학생민주화 시위에 즈음해 호요방이 실각되는 등 일련의 강경 조치가 취해지자, 여기에 부응하여 교문폐쇄, 대학생출입금지 등 강경 조치로 대학생 시위에 대처했다. 그는 스스로 학생대열 앞에 나서서 "이 강토(政權)는 수백만 선열들의 피와 바꾼 것이다. 따라서 만약 이 정권을 전복하려 한다면 똑같은 유혈은 불가피한 것"이라고 위협적인 연설을 했다. 그 결과 그는 원로그룹의 환심과 신임을 얻을 수 있었다. 이처럼 이서환은 시의에 잘 대응하는 정치가이다.

▶ 정치적 개혁성향의 정적이 없는 정치인

그러나 1989년 학생시위(6·4사태) 때 그가 취한 조치는 1986년 시위 때와는 완전히 달랐다. 이서환은 학생들을 적극적으로 진압하기보다는 그들의 불만을 잠재움으로써 북경시장 이석명, 북경시 당위서기 진희동과 비교할 때 학생들로부터 비난과 공격을 적게 받게 되었다. 북경시에 계엄령이 선포된 후 이서환은 '쌍위대'(雙衛隊)를 조직하여 노동자를 앞세워 학생들의 격렬한 행동을 제지함으로써 학생시위를 통제하는 목적을 달성했다. 그러나 6·4이후 다음과 같은 두 가지 조치로 인하여 좌파 보수주의자들의 공격을 면하기 어려웠다. 첫째, 이붕이 계엄령을 선포하자 천진텔레비전 방송은 '오늘 뉴스 없음'이라고 보도했고 둘째, 이서환이 기용한 천진 대외경제무역위원회 주임인 청년 개혁가 장위(張煒)가 천진시 간부대회에서 이붕의 계엄령 선포를 공개적으로 비판하고 사직해 버렸기 때문이다. 그러나 이서환은 이 두 가지 사건으로 실각 당하지 않고 오히려 당13대4중전회(1989. 6)에서 중앙정치국 상무위원으로 승진했다. 이는 바로 등소평이 이서환의 개혁성향과 천진시민의 지지를 반영한 것이라고 보겠다.

군이 중국의 정치 계파를 보·혁으로 구분할 경우, 이서환의 정치성향은 개혁파에 속한다고 볼 수 있다. 비록 그가 86학생시위 때 호요방을 적극 지지하지는 못했고, 조자양에 대한 감정 또한 좋지 않았다 할지라도 개혁파를 주도한 공청단 출신 호요방과 맥을 같이 해왔고, 6·4 때는 물론 그 이후에도 호요방·조자양 라인의 사람들을 고무·격려하는 태도를 견지해 왔다. 90년 3월 『인민일보』사 강화시 그는 고적(高狄) 등 극좌 보수파를 신랄히 비판하면서 그들에게 다시는 '문혁'식의 투쟁을 전개하지 말 것을 요구했다. 그리고 각계와의 대화시 이서환은 "6·4사건은 그 책임을 전부 학생과 군중에게만 돌릴 수 없다. 그 주요 책임은 중앙에 있다. 그리고 그 책임을 전부 조자양에게만 덮어 씌워서는 안 된다. 왜냐하면 수많은 결정은 모두 당 중앙이 집단적으로 결정한 것이기 때문이다"라고 했다. 이처럼 이서환은 6·4사태의 원인을 학생, 군중, 조자양에게만 돌리는 태도에서 벗어나 양비론(兩非論)을 주장했다. 따라서 이붕 등 보수파와의 마찰은 불가피할 수밖에 없었다. 그 후 6·4사건의 처리문제를 놓고도 이는 그 많은 지식분자와 학생들을 모두 형사처벌 할 수 없으며, 역사의 심판이 필요함을 강조, 교석과 일치된 의견을 제시하였다.

이처럼 6·4전후 이서환은 반보수파적 주장을 견지했다. 그러나 개혁의 속도를 놓고는 항시 돌다리도 두드려 보고 지나가는 격의 의견을 제시하여, 소위 등소평이 말하는 '담을 좀 더 크게, 발걸음을 좀 더 빠르게(膽子再大一點, 步子再快一點)'를 개혁파의 표준으로 삼는다면 그의 경제관점은 정치적 관점보다는 다소 완화된 온건개혁파에 속한다고 보겠다. 그는 1992년 10월 중공 14기1중전회와 1997년 9월 15기1중전회에서 중앙정치국 상무위원직에 연임됨과 동시에, 1993년 3월에 이어 1998년 3월 정협 제8기 전국위원회에 주석에 당선됨으로써 명실상부한 중국통일전선 조직의 최고 영도자가 되었다.

이서환은 출신성분은 비록 목공이지만 고전문학에 조예가 깊어 1987년 천진백화문예출판사에서 출판한 『고전시사백과묘사사전 (古典詩詞百科描寫辭典)』 서문에 "달은 언제나 정이 있어 정은 가슴속에 가득하나, 달을 노래하는 시상이 떠오르지 않아 시를 짓기 어려워라 (常月有情情滿

懷, 頌月無詩詩難覓)"의 글을 써 문인들의 격찬을 받기도 했다. '군자는 의를 논하고, 소인은 이를 따진다(君子喩於義, 小人喩義利)'를 좌우명으로 삼고 있는 그는 무당파 및 군소 정당 인사들과 교분이 두터우며, 특히 홍콩이나 마카오 등 화교 인사들로부터 상당한 지지를 받고 있다. 강택민 - 이붕 - 주용기 간에 권력투쟁이 노출될 때 의외의 대안으로 떠오를 수 있는 위치에 있다.

5. 호금도(胡錦濤, Hu Jintao, 1942~   )
- 당 중앙정치국 상무위원·중앙서기처 서기, 국가부주석, 당·국가중앙군사위원회 부주석

호금도는 한마디로 '21세기 중국을 이끌어 갈 준비된 지도자'다. 중국공산당 중앙정치국 상무위원·중앙서기처 서기, 중앙당교 교장, 국가부주석, 그리고 중앙군사위원회 부주석 등 당·정·군의 실질적이고도 상징적인 관직을 모두 겸임하고 있다. 그리고 정치국 상무위원 중 최연소자다.

▶ 명문 청화대학 출신의 테크노크라트

원적은 안휘성 적계현(績溪縣)이나, 사업가인 아버지를 따라 상해에서 출생하였다.[7] 1959~1965년 청화대학 수리공정과를 졸업(공정사)하였고 재학중인 1964년 4월 공산당에 입당하였다. 청화대 졸업 후 잠시(1965~1968) 모교에 남아 정치지도공작에 종사하다가 문혁이 발발하자 1968~1969년 수리전력부 유가협(劉家峽) 공정국 방건대(房建隊)에서 노동에 종사하기도 했다. 1969~1974년 수리전력부 제4공정국 813분국 기술원·비서·기관 당총지부 부서기를 거쳐, 1974~1975년 감숙성 건설위원회 비서, 1975~1980년 잠숙성 건설위원회 설계관리처 부처장, 1980~1982년 감숙성 건설위원회 부주임, 공청단 감숙성위 서기로 승진하는 한편, 중앙당교 간부양성반에서 학습하는 기회를 갖게 된다. 1982년 당 제12기 중앙

후보위원, 공청단 중앙서기처 서기(제1서기, 王兆國), 동 제1서기, 전국청년연맹(靑聯) 주석, 중국소년선봉대 공작위원회 주임, 제6기 전국 정협 상무위원 당선되었다. 그리고 1985~1988년 귀주성 당위 서기 겸 중공 제13기 중앙위원(1987~)에 당선됨으로써 고급간부의 반열에 진입하게 된다.

감숙성 공작을 계기로 호금도는 지방공작의 경험을 시작하게 되었고, 이때 청화대학 선배인 송평(감숙성당위 제1서기)과 그의 처 진순요(陳舜瑤)를 만난다. 송평 부부는 모두 청화대학 학생간부 출신이며, 특히 송평의 부인은 오랫동안 청화대학에서 당무공작에 종사하였기 때문에 청화대학 학생 간부출신인 호금도에 대한 인상은 자연히 좋을 수밖에 없었다. 호금도가 감숙성 건설위원회 부주임이 된 지 몇 개월 안 되어 송평은 호금도에게 중앙당교 간부양성반(培訓班)에 학습할 기회를 주었고, 동시에 공청단 감숙성위 서기에 임명하였다. 호금도가 당교에서 훈련을 받고 있는 동안 송평은 중앙정부의 국가계획위원회 부주임으로 승진(훗날 중앙정치국 상위까지 올랐다)하였다. 한편 호금도는 당교에서 청화대 재학시절 동대학 당위서기였던 장남상을 만난다. 장남상은 당시 중앙당교 제1부교장으로 사실상 실권을 장악하고 있었다(당시 교장은 왕진이었으나 명의만 걸어놓고 있었다). 따라서 당 중앙조직부 및 공청단 중앙이 중앙당교 '청년간부배훈반'에 청년간부의 추천의뢰가 있었을 때 장남상은 자연히 호금도를 1순위로 추천하게 된다.

물론 호금도는 당시의 인선조건에 부합되는 조건을 갖추고 있었다. 당시 중앙조직부와 공청단 중앙이 요구한 인선의 필수조건은 첫째 연령이 45세 이하일 것, 둘째 청년공작경험이 있을 것, 셋째 학력을 갖추고 기층공작 단련경력이 있을 것, 넷째 정치사상이 온전할 것 등이었다. 따라서 호금도는 이러한 조건에 하자가 없는 데다가 장남상의 소위 '청화대학' 힘이 작용하여 1982년 12월 공청단 중앙서기처 서기에 선임될 수 있었다.

호금도는 공청단 중앙에 진입한 후 곧바로 호요방의 신임을 얻어, 왕조국(당시 공청단 중앙서기처 제1서기)이 교석에 이어 당 중앙판동청 주임으로 승진하자 호요방과 교석(당 중앙조직부장)의 동의로 왕조국의 후임 공청단 제1서기가 된다. 그후 호요방과 교석의 건의로 호금도는 최연소(42세) 성급 당위 서기(귀주성)가 되어 기층영도자의 경험을 다지게 되었다. 일설에 의하면 당시 호요방과 교석은 호금도를 당 중앙선전부장에 기용하려 했으나 '태자당' 및 박일파를 중심으로 한 당원로들의 반대에 부딪혀 먼저 기층영도경험을 단련하게끔 귀주성으로 보냈다고 한다.

1988～1993년 서장(티베트)자치구당위 서기로 이동되어, 제7기 전인대 대표, 서장군구 당위 제1서기를 겸임하게 된다. 귀주부임 후 호금도는 '관료적 기질이 적고, 기층 속에 깊이 파고든다'(官氣少, 深入基層)는 호평을 받았으며, 2년 동안 귀주성 전체 86개 시·현·구를 골고루 돌아볼 정도로 민심과 함께 호흡하는 지도자로 성숙해 갔다. 특히 그는 지식인 정책에 관심을 쏟았을 뿐 아니라, 스스로 귀주대학 수학과 전자계산학 전공 85학번의 방청생이 되어 젊은 학생들과 함께 공부하는 열의를 보였다.

그는 1992년 10월 중앙정치국 상무위원에 당선될 당시 서장(티베트)자치구 당위 서기로 있었다. 1988년 호금도가 서장자치구 당위 서기로 자리를 옮길 당시 티베트는 '티베트 독립'을 요구하는 시위가 격렬했으며 폭력충돌로 많은 사람이 회생되는 등 사태가 악화일로에 있었다. 이런 때 자천이던 타천이던 서장자치구 당위 서기가 된 것은 호금도로서는 대단한 정치적 도박이었다. 그가 서장에 부임하자 장족(藏族)간부 열지(熱地, 당시 자치구 당위 부서기, 현재 동 인대 상무위원회 주임)는 비협조적인 태도를 보여, 당위 소집조차 몇 차례 무산되었다. 1개월이 채 못되어 티베트의 대부 반선(班禪)이 사망하고 티베트 독립운동은 격렬해져 관방과 장족 쌍방간에 총격전이 벌어졌으며 국무원은 라사(서장의 수도)지역에 계엄을 선포하기에 이르렀다. 그러나 호금도는 담담하게 인내와 지혜로 슬기롭게 열지 등 장족간부들의 그에 대한 경계심을 줄여나가자, 당위에서도 논쟁이나 이론의 분기가 줄어들었다. 따라서 원래 호금도의 중용을 거부했던 박일파 등 원로들도 그를 인정하게 되었다. 동시에 그의 티베트 문제에 대한 민활한 대처와 문제발생의 원인을 정확하게 중앙에 건의, 중앙의 진압정책에 오차가 없도록 한 점 등 때문에 등소평과 진운으로부터 좋은 인상을 받기 시작했다.

▶ 49세에 정치국 상무위원이 된 차세기의 선두주자

1992년 10월 호금도의 정치국 상무위원 기용배경은 운과 능력과 조건이 모두 그에게 유리하게 작용했기 때문이다. 북경의 한 소식통에 의하면 진운 등 보수파 원로들은 당 14기 중앙정치국 상무위원회에 원래의 위원에서 1인을 퇴진시키고 2인을 보충하고자 하는 의견이 있었다고 한다. 즉 건강상태가 좋지 않고 등소평이 싫어하는 요의림(보수파)을 퇴진시키는 동시에 국무원 부총리 및 중앙군사위원회 부주석을 각각 겸임할 2인을 입국시키려 하였다. 그러나 등소평은 정치국상무위원회에 '차세기의 후계자'가 있어야 됨을 주장하였고, 또 송평(13기 중앙정치국 상무위원)은 70세가 넘은 동지들은 모두 퇴진해야 함을 강조, 스스로 이를 실천함으로써 송평과 같은 특징을 갖춘 후계자 문제가 제기되었다. 이러한 상황하에서 강택민·이붕·이서환은 정부요직의 겸임을 고려하여 모두 유임되고, 주용기는 등소평의 원모로 요의림과 대체되었으며, 유화청은 중앙군사위원회의 일상공작주재의 명분으로 기용되었다. 그러면 '차세기의 후계자'에 부합되는 연령층의 인물은 자연히 송평(당의 조직)의 후임자의 역할을 맡게 되어 있었다. 이에 누구보다도 호금도가 가장 유리한 객관적 조건을 갖추고 있었다. 뿐만 아니라 친 조자양파가 아니기 때문에 강택민과 이붕 역시 그를 싫어하지 않았다. 교석 역시 그가 당 중앙조직부장 시절 '제3세대 후계자'로 호금도를 눈여겨 키웠던 터라 이에 찬동하였다. 북경의 한 소식통에 의하면 교석과 송평이 정식으로 호금도의 기용을 제의하였다고 한다. 특히 송평은 호금도를 들어 첫째 우리들 스스로가 배양한 지식분자이며, 둘째 장기간에 걸친 기층공작 및 영도공작을 통해 하자가 없는, 믿을 만한 사람으로 기본적으로 성숙된 간부임이 증명되었고, 특히 티베트공작의 경험으로 보아 신뢰할 수 있는 청년간부임이 확실하다는 점을 들어 그의 정치국 상무위원 기용은 결코 하자가 없는 선택임을 강조하였다. 이상과 같은 점으로 보아 호금도의 정치국 상무위원회 진입은 확실히 송평의 작용이 컸던 것으로 보인다.

어쨌든 호금도는 1982년 39세의 나이로 당 중앙위원 대열에 들어섰고, 49세의 젊은 나이에 중국을 움직이는 최실세그룹의 1인인 중앙정치국 상무위원이 되었다. 1992년 중앙서기처 서기를 겸직함과 동시에 송평이 맡았던 당의 조직업무를 통괄하면서, 1993년 교석에 이어 중앙 당교 교장도 겸직하게 되어 고급 간부들을 배양하고 안배하는 막중한 역할을 담당하였다. 중앙당교 교장직을 통해 중앙 및 전국 곳곳의 수많은 지방간부들과 인연을 맺어둔 것은 큰 자산의 하나다. 등소평 사후 처음 열린 당 15대1중전회에서 그는 정치국 상무위원과 서기처 서기에 연임되었고, 또 제9기 전인데 제1차 회의에서 국가 부수석에도 당선되었다. 1999년 9월 15대4중전회에서 중앙군사위원회 부주석까지 겸직하게 되어 군부에 대한 어느 정도의 장악력까지 갖게 되었다. 그리고 동 회의에서 차세대를 이끌 '영도소조'의 조장직을 맡게 되었다.[8] 2002년 16전대에도 다른 정치국 상무위원들과는 달리 그의 나이는 60세에 불과할 것이다. 따라서 그는 강택민 이후 차세기 중국을 이끌 최고지도자 0순위의 위치에 있다. NATO군의 유고슬라비아 주재 중국대사관 오폭사건으로 격렬해진 대학생들의 반미 데모를 선동적으로 격려할 만큼 정치적 감각이 예민하다.

그는 원래 타고난 능력과 민활한 두뇌회전, 그리고 사람을 편하게 하는 품격을 갖추고 있어 가까이 하기에 편한 사람이다. 그는 또 문학과 음악 및 무용을 좋아하는 다재다능한 청년지도자이다. 굳이 성분을 따진다면 호금도는 당 방침을 충실히 이행하는 중도 온건적 성향의 실천가로 현재 주용기와 함께 대내외적으로 가장 주목받고 있는 인물이다.

6. 위건행(尉健行, Wei Jianxing, 1931~   )
- 당 중앙정치국 상무위원 · 중앙기율검사위원회 서기 ·
중앙서기처 서기

위건행은 친 교석 계열로 분류되는 기율검사부문의 베테랑이다. 교석과 동향인 절강성 신창현(新昌縣) 출신으로 1949년 공산당에 입당하였다. 1949~1952년 대련공대(學院) 기계과를 졸업(고급공정사)한 후, 1952~1953년 동북공업국 유색금속관리국 무순(撫順) 러시아어 훈련반에서 러시아어를 공부하였고, 1953~1955년 소련에 유학하여 기업관리를 전공하였다. 즉 교석은 1950년대 당 중앙이 고급간부의 자제 및 근정묘홍(根正苗紅) 출신 청년간부를 소련유학생으로 선발할 당시 그 대열에 끼어 파견된 행운아다.

▶ 소련 유학파 테크노크라트

유학 후 주로 동북지방에서 기층공작에 종사했다. 1955~1966년 국영동북경합금가공창 생산계획과 부과장·과장, 창장판공실 주임, 창 생산총지휘, 창당위 서기를 거치면서, 흑룡강성 특급 노동모범자로 선발되기도 했으나, 1966~1977년 문혁 기간 중 하방되어 작업장에서 노동개조를 받았다. 1970년 복권되어 1980년까지 국영동북경합금가공창 생산부장, 혁명위원회 부주임, 당위 부서기, 창장, 당위 서기를 거치면서 기층공작의 경력을 쌓아갔다. 1980~1981년 중앙당교 중청년간부훈련반에서 학습한 후, 1981년 이후 하얼빈시 당위 부서기(흑룡강성 당위 서기 : 李力安), 하얼빈시장 전국총공회 부부석, 동 서기처 서기 겸임, 당 중앙위원 당선 등으로 지방 당·정 지도자로서의 경험은 물론, 중앙진출의 기회를 포착한다. 흑룡강성 당위 서기 이력안이 당 중앙고문위원회 비서장으로 발탁되자 그에게도 중앙진출의 기회가 주어졌다. 1983~1984년 전국총공회(노동조합) 부주석, 동 서기처 서기로의 발탁이 그 시초다.

그후 1984년 동향출신인 교석(당 중앙조직부장)의 눈에 들어 중앙조직부 부부장이 되면서부터 오늘로 이어지는 출세의 길이 열렸다. 1년 후 교석이 중앙정치국 위원 겸 중앙서기처 서기로 승진하자 위건행은 전임자인 교석의 추천으로 후임 당 중앙조직부장(1985년 ~1987년)이 된다. 위건행은 중앙조직부장 재임중 그 공작태도나 작풍이 교석과 아주 흡사하여 청렴결백은 타의 추종을 불허했다고 한다.

▶ 친 교석 계열, 감찰부문의 베테랑

호요방이 실각하자 위건행은 보수파의 공격으로 국무원 감찰부 부장(1987~1993)으로 자리를 옮기게 된다. 당시 보수파는 위건행에게 어떠한 흠도 찾아 낼 수 없었음은 물론, 청렴봉공성에 있어서는 위건행에 미치지 못하였기에 무난히 감찰부로 자리를 옮길 수 있었다. 사실 감찰부는 권력의 위상에 있어 당 중앙조직부에 못 미치는 곳이다. 호요방의 실각으로 결국 위건행은 강등 당해야 하는 신세를 면힐 수 없게 된 셈이었다. 위건행은 감찰부 부장에 취임한 후 상당 기간 동안 감찰에 관련된 법규를 정비하고 전국 각지에 감찰청, 감찰국 등 감찰부의 하부기관을 정비하는 데 혼신의 정력을 쏟았다. 그리고 각급 간부의 부패행위를 개혁·개방의 저해차원에서 일소했다.

<남순강화> 이후 개혁의 가속화 바람을 타고 재기의 기회를 맞은 그는 1992년 10월 당 14전대 이후 가장 많은 직위를 맡게 되었다. 그것도 당의 요직인 중앙정치국 위원, 중앙서기처 서기와 중앙기율검사일원회 서기를 겸직하게 되었다. 그리고 1995~1997년 진희동이 부정에 연루되어 파면되자 북경시 당위 서기까지 겸임하였다. 즉 13기 때 교석이 맡았던 요직을 고스란히 승계하였다. 감찰부장 시절 부부장이던 서청(徐靑, 13기 부서기), 하용(何勇, 13기 상무위원, 14기 부서기) 등은 모두 위건행을 따라 중앙기율검사위원회 부서기로 자리를 옮겼다. 14대 이후 중앙기율검사위원회의 권한은 더욱 강화되고 있다. 따라서 위건행의 위상 또한 이전과는 비교가 되지 않을 정도로 막강해지고 있다. 위건행의 15기 중앙정치국 상무위원 진입은 지속적인 경제개혁정책의 추진과 이의 장애물에 대한 적극적인 척결의 의지가 내포된 것이라 보겠다.

위건행의 정치국 상무위원 발탁과 기율검사위원회 서기 연임은 전인대

위원장을 맡았던 교석의 지지자들에 대한 강택민의 배려(?)로 보고 있다.

7. 이남청 (李嵐淸, Li Nangqing, 1932～   )
― 당 중앙정치국 상무위원 겸 국무원 제1부총리

이남청은 주로 대외투자관리부문에서 일하면서 대외경제 전문가로 명성을 쌓았다. 강소성 진강(鎭江) 출신으로 명문 상해복단(復旦)대학 기업관리학과를 졸업하였다. 주용기와 호흡이 맞은 시장경제의 신봉자다. 1949～1952년 복단대학 학생회 부회장으로서 학생운동에 적극 가담했고, 1952년 중국공산당 입당한 중공 '제3세대' 지도자, 1952～1956년 장춘 제1자동차 제조창 계획과 계획원·부과장을 거쳐, 1956～1957년 소련 모스크바 자동차공장에 파견되어 과학기술을 익힌 테크노크라트다.

▶ 기업관리학 전공의 대외경제 전문가

이남청은 지식인 가정에서 태어나 부친의 영향을 받아 어릴 적부터 학문에 심취할 수 있었다. 소련 유학 후 1957～1959년 장춘 제1자동차제조창(창장, 饒斌) 계획처 과장 겸 동북인민대학 경제연구소 초빙연구원을 겸하고 있을 때도 자주 학술세미나에 참가하여 논문을 발표하는 등 그의 학구열은 변함이 없었다. 그가 중앙무대에 발탁된 것도 장춘 제1자동차제조창 재직시 창장이던 요빈(전 松江省 당위 부서기)이 학구적인 이남청을 아주 잘 보았기 때문이다. 요빈이 제1기계공업부 부부장으로 승진하자 이남청 역시 그의 비서가 되어 중앙무대에 진출하게 된다. 당시 제1기계공업부장은 조이륙 장군(趙爾陸 上將, 국방공업위원회 계통의 지도자)이었는데 조이륙 역시 이남청을 인상깊게 보아 직접 국가경제위원회 주임인 박일파에게 소개하게 되었다. 1960년 조이륙이 동 위원회 부주임이 되고, 다음해 요빈 역시 부주임으로 승진하자 이남청은 국가경제위원회 주임실 비서로 발탁되었던 것이다.

문혁이 시작되자 박일파, 조이륙 등은 박해를 받게 되었고, 이남청 역시 하방(1969~1972년)되어 5·7간부학교에서 노동개조를 받게 된다. 이남청으로서는 문혁 중 박일파, 조이륙 등 거물들과 함께 박해를 받은 것이 훗날 큰 정치적 밑천이 되었다. 사실 박일파야말로 80년대이래 중국의 주요 인사를 주무른 사람으로서 이남청은 박일파의 도움을 가장 많이 받았다해도 과언이 아니다. 박일파가 복권되어 국무원 부총리로서 경제업무를 주관하고 요빈이 제1기계공업부장으로 있을 때 이남청은 국가수출입(진출국)위원회 정부차관판공실 책임자(1981~1982년)가 되어 중국의 대외무역업무를 주도하다시피 했다. 이남청은 장기간 대형기업에서 근무한 실전경험9)을 살려, 정부차관을 적절히 배분, 국제경쟁력이 있는 상품생산의 기반을 마련하였고, 전국 각지에 대외무역 진진기지를 건설하는 데 남다른 민첩성을 보였다. 중국은 1982년 대외무역관리체계의 개혁을 시도, 국가수출입관리위원회·대외무역부·대외경제연락부·국가외국투자관리위원회·수출입상품검사국을 합병하여 대외경제무역부를 창설하였고, 초대 부장에 진모화(전 전인대 상무부위원장, 중앙정치국 후보위원)를 임명했다. 당시 이남청은 동 부의 외자관리국장(1982~1983년)으로서 국외자금과 기술도입국장직을 맡고 있었다. 진모화는 상당히 보수적이고 이념성이 강한 여성 정치인이었다. 개방초기 중국내부에서는 외자도입과 기술도입의 찬반을 놓고 보·혁간에 갈등이 심화되었고, 따라서 개혁지향적인 이남청으로서는 진모화와 함께 일하기가 쉽지 않았다. 그때 마침 천진시 당위서기 진위달(陳偉達)의 요청이 있어 이남청은 천진으로 외도, 천진의 대외무역·개방구·관광·항구관리 주관 부시장 및 천진시 당위 대외경제무역위원회 서기가 되어 시장인 이서환을 보좌하였다.

천진시 재임중 이남청의 업적으로는 첫째 전국 제1의 외국인투자복무(서비스)중심(센터)을 건설한 점, 둘째 천진항에 대한 관리권을 중앙이 천진시에 위임해 줄 것을 요구한 점, 셋째 천진경제개발구 건설공작의 참여 등을 들 수 있다. 천진에서의 근무경험 역시 이남청에게는 큰 정치적 자산이었다. 특히 이서환과 진위달 간의 투쟁의 와중에서 그는 이서환을 지지하는 입장을 취함으로써, 1989년 이서환이 중앙정치국 상무위원이 되자 이남청은 자연히 승진의 과실을 얻게 되었다. 물론 이남청은 1985년 진모화가 물러나자 대외경제무역부 부부장이 되어 외도를 마치고 본가로 돌아왔다. 소식통에 의하면 당시 그가 대외경제무역부로 복귀하는 데는 조자양이 직접 점지하였고, 또 조자양은 이남청에게 대외무역체제의 개혁임무를 맡긴 것으로 전한다. 당시 이남청은 부부장이었지만 부장 정탁빈(鄭拓彬)은 교육수준이 낮고 대외무역발전에 적응할 능력이 부족한 원로였기 때문에 이남청이 거의 부의 일상업무를 주재하다시피 했다. 그 후 1990년 12월 부장으로 승진했다.

▶ 주용기와 의기투합, 중국시장경제의 견인차

이남청은 대외경제무역부 재직 중 대외무역체계에 일대 혁신을 단행했다. 예컨대 보세구역의 건설, 전면적인 무역도급제(承包制) 실시, 세제개혁, 경영체제의 개혁 등 제도개혁에 박차를 가하는 한편, <대외무역법>, <반덤핑법> 등을 제정하고, 유동환율제를 실시하는 등 중국의 대외무역체계를 국제무역규범에 맞게끔 고쳐나갔다. 그리고 스스로 '실용주의 간부,' '개혁주의 간부'로서의 이미지를 굳혀갔다. 그 결과 그는 1987년 당 제13기 중앙위원회 후보위원에 당선되고, 1990~1993년 3월 대외경제무역부장, 당조 서기, 국무원 경제무역판공실 부주임(주임, 주용기)을 거쳐 1992년 10월 당 14대1중전회에서 중앙정치국 위원으로 발탁됨으로써 중국의 최고지도층에 진입하게 되었다. 이듬해 3월 제8기 전인대 제1차 회의에서 국무원 부총리에 선임되어 주용기를 보좌하여 대외경제업무를 책임지게 된다. 1997년 9월 당 15대1중전회에서는 중앙정치국 상무위원으로 승진하였고, 1998년 3월 제9기 전인대 1차 회의에서 국무원 제1(상무)부총리에 당선됨으로써 중국 최고권력 엘리트그룹의 일원이 되었다.

이남청은 당 13기(1987) 중앙위원회 후보위원에서 10년만에 일약 중앙정치국 상무위원까지 오른 중국의 떠오르는 붉은 별이다. 그의 빠른 성장은 그가 주관한 대외무역부의 실적과 유관하다. 그는 중국의 개방초기 외자와 과학기술도입을 선도한 주요책임자인 동시에 대외무역 관련 업무체제의 개혁을 주도했다. 1992년 이남청이 중앙정치국 위원에 발탁된 결정적인 요인은 대외무역부장 겸 국무원 경제무역판공실 부주임(주임, 주용기)으로 재직하면서 중국의 대외무역총액을 초과달성(90년에 비해 10%증가, 1,500억 달러를 초과달성)한 공로를 인정받았기 때문이었다.

그는 당 14전대 이후 가장 매스컴을 많이 타는 정치국위원이 되었다. 이는 바로 중국의 개혁·개방정책과 이남청의 존재가 깊은 함수관계에 있음을 증명해주는 것이다. 이남청은 영어와 러시아어를 구사할 줄 알며, 신문이나 잡지에 자주 논문을 발표하고 있으며 지금까지 총 6권의 전문서를 펴냈다.

그는 현재 국무원 제1부총리(전임, 주용기)로서 대외경제업무를 총괄하고 있다. 주용기와 호흡이 맞으며, 1990년 국무원 경제무역판공실 근무(부주임) 이후 주용기(당시 동 판공실 주임)의 뒤를 따르고 있다. 주용기가 가는 곳에는 항시 이남청이 받치고 있다. 중국의 경제는 주용기 - 이남청을 잇는 개혁파들과 운명을 같이하고 있다. 이남청은 전형적인 기술관료로서 자신을 지킬 줄 아는 사람이다. 즉 바람이 셀 때에는 고개를 숙이고 때를 기다리는 스타일이지, 결코 고개를 내밀어 자기를 희생하지는 않는다.

제2절　신 강택민 정권 지도체제의 구성과 강택민의 리더십

1. 신 강택민 정권 지도체제의 사회적 배경

1) 공산당 지도 엘리트의 사회적 배경

1997년 9월 19일에 소집된 당 15대1중전회는 <표 4 - 1>과 같이 당의 새 지도체제를 구성했다.[10]

<표 4 - 1> 중국공산당 제15기 최고지도체제의 구성 변화

	유 임	신 임	탈 락
중앙위원회 총서기	강택민		
중앙정치국 상무위원	강택민, 이붕, 주용기, 이서환, 호금도	위건행, 이남청	교석, 유화청
중앙정치국 위원 <후보위원>	정관근, 전기운, 주용기, 강택민, 이 붕, 이남청, 이철영, 이서환, 오방국, 호금도, 강춘운, 전기침, 황국▲, 위건행, 사비	이장춘, 오관정, 지호전, 장만년, 나간, 가경림, 온가보 <후보> 증경홍, 오의	교석, 유화청, 진희동▼, 추가화, 양백빙, 담소문 (사망) <후보>온가보, 왕한빈
중앙서기처 서기	호금도, 위건행, 정관근, 온가보	장만년, 나 간, 증경홍	임건신, 오방국▲, 강춘운▲
중앙기율 검사위원회	<서기>위건행 <부서기> 趙慶澤	<부서기>韓杼濱, 何勇, 周子玉, 夏贊忠, 劉麗英(여)	<부서기>候宗賓, 陳作霖, 王德英, 徐 青

참고 : 1) ▲ 표 : 1994년 9월 14대4중전회에서 승진.

　　　 2) ▼ 표 : 1995년 9월 14대5중전회에서 해임.

▶ 강택민 총서기의 재집권과 중앙위원의 질적 수준 제고

중국공산당의 대표적 지위인 중앙위원회 총서기의 경우, 강택민이 그대로 유임되었다. 강택민은 1989년 6·4사태 이후 열린 13대4중전회에서 조자양으로부터 직위를 승계 받은 후, 1992년 14전대에 이어 15전대에서도 그대로 유임되었다.

한편, 당 15기 중앙위원회의 경우 총 344명을 선출하였다. 이 중 193명은 정위원이고, 나머지 151명은 후보위원이다. 이들의 평균연령은 55.9세로 14기(56.3세)보다 약간 낮은 편이다. 61세 이상은 19.8%(68명), 56～60세는 34.3%(118명), 그리고 55세 이하가 45.9%로 비교적 젊은 층으로 구성되었다. 다음 중앙위원의 학력을 보면 전문대 이상 졸업자는 92.5%였다. 이는

13기의 73.7%, 14기의 83.7%보다 월등히 높다. 그리고 출신별로 당·정간부는 70.1%(241명), 군간부는 18.1%(62명)이며, 그 중 소수민족 간부는 38명, 여성간부는 25명이다(<표 4 - 2> 참조).[11]

<표 4 - 2> 중국공산당 중앙위원회 위원의 구성 변화

구분	전체중앙위원		평균 연령	직업배경(%)			전문가 비율(%)	교육수준 (전문대이상,%)
	수	신임		군	당, 정부	대중 조직		
8기	170	102(60%)	56.4	28.2	64.7	7.1	-	40.2
9기	279	226(81%)	59.0	44.1	27.6	28.3	1.8	23.0
10기	319	113(35%)	62.0	30.4	29.8	39.8	2.1	27.6
11기	333	146(43%)	64.6	30.9	40.5	28.5	2.7	23.7
12기	348	210(60%)	62.0	21.5	66.7	11.8	17.0	55.4
13기	285	193(68%)	55.2	12.6	77.5	9.8	20.0	75.3
14기	319	150(47%)	56.3	22.2	77.8		44.5	83.7
15기	344		55.9	18.1	70.1			92.5

자료 : 1) 서진영, 『현대중국정치론』(나남출판, 1997), p. 516.

　　　 2) 15기는 『人民日報』, 1997年 9月 19日, p. 1.

이상 당 15기 중앙위원 구성의 특징은 간부의 4화 - 혁명화, 연소화, 지식화, 전문화 - 의 정책에 더욱 충실했음을 알 수 있다. 즉 11대3중전회 이후 강력히 추진하고 있는 간부의 연소화, 전문화 및 지식화가 상당히 가속화되고 있다고 볼 수 있다. 14기 중앙정치국 위원이었던 교석, 유화청, 양백빙과 추가화, 그리고 정치국 후보위원이었던 왕한빈이 중앙위원에서 탈락하였으며, 중앙군사위원회 부주석이었던 장진 장군과 최고인민법원장이었던 임건신도 중앙위원에서 탈락하였다. 이들의 공통점은 모두 연령이 70세 이상이라는 것이다. 그러나 연령과는 관계없이 소위 태자당이라 불리는 등복방(鄧樸方, 등소평의 장남: 중국장애자연합 이사장)과 습근평(習近平, 習仲勛의 자)은 탈락되었다. 반면 전 당 중앙위원회 주석 화국봉이 중앙위원에 복귀한 것이 특이한 사실이다.

▶ 중앙정치국 : 강택민 중심의 세력균형

이른바 중국의 최고지도층인 15기 중앙정치국 위원은 다음 <표 4 - 3>과 같이 구성되었다. 먼저 중앙정치국 상무위원의 경우, 7명 중 5명이 유임되고, 2명이 교체되었다. 강택민과 이붕·주용기·이서환·호금도는 유임되었고, 위건행과 이남청은 정치국위원에서 승진한 반면, 교석(73세)과 유화청(81세)은 탈락하였다. 7명의 최고 권력실세 중 2명이 교체되었다.

다음으로 중앙정치국 위원의 경우, 위의 상무위원 외에, 정관근·전기운·이철영·오방국·강춘운·전기침·사비·황국(14대4중전회에서)은 유임되고, 이장춘·오관정·지호전·장만년·가경림은 새로 발탁되었으며, 온가보는 후보위원에서 승진하였다. 그리고 증경홍과 오의가 후보위원에 발탁되었다. 반면, 탈락자는 상무위원 교석(73세), 유화청(81세, 軍)을 비롯하여 양백빙(77세, 軍)과 추가화(71세), 그리고 후보위원 왕한빈에 불과했다. 물론 담소문은 14기1중전회 직후에 사망했으며, 진희동은 이미 부패에 연루되어 1995년 5월 14대 5중전회에서 해임되었다. 위원 역시 교체비율이 아주 낮게 나타나 안정지향적 개편이었다고 하겠다. 특히 중앙정치국 상무위원인 당 총서기 강택민, 9기 전인대 상무위원장 이붕, 동 국무원 총리 주용기, 정협 주석 이서환, 동 국가부주석 호금도의 유임은 이를 뒷받침한다.

이들 정치국 성원의 성분은 본장 '제3절'에서 상세히 분석하겠지만, 우선 연령적으로 젊고, 대부분 공학계열을 전공한 테크노크라트 출신으로 간부 4화 정책에 부합되는 인물이다. 그리고 문민의 경우 이공계 명문인 청화대학 출신의 부각이 눈에 띤다. 군 출신은 2명에 불과하고, 지역적으로 화동인맥이 다수를 차지하고 있다. 특히 신임 지방당료 출신들은 생산현장(국유기업)에서 엔지니어 및 관리 경험이 있는 자(황국, 이장춘, 오관정, 가경림, 증경홍, 오의 등)들이 돋보인다.

<표 4 - 3> 중공 15기 중앙정치국 위원의 사회적 배경 (1997~)

	연령	출생	학력,전공 (자격)	군대	유	주요 경력	겸직
江澤民 (상위)	71	강소 (도)	상해교통대 전기과, 蘇1년 연수, 工	-	유	전자공업부장, 상해시장·서기	국가주석, 당총서기, 군위주석
李 鵬 (상위)	69	사천 (상해)	모스크바동력 대수력발전과, 工	-	유	전력공업부장, 국가경제체제 개혁위주임, 총리	전인대 위원장
朱鎔基 (상위)	69	호남 (도)	청화대전기과, 고급工	-	유	상해시장·서기, 중국인민은행장	국무원 총리
李瑞環 (상위)	63	천진 (도)	북경건공업여 대건축접공학	-	유	共靑團서기, 친진시기	전국정협주석
胡錦濤 (상위)	55	안휘 (상해)	청화대수리공 학과, 工	-	유	共靑團서기, 전국 靑聯주석, 귀주·서장서기	서기처서기· 黨校교장,국가· 군위 부주석
尉健行 (상위)	66	절강 (농)	대련공대기계 과, 蘇유학, 고급工	-	유	당조직부장,감찰부 장,북경서기, 總工會주석	中紀委·서기처 서기
李嵐淸 (상위)	65	강소 (농)	복단대기업관 리과, 蘇유학	-	유	대외經貿부장, 천진부시장,經貿판 공실부주임	상무부총리
丁關根	68	강소 (농)	상해교통대 운수관리과, 고급工	-	유	철도부장,대만판공 실주임,서기처서기 ,통전부장	서기처서기, 선전부장
田紀雲	68	산동 (농)	중졸(회계)	-	유	사천재정청장,부총 리,요령·하남서기	전인대부위원장
李長春	53	요령 (도)	하얼빈공대전 기과, 工	-	신	심양서기, 요령·하남서기	광동서기
이철영	61	호남 (도)	체코카리시대 물리과(체코), 고급工	-	유	요령서기,전자공업 부장,교육위주임, 국무위원	사회과학원장
오방국	56	안휘 (농)	청화대전자과, 工	-	유	상해서기, 서기처서기	부총리

	연령	출생	학력,전공 (자격)	군	유	주요 경력	겸 직
吳官正	59	강서 (농)	청화대학원동 력과, 工	-	신	무한서기, 강서서기	산동서기
遲浩田	68	산동 (농)	해방군군사대 합성과	군구 政委	신	총참모장, 군위위원	군위부주석,국방 부장, 국무위원
張萬年	69	산동 (농)	해방군남경 군사대학기본 과	사령 관	신	광주·제남군구사령 원, 군위위원, 총참모장	서기처서기, 군위부주석
羅 幹	62	산동 (도)	동독후라이베 르크대기계제 조과, 고급工	-	신	하남서기, 노동부장, 국무위원겸비서장	서기처서기, 국무위원
姜春雲	67	산동 (농)	중국어문自修 大	-	유	산동서기, 서기처서기,부총리	전인대부위원장
賈慶林	57	하북 (농)	화북공대전력 과, 고급工	-	신	복건서기, 북경시장	북경시장·서기
錢其琛	69	상해 (도)	聖요한대, 蘇공청단학교	-	유	국무위원·외교부장	부총리
黃 菊	57	절강 (농)	청화대전기공 학, 日연수1년 (경영), 工	-	유	상해시장	상해서기
溫家寶	55	천진 (도)	북경지질대학원 지질구조과, 工	-	신	중앙판공청주임,정 치국후보위원	서기처서기, 부총리
謝 非	65	광동 (농)	고졸	-	유	광주서기, 광동서기	전인대부위원장
曾慶紅 (후보)	58	강서 (농)	북경공업학원 자동제어과, 工	-	신	상해부서기, 중앙판공실주임	서기처서기, 당조직부장
吳義 (후보)	59	호북 (도)	북경석유학원 석유경제과	-	신	북경부시장,대외무 역경제합작부장	국무위원

자료:『人民日報』(海外版), 1997年 9月 20日;『文滙報』, 1997年 9月 20日;
　　　『北京日報』, 1997年 9月 20日, 1版～3版에서 발췌작성.
참고: 1)상무위원은 서열순, 위원은 姓의 簡字體 순, 후보위원은 득표순.
　　　2) 연령은 1997년 10월 기준, 경력 및 겸직은 1998년 3월 기준.
　　　3) 工은 공정사 자격증 소지자임.

교체된 4명(교석, 유화청, 양백빙, 추가화)은 모두 70세 이상으로 형식상으로는 간부 노청교체의 원칙이 적용된 케이스다. 그러나 성분상으로는 양백빙의 경우 6·4사태 시 강경진압의 선두에 섰던 사람으로 군대내 '양가장'세력의 대부로 강택민에게 위협적인 존재였으며, 추가화는 이붕과 절친한 소련유학파 테크노크라트다.

교석과 유화청의 교체에 대해서는 설이 분분하나, 교체자의 연령이 70세 이상인 점에서 공통점을 찾을 수 있다. 그러나 이들의 퇴진은 연령만이 주요 원인으로 작용한 것은 아닌 듯 하다. 왜냐하면 교석의 퇴진은 보수세력의 선봉장으로 보수파 원로들의 지지를 받고 있는 이붕의 국무원 총리 연임(헌법상 2회 이상 연임할 수 없음) 후의 권력 안배와 유관한 것으로 분석된다. 교석의 탈락대신 '교석 맨'으로 통하는 위건행(기율검사위원회 서기)을 상무위원으로 승진시킨 점과 친 유화청 계열로 분류되는 장만년(張萬年)을 비록 정치국 상무위원보다는 격이 낮지만 중앙서기처 서기로 기용함으로써 권력투쟁의 양상을 최소화하려 하였다. 그러나 교석의 경우는 그의 퇴진에 대신해서 교석 맨으로 통하는 위건행을 발탁한데 반해, 군 출신은 당초 예상(장만년 중앙군사위원회 부주석과 지호전 국방부장 중 한 사람을 유화청을 대신해서 상무위원에 기용할 것이라는 당초 예측)을 뒤엎고 한 사람도 중앙정치국 상무위원에 기용하지 않은 것은 군부를 충분히 장악, 더 이상 군부에 영합할 필요가 없어졌기 때문으로 해석된다. 반대로 전형적인 경제관료형(주용기 계열)의 이남청과 기율검사의 베테랑인 위건행의 기용은 지속적인 경제개혁정책의 추진과 이의 장애물에 대한 적극적인 척결의 의지가 내포된 것이라 볼 수 있다.

이밖에 위원의 경우, 정관근은 강택민의 상해교통대학 후배로 철저한 등소평계 '새장정치(鳥籠政治)'의 신봉자다. 이철영은 같은 혁명열사의 자제로 강택민·이붕 등과 함께 동구권에서 유학한 테크노크라트다.[12) 오방국은 강택민·주용기에 이어 상해시장·당위 서기가 되었고, 강택민에 의해 정치국에 진입하여 부총리까지 겸직하게 된 지방 관료 출신이다. 강춘운, 사비 역시 오방국과 함께 강택민에 의해 지방(산동성과 광동성) 당위 서기에서 정치국위원에 유임된 인사다. 전기침은 상해에서 건국 전 항일구국학생운동을 주도하면서 당시 교통대학 재학 중 중국공산당의 지하당 운동에 관련했던 강택민의 상급자로서 인연을 맺은 바가 있는 범 상해 인맥이다.13) 이들에 비해 전기운은 조자양에 의해 사천에서 발탁된 친 조자양·친 교석에 가까운 재정금융통 엘리트다.

그리고 신임의 경우, 현직 북경시 당위 서기 가경림, 하남성 당위 서기 이장춘(현 광동성 서기),14) 산동성 당위 서기 오관정은 지방당위를 대표하는 자들로 비교적 계파색이 엷으나마, 강택민의 신임을 얻어 강택민에 의해 발탁된 인사들이다. 오관정은 주용기, 호금도, 오방국, 황국 등과 함께 청화대학의 소위 공학계를 졸업한 청화인맥의 중심 인물이나, 강택민에 의해 정치국위원에 이어 산동성 당위 서기로 영전되었다.15) 상해에서 강택민의 후광을 입으며 성장한 황국(유임),16) 진희동과 교석의 영향력을 제치고 북경시의 1인자가 된 가경림17)은 강택민 추종자로 분류된다.

그리고 후보에서 정위원으로 승진한 온가보는 서기처 총서기 강택민 아래서 서기로 당의 일상업무를 총괄하였다. 그가 지금의 직위와 연결되는 발판을 굳히는 계기가 된 당 중앙판공청 주임 영전은 당시 조직부장이었던 교석의 힘이 컸던 점으로 볼 때 교석과의 관계도 가볍지는 않다고 하겠다. 한편 10여 년간 국무원 비서장을 겸임, 국무원의 일상업무를 관장하고 각 부·위의 업무를 조정하고 있는 나간은 당·정·군내의 어느 계파에도 의탁하지 못하고 있지만, 직무상 국무원을 장악하고 있던 이붕 계열로 분류할 수 있다.

2인의 현역군인 정치국위원인 지호전과 장만년은 강택민에 의해 요직에 유임된 자들로 강택민 정권을 지켜주는 군내 버팀목이다. 지호전은 계파별로는 화동지구에서 맹위를 떨쳤던 제3야전군(사령관, 진의) 출신이다. 따라서 상해 중심의 화동 인맥과는 공동운명의 관계에 있었다. 강택민에 의해 상장에 진급하고, 국방부장에 올랐으며, 국방부장과 중앙군사위원회 부주석에 연임된 친 강택민 계열 군내 실세다.

장만년은 중앙군사위원회 위원 겸 총정치부 주임 우영파와 함께 임표

계열 제4야전군 출신이다. 6·4사태 이후 양상곤-양백빙 형제에 의해 광주군구 사령관에서 1990년 제남군구 사령관으로 좌천되었으나, 1992년 당 14대1중전회와 1993년 3월 제8기 전인대 제1차 회의에서 강택민에 의해 오히려 당 및 국가중앙군사위원회 위원과 인민해방군 총참모장을 겸임하게 되었다. 1993년 6월 상장으로 진급하고, 1995년 이후 지호전과 함께 당과 국가의 중앙군사위원회 부주석으로 승진하여 현재 연임중이다. 이어 15기에서 양백빙의 퇴진과 동시에 강택민 체제를 지켜주는 군의 버팀목으로 중앙정치국에 입국하였다. 중앙서기처 서기까지 겸임하고 있어 군부 실세 중의 실세로서의 위치를 공고히 하고 있다.

그리고 신임 2명의 후보위원 역시 강택민에 의해 중용된 인사다. 특히 증경홍은 1989년 강택민이 중앙에 진출할 때 함께 데리고 간 강택민의 최측근 참보다.18)

결국 새로 선임된 중앙정치국 위원 가운데 강택민의 지도력에 도전할 만한 인물은 사실상 없다는 것이 지배적인 견해이다. 왜냐하면 정치국 상무위원 중 누구도 강택민 이상으로 당·정·군을 장악할 수 있는 인사는 없기 때문이다.

▶ 친 강택민 중심의 중앙서기처, 중앙기율검사위원회의 위상 강화

중앙서기처와 기율검사위원회에도 기본적인 지도체제에는 큰 변화가 없다. 호금도가 서기처의 일상업무를 관장하고, 위건행이 기율검사위원회 서기로 그 직을 고수하고 있다.

호금도의 국가 부주석직 겸직과 위건행의 중앙정치국 상무위원 기용은 그 지도력을 더욱 강화시켜 주고 있다. 장만년의 중앙서기처 서기 기용은 군실세에 대한 배려로 풀이된다. 즉 14기 때 한 명도 없었던 중앙서기처 서기에 중앙정치국 위원 장만년 인민해방군 총참모장을 겸임케 한 것은 비록 중앙정치국 상무위원회에는 못 미치나 중국정치에 군의 영향이 건재함을 보여주는 것이다. 또한 강택민 정권 하 중앙서기처 구성원의 경우,

특이한 것은 서기 전원이 중앙정치국 위원(증경홍, 정치국 후보위원)으로 보강된 점이다. 심지어 2명의 정치국 상무위원(호금도, 위건행)이 서기처 서기직을 겸임하게 된 것은 전례에 없었던 일로 분명 중앙서기처의 위상 강화로 풀이된다. 서기처의 위상강화는 당의 노선과 정책의 강력하고 흔들림 없는 집행을 시사한다고 보겠다.

호금도와 위건행 이외 정관근과 온가보가 유임되었고, 장만년과 나간·증경홍이 새로 중앙서기처 서기에 발탁되었다. 반면 오방국(정치국 위원, 부총리), 강춘운(정치국위원, 전인대상무부위원장), 임건신(정협 부주석) 등은 서기처에서 물러났다. 호금도(공정사)는 정치국 상무위원으로서 국가부주석직도 겸임하고 있어 그 힘은 막강하다. 정관근(고급공정사)은 강택민과 동향인 강소(현 상해) 출신으로 강택민의 상해교통대학 후배다. 1989년 6·4이후 조자양계 급진개혁파 호계립·염명복·예행문(서기처 서기)이 실각한 자리에 파고 든 '새장정치'의 신봉자로 시장경제정책을 강조하는 온건개혁파다.[19] 유임된 온가보(공정사)는 1985년 이후 판공청 부주임, 주임을 거치면서 강택민 밑에서 당 중앙의 행정사무를 주관한 실무관료다. 현재 부총리도 겸직하고 있어 당·정업무를 연계하는 주요 역할을 하고 있다.[20] 신임 장만년은 6·4이후 양상곤-양백빙 형제에 의해 광주군구 사령관에서 제남군구로 좌천된 비교적 개혁성향이 짙은 군사엘리트다. 1993년 강택민에 의해 해방군총참모장에 발탁되고 상장에 진급하였으며, 1995년 중앙군사위원회 부주석(주석, 강택민) 승진한 군의 실세다. 나간(공정사)은 국무원 비서장을 역임한 만능간부로 현재 국무위원을 겸직하고 있다. 증경홍(공정사)은 강택민(상해시 당위 서기) 밑에서 상해시 당위원회 부서기를 역임하였고, 강택민을 따라 중앙에 진출한 강택민의 심복이다. 당 중앙판공청 부주임-주임을 거쳐 15대 4중전회에서 당 중앙조직부장을 겸임하면서 강택민의 손발 역할을 하고 있다.

당 제15기 중앙서기처 서기의 공통적인 특징은 현역 군장성인 장만년을 제외하고는 모두 공정사 자격을 갖춘 과학기술관료며,(<표 4-3> 참조) 또 모두 당·정·군 각 분야에서 풍부한 실무경력을 연마한 실무관료 출신이다. 그리고 성분상, 비록 위건행이 교석 맨으로 알려져 있긴 하지만, 그 외 모두는 친 강택민계(온건개혁)거나, 아니면 강택민 등장 이후 요직에 발탁되었거나 혹은 강택민 밑에서 근무했던 인물들이다. 위건행 역시 화동(절강출신)인맥으로 온건개혁성향인 점으로 미루어보아 결코 강택민에게 적대적일 수 있는 인물은 아니다.

2) 국가 지도 엘리트의 사회적 배경

<표 4 - 4> 중국 국가지도체제의 구성 변화

	유 임	신 임	탈 락
국가주석단	<주석> 강택민★	<부주석>호금도★	<부주석> 榮毅仁
전국인민 대표대회 상무위원회	<부위원장>전기운◆,帕巴拉·格列朗杰, 王光英,程思遠,布赫, 鐵木爾·達瓦買提, 吳階平	<위원장> 이붕★ <부위원장>사비◆, 강춘운◆, 추가화, 彭珮雲●, 何魯麗, 周光召●, 成克杰, 曹志, 丁石孫, 成思危, 許嘉璐, 蔣正華 <비서장> 何椿霖●	<위원장> 교석 <부위원장>王漢斌, 倪志福, 陳慕華, 費孝通, 孫起孟, 雷潔瓊, 秦基偉, 李錫銘, 王丙乾, 盧嘉錫, 甘苦, 李沛瑤 <비서장>曹志(부주석 승진)
국무원 (정부총리, 국무위원)	<부총리>이남청★, 전기침◆, 오방국▲ <국무위원>지호전◆, 司馬義·艾買提●, 나간◆	<총리>주용기★ <부총리>온가보◆ <국무위원> 오의◇ <비서장> 王忠禹○	<총리>이붕★ <부총리>주용기★,추가화, 강춘운▲ <국무위원>이철영, 宋健, 李貴鮮, 陳俊生, 彭佩雲, 나간 <비서장>나간
사법계통		<최고인민법원장> 肖 揚 ● <최고인민검찰장> 韓杼濱 ●	<최고인민법원장> 任健新 <최고인민검찰장> 張思卿

참고 : 1) ▲표는 1995년 4월, 제8기 전인대 제3차회의에서 승진.
　　　 2) ★표는 중공 중앙정치국 상무위원, ◆표는 중앙정치국 위원, ◇표는 동 후보중앙정치국 위원, ●표는 중앙위원, ○표는 후보중앙위원임.

등소평 사후 국가지도체제의 개편은 1998년 3월에 소집된 제9기 전국인민대표대회에서 이루어졌다. 국가지도체제는 부분적인 헌법개정이 있었음에도 과거와 변함이 없었다. 제9기 전인대에서 개편된 인사는 <표 4 - 4>와 같다. 전인대 회의가 중요한 것은 당 대회에서 중앙정치국 위원이 되었다 해도 국가기관에 그에 걸맞은 직위를 갖지 못할 경우, 정책결정상의 실질적인 영향력이 줄어들기 때문이다. 시장화 정책의 추진에 따라 국가지도체제의 영향력이 점차 커가고 있는 추세이기 때문에 더욱 그러하다. 제9기 전인대 1차 회의에서 단행된 주요 인사 및 그 사회적 배경은 다음과 같다.

▶ 국가주석 : 강택민 재집권과 호금도의 부상

국가원수격인 국가주석직의 경우 강택민이 그대로 유임, 공산당과 함께 국가권력을 장악하여 정치적 안정을 유지할 수 있게 되었다. 부주석에 정치적 중립세력인 영의인(榮毅仁) 대신 당 서열 5위인 호금도가 승진되었다. 이로써 강택민은 중국공산당 총서기, 당 및 국가중앙군사위원회 주석도 겸직, 명실상부한 당·정·군의 최고 지도자임이 재확인되었다. 국가부주석이 된 호금도는 당 중앙정치국 상무위원 및 당 중앙서기처 서기직, 중앙당교 교장직도 겸직함으로써 차세기 최고지도자로 더욱 근접해 가고 있다. 특히 1999년 9월 당 15대 4중전회에서 중앙군사위원회 위원을 겸임하게 된 것은 이를 더욱 입증해준다. 당 중앙정치국 상무위원급이 국가부주석을 겸임하게 된 것은 54헌법시기, 즉 국가주석(모택동)의 권한이 막강하던 시기에 주덕·유소기·고강이 국가부주석을 겸임한 이후로 처음 있는 일로, 이는 국가주석단의 위상 강화로 해석할 수 있겠다.

▶ 전국인민대표대회 : 이붕과 전기운의 상호견제

국가 최고권력기관인 전국인민대표대회 제9기 대표는 원래 2,980명이었으나, 현재는 2,979명(대표 선출 후 홍콩대표 廖烈科 사망)으로 각계 각층의 대표로 구성되어 있다. 구체적으로 소수민족대표 428명(14.36%), 노동자 농민대표 563명(18.89%), 지식인대표 628명(21.07%), 간부대표 988명(33.16%), 군인대표 268명(9.0%), 민주당파·무당파·애국인사대표 460명(15.44%), 귀국화교대표가 37명이다. 그리고 여성대표는 전체의 21.81%(650명)로 8기보다 24명이 증가하였다. 평균연령의 경우 8기의 53.1세에서 52.27세로 낮아졌다. 연령구조별로 보면, 71세 이상의 대표는 8기의 109명에서 35명으로 줄어, 전체의 1.17%를 점하였다. 전체 대표의 97.32%가 31~70세이며, 그 중 41~60세는 70.40%를 점하였다. 31세 이하는 45명으로 1.51%다. 학력의 경우 전문대학 이상인 자는 8기의 68.74%에서 81.20%로 증가하였다. 그리고 74.05%의 대표가 신임이나. 이는 8기에 비해 약 300%이상 증가된 수이다.[21] 전인대 대표구성의 대체적인 추세는 6기(1983년) 이후 노동자 농민과 같은 이른바 대중단체의 대표들이나 해방군의 비중이 낮아진 반면, 간부와 지식인의 비중이 현저히 높아지고 있다. 9기의 경우 특히 간부의 비중이 크게 증가하였다.[22] 이러한 추세는 간부 4화정책이 전인대에서도 나타나고 있는 증좌다(<표 4 - 5> 참조).

전인대가 갖는 위상이나 그 상무위원회의 헌법상의 역할로 말미암아 역대 위원장이나 제1부위원장은 역시 공산당 중앙정치국 상무위원이나 정치국위원이 겸임해왔다. 현 제9기 전인대 상무위원회의 경우, 우선 상무위원장은 전임 위원장 교석(온건개혁)이 퇴진하고 전임 총리이자 보수세력의 지지를 받고 있는 중앙정치국 상무위원 이붕이 그 직을 승계하였다. 부위원장의 경우 19명 중 7명이 유임되고, 12명이 교체되었다. 전기운을 비롯해 파파라·격렬낭걸(帕巴拉·格列朗杰; 藏族), 왕광영, 정사원, 포혁(布赫; 몽고족), 철목이·달와매제(鐵木爾·達瓦買提; 위구르족), 오계평(吳階平) 등이 유임되었다. 전기운을 제외한 유임자 중에서 3명은 소수민족의 지도자이며, 나머지 3명은 비공산당원 즉, 무당파 또는 민주당파의 대표자들이다. 교석과 함께 퇴진한 부위원장은 왕한빈, 예지복, 진모화, 비효통, 손기맹, 뇌결경, 진기위, 이석명, 왕병건, 노가석, 감고, 이패요 등이

<표 4 - 5> 역대 전국인민대표대회 구성 변화

구 분	총 수	공산당원		민주당파 및 무당파		노동자		농 민		간 부		해방군		지식인		소수민족		여 성	
		수	%	수	%	수	%	수	%	수	%	수	%	수	%	수	%	수	%
제1기(1954. 9)	1,226	668	54.5	558	45.5	100	8.2	63	6.2			76	6.2			177	14.4	147	12.0
제2기(1959. 4)	1,226	708	57.8	518	42.3	69	5.6	67	5.5			60	4.9			180	14.7	150	12.2
제3기(1964.12)	3,040	1,667	54.8	1,373	45.2	175	5.8	209	6.9			120	4.0			373	12.3	542	17.8
제4기(1975. 1)	2,885	2,217	76.3	238	8.3	813	28.7	662	30	322	11.2	486	13.4	346	12.0	270	9.4	653	22.6
제5기(1978. 2)	3,497	2,545	72.8	495	14.2	935	26.8	720	20.6	468	13.4	503	14.4	523	15.0	381	11.0	740	21.1
제6기(1983. 6)	2,978	1,861	62.5	543	18.2	443	14.9	348	11.7	636	21.4	267	9.0	701	23.5	404	13.6	632	21.1
제7기(1988. 3)	2,970	1,986	66.8	540	18.2	684*		23%*		733	24.7	267	9.0	697	23.4	445	15.0	634	21.3
제8기(1993. 3)	2,979	2,036	68.4	572	19.2	612*		20.6%*		841	28.3	267	8.9	649	21.8	439	14.8	626	21.0
제9기(1998. 3)	2,979	2,130	71.5	460	15.4	563*		18.9%*		988	33.2	268	9.0	628	21.1	428	14.7	650	31.8

참고: *노동자 + 농민의 수 및 비율

자료: 김정계(1994), 앞의 책, p. 57.

며, 이들 중 노가석(중국농공당 주석)은 정협 부주석으로 자리를 옮겼다.

9기 전인대 위원장회의 구성(<표 4 - 6>)을 보면, 먼저 성별의 경우 팽패운(彭佩雲)과 하노려(何魯麗)를 제외하고는 모두 남성이다. 민족별로는 파파랍·격렬낭걸, 포혁, 철목이·달와매제, 성극걸(成克杰; 壯族) 등 소수민족 대표가 4명이며, 그외는 모두 한족이다. 학력의 경우 21명 중 18명이 대졸 출신이며, 그 중 6명이 서구에서 유학한 지식인이다. 정당별로는 중국공산당대표 12명, 민주당파 7명, 그리고 무당파 대표 2명으로 구성되었다. 즉 제8기(57.1%)와 마찬가지로 57%가 공산당대표다. 따라서 전인대 위원장회의가 얼핏 보기에는 각계 각층의 인민과 민족의 대표로 구성된 것처럼 보이나, 사실은 57%가 공산당원으로서 공산당에 의한 지배가 그대로 나타나 있음을 알 수 있다. 특히 전례 없이(9기 전인대, 전기운 1인) 전인대 상무부위원장 3명(전기운, 강춘운,[23] 사비[24])을 중국공산당 중앙정치국 위원이 겸직하게 하였다. 이는 전인대에서의 공산당지배권의 강화는 물론, 당 15전대회의 국정운영의 방침, 즉 법제 및 법치주의의 강화에 따른 전인대의 위상재고로 볼 수 있다. 연령의 경우는 69.33세로 제7기의 평균연령(74세)과 제8기 전인대의 평균연령(70.24세)보다 약간 낮아지고 있는 추세다.[25] 이 또한 간부4화의 결과라 보여진다.

위원장의 교체는 전국인민대표대회에서의 상당한 권력의 변화를 의미한다. 그러나 수석 상무부위원장직을 친 조자양 계열의 개혁지향적인 전기운이 그대로 고수하였고, 부위원장직의 교체율 역시 전기(15명 교체, 6명 유임)보다 적게 이루어짐으로 정책이나 세력의 균형에는 큰 변화가 없으리라 본다. 전기운 제1 상무부위원장은 조자양이 사천성 당위원회 제1서기로 재직할 때부터 그의 심복으로 활약했고, 조자양이 국무원총리 - 당총서기로 성장함과 동시에 전기운도 국무원 부비서장 - 비서장 - 부총리, 그리고 당 중앙정치국 위원으로 기용된 조자양파 개혁주도형 인사다.[26] 1987년 호요방이 실각한 이후 조자양이 총리직을 사임하고 당총서기직에만 전념하려 할 즈음, 조자양은 후임 총리직을 놓고 전기운을 지지함으로써 이붕과는 라이벌 관계에 있기도 했다. 전기 상무위원장이었던 교석과는 정치적

<표 4 - 6> 제9기 전인대 위원장회의 구성원의 사회적 배경

성 명	연령	유	본적(원적, 민족,성별)	학력 (자격)	정 당	주요경력(겸직)
이 붕★	70	신	상해 (사천)	蘇Power Institute(工)	공산당	총리
전기운◆	69	유	산동	중졸(회계)	공산당	요령서기, 부총리
사 비◆	66	신	광동	고졸	공산당	광동서기
강춘운◆	68	신	산동	중국어문自修大	공산당	산동서기, 부총리
추가화	72	신	상해	소Bauman공대(工)	공산당	부총리, 정치국위원
帊巴拉·格列朗杰	58	유	사천(藏族)	사찰에서 수도	무당파	西藏정부부주석
王光英	79	유	광서	輔仁大화학(명예法博)	민건	중국국제신탁공사이사장, 工商聯명예주석
程思遠	90	유	광서	로마대(정치학박사)	무당파	국민정부총통代비서, 중국화평통일촉진회장
布赫	72	유	내몽고(蒙)	연안민족대	공산당	내몽고서기·정부주석
鐵木爾·達瓦買提	71	유	신강 (위구르)	중앙민족대학원정치과	공산당	신강자치구서기·정부주석
吳階平	81	유	강소	燕京大의학원,시카고대	九三學社	교수, 九·三학사 주석
彭珮雲●	69	신	호남(여)	서남연합대 사회과	공산당	국무위원
何魯麗	64	신	산동(여)	북경의대(의사)	민혁	중국민주혁명당주석
周光召●	69	신	호남	북경대대학원물리(교수)	공산당	중국과학원장
成克杰	65	신	광서(壯족)	북경철도대(고급工)	공산당	광서자치구 주석대리
曹志	70	신	산동	전문대정도	공산당	전인대 비서장
鄭石孫	71	신	강소	청화대수학과(교수)	민맹	중국민주동맹주석
成思危	65	신	호남	캘리포니아대(고급工, 교수)	민건	중국민주건국회주석
許嘉璐	61	신	강소	북경사대중문(교수)	민진	중국민주촉진회주석
蔣正華·비서장·	61	신	절강	西安교통대전기과(교수)	농공민주	중국농공민주당주석
何春霖●	65	신	강소	동북농대기계과(工)	공산당	국무원특구판공실주임, 부비서장

참고 : 1) ★표는 중공 중앙정치국 상무위원, ◆표는 동 정치국위원, ●표는 중앙위원, 工은 공정사 자격증 소지임.

　　　　2) 1998년 3월 기준.

호흡이 맞았으며, 사실은 교석이 전기운의 제1배후세력이기도 했다. 보수성향의 이붕 위원장과 개혁주도형인 전기운이 전인대에서 어떻게 호흡을 맞추어갈 지가 주목된다.

▶ 국무원 : 시장경제의 기수 주용기 체제로

최고행정기관인 국무원 총리의 경우, 전임 이붕이 헌법상 3임 불가로 전인대 상무위원장으로 자리를 옮기고 상무부총리 주용기가 총리로 승진하였다. 부총리의 경우는 당정치국 상무위원 이남청, 정치국위원 전기침·오방국이 부총리에 연임되고, 정치국위원 겸 중앙서기처 서기 온가보가 당무계통으로부터 정부계통으로 전입되었다. 퇴임한 추가화·강춘운은 전인대 상무부위원장직으로 자리를 옮겼다. 부총리의 수를 6명에서 4명으로 줄였으나, 그 중 3명은 유임된 셈이다.

국무위원의 경우, 국무위원의 수 역시 8명에서 5명으로 줄었다. 그러나 그 중 3명은 유임되었다. 정치국위원 겸 국방부장인 지호전, 정치국위원 겸 중앙서기처 서기인 나간27)과 소수민족인 사마의·애매제는 연임되고, 대외경제무역부장이었던 오의28)와 대외경제무역위원회 주임 왕충우가 승진하여 입각하였다. 신임 2명은 모두 대외경제무역의 전문가이다. 퇴임 국무위원 중 팽패운(여)은 전인대 상무위원회 부위원장, 송건·이귀선·진준생은 전국정협 부주석으로 전임되고, 이철영만은 당의 중앙정치국 위원직에 유임되어 사회과학원장직을 겸임하고 있다.

소위 '핵심내각'이라 할 수 있는 현 국무원상무회의 구성원(총리, 부총리, 국무위원, 비서장)과 각 부·위 책임자의 인적 사항은 <표 4 - 7> 및 <표 4 - 8>과 같다. 국무원상무회의 구성원의 경우, 총 10명중 이남청(기업관리)·전기침(외교)과 지호전(국방) 및 사마의·애매제(소수민족)를 제외한 6명(8기는 13명중 7명)이 공정사 및 이공계 출신의 테크노크라트다. 그리고 10명 전원이 대졸(7기; 71.4%, 8기; 84.6%) 이상의 학력 소지자다. 8기와 마찬가지로 10명 전원이 70세 이하의 연령으로 구성되었으며, 평균

<표 4 - 7> 국무원 상무회의 구성원의 사회적 배경

성 명	연령	유	본적(성별,민족)	학 력, 자 격	경 력
<총리> 주용기★	 70	신	호남	청화대전기,고급工	상해시장·서기,상무부총리
<부총리> 이남청★ 전기침◆ 오방국◆ 온가보◆ ☆	 66 70 57 56	 유 유 유 신	 강소 상해 안휘 천진	 復旦大기업관리,蘇연수 상해聖요한대,蘇유학 청화대전자,工 북경지질대학원,工	 대외경제무역부장 외교부장,부총리 상해서기,서기처서기 중앙판공청주임
<위원> 지호전◆ 나간◆ ☆ 오의◇ 사마의·애매제●	 69 63 50 63	 유 유 신 유	 산동 산동 호북(여) 신강(위구르족)	 해방군군사대 합성과 동독후라이베르크대 기계설계과,고급工 북경석유대,고급工 신강중앙고급당교	 총참모장,국무위원,국방부장 노동부장,국무원비서장 대외경제무역합작부장 신강자치구주석,국가민족사무위원주임
<비서장> 왕충우●	 65	신	길림	중앙당교,고급工	길림성장,국가경제무역위원회주임

참고 : 1) ★표는 당 중앙정치국 상무위원, ◆표는 중앙정치국 위원,

　　　◇표는 동 후보위원, ●표는 중앙위원, ☆표는 서기처 서기, 工은 공정사임.

　　2) 1998년 3월 기준.

연령 역시 7기(62.1세) 및 8기(61.3세)와 비슷한 62.9세다. 따라서 국무원 역시 간부의 4화는 계속되고 있으며, 국무원의 지도체제 역시 이전과 크게 다를 바 없다.

부총리 중 이남청은 상무부총리로서 경제무역과 문교 부문을 관장하고, 전기침은 외교와 대만·홍콩·마카오사무를, 그리고 오방국은 농업·금융·과학기술 방면과 재경 및 국영기업의 구조개혁을, 나간은 정법·안전과 사법 등 정치부문을 관장하게 된다.[29] 국무위원의 경우에도 지호전은

<표 4 - 8> 국무원 각 부 부장, 위원회 주임의 사회적 배경

직 책	성명 (성별)	출신지 (민족)	연령	유·신	학력 (유학,자격)	경 력
외교부	唐家璇●	강소	60	신	북경대 동어과	駐日대사관1등비서,외교부 아주司부사장·부부장
국방부	지호전◆	산동	69	유	남경군사학원	한전참가,해방군총참모장
국가발전계획위원회	曾培炎●	절강	60	신	청화대무선전기과(고급工)	駐美대사관상무1등비서,국가계획위부주임
국가경제무역위원회	盛華仁●		63	신		중국석유화학총공사 대표
교육부	陳至立(여)●	복건	56	신	복단대물리과,중국과학원대학원	상해부서기,교육위부주임
과학기술부	朱麗蘭(여)●	절강	63	신	Odessa대(蘇)	중국과학원북경화학연구소장,국가과학위부주임
국방과학기술공업위	유적빈	산동	60	신	북경항공대공정경영과	항공공입부부부상,재성부무무장
국가민족사무위원회	李德洙●	길림 (조선족)	55	신	연변대정치과	공청단중앙위원,연변조선족자치州委서기·州장,길림부성장,통전부부부장
공안부	賈春旺●	북경	60	신	청화대공정물리과	공청단북경상위,국가안전부장
국가안전부	許永躍○		56	신		하북정법위서기·당위부서기
감찰부	何 勇●	하북	58	신	천진대　정밀儀器공정과	중공조직부부부장,감찰부부부장
민정부	多吉才讓●	감숙 (藏族)	58	유		공청단서장서기,서장주석
사법부	南昌禮○	산동	61	신	인민대　역사當案과	산동부성장·부서기,최고인민법원심판관
재정부	項懷誠●	강소	59	신	산동대　중문과	재정부부부장,국가세무총국장
인사부	宋德福●	하북	52	유		공청단중앙서기처1서기,해군총정치부조직부처장
노동과사회보장부	張左己	절강	53	신		국무원부비서장,노동부부부장
국토자원부	周永康●	요녕	43	신		중국석유천년가스총공사사장
건설부	俞正聲●	강소	53	신	하얼빈군사공정대자공정제어과	전자공업부처장,산동성위,청도시장
철도부	傳志襄●		60	신	모스크바철도대(蘇,工)	철도부과기국장,부부장

직 책	성명 (성별)	출신지 (민족)	연령	유	학력 (유학,자격)	경 력
교통부	黃鎭東 ●		58	유	상해해운대(고급工)	교통부부부장,국가교통투자공사 사장
정보산업부	吳基傳 ●	호남	61	신	북경郵電대통신공정(고급工)	하남성위부서기,우전부장
수리부	鈕茂聲 ●	북경(滿族)	59	유	북경농업기계화학대수리과	수리부 부부장
농업부	陳耀邦 ●	광동	63	신	화중농대대학원	농업부부부장,계획위부주임
대외무역경제합작부	石廣生	하북	59	신	북경대외무역대 외무경제과불어	대외경제무역부 수출입司장·부장助理·부부장
문화부	孫家正 ●	강소	54	신	남경대 중문과	공청단남경서기,강소서기,電視廣播電影부장
위생부	張文康 ●	상해	58	신	상해제일의대	해방군총후근부위생부부부장
국가계획생육위원회	張維慶 ●	섬서	54	신	북경대 철학과	공청단산서서기,산서부성장,국가계획생육위 부주임
중국인민은행장	戴相龍 ●	강소	54	유	중앙재정금융대회계과	중국농업은행부행장,중국교통은행 부행장
심계서	李金華 ●	강소	55	신	중앙재정금융대금융과	섬서성경제무역청장,심계서부심계장

참고 : 1) ◆ 표는 당 정치국 위원, ● 표는 당 중앙위원, ○ 표는 후보 중앙위원.

2) 1998년 3월 기준.

국방, 오의는 대외무역, 그리고 비서장을 겸임하는 왕충우는 국무원의 일상업무를 관장하게 되었다. 이렇게 볼 때, 외교와 국방부문은 국가주석이며 중앙군사위원회 주석인 강택민이 최종적인 정책결정자인 점에서 전기침과 지호전은 주용기보다는 강택민과 밀접히 연계될 것이며, 나간 역시 중앙서기처 서기 겸 국무원의 정법부문을 관장하게 되어 강택민에게 직접 책임을 지게 되어있어 이들의 관계는 밀접할 수밖에 없다. 한편 경제부문 부총리 및 국무위원은 총리인 주용기에게 직접 책임을 지는 형국으로 운영될 것이다. 국무원 일상업무를 총괄하는 비서장 왕충우는 주용기가 부총리로서 경제를 분장할 때 국가대외경제무역위원회 주임이 되어 인민은행장 대상룡(戴相龍, 유임)과 함께 중국경제개혁의 견인차 역할을 한 사람이다.

요컨대, 주용기 체제의 국무원은 비록 그 수는 줄었으나, 경제전문가들로 보강되었다. 국방부장 지호전과 소수민족인 사마의를 제외한 모두는 경제 및 대외 부문의 전문가들이다. 이는 경제체제개혁과 대외개방을 더욱 가속화할 것임을 나타내는 의지의 표명이라 할 수 있다.

제9기 국무원은 총리 1명, 부총리 4명, 국무위원 5명, 1명의 비서장 이외, 29명의 부·위 장(주임)으로 구성되어 있다. 각 부와 위원회·행·서는 29개로 통폐합, 1993년의 40개보다 11개가 축소되었다. 국무원 부장급의 성분을 보면, 당 지도층과 마찬가지로 전기에 비해 비교적 연령이 젊고, 학력이 높은 테크노크라트로 구성되었다. 평균 연령은 59.7세로 제8기 때보다 4년이나 젊어졌으며, 29개 부장급 중 17명이 50대 이하였나.

그리고 29명의 부장급 중 학력이 밝혀지지 않은 5명을 제외한 24명 전원이 대졸 출신이다. 그 중 대학원 출신자도 2명(陳至立, 陳耀邦)이다. 이들은 또 각 분야에서 전문 경험을 쌓은 전문기술관료라는 공통적인 특징이 있다. 특이한 것은 기업체의 전문 경영인을 2명(盛華仁, 周永康)이나 입각시켰다는 것이다.

다음 29개 부장급 중 6명(국방, 민정, 인사, 교통, 수리, 인민은행)이 유임, 유임률은 비교적 낮은 편이나, 그것은 기구의 축소 통폐합이 많은 데 기인한 것이라 보여지며, 신임의 경우 13명의 부부장이 승진된 케이스이며, 이들 중 5명만이 타 부서의 부장으로 승진된 점으로 보아 정책의 계속성을 암시하는 것이라 할 수 있다.

끝으로 여성과 소수민족에 대한 배려가 있었던 것이 특징이다. 즉 부장급 중 2명(교육부장과 과학기술부장)이 여성이고, 3명(국가민족사무위원회 주임, 민정부장, 수리부장)이 소수민족이다.

▶ 국가중앙군사위원회 : 강택민, 군권 재장악

중국공산당 최고지도자(총서기) 겸 국가주석으로 유임된 강택민이 당 중

앙군사위원회 주석직에 이어 국가중앙군사위원회 주석직에 유임되었다. 상
세한 내용은 [군사 편]에서 다시 논의하겠으나, 우선 강택민은 당권과는
별도로 국가영도권 및 군권을 장악하지 못했던 호요방이나 조자양과는 달
리 당총서기 - 국가주석 - 당·국가중앙군사위원회 주석직을 재장악함으로
써 명실상부한 인민해방군의 최고통수권자가 되었다.

▶ 사법계통 : 친 강택민 계열로 보완

사법계통인 최고인민검찰원 검찰장과 최고인민법원 원장은 각각 한저빈
(韓杼濱) 전 철도부장과 소양(肖揚) 전 사법부장으로 모두 교체되었다.
이는 법정 및 공안계통의 최고실세였던 교석의 퇴진과 맥을 같이하는 것
으로 풀이된다. 철도부장의 경력을 가진 한저빈과 더불어 국가안전부문에
전혀 경험이 없는 허영약(許永躍) 신임 국가안전부장은 강택민의 신임을
받는 것으로 알려져 있어, 이들의 발탁은 정법, 공안계에 강력한 권력기반
을 둔 교석을 견제하기 위한 방략으로 볼 수 있다.

한저빈(1932년생)은 북경경제함수(函授)대학 경제학과 출신으로 1980년
대 상해시 철로국장과 1992년~1997년까지 철도부장직에 있던 철도관련
간부로 검찰업무에는 문외한이다. 오직 한저빈은 강택민이 상해시 당위원
회 서기 시절 상해철로국장(1983~1990)과 동 당위원회 서기로 재직하면서
강택민과 맺은 인연과 신임만으로 검찰장에 기용된 인물이다. 검찰업무에
대한 지식부족과 낮은 인지도 때문에 전인대에서 가장 저조한 지지를 받
았다. 즉 1919명 찬성에 687명 반대, 344명이 기권하여 65%의 찬성률을
기록했다. 한편 소양 신임 최고인민법원장은 1938년 광동출생으로서 중국
인민대학에서 법학을 전공하고 광동성 인민검찰장과 최고인민검찰원 부검
찰장, 사법부장을 거친 법률전문가다. 따라서 전인대에서 96.8%의 지지를
얻었다.[30]

▶ 1급 지방정부의 수뇌 : 간부 4화의 가속화

강택민 정권의 재출범과 동시에 지방 1급정부의 수뇌(성장, 직할시 시장, 자치구 주석)에 대한 인사도 단행되었다. 그 당·정 책임자의 명단은 <표 4 - 9>와 같다.

지방 1급 정부 수뇌의 사회적 배경을 보면, 평균연령이 58세에 못 미치며, 학력상 80% 이상이 대졸 출신이다. 그리고 과반수 이상이 국영기업을 관리한 경험이 있으며, 기층에서 단계적으로 승진한 인사가 많다.[31]

성(부)급 영도간부의 정년이 65세인 점을 감안할 때, 이들 31개 성·직할시·자치구 정부 수뇌의 평균연령이 58세라는 것은 상당한 간부의 연소화이다. 특히 이 중 60세 미만인 자가 64.5%나 된다. 강서성장 서성우(舒聖佑)와 청해성장 백은배(白恩培)는 겨우 52세이다. 따라서 대부분 재임의 기회가 있다.

학력의 경우, 31명의 지방정부 수뇌 중 80%인 24명이 대학을 졸업했고, 그 중 광동성장 노서화(盧瑞華)와 사천성장 송보서(宋寶瑞)는 대학원을 수료하였다. 그들 대부분의 전공은 이공계열이며, 그 중 특히 기계공학계열이 가장 많다. 이는 중앙정부지도층들의 전공이 대부분 이공계열이라는 점과 맥을 같이 한다.

31개 성·직할시·자치구 정부 수뇌의 경력을 보면, 국유기업의 책임자나 대중형 국유기업에서 종사한 경력자가 많다. 예를 들자면, 북경시 당위 서기 겸 북경시장인 가경림(賈慶林)은 중국기계설비수출입총공사의 대표(총경리)와 태원(太原)중형기기창의 창장을 거쳤고, 중경시장 포해청(蒲海淸)은 중경강철공사 대표를, 산동성장 이춘정(李春亭)은 산동야금공업청공사 대표를 역임하였다. 이러한 경력은 지방 국유기업의 개혁과 발전에 상당한 힘이 될 것이다.

또 상당수의 1급 지방정부 수뇌는 비록 기업을 관리한 경험은 없을지라도 정부경제부문을 주관했던 자가 많다. 예컨대, 운남성장 이가정(李嘉廷)이 흑룡강성 경제위원회 부주임을 거쳤고, 귀주성장 오역협(吳亦俠)이

<표 4 - 9> 중국 1급 지방정부의 당·정 책임자 명단

성·직할시·구	지방정부 주석	당위 서기	인대상위회 주임
북경시	가경림 ◆	가경림 ◆	張健民
천진시	張立昌 ●	장입창 ●	聶壁初
하북성	葉連松 ●	程維高 ●	정유고 ●
산서성	孫文盛 ●	胡富國 ●	盧功勳
내몽고자치구	雲布龍 ●	劉明祖 ●	王 群
요령성	張國光	聞世震 ●	王懷遠
길림성	王雲坤	張德江	장덕강
흑룡강성	田鳳山 ●	徐有芳 ●	王建功
상해시	徐匡迪	황 국 ◆	陳鐵迪
강소성	鄭斯林 ●	陳煥友 ●	沈達人
절강성	紫松岳 ●	李澤民 ●	이택민 ●
안휘성	回良玉 ●	盧榮景 ●	孟富林
복건성	賀國强 ●	陳明毅 ●	袁啓彤
강서성	서성우 ●	徐惠國 ●	모치용
산동성	李春亭 ●	오관정 ◆	趙志浩
하남성	馬忠臣 ●	마충신 ●	任克禮
호북성	蔣祝平 ●	賈志傑 ●	關廣富
호남성	楊正午 ●	王茂林 ●	왕무림
광동성	노서화 ●	이장춘 ◆	朱森林
광서자치구	奈兆焯	曹伯純 ●	趙富林
해남성	阮崇武	杜青林 ●	두청림 ●
사천성	송보서 ●	謝世傑 ●	사세걸 ●
중경시	포해청 ●	張德隣 ●	王雲龍
운남성	이가정	令狐安 ●	尹 俊
귀주성	오역협	劉方仁	王調文
섬서성	정안동 ●	李建國	張勃興
감숙성	손 영 ●	閻海汪 ●	盧克儉
청해성	백은배 ●	田成平 ●	전성평 ●
녕하자치구	馬啓智	毛如柏 ●	馬思忠
신강자치구	阿不來提·阿不都熱西提 ●	王樂泉 ●	阿不冬·尼牙孜
서장자치구	江村羅布	陳奎元 ●	熱 地 ●

참고 : 1) ◆ 표는 당 중앙정치국 위원, ● 표는 중앙위원임.

　　　2) 1998년 3월 기준.

농업부 부부장을 역임했던 것과 같다. 이밖에 더 많은 대다수의 신임 지방 정부 수뇌는 기업경영과 경제관리 부문에서 종사한 경험이 있는 자들이다.

그리고 지역간 이동을 보면, 내지와 연해간의 이동보다는 내지간의 이동이 많은 것으로 나타난다. 즉 북경시장 가경림이 복건성에서, 해남성장 왕소풍(汪嘯風)이 1993년 이전 호남성 부서기에서 영전 또는 승진한 것 이외는 내지와 연해지역간의 이동은 거의 없다. 반면, 내지간의 경우 섬서성장 정안동(程安東)은 강서성장보(助理)에서 승진하였고, 감숙성장 손영(孫英)은 태원시 당위원회 서기에서, 귀주성장 오역협은 과거 길림성 부성장과 부서기에서 승진한 예다. 그러나 현지의 기층에서 단계적으로 승진한 경우도 많다. 이는 5개 민족자치구의 경우 더욱 현저하다.[32]

이상 강택민 정권의 신임 지방 1급 정부 수뇌의 특징은 치세기 징부판료 선발의 표준을 반영한 것이나 다름없다. 즉, 연소화, 지식화, 전문화에 기업경영 및 경제관리 경험자, 기층의 사정에 밝은 자 등은 바로 중국이 지향하는 사회주의 시장경제정책의 추진에 적합한 인재들이다. 중앙정부 인사의 특색과 궤를 같이 하는 것이다.

3) 군사 지도 엘리트의 사회적 배경

중국의 권력구조에 있어서 군이 차지하는 중요성은 '정치권력은 총구로 부터 나온다'는 모택동의 말이 시사하듯이, 군사 이외의 다양한 비군사적 역할도 수행해온 점에 있다. 즉 건국초기와 문혁에서 군은 중요한 행정적 공작을 담당하였고, 정치적 위기시에는 항상 결정적인 역할을 수행해왔다. 따라서 군을 장악하는 사람이 실질적으로 중국을 통치하는 자이다.

1997년 10월 중공 15대1중전회와 1998년 3월 제9기 전인대 1차 회의에서 선출된 당 및 국가중앙군사위원회와 군사 지도체제(<표 4 - 10>)와 특징은 다음과 같다.

<표 4 - 10> 중국 군사지도체제 구성변화

		유 임	신 임	탈 락
당·국가중앙 군사위원회		<주석> 강택민★ <부주석>장만년◆ ☆ ▲ , 지호전◆ ▲ <위원>傅全有 ●,于永波 ●,王克 ● ▲,王瑞林 ● ▲	<위원> 曹剛川 ●, 郭伯雄 ●, 徐才厚 ●	<부주석> 유화청, 장진
국방부장		지호전◆		
국방과공위주임			劉積斌	丁衛高
공안부장			賈春旺 ●	陶駟駒
해방군 총 부	총참모부 총정치부 총후근부총 장비부	<참모장>부전유(95~) ● <주임>우영파 ● <부장> 왕극(95~) ● <주임>曹剛川 ●		<참모장>장만년 <부장>부전유
국방대교장		那世忠 ●		朱敦法 ▶
군사과학원장		劉精松 ●		趙南起(조선족) ▶
해군사령관		石雲生 ●		張連忠 ▶
공군사령관		劉順堯 ●		曹雙明 ▶, 于振武
2포병사령관		楊國樑 ●		
무경부대사령관		楊國屛 ●		
7대 군구 사령관	北京 瀋陽 濟南 南京 廣州 成都 蘭州	錢國梁 ● 陳炳德 ● 陶伯鈞 ● 廖錫龍 ●	李新良 ● 梁光烈 ● 곽백웅 ●	李來柱 ▶, 郭佰雄 왕 극 ▶, 이신량 張太恒 ▶ 固耀 ▶ 李希林 ▶ 李九龍 ▶ 유정송 ▶

주 : 1) ▲ 표는 1995년 4월, 제8기 전인대 제3차회의와 1995년 9월 당 14대 5중전회에서 승진.

   2) ★ 표는 당 중앙정치국상무위원, ◆ 표는 중앙정치국 위원, ☆ 표는 중앙서기처 서기,
      ● 표는 중앙위원임.

   3) ▶ 표는 중공 14기 전인대 초에 임명된 자임.

   4) 1998년 4월 조강천은 신설된 총장비부 초대 주임을 맡으면서 중앙군사위원에 기용되었
      으며, 1999년 9월 당 15대 4중전회에서 호금도 국가부주석과 난주군구 사령관 곽백웅
      중장, 제남군구 정치위원 서재후(徐才厚) 중장이 중앙군사위원에 증보되었음.

▶ 군사영도체제 : 강택민, 군사영도권 재장악

"당이 창을 지휘한다(黨指揮槍)"는 것은 중국공산당이 견지하는 하나의 대원칙이다. 그러므로 중국공산당 군사최고영도기구인 중앙군사위원회의 구성은 중국 차세기의 군대건설과 국방사업에 심원한 영향을 미칠 것이다. 따라서 먼저 당 및 국가중앙군사위원회의 구성을 보면, 첫째로 주석 강택민이 유임되었다. 강택민은 1989년 6·4천안문사태 이후 열린 1989년 1월 13대5중전회와 1990년 4월 제7기 전인대에서 등소평으로부터 당 및 국가중앙군사위원회 주석직을 승계한 후 그대로 유지하게 되었다. 둘째, 부주석의 경우, 유화청과 장지이 퇴진하고, 장만년(4야) 및 지호선(3야)이 1995년 4월 제8기 전인대 제3차 회의와 1995년 9월 14대5중전회에서 당과 국가의 중앙군사위원회 부주석으로 승진하여 15기에 그대로 유임되었다. 셋째, 위원의 경우 장만년과 지호전이 1995년 4월 제8기 전인대 제3차 회의와 1995년 9월 14대5중전회에서 국가와 당의 중앙군사위원회에 승진된 후 그대로 유임됨과 함께 왕극(총후근부장 겸임, 3야)과 왕서림(전 등소평 판공청 주임, 총정치부 부주임 겸임) 역시 같은 일자에 위원에 승진되어 그대로 유임되었다. 부전유(총참모장, 1야)와 우영파(총정치부 주임 겸임, 4야)는 유임되었다. 퇴진한 유화청과 장진은 모두 강택민 계열로 군대내 강택민 정권의 버팀목 역할을 해왔으나, 모두 80세 이상이 되어 퇴진한 것으로 알려져 있다.

새로 구성된 중앙군사위원회의 특징은 첫째, 지역적으로 강택민(강소성 양주)을 제외한 6명 전원이 북방인이다. 즉 장만년·지호전과 왕서림은 산동성 출신이며, 부전유는 산서성, 우영파는 요령성, 왕극은 안휘성 출신으로 모두 회하(淮河) 이북출신이다. 이는 북중국인들이 신체적 조건이나 기질적으로 군인이 될 소질이 많고,[33] 중일전쟁 및 국공전쟁이 주로 북중국에서 전개되었기 때문인 것과 관련이 있다고 보여진다.

<표 4 - 11> 강택민 정권 당·국가 중앙군사위원의 사회적 배경
(1998. 4. 현재)

성명 (겸직)	겸직(군)	연령	유	출생 (민족)	학력 (계급, 계파)	경력
<주석> 강택민★	국가주석	72	유	강소	상해교통대 (군경력없음)	전자공업부장,상해시장· 서기,당총서기
<부주석> 지호전◆	국방부장	69 70	유 유	산동 산동	남경군사학원 (상장,제3야) 해방군군사학원 (상장,제4야)	한전참가,북경군구부정치위원, 총참모장 중월전참가,무한군구부사령관, 광주·제남군구 사령관,총참모장
장만년◆						
<위원> 부전유●	총참모장	68	유	산서	남경고등군사학원 (상장,제1야)	한전참가,중월전참가,총정치부 상무부주임
우영파●	총정치부 주임	67	유	요녕 (만주)	(상장,제4야)	한전참가,남경군구정치부주임, 총정치부상무부주임
왕 극●	총후근부 부장	67	유	안휘	군사학원(상장, 제3야)	한전참가, 포병장교, 신강군구 부사령원, 심양군구 사령관
왕서림●		69	유	산동	(상장,등소평비서)	중앙군위주석판공실비서·주임, 중앙판공청부주임
조강천●	총장비부 장	63	신	하남	소련포병군사공정 학원,포병고급군사 공정학원(상장)	중앙군사위무역판공실주임,제2 포병부사령관,부총참모장,국방 과학기술위부주임

참고 : 1) 1998년 3월 기준.

     2) 8년 4월 조강천은 신설된 총장비부 초대 주임을 맡으면서 중앙군사위원에 기용되었으며, 1999년 9월 당 15대 4중전회에서 호금도 국가부주석과 난주군구 사령관 곽백웅 중장, 제남군구 정치위원 서재후(徐才厚) 중장이 중앙군사위원에 증보되었음.

둘째, 연소화 또한 하나의 현저한 특징이다. 퇴임한 유화청과 장진은 모두 80세를 넘었고, 주석인 강택민 이외의 부주석과 위원의 연령은 모두 70세 미만인 자들로 충원되었다. 따라서 중앙군사위원의 평균연령은 전기의 72세에서 68세로 낮아졌다.

셋째, 대다수가 실전경험이 풍부하고 전공이 현저하다. 지호전·부전유

· 우영파 · 왕극 장군은 모두 한국전쟁에 참전한 경험이 있고, 장만년은 개령(開嶺) · 요심(遼沈) · 평진(平津) 등 국공전의 결정적인 중요 전투[34]에 참전하여 3급 해방훈장을 받았으며, 사단장으로 중월전에 참가한 백전노장이다. 그리고 이들은 고급군사대학에서 군사전문교육을 받은 합리적인 군사지도자다. 넷째, 정규적인 군사교육을 받은 합리적인 군인들이다. 이밖에 이들 중 대다수는 일선지휘관의 경험이 있다. 즉 장만년은 사병에서부터 무한군구 사령관 · 광주군구 사령관과 제남군구 사령관을 거쳤고, 지호전은 북경군구 부정치위원과 제남군구 정치위원을 역임하였으며, 부전유는 성도군구와 난주군구의 사령관, 왕극은 난주군구와 심양군구 사령관을 거친 인물이다.[35] 중국인민해방군의 두 버팀목인 지호전과 장만년의 군대경력의 특징을 비교해 보면, 지호전은 주로 인민해방군내 당의 정치공작부문에서 기지를 발휘한 정치군인 출신인데 비해, 장만년은 주로 일선 지휘관으로서 잔뼈가 굵어진 순수 무골이라는 점에서 차이가 있다.

마지막으로 계파별로 안배된 점도 특징이다. 국방부장을 겸임하고 있는 지호전과 총후근부장을 겸임하고 있는 왕극은 제3야전군 출신이며, 장만년(부주석)과 우영파(총정치부 주임)는 제4야전군 출신이다. 그리고 총참모장 부전유는 제1야전군 출신이며, 왕서림은 등소평 비서 출신이다. 그러나 양상곤 - 양백빙 계열은 한 명도 포함되지 않았다.

야전군이란 1949년 2월~4월, 국공전쟁 최후의 시기, 즉 전 중국을 점령하기 위한 장강 도강작전 준비기에 재편한 중국인민해방군의 지역별 편재다. 이 야전군은 중국해방의 결정적인 역할을 했고, 해방 후에는 점령지역의 정치 · 행정(군정) 역시 이들 군대가 맡았기 때문에 하나의 정치계파가 형성되어 중국정치에 막대한 영향을 미쳤다. 그러나 당시의 노장들은 이미 은퇴했거나 사망했기 때문에 과거만큼 계파색은 짙지 않다고 보겠다. 제1야전군은 서북군야전군을 개칭한 군대로 건국 후 국방부장을 지낸 팽덕회 장군이 사령관 겸 정치위원이었으며, 훗날 국가부주석을 역임한 왕진과 홍학지(전 중앙군사위원, 총후근부장) - 조남기(전 중앙군사위원, 총후근부장) 등으로 이어졌던 군맥이다. 팽덕회 장군의 숙청과 동시에 문화대혁명 때 하룡 장군을 필두로 그 부하였던 요한생(북경군구 정치위원)·황신정(黃新庭, 성도군구 사령관) 등은 숙청의 시련을 겪었다. 제2야전군은 유백승 사령관, 등소평 정치위원이 지휘한 중원야전군. 문혁시 등소평을 필두로 그의 부하였던 진기위(곤명군구 사령관)·진재도(陳再道, 무한군구 사령관)·양용(楊勇, 북경군구 사령관)·소진화(해군제1정치위원) 등이 찬서리를 맞았던 군맥이다. 전 국가주석 이선념, 유화청 등은 제2야전군 출신이다. 제3야전군은 국공전쟁시기의 화동(상해중심)야전군 계통(사령관 및 정치위원, 진의)으로 강택민의 양부(강상청)와는 깊은 인간관계에 있었던 인맥이다. 섭비(葉飛, 전 해군사령관), 장애평(張愛萍, 전 국방부장), 장진 등은 그 맥을 잇고 있으며, 이들 세력은 양상곤·양백빙 형제의 군권 전횡에 제동을 걸어온 군내 실력자 그룹이었다. 제4야전군은 국·공전쟁시기 임표를 사령관(정치위원, 나영환)으로 하여 동북지방에서 맹위를 떨친 군대다. 임표사건 이후 제4야전군은 그 영향력이 추락되어 12개 군단에서 5개 군단으로 감축되었고, 1988년 진급된 17명의 상장 중 오직 1명(劉振華)만이 포함되는 등 그 세력은 크게 약화되었다. 그러나 최근에 이르러서는 임표와는 무관하며, 국공전쟁과 한국전쟁에서 활약이 가장 컸던 군대로 그 실전경험이 바탕이 되어 고급 지휘관의 진출이 현저하다.

강택민 정권의 중앙군사위원회 인사에 있어, 비록 야전군 중심의 계파색이 예전 같지 않다 할지라도 이처럼 계파의 안배에 주의를 기울인 것은 계파간의 조화를 통해 특정 계파의 독주를 용납하지 않겠다는 의도로 풀이된다. 특히 군경험이 없는 강택민에게 있어서는 어느 특정계파의 군권 장악이야말로 큰 위협으로 받아들이지 않을 수 없기 때문이다.

이상 중앙군사위원들과 강택민의 관계를 보면, 대부분 친 강택민 계열로 분류할 수 있다. 정치국위원이며 동시에 당·국가중앙군사위원회 부주석이 된 지호전과 장만년 두 사람은 모두 산동성 출신으로 등소평 인맥이지만 그 중 장만년은 전형적인 야전군 출신(한전, 중월전 참가)으로서 퇴진한 장진(3야) 및 유화청(2야)과 친숙한 관계에 있다. 장만년은 무한군구 예하 43군단 사단장 시절, 당시 무한군구 부사령관이었던 장진과의 친숙한 관계는 그의 막강한 후광이 되었다. 장만년은 6·4사태 때 양상곤 - 양백빙 형제의 무력진압에 동조하지 않아, 광주군구 사령관에서 제남군구 사령관으로 좌천되기도 한, 반양씨세력이다. 그러나 강택민에 의해 중앙군사위원 겸 총참모장에 발탁되었고, 상장계급에 진급된 인사다. 지호전은 강택민에 의해 1993년 3월, 총참모장직에서 국방부장에 오른 인물이다. 등소평의 최측근으로서 4인방을 체포하는데 공을 세웠으며, 강택민 정권의 재집권과 함께 국방부장직에 연임되었다.

총참모장을 겸직하게 된 부전유는 하룡계의 제1야전군에서 잔뼈가 굵어진 순수 무골출신이다. 한국전쟁 및 중·월전쟁에 참가하여 현대전에 대한 이해와 경험이 풍부하다. 1992년 강택민에 의해 중앙군사위원회 위원 및 총후근부장(1993년)에 발탁되었고, 1993년 6월 강택민에 의해 상장에 진급된 군사전략가다.36) 우영파 역시 강택민에 의해 총정치부 주임 및 상장 계급에 승진된 인물이다. 우영파는 6·4사태 이후 일개 지역 군구 정치부 주임(남경군구)으로부터 총정치부 부주임(주임, 양백빙)에 발탁됨으로써 한때 친 양씨 세력으로 분류되기도 했다.37) 총후근부장을 겸임하고 있는 왕극은 3야전군의 맏형 격인 장진 및 전임 후근부장 부전유와 친밀한 관계에 있다. 왕서림은 등소평의 비서출신으로 당·군의 중앙판공실 부주임을 역임하면서 등소평과 강택민의 가교역할을 한 사람이다. 그리고 이들 두 왕 장군은 모두 강택민에 의해 상장에 진급(1994. 6)되었다. 이상에서 볼 수 있듯이 강택민 정권의 군사영도체계는 등소평 - 유화청 - 장진 계열로 친 강택민적 성향을 띠는 인사들로 구성되었다고 보겠다.

특히 1998년 신설된 총장비부의 초대 부장 겸 중앙군사위원이 된 조강천은 강택민에 의해 1992년 부총참모장, 1993년 상장에 진급한 군수 장비 계통에 밝은 테크노크라트다. 그는 차세대 군사기술에 누구보다 조예가 깊은 중국군 현대화에 없어서는 안될 인물이다. 그가 강택민을 도와 50만 감군과 군·경(軍·經)분리, 군 조직체계의 정비 등에 기여할 경우 21세기 인민해방군의 중심인물로 떠오를 것이다. 조강천은 지방군구 경험이 거의 없고 하남성 출신이기에 양상곤 - 양백빙의 인맥이나, 이른바 '산동방'

과도 아무런 관련이 없기 때문에 강택민이 더욱 마음을 놓을 수 있는 친 강택민계 인사다. 그는 중국인민해방군의 당면 목표인 '무기·장비의 현대화 사업'을 총지휘하고 있다[38)

이 밖에 1999년 9월 당 15대4중전회에서 국가부주석 호금도가 중앙군사위원회 부주석에 선임되었고, 난주군구 사령관 곽백웅 중장과 제남군구 정치위원 서재후(徐才厚) 중장이 각각 중앙군사위원에 증보되었다. 강택민과 호금도를 중심으로 한 이들과 조강천이 차세대 중국을 이끌 군사지도자가 될 것이라는 것이 일반적인 예측이다.

▶ 군정 지휘계통 : 친 강택민 계열로 충원

군정지휘체계의 경우 국방부장은 유임되고 국방과학기술위원회 주임과 공안부장이 교체되었다. 유적빈(劉積斌)은 재정부 부부장직에서 승진된 인물이며, 가춘왕(賈春旺) 공안부장은 국가안전부장에서 자리를 옮겼다. 가춘왕 부장(1931년생)은 청화대학 출신으로 공청단 청화대학위원회 서기와 북경시 당위원회 부서기 및 북경시 기율검사위원회 서기 등을 역임하는 등 북경에서만 성장한 순수 북경인으로, 1985년부터 국가안전부장을 맡고 있다. 유적빈은 강택민에 의해 승진되었고, 가춘왕은 그 자리에 연임된 친 강택민계 인사다.

▶ 일선 군사지휘관 : 계파색이 옅은 친 강택민 성향의 인사들

당 14전대회 초 임명된 군사지휘관은 거의 교체되었다. 이들은 연령으로 보아 모두 60대 이하로 건국이후 1950년대 말엽~1960년대 초엽에 군에 입대한 계파색이 옅은 신인들이다. 이들은 대부분 강택민에 의해 고위직에 발탁되거나 승진된 인물들이다. 그리고 전문적인 군사교육을 받은 순수 군인이다(<표 4 - 12> 참조).

<표 4 - 12> 강택민 정권 주요 군사지도자의 사회적 배경

직 위	성 명	연령	유임	출 생	학 력 (계급,계파)	경 력
공군 사령관	유순요 ●	59	유	산동	우루무치항공학교 (중장)	
해군 사령관	석운생 ●	58	〃	요령	해군항공학교 (중장)	해군항공병사단장, 해군부사령관
제2포병 사령관	양국량 ●	60	〃	하북	북경항공학원·국방 대(상장)	국방과학위기지 사령부· 신강군구 사령관
국방대학 교장	나세충 ●	60	〃	산동	남경공정병학교 (상장)	난주군구참모장
군사과학원 원장	유정송 ●	65	〃	호북	제7보병학교 (상장)	심양·난주군구 사령관
武警부대 사령관	양국병 ●	64	〃	호북	군사과학원 (상장)	한전참가, 심양· 제남군구참모장
북경군구 사령관	이신량 ●	62	신	산동	공정병학교(상장)	광서·광주군구 사령관
심양군구 사령관	양광렬 ●	58	〃	사천	국방대학(중장)	
제남군구 사령관	전국량 ●	59	유	강소	군사학원(중장)	
남경군구 사령관	진병덕 ●	55	〃	강소	군사학원(중장)	
광주군구 사령관	도백균 ●	62	〃	길림	제6포병학교 (상장)	무한군구포병부, 성도군구참모장
성도군구 사령관	료석룡 ●	58	〃	귀주	군사학원(중장)	
난주군구 사령관	곽백웅 ●		신		국방대학(중장)	

참고 : 1) ● 표는 당 중앙위원임.
　　　 2) 1998년 3월 기준.

　강택민이 중앙군사위원회 주석이 된 후에 진급된 장관급 장성은 다음과
같다. 장만년(군사위 부주석), 우영파(총정치부 주임), 부전유(총참모장), 주
돈법(전 국방대학교장, 2야), 장연충(전 해군 사령관, 신인), 조쌍명(전 공군
사령관) 등은 1993년 6월 7일에 진급하였다. 그리고 서혜자(徐惠滋, 전 부
총참모장), 이경(李景, 전 해군 부사령관), 양덕중(楊德中), 왕서림(중앙군
사위원), 주극옥(周克玉), 정위고(전 국방공업과학위원회 주임), 대학강(戴

學江), 이문경(李文卿, 전 국방대학 정치위원, 3야), 왕극(전 심양군구 사령관, 현 총후근부장, 3야), 이래주(李來柱, 전 북경군구 부사령관), 곡선경(谷善慶, 북경군구 정치위원, 4야), 유정송(전 난주군구 사령관, 신인), 조범생(曹范生, 전 난주군구 정치위원, 4야), 장태항(전 제남군구 사령관, 신인), 송청위(宋淸渭, 전 제남군구 정치위원, 3야), 고휘(전 남경군구 사령관, 4야), 이희림(전 광주군구 정치위원, 신인), 사옥효(전 광주군구 정치위원, 1야), 이구룡(성도군구 사령관, 4야) 등은 1994년 6월 18일자로 상장(한국 계급, 중장)에 진급하였다.

주극옥(周克玉, 전 총후근부 정치위원, 3야), 우진무(전 공군 사령관), 정문창(丁文昌, 전 공군 정치위원), 수영거(隋永擧, 제2포병 정치위원, 신인) 등은 1996년 1월 23일자로 진급하였으며, 총장비부 주임 조강천, 국방대학교장 나세충, 제2포병사령관 양국양, 무경사령관 양국병, 북경군구 사령관 이신량, 광주군구 사령관 도백균, 군사과학원 정치위원 장공(張工), 국방대학교 정치위원 왕술윤(王茂潤), 남경군구 정치위원 방조기(方祖岐), 성도군구 정치위원 장지견(張志堅) 등은 1998년 3월 4일 강택민에 의해 중장에서 상장으로 진급하였다.

4) 통전조직 지도 엘리트의 사회적 배경

대중조직 중 중국인민정치협상회의의 지도체제에 대해서만 언급하기로 한다. 왜냐하면 정협 이외의 대중조직 대표들은 거의 정협 전국위원회 주석단에 흡수되기 때문에 정협의 지도체제를 분석해보면 여타 대중단체의 지도체제를 가늠해볼 수 있기 때문이다.

정협 주석의 경우, 제9차 정협 전국위원회에서 이서환이 주석으로 재선출되었다. 그는 1993년 3월, 제8차 정협 전국회의에서 당선된 이후 오늘에 이르고 있다. 부주석은 유사이래 가장 많은 31명으로 이 중 15명이 유임되었다. 부주석 수가 증가된 이유는 명목상으로는 정협이 국가의 중대정책에 대한 협상기능을 하기 때문인 것이라고 하지만, 실제상으로는 최근 들어

'통일전선조직'과 '원로원'적 역할을 더 많이 하기 때문인 것으로 풀이된다.

이는 그들의 다음과 같은 사회적 배경(<표 4 - 13>)을 보면 더욱 명확해진다. 첫째, 8개 민주당파에 부주석을 안배한 점과 소수민족 및 대만·홍콩·마카오 동포들에 부주석직을 골고루 안배한 점에 있어 통일전선조직적 역할을 강조하고 있다. 치공당 주석 나호재, 전국공상련 주석 경숙평, 민혁 부주석 주철농과 九三학사 부주석 왕문원(王文元), 민건 명예부주석 만국권을 비롯해 유임된 조박초(민진), 전위장(민맹), 손부릉(민건), 그리고 노가석(농공당) 등은 모두 민주당파를 대표하는 인사다. 전 영하회족자치구 주석 백립침(白立忱)과 조선족인 조남기, 아패(藏족)는 소수민족 대표이며, 대맹(臺盟) 주식 장극휘는 대만동포를 대표함이며, 이밖에 안자개·곽영동·마만기는 홍콩과 마카오를 대표하는 무당파 인사들이다.

둘째, 전 국무위원 송건·이귀선·진준생, 전 최고인민검찰장 장사경 및 최고인민법원장 임건신 등은 전직 부총리급 고위급 인사이며, 전 국가계획위원회 주임 진금화와 전 군사과학원장 조남기도 역시 이들과 버금가는 직위에 있었던 원로들이다. 따라서 국가 1급 공로자들에 대한 예우 차원에서 부총리급의 대우를 받는 자들로 구성된 '원로원'적 성격이 짙다고 보겠다. 물론 예외의 인사도 포함되어 있긴 하나, 이들 역시 넓게 보면 통일전선조직의 일원으로 정치적 타협의 산물이라 하겠다. 즉 호요방 계열의 호계립, 모택동의 혈연인 모치용(毛致用) 등의 기용이 이를 입증한다.

따라서 제9기 정협 전국위원회 주석단(32명)은 공산당 인사 17인, 민주당파와 무당파 인사 15인이다. 민주당파 및 무당파 인사 중에는 홍콩·마카오 저명 인사 3명, 소수민족 3인, 그리고 여성 1명이 포함되어있다.

그리고 제9기 정협 전국위원회 주석단(주석 부주석 비서장)의 구체적 사회적 배경을 보면 32명 중 28명(87.5%, 제8기, 85.2%)이 전문학교 이상의 학력소유자이며, 8명이 해외유학파이다. 박사학위 소지자만도 7명(8기, 6명)이며, 그외 공정사 2명 변호사 1명이 포함되어 있는 전문지식인 집단이다. 그리고 평균연령은 75.25세(8기, 75.7세)이다. 따라서 정협 전국위원회 주석

<표 4 - 13> 정협 제8기 전국위원회 주석단의 사회적 배경

성 명	연령	본적	학 력(유학)	유	소속당	종족	주요경력 및 (겸직)
·주석·							
이서환★	64	천진	북경건공업여대학	유	공산당	漢족	천진서기(정치국상위)
·부주석·							
섭선평	74	광동	延安자연과학대(蘇)	유	공산당	한족	광주시장,광동성장
양여대	72	사천	고졸수준	유	공산당	한족	사천서기,정치국위원
왕조국 ●	57	하북	하얼빈공대,工	유	공산당	한족	국무원대만판공실주임, 서기처서기(당 중앙통전부장)
아패	88	서장		유	무당파	藏족	인대부위원장,서장주석
조박초	91	안휘	대졸수준	유	민진	한족	중국불교협회장(민진명예 주석)
파금	94	사천	성도외국어전문(佛)	유	무당파	한족	중국작가협회주석
전위장	86	강소	(加)토론토대수학박사	유	민맹	한족	청화·북경대교수(민맹명예 주석,상해대총장)
노가석	83	복건	(英)런던대화학박사	중	농공당	한족	廈門大교수,중국과학원장, 인대부위원장(농공당주석)
임건신	73	산서	북경대화학,율사	신	공산당	한족	최고인민법원장,서기처서기
송건 ●	67	산동	Bauman공대박사(蘇)	신	공산당	한족	국무위원, 국가과학위주임
이귀선 ●	61	요령	Mendeleyev공대(蘇),工	신	공산당	한족	안휘서기,국무위원,인민은행장,국가행정학원장
진준생	71	흑룡	대졸수준	신	공산당	한족	흑룡서기,국무위원·비서장
장사경 ●	66	하남	고졸수준	신	공산당	한족	최고검찰원검찰장
전정영	75	절강	상해大同大토목공	유	공산당	한족	수리전력부장
정광훈	83	상해	콜롬비아대 신학박사(美)	유	무당파	한족	중국기독교협회장 (金陵協和신학대학장)
손부릉	77	절강	성도華西大경제	유	민건	한족	북경부시장,工商聯부주석
안자개	86	절강	홍콩중문대,名博	유	무당파	한족	홍콩공업총회주석 (홍콩南聯실업대표)
곽영동	75	광동		유	무당파	한족	홍콩총商會 회장
마만기	79	광동	마카오동아대,名博	유	무당파	한족	마카오總商會 회장
주광아	74	호북	미시칸대,물리학박사	유	공산당	한족	교수(국방科工委과기위주임)
만국권	79	길림	중화대공정관리과	유	민건	한족	평화통일촉진회장(민건명예 부주석)
호계립	69	섬서	북경대기계·물리과	신	공산당	한족	共青團·천진서기,정치국상위, 전자공업부장

성 명	연령	본적	학 력(유학)	유	소속당	종족	주요경력 및 (겸직)
진금화	69	안휘	인민·북경TV대수학	신	공산당	한족	상해부시장, 국가계획위주임
조남기	71	길림	해방군후근대지휘과	신	공산당	조선	길림성서기, 상장, 해방군총후근부장, 군사과학대학장
모치용	69	호남	중학수준	신	공산당	한족	호남·강서성위서기
백립침 ●	57	요령	심양농대농기계화과	신	공산당	回족	녕하부서기·주석
경숙평	80	절강	상해聖요한대	신	민건	한족	(전국工商聯주석, 중국민생은행이사장)
나호재	64	복건	북경대법학과, 콜롬비아대수학(美)	신	치공당	한족	교수, 최고인민법원부원장(중국화교련부주석, 치공당주석)
장극휘	70	대만	대만사대2년수료	신	臺盟	한족	(대맹주석,전국臺聯명예회장)
주철농	60	요령	북경대수학역학과	신	민혁	한족	흑룡강부성장(민혁부주석)
왕문원	67	호북	동북재경대재정과	신	구삼	한족	최고인민검찰원부검찰장(九三부주석)
정만통	57	천진	천진사범대중문과		공산당	한족	중공통전부부부장,정협부비서장(전국공상련부주석)

참고 : 1) ★표는 당 중앙정치국 상무위원, ●표는 중앙위원임.
    2) 1998년 3월 기준.

단은 경력과 학력을 겸비한 원로한 지식층으로 구성되어 있어 겉보기에는 서구민주주의 국가의 상원처럼 보인다. 그러나 소속정당을 보면 공산당 소속이 32명 중 과반수 이상인 17명(53.1%, 8기, 74.1%))을 점하고 있다. 이는 바로 정협이 공산당의 전위적 역할을 하는, 즉 공산당의 정책을 합리화하는 기관 이상이 아님을 말해준다.

여기서 하나 특이한 것은 전인대 대표에서 공산당원의 비율이 줄어드는 추세와 마찬가지로 정협 전국위원회 주석단에서도 공산당의 비율이 현격히 줄어든 점이다. 즉 제8기에서 공산당 점유비율이 74.1%이었던 것이 9기에서는 53.1%로 줄어들었다.

2. 강택민의 리더십 : 그 정치적 위상은 공고한가?

먼저, 강택민의 리더십 즉, 강택민 정권은 안정적인가?

이상의 분석들을 총결해볼 때 그 해답은 비교적 안정적이라고 할 수 있다.

첫째, 등소평 사망 후 처음으로 개편된 중국공산당의 새 지도부는 등소평 생전 강택민을 권력의 핵심으로 한 세력균형적 집단지도체제와 크게 다를 바 없이 구성되었다.

그리고 법정·공안계통에 강력한 기반을 갖고 있는 교석의 퇴진과 군부의 세력약화로 강택민의 권력기반은 더욱 공고히 되었다. 정치국 상무위원에 군 출신은 한 사람도 포함시키지 않는 대신 비교적 파벌적 색채가 옅은 경제관료출신인 이남청(경제담당 부총리)을 승진시킨 것은 상당한 정치적 의미가 있다. 이는 군대의 정치상의 퇴조와 경제건설이 최우선적 정책과제임을 의미하는 것으로서, 국제정세가 비교적 안정세를 유지할 것이라는 확신에서 나온 결단으로 보여진다.39)

그리고 교석·유화청과 양백빙·추가화, 그리고 장진 등의 퇴진으로 당 지도부 내에서 강택민이 최고의 연장자가 되었다는 점은 상당한 의미가 있다. 즉 이 점은 중국과 같이 경로사상의 전통을 가지고 있는 문화에서 강택민의 권력안정에 긍정적인 작용을 할 것으로 보인다.40)

탈락된 양백빙의 경우 6·4사태 시 강경진압의 선두에 섰던 사람으로 군대내 양씨 세력의 대부로 강택민에게 위협적인 존재였으며, 추가화는 이붕과 절친한 소련유학파 테크노크라트다. 반대로 유임자의 성분을 보면, 정관근은 강택민의 상해교통대학 후배이며, 이철영은 강택민·이붕 등과 함께 혁명열사의 자제로 동구권에서 유학한 테크노크라트다. 그리고 이붕과 이철영은 강택민의 전·후임 전자공업부 부장을 역임했다. 오방국은 상해정치의 대부인 왕도함(汪道涵)·진국동(陳國棟) 등의 후광을 입고 강택민·주용기에 이어 상해시장·당위 서기가 되었고 강택민에 의해 부총리를 겸직하고 있다. 강춘운 역시 지방(산동성)당위 서기에서 정치국에 진입, 강택민에 의해 부총리에 기용된 지방관료 출신이다. 광동성 당위 서기 출신인 사비도 동일한 케이스다. 전기침은 상해에서 건국 전 항일구국 학생운동을 주도하면서 당시 교통대학 재학 중 중국공산당의 지하당 운동에 관련했던 강택민의 상급자로서 인연을 맺은 바가 있는 범상해 인맥이다.

이들 유임자들과 강택민간의 친소관계를 놓고 볼 때, 친 조자양·친 교석계 인물로 알려진 전기운과 위건행을 제외하고는 지연(화동), 학연(상해교통대), 혈연(혁명열사의 후예), 그리고 직장 인연 등에 있어 모두 강택민과 가까운 인맥이다.

그리고 신임의 경우, 현직 북경시 당위 서기 가경림, 광동성 당위 서기 이장춘, 산동성 당위 서기 오관정은 지방당위를 대표하는 자들로 비교적 계파색이 엷으나 강택민의 신임을 얻은 자들이기 때문에 빌닥되었다. 오관정은 주용기, 호금도, 오방국, 황국 등과 함께 청화대학의 소위 공학계를 졸업한 청화인맥의 중심 인물로서 아직 젊다. 그는 강택민에 의해 정치국위원에 이어 산동성 당위 서기로 영전되었다. 황국은 상해에서 강택민의 후광을 입으며 성장했고, 가경림은 진희동과 교석의 영향력을 제치고 북경시의 1인자가 되었기에 강택민의 추종자로 분류된다. 그리고 후보위원에서 승진한 온가보는 총서기 강택민 아래서 중앙서기처 서기로 당의 일상업무를 총괄했다. 한편 나간은 10여 년간 국무원 비서장으로서 무리 없이 이붕 총리를 보좌해 온 결과로 후보위원에서 승진한 것으로 평가된다.

2인의 현역 군인 정치국위원인 지호전과 장만년은 강택민에 의해 요직에 유임된 자들로 15기에서도 두 사람은 국방부장 및 중앙서기처 서기를 각각 겸임하고 있는 강택민 정권을 지켜주는 군내 버팀목이다. 그리고 신임 2명의 후보위원 역시 강택민과 가까운 사이다. 특히 증경홍은 1989년 천안문사건 이후 강택민이 상해를 떠나 북경으로 입성할 때 데리고 간 유일한 심복이다. 오의는 중앙정치국 구성원 중 유일한 여성으로 강택민에 의해 중앙무대에 진출하였다.

이상 공산당 지도층과 강택민과의 관계를 볼 때, 결국 새로 선임된 중앙정치국 위원 가운데 강택민의 지도력에 도전할 만한 인물은 사실상 없다는 것이 지배적인 견해이다. 왜냐하면 이들 중 누구도 강택민 이상으로 당을 장악할 수 없기 때문이다.

둘째, 포스트 등소평시대 국가지도체제는 당의 지도자인 강택민 국가주석을 핵심으로 전인대 상무위원장 이붕(보수)과 국무원총리 주용기(개혁)가 상호 견제와 균형을 유지하는 집단지도체제다. 즉 등소평 사후, 교석(전인대 위원장)의 퇴진으로 강택민 - 교석 - 이붕 중심의 집단지도체제에서 강택민 - 이붕(정치) - 주용기(경제) 중심의 집단지도체제로 바뀌었다는 점이다. 그것은 강택민·이붕·주용기가 각각 정부체제내에 자파의 인맥을 안배한 점에서도 나타난다. 강택민은 국방외교와 국가안전분야(지호전 국방부장, 당가선 외교부장, 허영약 국가안전부장 등)에서 자신과 가까운 인물을 많이 기용함으로써 최고지도자로서의 위용을 갖춘 반면, 이붕은 국무원총리시절 국무원의 비서장이었던 나간과 인사부장(宋德福)을 국무위원과 부장에 그대로 유임시켜 국무원내의 자파 인맥을 유지하고 있다. 주용기 역시 내각내 각 부처간의 이견을 조정하는 국무원 비서장직에 측근인 왕충우(王忠禹)를 기용하고, 대상룡(戴相龍) 인민은행장을 비롯한 경제부문 주요 인사에 측근을 유임시키거나 기용하였다. 그러나 인민대표대회 내부에서 당 정치국위원인 전기운(친 조양 계열)과 강춘운·사비(친 강택민계) 세 상무부위원장이 이붕을 견제하고 있기 때문에, 과거 교석만큼 그 위력을 발휘하지 못할 것이다. 그리고 주용기의 경우도 비정치적인 경제부문을 제외하고는 그 기반이 튼튼하지 않다. 따라서 국가(정부)체제내에서도 강택민에게 돌출적으로 도전할 세력은 없는 것으로 보여진다.

결국 21세기를 이끌 중국의 새 지도부는 강택민을 주축으로 이붕(전국인민대표대회 상무위원회 위원장 겸임)의 정치와 주용기(국무원 총리 겸임)의 경제가 이를 떠받치고 있는 형상이다.

셋째, 군인사의 경우도 중국인민해방군의 최고통수권자인 당과 국가의 중앙군사위원회 주석직에 강택민이 그대로 유임됨으로써 큰 변화를 감지할 수 없다. 다만 군의 원로인 유화청과 장진의 퇴진을 두고 여론이 분분했다. 물론 이들이 퇴진한 것은 권력투쟁에서 밀려난 것으로도 볼 수 있겠지만, 그보다는 세대교체의 의미가 더 크다. 왜냐하면 후임인사 대부분이 친 유화청 - 장진 계열로 채워졌기 때문이다. 지호전은 친 유화청계요, 장만년은 친 장진 계열이다. 지호전은 강택민 체제하에서 국방부장에 유임된 인물이며, 장만년은 화동군맥의 살아있는 대부인 장진에 의해 승승장구하는 인물이다. 화동 군맥은 강택민의 양부인 강상청이 속해 있던 군계파다. 강택민 역시 청년시절 화동 군맥의 보호 속에 성장한 인물이다. 즉 화동군구 사령관 겸 상해군사관제위원회 주임인 진의 및 이선념의 후광을 받아 성장하였다.

따라서 중앙군사위원회 부주석 겸 국방부장인 지호전과 동 부주석 장만년은 친 강택민 계열이라 보겠다. 부전유·우영파·왕극·왕서림 등 군사위원들 역시 6·4 이후 강택민과 함께 성장한 인사들이다.

이처럼 중앙군사위원회 주석 강택민은 당 중앙위원회 총서기, 중앙정치국 상무위원, 국가주석직을 겸직하게 됨으로써 당·정·군의 최고지도권을 재장악하게 되었다. 명실상부한 당·정·군의 최고책임자가 된 것은 모택동을 제외하고는 강택민이 처음이다. 이 점에서 당권은 장악했으나 군권을 장악하지 못한 호요방·조자양과 차이가 있다.

넷째, 통일전선기구의 경우, 비교적 중립적이면서도 6·4사태 이후 강택민과 비슷한 태도를 견지해온 이서환이 정협 전국위원회 주석에 그대로 유임되었고, 유임된 공산당 출신 부주석(섭선평, 양여대, 왕조국 등)들은 강택민과 대결구도에 있을 만한 인물들이 못되며, 공산당 출신 신임 부위원장들은 거의 강택민 체제하에서 부장급 이상의 직위에 있었던 인사들이다.

따라서 등소평 사후(당 15대와 9기 전인대 이후) 새로 구성된 신 강택민 체제는 비교적 안정적이며, 강택민의 위상 또한 공고하다고 볼 수 있다. 강택민이 당·정·군의 최고위직에 그대로 유임된 것 이외에, 권력의 최고핵심인 정치국 상무위원 7명 중 2명만이 교체된 점 등이 이를 증명해준다. 강택민의 유임과 더불어 전 총리 이붕의 유임(인민대표대회 상무위원장 전임), 경제개혁을 진두 지휘하던 상무부총리 주용기의 유임(총리로 승진), 중국인민정치협상회의 주석인 이서환의 유임과 중앙서기처의 총괄업무를 지휘하고 있는 호금도가 재기용(국가부주석 승진)된 것 역시 이를 뒷받침한다. 바뀐 것이 있다면, 교석의 퇴진으로 강택민 - 교석 - 이붕 중심의 집단지도체제에서 강택민 - 이붕 - 주용기 중심의 집단지도체제로의 전환과 군세력의 퇴조다. 그리고 전술한 바와 같이 중앙정치국 위원 24명(후보위원 2명 포함) 중 강택민 계파로 분류되는 인물이 절대 다수이며, 중앙군사위원회에서도 부주석 2명 모두가 강택민 계파로 분류되고 있다.

결국 강택민은 15대 중공 최고지도부에 자파 세력을 끌어들이고, 다양한 정치세력의 갈등과 조정을 견지하면서 당·정·군의 최고위직을 유지함으로써 자신의 권력기반을 공고히 하는 한편, 정치적 안정을 기하고 있는 것으로 평가된다.

그리고 중국 지도층은 누구라도 과거의 역사적 경험을 통해 정치적 분열은 중국의 장래는 물론 자신에게도 이로울 것이 없다는데 공감하고 있기 때문에 지도부의 분열로 인한 정치적 불안정은 야기되지 않을 것으로 본다. 그러나 여느 정권이나 마찬가지로 집권체제에 대한 도전세력이 없다고 할 수 없으며, 급진 개혁파와 점진적 개혁파의 노선이 명맥을 유지하고 있고, 개혁·개방으로 야기되는 문제가 상존하고 있는 중국에 있어서는 더욱 그러할 가능성이 예측된다. 일반적으로 금후 강택민 중심의 온건개혁세력(상해방 및 산동 중심의 군부)에 대한 도전가능 세력은 다음의 몇 가지로 구분되고 있다.

첫째, 보수파들로서 이붕·등력군(鄧力群) 등은 여전히 소련식 계획경제에 익숙해 있고, 개혁·개방의 부작용을 보수주의노선으로 치유하기를 희망하는 진운의 이른바 '새장경제' 노선의 일군들이다.

둘째, 급진개혁파로 호요방(사망) - 조자양 그리고 지식인을 배후세력으로 하는 일군이다. 이들은 개혁·개방의 부작용이 있을지라도 개혁을 더욱 발전시키면 부작용을 최소화시킬 수 있으며, 그러기 위해서는 정치적 민주주의를 더욱 가속화해야 한다는 입장이다.

셋째, 등소평노선의 추종자들이면서도 강택민으로 인해 정치 일선으로부터 퇴진한 엘리트들이다. 군내의 '양가장' 및 교석 세력이다.

넷째, 비록 현 강택민 체제의 핵심 멤버(주로 이붕, 주용기, 이서환, 호금도 등 정치국 상무위원)이나 강택민 체제의 실정으로 체제가 위기에 봉착할 경우, 강택민의 대역으로 부각의 기회를 노릴 수 있는 인물들을 들 수 있다. 여기에는 친위 군부세력도 포함된다.

이상의 제 세력의 특징을 볼 때, 첫째 세력은 강택민 정권의 개혁·개방이 부작용을 가져올 경우 득세할 것이며, 둘째의 경우는 경제적인 개혁정책을 유지하면서 부분적인 정치개혁을 추진하는 한 크게 세를 확장하지 못할 것이다. 셋째 세력은 양상곤의 사망과 교석의 퇴진으로 사실상 쇠락의 길을 걷고 있고, 넷째 세력은 강택민과 공동운명체로 강택민 정권의 안정을 바라고 있다.

또한 이들은 상술한 바와 같이 독자적으로 세를 형성하거나 강택민을 배신할 만한 역량을 갖추지 못하고 있다. 즉 이들은 강택민의 대체세력이라기보다는 상호 보완의 위치에 있다. 그리고 대부분의 친위 군부세력은 개혁·개방의 수혜자들이기 때문에 신 강택민 체제에 대한 거부감이 적다.

따라서 강택민 정권이 택할 수 있는 정책은 등소평의 이른바 '새장(鳥籠)정치'에 근거한 온건개혁정책이다. 즉 경제발전을 위해 개혁·개방정책은 지속하되, 4개 원칙의 견지를 통해 정치적 안정을 기하는 정책은 불가피한 선택이라는 것이다. 그럼으로써 보수파의 반격을 잠재우면서 급진개혁파의 욕구분출을 완화시켜 나갈 수 있기 때문이다.

제3절 신 강택민 정권 최고 파워 엘리트의 성분과 정책성향

본 절에서는 위 중국 권력 엘리트 중 최고 실세 정책 엘리트인 중앙정치국 위원의 사회적 배경을 지속과 변화의 측면에서 14기 이전의 그것과 비교·분석해 봄으로써 그들의 정책성향을 가늠해보고자 한다.

분석의 대상을 중앙정치국 위원에 국한한 이유는 이미 전술한 바와 같이 중앙정치국이 정책노선의 방침을 결정하는 최고권력기구이며, 또한 그 성원이 실질적인 정책결정기구인 중앙서기처와 국무원 상무회의의 구성원 대부분을 겸직하고 있기 때문이다.

비교의 대상은 아래와 같은 중앙정치국 위원의 민족, 성별, 연령, 출신 지역, 교육정도 및 전공, 해외경험, 군대경험, 기타 당정경험, 유임정도 등이다.[41]

1. 신 강택민 정권 파워 엘리트의 성분
- 혁명간부 세대로부터 기술관료 세대로

1) 중앙정치국 위원의 민족 및 성별 분석
: 한족, 남성 우위는 변함없어

제15기 중앙정치국 위원의 민족별, 성별 특징은 한족(漢族)과 남성이 100%를 차지하고 있다. 인구의 6.7%와 48.5%를 점하는 55개 소수민족과 여성 대표는 1명도 없다. 단 후보위원의 경우 오의(吳儀, 漢族, 여) 한 사람이 여성일 뿐이다.

역대 중앙정치국 위원 중 소수민족 출신은 장족(壯族)의 위국청(1973~1985), 몽고족의 오란부(1956~1969 후보위원, 1977~1988 위원)밖에 없었다. 여성의 경우 강청(1969~1977, 모택동의 처), 섭군(1969~1971, 임표의 처), 등영초(1978~1985, 주은래의 처), 진모화(1977~1987 후보위원)가 중앙정치국에 입국한 예다. 따라서 역대 중앙정치국 위원 인선에 있어 민족별, 성별 인구비례에 의한 대표성은 크게 고려하지 않은 것으로 볼 수 있다.

<표 4 - 14> 역대 중국공산당 중앙정치국 위원의 명단

	중앙정치국 상무위원	중앙정치국 위원	후보위원
제7기 (1945~ 1956)		毛澤東,朱德,劉少奇,周恩來,任弼時(50사망),陳雲,康生, 高崗(54숙청),彭眞, 董必武,林伯渠,張聞天,彭德懷,林彪·鄧小平(55.4보선)	
제8기 (1956~ 1969)	모택동,유소기(68.10숙청),주은래,주덕,진운,등소평(67해임), 임표(58.5승진), 陶鑄·陳백달·강생·李부춘(66.8승진)	임백거,동필무,팽진,羅榮桓,陳毅,李富春,팽덕회(59.8숙청),劉伯承,賀龍,李先念,柯慶施·李井泉·譚震林(58.5증선),陶鑄·진백달·강생·徐向前·聶榮臻·葉劍英(66.8보선)	장문천(59해임),강생,烏蘭夫,陸定一(66파면),陳伯達,薄一波,李雪峰·謝富治·宋任窮(68.8보선)
제9기 (1969~ 1973)	모택동,임표(71.9사망)주은래,진백달,강생	葉群,섭검영,유백승,江靑,주덕,許世友,陳錫聯,이선념,李作鵬,吳法憲,張春橋,邱會作,姚文元,黃永勝,동필무,謝부치	紀登奎,이설봉,李德生,汪東興
제10기 (1973~ 1977)	모택동(76.9사망),王洪文(76.10해임),섭검영,주덕(76.7사망),李덕생,장춘교(76.10해임),주은래(76.1사망),강생,동필무,등소평(75.1보선,76.4해임,77.7복권)	이덕생(75.1위원직만보유),韋國淸,유백승,강청(76.10해임),허세우,華國鋒,紀등규,吳德,汪東興,陳永貴,진석련,이선념,요문원(76.10해임)	吳桂賢,蘇振華,倪志福,賽福鼎
제11기 (1977~ 1982)	화국봉,섭검영,등소평,이선념,왕동흥(80.2해임),胡耀邦·趙자양(80.2증선),진운(81.6증선)	위국청,烏蘭夫,方毅,유백승,허세우,蘇진화,이덕생,余秋里,張廷發,진영귀,기등규·오덕·진석련(82.2해임),耿飈,섭영진,倪志福,서향전,彭沖,조자양·팽진(79.9증선)	새복정·陳慕華,趙紫陽(79.9증선)
제12기 (1982~ 1987)	호요방,섭검영(85.9퇴진),등소평,조자양,이선념,진운	萬里,習仲勛,王震·위국청·오란부·등영초·이덕생·송임궁·장정발·섭영진·서향전(85.9퇴진),廖承志(83.4사망),방의,楊尙昆,楊得志,여추리,胡喬木,예지복,팽진,吳學謙·胡啓立·喬石·田紀雲·李鵬·姚의림(85.9증선)	姚依林,秦基偉,진모화
제13기 (1987~ 1992)	조자양(89.6해임),이붕,교석,호계립(89.6해임),요의림,강택민·송평·이서환(89.6승진)	만리,전기운,江澤民,李鐵映,李瑞環,李錫銘,楊汝岱,양상곤,오학겸,宋平,호요방(89.4사망),秦기위	丁關根

위원	중앙정치국 상무위원	중앙정치국 위원	후보위원
제14기 (1992~ 1998)	강택민,이붕,교석,이서환,주용기,유화청,호금도	丁관근,전기운,李嵐淸,이철영,楊白冰,吳邦國,鄒家華,陳希同(95.9해임),姜春雲,錢其琛,尉健行,謝非,譚紹文(93.2병사)	溫家寶, 王漢斌
제15기 (1998~)	강택민,이붕,주용기,이서환,호금도,위건행,이남청	정관근,전기운,이철영,오방국,강춘운,전기침,黃菊(94.9승진),위건행,사비,李長春,吳官正,遲浩田,張萬年,羅幹,賈慶林,溫가보	曾慶紅,吳儀

참고 : 1) 중앙정치국 위원에는 그 상무위원이 포함됨.
   2) 한자 성명은 신임, 한글 성명은 유임, 한자성＋한글명은 후보에서 위원, 위원에서
      상무위원 승진.

2) 중앙정치국 위원의 연령 분석 : 12대 이후 연소화
경향유지

15기 중앙정치국 위원의 평균연령은 63.3세로 14기 62.5세보다 약간 높아졌다(<표 4 - 15> 참조). 그 이유는 비록 70세 이상인 자를 퇴진시키긴 했으나 유임자가 많은 탓으로 분석된다. 14기 정치국위원 중 탈락자는 모두 70세 이상(교석 73세, 유화청 81세, 추가화 71세, 양백빙 77세)인 사람이다. 15기 정치국위원 중 군출신(지호전 68, 장만년 69세)을 제외한 신임자 대부분은 50대 및 60대 초반 젊은 간부들로 충원된 반면, 강택민 이외, 70세 이상의 유임자는 한 사람도 없다. 따라서 현대화 정책과 함께 추진해온 간부의 연소화정책은 13기 이후 지속적인 성과를 거두고 있음을 알 수 있다.

역대 중앙정치국 위원 연령이 제7기에서 12기까지 계속 증가된 것은 연임 정치국위원들, 즉 혁명 1세대들의 연령 때문이며, 특히 11기(65.3세)와 12기(71.8세)에 연령이 가장 높았던 것은 4인방 세력(왕홍문, 장춘교, 강청, 요문원 등)의 제거와 더불어 문혁 때 축출되었던 혁명 1세대 반문혁 간부(등소평, 섭영진, 서향전, 장정발, 방의, 여추리, 경표, 팽충 등)들이 대거

<표 4 - 15> 중공 역대 중앙정치국 위원(正) 연령 변화

기(년) 정원 연령	7기 (1949) 13	8기 (1956) 17	9기 (1969) 21	10기 (1973) 21	11기 (1977) 23	12기 (1982) 25	13기 (1987) 17	14기 (1992) 20	15기 (1997) 22
~40	-	-	1	1	-	-	-	-	-
40~49	5	2	-	1	1	1	-	-	-
50~59	5	9	8	8	2	-	5	4	7
60~69	3	3	5	4	14	8	6	14	14
70~79	-	3	5	4	4	12	5	2	1
80~	-	-	2	3	2	4	1	-	-
평 균	51.2	58.2	62.7	63.3	65.6	72.0	64.4	62.5	63.3

참고 : 연령은 각 기 1중전회를 기준으로 산출, 단 7기는 1949년 기준.

복권되었기 때문이다. 그리고 13기부터 다시 연령이 낮아지기 시작한 것은 간부의 연소화정책으로 대폭적인 세대교체가 이루어진 결과라 보겠다. 1985년 9월, 당 12대5중전회에서 간부의 연소화정책에 따라 섭검영·왕진·위국청·오란부·등영초·이덕생·송임궁·장정발·섭영진·서향전 등 당·정·군의 원로들이 대거 퇴진하고, 대신 비교적 젊고 전문적인 인물들로 대체되었다. 오학겸·호계립·교석·전기운·이붕·요의림 등은 이때 수혈된 혁명 2세대들이다.

3) 중앙정치국 위원의 출신지역 : 14기 이후 상해중심의 화동인맥이 우세

출신배경(부모의 직업)에 대한 정확한 자료가 없기 때문에 출신지역을 농촌과 도시, 출생 성시(省市)별로 구분하여 분석한다. 먼저 출신지역별 특징을 농촌과 도시로 구분해 볼 때(<표 4 - 16> 참조), 15기 위원의 경우 도시지역 출신 비율(45.5%)이 14기(50%)보다는 줄어들었으나, 12기 이전보다는 배 이상으로 증가하였다. 이는 중국공산혁명이 주로 농촌을 중심으로 전개되었으며, 때문에 12기 이전까지의 혁명 1세대 중앙정치국 위원은 농촌출신이 다수를 차지할 수밖에 없었던 것으로 풀이되며, 14기 및 현 15기에 도시출신이 증가된 것은 상해중심의 화동인맥이 대거 중앙정치국에 진입되었기 때문인 것으로 해석할 수 있다.

한편 출신지를 성·시별로 구분해 보면, 강택민의 연고지인 상해중심의 화동(강소·절강)인맥이 14기와 마찬가지로 가장 많다. 출생지를 기준으로 강택민, 이붕(원적 사천), 호금도(원적 안휘), 위건행, 이남청, 정관근, 전기침, 황국 등 8명이며, 정치적으로 상해에서 성장한 주용기와 오방국을 포함할 경우 무려 10명이나 된다. 강택민·주용기·오방국은 전직, 황국은 현직 상해시장 및 당위 서기다. 그 다음으로 산동 출신이 5명(전기운, 지호전, 장만년, 나간, 강춘운)이다. 특히 군 대표 정치국위원 2명(장만년, 지호전 중앙군사위 부주석 겸직) 전원이 산동성 출신이다. 중앙군사위원 겸 총참모장 부전유와 중앙군사위원 왕서림, 국방대학교장 나세충, 국방대학 정치위원 장공(張工), 국방과학공업위원회 정치위원 이계내(李繼耐), 공군 사령관 유순요, 북경군구 사령관 이신량, 심양군구 정치위원 강복당(姜福堂), 난주군구 부정치위원 왕술윤(王茂潤) 등 15기 당 중앙위원에 선임된 군부 요직의 다수가 산동성 출신이다. 그리고 총후근부장 왕극(王克) 상장, 제남군구 사령관 전국앙(錢國梁), 남경군구 사령관 진병덕(陳炳德) 중장은 강택민과 동향인 강소성 출신이다.

<표 4 - 16> 중공 역대 중앙정치국 위원(正) 출신지역(1)

기	7기	8기	9기	10기	11기	12기	13기	14기	15기
정원	1945	1956	1969	1973	1977	1982	1987	1992	1997
출신지	13	17	21	21	23	25	17	20	22
농 촌	12	17	21	20	19	20	12	10	12
도 시	1	-	-	1	4	5	5	10	0

참고: 출신지역은 원적지가 아닌 출생지를 기준으로 하였음(각 1중전회 기준).

따라서 중공 15기 최고지도부는 상해를 중심으로 한 경제전문관료 집단과 군부실세의 다수를 차지하고 있는 산동인의 결합으로 이루어진 색채가 짙다. 역사적으로 상해인맥은 기존의 정치질서에 불만을 품은 최고권력자의 변혁의지에 힘입어 일거에 중앙에 진출하는 성격이 짙다. 강택민의 상해인맥도 등소평의 개혁·개방정책에 대한 보수세력의 반발과, 천안문사태를 전후로 하여 호요방과 조자양으로 대표되는 기존 개혁세력의 동요와 이탈에 불만을 가지고 있던 등소평의 정치구도를 대변하여 중앙무대에 진출한 것이다.[42] 모택동이 상해에서 문혁의 불을 지핀 것 또한 이와 같은 논리로 해석할 수 있다. 기질적으로 상해지역 출신은 진보적이기 때문에 지도자의 변혁의지와 상생할 수 있는 관계에 있다. 또한 산동출신은 '산동방(山東幇)'이라는 별칭만큼이나 의리 있고 호방하다. 군대인맥이 나약한

<표 4 - 17> 중공 역대 중앙정치국 위원(正)의 출신지역(2)

기 정원 출신지	7기 1945 13	8기 1956 17	9기 1969 21	10기 1973 21	11기 1977 23	12기 1982 25	13기 1987 17	14기 1992 20	15기 1997 22
광동성	-	-	1	1	1	2	-	1	1
복건성	-	-	2	-	3	2	-	-	-
절강성	-	-	1	1	-	-	1	2	2
강소성	2	2	1	1	-	2	1	3	3
상해시	1	-	-	-	1	1	1	1	3
호남성	5	7	1	1	2	4	3	2	2
호북성	1	3	6	3	2	1	-	1	-
사천성	1	4	2	2	3	3	3	4	-
안휘성	-	-	-	-	-	-	1	2	1
강서성	-	-	3	1	2	1	-	-	1
산동성	1	-	3	3	-	1	2	2	5
산서성	1	1	-	3	4	2	1	-	-
하남성	-	-	1	3	3	3	1	1	-
하북성	-	-	-	-	-	-	1	-	1
섬서성	1	-	-	-	-	-	1	1	-
천진시	-	-	-	-	-	-	1	1	2
요령성	-	-	-	-	-	-	-	-	1
길림성	-	-	-	1	-	-	-	-	-
내몽고	-	-	-	-	1	1	-	-	-
광서	-	-	-	1	1	1	-	-	-

참고: 출신지는 출생 당시의 원적 행정구역역임(각 기 1중전회 기준).

상해인과 군실세로 결집된 산동인의 만남이 중국정치의 안정에 어떻게 기여할 것인가는 주목해 볼 만하다. 두 지역의 기질로 보아 향후 정책도 상당한 추진력이 있을 것으로 보인다.

<표 4 - 17>을 보면 흥미롭게도 모택동이 권력을 장악하던 시기는 그 동향인 호남성 출신이, 임표가 득세하던 시기(9大)는 그의 출신지인 호북성 출신이 정치국에 가장 많이 입국했고, 강택민이 그 체제를 굳히고 있는 이 시기(14대~15대) 역시 강택민과 동향인 화동(상해·浙·江)인맥이 위세를 떨치고 있다. 따라서 지연 및 인맥 중시 풍조는 예나 지금이나 중국정치의 전통임을 알 수 있다. 반면 중앙정치국 위원 선임에 있어 지역 대표성은 크게 고려하지 않고 있음도 알 수 있다. ·

4) 중앙정치국 위원의 교육정도 및 전공 : 대졸 출신 테크노크라트가 대다수

건국 초기의 정치국(1945~1969)은 주로 프랑스 및 소련 등지에서 공산주의 이론을 학습한 창당 멤버나 혁명 1세대가 주종을 이루었기 때문에 인문사회과학 전공자가 많았다. 문혁기는 이들 창당 멤버 일부와 현역 군인이 대거 정치국에 입국함으로써 군사학교 출신자가 우세를 보인다. 문혁 종결 후 제11기와 12기에 군사학교출신자와 인문사회계 대학출신자가 다시 증가한 이유는 문혁 때 실각되었던 원로그룹이 대거 복권하였기 때문이다. 제12기 이후 계속 군사학교 출신이 하락하는 대신 이공계 출신 대졸자의 정치국 입국이 대폭적으로 증가하는 추세를 보이고 있다(<표 4 - 18> 참조).

15기 정치국위원의 학력 및 전공을 보면, 대학이상 출신자가 81.8%이고, 전공의 경우 63.6%가 이공계 대학출신이며, 공정사 등 기술사 자격증 소지자도 14명으로 전체의 무려 63.6%에 이른다. 특히 상무위원의 경우 경제전문가인 이남청을 제외하고는 6명 전원이 공정사 혹은 동력사 자격증 소지의 테크노크라트다. 이는 14기(각각 80.8%, 50%, 33.3%)와 비교컨대,

지도층 기술관료화가 더욱 심화되고 있음을 보여 준다. 후보위원인 증경홍과 오의 역시 공학을 전공한 공정사 출신인 점으로 볼 때 절대다수가 테크노크라트 출신이다. 이는 13기(1987년) 이후부터 현저히 나타난 현상으로 중국지도부가 중국의 현대화를 위해 지도층의 자질을 얼마나 중시하는가를 입증해주는 것이다.

　한편 출신대학의 경우 중국 최고의 명문 북경대 출신이 1명도 없는 반면, 주용기가 나온 이공계 명문 청화대학 출신이 5명(주용기, 호금도, 오방국, 오관정, 황국)이나 되는 것도 하나의 특징이다.[43)]

<표 4 - 18> 중공 역대 중앙정치국 위원(正) 교육정도 및 전공

기 정원 학력	7기 1945 13	8기 1956 17	9기 1969 21	10기 1973 21	11기 1977 23	12기 1982 25	13기 1987 17	14기 1992 20	15기 1997 22
무(미상)	-	1	5	5	4	1	-	-	-
중졸	-	-	1	2	4	3	2	1	1
고졸(사범)	3	2	1	2	1	3	2	1	1
군사교	2	5	7	8	10	9	2	2	2
대졸 (理工)	-	1	-	-	2	2	8	10	14
대졸 (人社)	8	8	7	4	3	7	3	6	4
대졸율	61.5	52.9	33.3	19.0	21.7	36.0	64.7	80.8	81.8

참고 : 대졸율(%)은 정원 중의 대졸 수의 백분율임(각 기 1중전회 기준).

5) 중앙정치국 위원의 해외경험 : 계속 높은 비율 유지

　정권 수립 초창기(7기~8기)의 중앙정치국 위원이 해외경험이 가장 많은 것으로 나타났다. 이는 초기 공산당 지도자들 중 많은 사람들이 고학(근공검학)으로 프랑스 유학을 하였거나 소련 등지에서 공산주의 이론 학습을 위해 활동하였기 때문이다. 그러나 15기의 해외경험자는 모두 신중국 성립 이후 중·소관계가 악화되기 이전에 소련과 동구에서 유학한 자연과학도이다. 강택민·이붕·위건행·이남청·전기침은 소련에서, 이철영과 나간은 각각 1950년대 초·중엽 체코와 동독에서 유학 또는 1년 이상의 연수과정을 마쳤다. 특히 강택민·이붕·이철영 등은 각각 저명한 혁명열사의 가속(家屬)으로 연안시대부터 계획적으로 양성한 후계자들이다. 그러나 황국은 이들과는 달리 1년간 일본에서 경영학을 공부했다.

1950년대 후반 중·소관계 악화 이후 문혁이 종결될 때까지 중국은 제3세대 후계자(接班人)들을 주로 국내에서 교육시켰다. 그 결과 15기 제3세대 지도자들은 청년기에 해외 유학의 기회가 없었고, 따라서 15기 중앙정치국 위원의 해외경험은 14기에 비해서 줄어들게 된 것으로 보인다(<표 4 - 19> 참조).

<표 4 - 19> 중공 역대 중앙정치국 위원(正) 해외(유학)경험

기 정원 구분	7기 1945 13	8기 1956 17	9기 1969 21	10기 1973 21	11기 1977 23	12기 1982 25	13기 1987 17	14기 1992 20	15기 1997 22
해외경험자	9	10	7	7	6	9	4	8	8
비율(%)	69.2	58.8	33.3	33.3	26.1	36.0	23.5	40.0	36.4

참고 : 1년 이상 유학 및 해외경험자를 기준으로 함(각 기 1중전회 기준).

6) 중앙정치국 위원의 군대 경력 : 12기 이후 계속적인 하락세

중국정치에 있어서 군이 현실 정치에 미치는 영향은 지대하다. 정권 초기에는 장정과 군대생활을 통해 맺어진 인맥이 거의 중국의 파벌정치를 형성하였으며, 정치국위원 중 군 출신이 지배적이었다. 특히 혁명 1세대가 지배하던 시기는 군출신이 아닌 자가 없을 정도로 군이 중국정치를 압도하였다.

제8기 정치국위원에 군 출신자의 비율이 높았던 것은 장정에 참가했던 혁명 1세대들에 대한 배려로 볼 수 있으며, 제12기에 군 출신 및 장정 참가자의 현저한 상승세는 문혁 때 실각되었던 군 원로들의 복권 때문이다.

개혁·개방이 본격화된 12기를 고비로 군출신 및 장정출신의 정치국 진출은 계속 줄어들고 있다. 15기의 경우 군 경력자는 지호전과 장만년 2명에 불과하며, 장정 경험자는 1명도 없다. 이는 혁명 1세대들의 퇴진과 지속적인 노·청 교체의 결과이며, 개혁·개방 이후 문민 기술관료시대가 강하게 전개되고 있음을 증명하는 것이다. 특히 15기의 경우 상무위원 중 군 출신이 1명도 없는 것은 군의 정치관여를 최소화하려는 의도로 풀이할 수 있겠다. 정치에 대한 군의 개입은 대체적으로 보수적인 성향을 띠었음을 고려할 때[44] 군세력의 퇴조는 개혁·개방의 지속적인 추진을 보증하는 암시로도 해석되겠다. 그리고 중앙정치국 위원 겸 당 중앙군사위원회 부주석으로 선임된 지호전과 장만년 역시 모두 계파별로는 비교적 개혁성향을 띤 친 강택민 계열로 분류된다.[45]

<표 4 - 20> 중공 역대 중앙정치국 위원(正)의 군대 및 장정 경험

기 정원 구분		7기 (1945)	8기 (1956)	9기 (1969)	10기 (1973)	11기 (1977)	12기 (1982)	13기 (1987)	14기 (1992)	15기 (1997)
		13	17	21	21	23	25	17	20	22
군 경험자	수(명)	10	15	16	15	20	21	8	2	2
	%	76.9	88.2	76.2	71.4	87.0	84.0	47.1	10.0	9.1
계급 수여자	수(명)	2	7	11	8	13	11	1	2	2
	%	15.4	41.2	52.4	38.1	56.5	44.0	5.9	10.0	9.1
장정 경험자	수(명)	10	16	16	13	15	18	3	1	-
	%	76.9	94.1	76.2	61.9	65.2	72.0	17.6	5.0	-

참고 : 1) 각 기 1중전회 기준.
    2) 군 경험자는 사령관 및 정치위원 이상 경험자.
    3) 지방당위 서기가 군구 정치위원을 겸임했던 것도 군 경험자에 포함시켰음.
    4) 계급 수여자는 1955년 이후 군 계급이 부여된 순수 군인.

7) 기타 당·정 경력별 특징 : 개방지역 당·정 지도자 증가추세

군대 경험이외의 경력별 출신을 보면 22명 중 14명(강택민·주용기·이서환·호금도·전기운·이철영·오방국·나간·강춘운·사비 등은 전직임)이 개혁·개방 이후 주요지역 및 개방지역의 1급(省級) 당·정 책임자를 거친 사람들이다. 신임 7명 중 이장춘·오관정·가경림 3명이 각각 광동성·산동성·북경시 당위 서기를 겸직하고 있으며, 황국 상해시 당위 서기는 유임 케이스로 이들은 주요 개방지역을 대표하는 기술관료다. 한편, 상무위원으로 승진한 이남청과 후보위원 오의는 각각 대외경제부문의 베테랑이며, 신임 정치국위원 나간과 온가보는 지방 당·정관료를 거쳐 각각 14기 이후 계속 국무원 비서장과 서기처 서기를 맡고 있는 당·정실무에 밝은 기술관료다. 이는 바로 지방의 실정과 개혁·개방의 경험을 적극 중앙정책에 반영하겠다는 의지로 보인다.

8) 유임비율 : 역대 중 가장 높은 유임

중앙정치국 위원의 유임정도는 정책의 계속성과 변화를 예측하는 기준이 된다. 즉 유임률이 높고 교체율이 낮은 경우 정책은 계속성이 유지될 것이고, 그렇지 않을 경우 정책의 변화 가능성이 많을 것임을 예측할 수 있다.

역대 중앙정치국 중 유임률이 가장 낮았던 시기는 문혁 정책이 본격화된 제9기(1969년)및 문혁 종결선언을 한 제11기와 '사회주의 시장경제체제'를 제도화한 14기(1992년)다. 반대로 유임률이 높았던 시기는 제8기(1956년)와 12기(1982년) 및 15기(1997년)다(<표 4 - 21> 참조). 이는 노선 및 정책 변화의 폭이 가장 컸던 시기에 중앙정치국 위원이 가장 많이 교체되었으며, 이와 반대인 경우에 가장 적은 교체가 이루어졌음을 실증해준다.

15기 중앙정치국 위원의 유임비율은 68.2%로 14기 30%보다 훨씬 높다.

그 중 상무위원의 경우 71.4%(14기 57.1%)가 유임되었다. 15기 중앙정치국 위원의 경우 유임비율이 역대 어느 때보다 가장 높다. 이는 등소평 사후 정치변화가 거의 없고, 향후 정책의 변화가 적을 것을 예고하는 것이다.

<표 4 - 21> 중공 역대 중앙정치국 위원(正) 유임정도

기 정원 구분	7기 1945 13	8기 1956 17	9기 1969 21	10기 1973 21	11기 1977 23	12기 1982 25	13기 1987 17	14기 1992 20	15기 1997 22
유임자	7	11	10	13	13	18	10	6	15
유임률	53.8	64.7	47.6	61.9	56.5	72.0	58.8	30.0	68.2

참고 : 1) 각 기 1중전회 기준.
　　　2) 유임률의 경우, 각 기 1중전회 이후 중간의 중앙위원회에서 선출된 자로서 차기 1
　　　　중전회에서 유임된 자는 유임자로 계산하였음.

2. 신 강택민 정권 파워 엘리트의 정책성향

그러면 21세기를 열어갈 신 강택민 정권 파워 엘리트의 정책성향은 어떠한가? 지금까지의 분석에서 살펴본 신 강택민 정권 지도체제의 특징과 성분을 요약해 보면 다음 <표 4 - 22>과 같다.

즉 이들은 14기와 비교할 때 연령적으로나 학력 및 전공면에서 큰 변화가 없으며, 특히 역대 정치국 중 유임률이 가장 높은 점으로 보아 등소평 생전의 정책에 큰 변동이 없을 것임을 시사한다. 특히 군대의 영향력을 줄이고, 개방지역의 당·정 경험이 풍부한 기술관료의 대거 기용은 개혁·개방의 가속적인 심화가 이루어질 것을 예고한다. 특히 주용기 - 이남청 사단의 총리 - 상무부총리 발탁은 이를 더욱 확고히 해준다. 한편 보수파를 대표하는 이붕에 대한 배려는 정치적 안정을 무엇보다도 우선시 하겠다는 의지의 표명이며, 조자양 계열의 급진개혁파의 배제 내지 현상유지와 교석의 퇴진은 민주적 정치개혁까지 포함한 급진개혁의 추진에 대한 한계를 분명히 한 것이라고 보겠다.

<표 4 - 22> 중공 역대 중앙정치국 위원(正)의 성분변화

구 분	위원수 (명)	평균 연령	출신지 (명)		교육수준 (대졸,%)	해외경험 (%)	군경험%		유임 비율
			농촌	도시			T	C	
7기(1945)	13	51.2	12	1	61.5	69.2	76.9	15.4	53.8
8기(1956)	17	58.2	17	-	52.9	58.8	88.2	41.2	64.7
9기(1969)	21	62.7	21	-	33.3	33.3	76.2	52.4	47.6
10기(1973)	21	63.3	20	1	19.0	33.3	71.4	38.1	61.9
11기(1977)	23	65.6	19	4	21.7	26.1	87.0	56.5	56.5
12기(1982)	25	71.0	20	5	36.0	36.0	84.0	44.0	68.0
13기(1987)	17	64.4	12	6	64.7	23.5	47.1	5.9	58.8
14기(1992)	20	62.5	10	10	80.8	40.0	10.0	10.0	30.0
15기(1997)	22	63.3	12	10	81.8	36.4	9.1	9.1	68.2

주 : 1) 모든 수치는 각 기 1중전회를 기준으로 산출.
   2) 유임률의 경우, 각 기 1중전회 이후 중간의 중앙위원회에서 선출된 자로서 차기 1
      중전회에서 유임된 자는 유임자로 계산하였음.
   3) 군경험자 중 T는 군구 사령원·정치위원 이상 경험자, C는 1955년 이후 군 계급을
      부여받은 순수군인 출신.

이는 바로 정치적인 보수와 경제적인 개혁(소위 硬政治, 軟經濟)을 의
미하는 것이다. 출신성향으로 보아 '조롱경제(鳥籠經濟)'의 후계자이며
중앙집중적 정부관리체계에 훈련된 이붕은 급진적인 정치개혁을 원치 않
을 것이며, 시장경제체제의 신봉자인 주용기는 결코 경제개혁의 지연을 바
라지 않을 것이다.[46] 따라서 단기적으로 보아 경제적 개혁 못지 않게 정
치적 안정을 더욱 중시할 것으로 보인다.

인민들 역시 이러한 성향을 나타내고 있다. 중국 정치문화에 대한 한
실증적 연구에 의하면,[47] 중국인민들의 정치의식 역시 이중적 성향을 띠
고 있다고 했다. 즉 중국인민들은 계속적 개혁·개방정책을 희망하면서
도 정치적 불안정은 용납할 수 없다는 가치정향을 나타내고 있다.[48] 또
경제적인 효율화는 바라면서 정치적 민주화에는 상당히 회의적인 반응을

나타내고 있다. 그리고 정치적 주권의식은 명확하나 정치참여의식은 결핍되어 있다. 즉 의식의 전환은 오고 있으나 아직 낮은 정치참여가 의미하듯 행동지향적인 적극적 정치참여는 상당히 위축되고 있는 실정이다.[49] 그리고 아직도 지배유형에 대한 태도는 카리스마(인치)적 지배유형을 주체로 전통적 지배유형을 완전히 벗어나지 못한 채,[50] 어렵게 합리적인 지배체제로 전이하기 시작하고 있다. 이러한 인민의 정치정향은 이른바 신민문화(臣民文化) 유형으로 중앙집권적 권위주의 정치체제에 부합된다고 보겠다.[51]

따라서 최소한 향후 5년은 1978년 12월 11대3중전회 이후부터 사회주의 현대화의 속도와 범위를 놓고 보·혁간 대립과 갈등을 빚어왔던 '중국적 특색을 지닌 사회주의 건설'이 더욱 과감하게 가속적으로 추진될 것으로 전망된다. 요컨대 중국은 사회주의 현대화건설(1개 중심)이라는 국가발전 목표의 달성을 위해 자본주의적 시장경제제도까지 도입하여 개혁·개방을 과감히 추진, 개인과 기업의 경제적 자율성을 보장·확대하면서도, 정치적으로는 사회주의체제를 고수하여 정치적 안정을 견지한다는 '온건적 개혁'의 입장을 최소한 향후 5년간은 고수할 것이다. 15전대와 동 1중전회는 이러한 정책노선을 견지하기 위한 보증으로 당장에 '등소평 사상'을 삽입하고, 헌법을 그러한 방향으로 수정하였다.

□ 4장 주석 □

1) 다음 자료들을 참고하여 분석하였다. 張希賢 等 編著, 『中國向何處去? 中國共産黨 歷次全國代表大會動態分析』(太原, 山西人民出版社, 1993); 田克勤 主編, 『中國共産黨七十年』(吉林文史出版社, 1991); 蔡開松 主編, 『二十世紀中國名人辭典』(遼寧人民出版社, 1991); 廖盖隆 主編, 『現代中國政界要人傳略大全』(北京, 中國廣播電視出版社, 1993); 『人民日報』(海外版), 1997年 9月 20日; 『北京日報』, 1997年 9月 20日; 『文滙報』, 1997年 9月 20日; 김정계(1994), 앞의 책 등.

2) 이석훈(1903 - 1931)은 1921년(17세)에 중국사회주의청년단(공청단의 전신)에 가입, 창단 공작에 참여했고, 그후 진의 등과 함께 학생운동을 전개했다. 1924년 상해대학 재학시절 청년 이석훈은 마르크스 레닌주의에 심취, 중국공산당에 가입하게 되는데, 이것이 바로 이석훈 자신의 일생은 물론 그의 아들 이붕의 운명을 결정짓는 계기가 되었다. 그후(1927년) 이석훈(당시 전국학생총회 회장)은 펜을 던지고 남창폭동(南昌起義)의 주력이 된 국민혁명군 제25사단 당대표(정치주임)가 되어 주은래, 주덕 등과 남창폭동을 주도했다. 남창폭동이 끝난 뒤 1931년 이석훈은 광동성 당위 군사위원회 서기가 되어 해남도에서 유격전을 지휘하다 그 신분이 노출되어(마카오어를 몰라) 국민당에 체포되어 처형당했다. 당시 그의 나이 28세였으며, 유족으로는 25세의 처 조군도와 3세의 이붕, 그리고 유복녀 이경(李瓊)이 있었다.

3) 조군도(1901 - 1927)는 1927년 상해 '4·12정변' 때 국민당에 의해 피살된 초기 중공 지도자의 한 사람인 조세염(趙世炎)의 여동생이다. 조세염은 1920년 근공검학으로 주은래, 이부춘, 이유한(李維漢), 등소평 등 당대 거물급 중공지도자들과 함께 프랑스에 유학, 1921년 프랑스 공산주의 소조에 참가, 이들과 중국사회주의청년단을 조직했다. 1922년에는 중국공산당 재유럽 총지부를 결성하여 서기를 맡았고, 당시 주은래는 선전위원이었다. 따라서 조세염과 주은래의 관계는 생사지교(生死之交)의 관계에 있었다. 귀국 후 1927년에는 중국공산당 제5기 전국대표대회에서 중앙위원으로 선출되는 등 그야말로 걸출한 중공 청년지도자였다. 그는 1927년 7월 2일 상해에서 국민당에 의해 피살되었다. 당시 나이 26세였다.

4) 청화대학 총학생회 회장 주용기는 신중국 성립 전후 학생운동을 주도, 북경시 대학가 청년들의 우상이 되었다. 당시 북경대학은 호계립(전 중앙정치국 상무위원, 전자공업부장), 진희동(전 중앙정치국 위원 겸 북경시 당위 서기)이, 청화대학은 이석명(전 중앙정치국 위원, 북경시장)과 주용기 등이 학생운동을 이끌고 있었다. 물론 이석명과 진희동은 공산당 입당 후 학업을 중퇴하고 지방공작에 종사하였으나, 호계립과 주용기는 각각 북경대와 청화대의 학생회장으로서 신 중국 성립 전후의 북경시 학생운동을 주도했다. 이밖에 당시 학생운동을 주도한 현 요직자는 상해의 교석(전 전인대 상무위원장), 강택민, 전기침(현 중앙정치국위원·국무원 부총리) 및 북경의 왕한빈(전 중앙정치국 후보위원, 전 전인대 상무부위원장), 임건신(전 중앙서기처 서기, 전 최고인민법원장) 등이 있다.

5) 마홍(1920 -   )은 산서 출신으로 1939년 연안 마르크스·레닌학원을 졸업하였다. 연

안 시절 당 중앙의 기관지인 『共産黨人』의 편집장을 거쳐, 연안 당 중앙연구원의 연구원을 역임하는 등 주로 연구활동에 종사하였다. 1950년대 동북인민정부 부비서장 재임 중 '고강사건'에 연루되었고 그 후 장기간 하방되어 빛을 보지 못했으나, 1975년 이후 석유공업부문에서 활동을 재개했다. 1978년 4인방 제거 후, 복권되어 중국사회과학원장 겸 국부원 부비서장 등을 역임했다. 1980년대 이후부터 마홍은 주로 학술이론 연구 분야에서 근무하여 국무원발전연구중심 명예주임, 중국종합개발연구원 이사장, 중국정책과학연구회 회장 등을 역임하고 있다. 그 무렵 상해시장을 지내다 부총리에 발탁된 주용기에게 이론과 정책면에서 많은 지원을 하였다. 현존하는 중국의 저명한 경제학자로『探索經濟建設之路』, ≪中國社會主義現代化的道路和前景≫ 등 다수의 저서가 있다.

6) 1954년 봄 고강이 자살하고, 그 주요 멤버였던 마홍도 국가계획위원회 부비서장 자리에서 물러나게 된다. 그러나 주용기는 당시 직급이 높지 않았기 때문에 직접적인 영향은 피할 수 있었다(신동기 옮김, 앞의 책, 1999, p. 77).

7) 호금도는 상해에서 출생하여 강소성 태주(泰州)에서 소년시절을 보냈다. 그의 부친 호증옥(胡增玉)은 상인이었으며 문혁 후기에 사망했다. 일설에 의하면 현 숭국민주건국회 중앙위원회 명예주석(전 전인대 상무부위원장) 호궐문(胡闕文)의 아들이라는 이야기도 있으나 이는 사실과 다르며, 일반적으로 중국정계에서 그의 성분은 '태자당'이 아닌 '평민당' 출신으로 분류되고 있다.

8) 부조장에는 온가보 부총리·나간 국무위원·증경홍 당조직부장 겸 서기처 서기가 임명되었다. 그리고 조원으로는 왕강(王剛) 당 중앙판공청 주임·왕조국 당 중앙 통일전선부장 겸 정협 부주석·왕충우 국무원 비서장·하춘림 전인대 비서장·하용 당 중앙기율검사위원회 부서기 겸 감찰부장 등 모두 9명으로 구성되었다.

9) 1972년 복권되어 1978년까지 호북 제2자동차제조창 계획처 부처장, 발동기창 당위제1서기(창장, 요빈), 1978~1981년 제3자동차 제조창 건설지휘부 부지휘장, 중형자동차창 주비처 책임자를 거침

10)『人民日報』, 1997年 9月 19日;『文滙報』, 1997年 9月 19日.

11)『聯合早報』, 1997年 9月 19日.

12) 이철영(1936~)은 호남성 장사출신으로 당 조직부장, 전인대 상무부위원장 등을 역임한 중국의 원로정치인 이유한(李維漢)과 등소평의 前妻인 김유영(金維映) 사이에서 태어났다. 이철영은 1936년 연안에서 출생하여 소년시절을 그곳에서 보냈다. 1955~1961년 체코 Charles대학 물리학과를 졸업(호남성 장사출신으로)했다. 1961년 귀국 후 문혁 중 하방되어 노동개조를 받은 것을 제외하고는 줄곧 주로 국방계통 대외비의 전자과기부문연구소에서 연구활동에 종사했다. 개혁·개방이후 심양시 당위 상무서기, 요령성 당위 서기(47세), 국무원 전자공업부장(1985, 전임 강택민), 국가경제체제개혁위원회 주임(후임 이붕), 국무위원 겸 국가교육위원회 주임(전임 이붕)을 역임하는 등 실로 그의 경력은 화려하다. 호요방 실각 이후 1987년 '제3세대' 일원으로 13기 중앙정치국 위원에 발탁(당시 57세)된 후 지금까지 연임하고 있다. 그러나 당 14전대 때부터 외부세계의 예측과는 달리 그의 정치국 상무위원회 진입은 좌절되었고, 또한 부총리 겸직이 아닌 국무위원을 겸직하다가 이제는 사회과학원

원장(1998. 3)이라는 한직을 겸직하는 정치국 위원이 되었다. 비록 정치국 상무위원 진입은 좌절되었지만, 그것은 권력투쟁에서 밀려났다기보다는 역할과 계파별 위상으로 보아 현직 중앙정치국 상무위원 중 그 누구도 이철영을 위해 희생시킬 만한 인사가 없었기 때문에 취해진 조치라고 보여진다. 그의 성향은 경제적으로는 개혁, 정치적으로는 보수를 지향하는 온건개혁파로 분류할 수 있겠다. 등소평의 사생아로 알려져 있기도 하다.

13) 전기침(1928~)은 국내외적으로 주은래 이후 중국의 가장 걸출한 외교관으로 알려져 있다. 그는 6·4사태와 소련 와해 및 동구 공산체제의 붕괴로 중국 역사상 가장 곤경에 빠진 중국외교에 활로를 개척한 장본인이다. 그것이 바로 오학겸(전 중앙정치국 위원 겸 외교부 부장)의 대타로 14기 중앙정치국에 진입하게 된 주요 요인이라 보겠다. 전기침은 상해시 가정현(嘉定縣) 출신으로 상해 성요한대를 졸업했다. 그는 중국공산주의운동 초기(1942년 10월) 상해의 공산주의 학생운동을 주도하였다. 당시 교석과 오학겸은 그의 직속 상관이었으며, 강택민은 그들의 지도를 받는 학생에 불과했다. 건국 후 1954년까지 공청단에서 일했고, 그 인연으로 당시 공청단 중앙서기처 서기였던 호요방의 지원으로 1954~1955년 소련에서 유학하게 된다. 유학 후 1982년까지는 문혁으로 '五·七간부학교'에 하방되어 6여 년간 노동개조를 받은 것을 제외하고는 줄곧 외교업무에 종사했다. 1972년 복권 후 1982년까지 소련주재 중국대사관 참사, 기니아 주재 대사를 거쳐 외교부신문사(司) 사장으로서 외교부의 입 역할을 하였다. 1982년 호요방이 당 총서기에 오르고 교석이 당 중앙조직부장이 되자 전기침은 당 중앙위원 겸 외교부 부부장·당위 부서기로 발탁된다. 1988년 외교부장에 승진하여 국무위원을 겸직함과 함께 1992년 이후 당 중앙정치국 위원 겸 국무원 부총리의 직에 올라 오늘에 이르고 있다. 그러나 1998년 외교부 부장직은 부부장이었던 당가선(唐家璇)에게 물려주고, 외교원로로서 국정에 참여하고 있다. 전기침은 계파적 색채를 나타내지 않는 외교전문 엘리트다. 그가 비록 호요방의 후원을 받기는 했으나, 보수파 원로들의 미움을 살 만큼의 행동을 하지 않았음은 물론 이데올로기 면에 있어서는 아주 초연하다.

14) 이장춘(1944~)은 42세에 성장이 되고, 53세에 당 중앙정치국 위원이 된 차세대의 지도자다. 홍콩 영자 주간지 『아시아 위크』가 선정한 '21세기 중국의 발전을 주도해 나갈 정치·경제·과학기술·문화계 인사 50인' 중의 한 사람이다. 지방 지도자로는 가경림 북경시 당위 서기, 황국 상해 당위 서기, 박희래(薄熙來, 薄一波의 아들) 대련 당위 서기, 서광적(徐匡迪) 상해시장이 뽑혔다. 이장춘은 길림성 길림시에서 태어났으나, 본적은 요령성 대련시(大連市)다. 1966년 하얼빈공업대학 전기공정과(자동화 전공)를 졸업했다. 졸업 후 잠시 모교에 남아 정치보도공작에 종사한 것을 제외하고는 심양시와 요령성에서 기업관리(瀋陽市開關廠, 電器공업공사, 전기제어설비공업공사) 및 지방 당·정 지도자(시장, 성장, 당위부서기)로서의 경험을 쌓았다. 요령성 성장이 될 당시 그의 나이는 불과 42세, 중국 최연소 성장이었다. 요령성장 재임시 이장춘은 <파산법>을 제정하여 불실 기업을 정리하고 경쟁력 있는 기업을 육성하는 획기적인 정책을 추진했다. 그 후 이장춘은 1990~1992년 하남성 당위 부서기, 대리성장·성장, 그리고 1992~1997년 하남성 당위 서기·성인민대표대회 상

무위원회 주임 등을 거치면서 강택민으로부터 보기 드문 인재라는 찬사를 받을 만큼 그의 리더십과 조직장악력은 물론, 과학기술관료로서의 역량은 바로 일취월장 그것이었다. 그래서 당 제14기 중앙위원에 이어, 중앙정치국 위원에 발탁된다. 1998년 3월 중국 최초·최대의 개방지역인 광동성 당위 서기로 영전되었다. 이장춘은 현직 중앙정치국 위원 중 연령은 가장 낮으면서 지방의 성장 및 성당위 서기를 가장 많이 경험한 사람이다. 그것도 개방지역(요령, 하남, 광동)의 성만 세 곳을 경험한 개혁·개방의 실천가요 산 증인이다. 그의 인물됨에 대하여 흔히 '침부심(沈浮深)'이라고 표현한다. '가라앉고 떠오름이 깊다'는 뜻이다. 즉, '그릇이 큰 인물' 뜻이다.

15) 오관정(1938~)은 강서성 여간현(余干縣) 출신으로 청화대학 동력과 및 동 대학원에서 열공측량 및 자동제어학을 전공하면서 동 당지부 서기를 겸임하였다. 대학원 졸업 후 1982년까지 호북성 무한시의 생산공장 엔지니어 및 무한시 과학위원회 부주임·시혁신개조잠재력개발지휘부 부주임·공정과학기술센터 주임·당위 서기직 등을 거치면서 기층공작 경험을 착실히 쌓았다. 1983년 다시 무한시장에 선임되었다. 무한시장 재임 중 그는 1백여 명의 전문기로 구성된 브레인 집난(시낭난, 智囊團)을 조직하여 무한시정부의 경제업무에 대하여 좋은 정책을 제시하고 자문토록 하는 등 많은 치적을 남겼다. 당시 강서성 성장 예헌책(倪獻策)이 부정에 연루되어 파관면직되자 오관정은 고향 강서성의 당위 부서기 겸 대리성장 - 성장 - 당위 서기로 승진한다. 1997년까지 강서성에서 정책자문위원회 및 목표관리제 등 여러 가지 개혁적인 제도를 도입하여 조직의 능률성 향상에 기여하였다. 또 기업경영에 있어 쇠밥그릇(鐵飯碗)문제를 퇴치하고 책임생산제를 강화하여 기업경영풍토를 개선하고 노동자들의 노동능률을 향상시키는 데 노력을 쏟았다. 이상과 같은 일련의 노력의 결과 그는 1997년 9월 드디어 대망의 당 중앙정치국 위원이 되어 중국의 최고지도층에 진입하게 된다. 이어 중국의 대성 산동성 당위 서기 겸 당교 교장으로 영전하게 되었다.

16) 황국(1938~)은 절강성 가선현(嘉善縣) 태생으로 1963년 청화대학 전기공정과를 졸업(공정사)한 후 계속 상해에서 전공분야에서만 활동한 과학기술관료다. 졸업후 상해인조판기기창·상해중화야금창·상해시석화통용(石化通用)기계제조공사 등 생산현장의 기층 엔지니어로부터 공사 관리급 간부로 성장하였다. 그 기간(1980~1981) 일본에 유학, 선진 경영관리학을 배웠다. 귀국 후 17년 동안 상해에서만 일해왔다. 1983년 상해시 제1기전(機電)공업국 부국장이 됨으로써 비로소 지방정부의 간부가 된다. 즉 '간부4화' 정책에 따라 상해시 당위 상무위원 겸 공업공작당위 서기·시당위 비서장에 발탁되었고, 1985년 이후 상해시 당위 부서기, 부시장(시장, 강택민, 주용기), 시장으로 성장하였다. 1986년 상해시 부시장 때는 시장인 강택민을 직속상관으로 보필했고, 1991년에는 부총리로 승진한 주용기의 후임 시장이 되었다. 1994년 전임 당위 서기 오방국이 중앙서기처 서기로 승진해 가자, 황국은 상해시 당위 서기에 승진함과 동시에 중공 중앙정치국 위원에 보임되어(1997년 연임), 현재에 이르고 있다. 상해시장직은 1995년에 서광적(徐匡迪)이 승계하였다. 황국은 오랫동안 공업과 경제부문에서 일했고, 거의 5년에 걸쳐 전임 시장인 강택민과 주용기가 이

끈 시정부에서 상무위원 업무를 담당했다. 정책에 대한 이론적인 바탕이 비교적 확고하고, 강력한 리더십의 소유자로 그 정치적 기반 또한 든든해서 장래가 촉망된다. 그가 중국의 차세대 지도자 감이라는 것은 누구도 부인하지 않는다. 그러나 '상해방'에 대한 경쟁자들의 견제를 어떻게 뛰어넘을지는 그 스스로가 풀어야할 과제다.

17) 가경림(1940~　)은 하북성 박두현(泊頭縣) 출신으로 석가장(石家庄)공업관리학교 공업기업계획과정을 거쳐, 1962년 하북공대 전력과를 졸업한 과학기술관료이다. 졸업 후 강서 봉신(奉新)의 '五七간부학교에 하방되어 노동개조를 받은 기간을 제외하고는 1978년까지 제1기계공업부의 엔지니어 및 생산품관리국 책임자로 근무하였다. 개혁·개방이후 1985년까지 중국기계설비수출입총공사 대표, 태원(太原)중형기기창 창장·당위 서기를 역임하면서 수출 및 생산현장에서 기업경영의 지도자적 자질을 익혀갔다. 1985년 이후 지방정부로 자리를 옮겨 1990년까지 복건성 당위 부서기·서기, 대리성장·성장, 인민대표대회 상무위원회 주임 등으로 승진하면서 지방정부의 지도급 간부로 성장하였다. 1996년 강택민에 의해 수도 북경시의 당위 부서기, 대리시장·시장으로 영전되었다. 재직 중인 1995년 북경시 당위 서기 진희동이 부정부패에 연루되어 파면되자, 중앙기율검사위원회 주임 위건행이 북경시 당위 서기를 겸임하면서 진희동사건을 결론 지은 다음, 시장인 가경림이 당위 서기(1998)까지 넘겨받게 되었다. 1997년 당 15대1중전회에서 중앙정치국 위원에 선임됨으로써 중국 최고지도층의 한 사람이 되었다. 그가 교석 계통의 위건행으로부터 북경시 당위 서기를 물려받은 것을 두고, 일부에서는 교석과 강택민의 '힘 겨루기'에서 강택민이 승리했다는 말이 날 정도였다. 따라서 그는 강택민의 막강한 후광을 받고 있다고 보겠다. 어느 나라를 막론하고 수도당정의 책임자는 중앙의 막강한 배경 없이는 불가능하기 때문에 더욱 그러하다. 중국소식통들은 21세기 초 가경림을 눈여겨보아야 한다고 말한다. 2002년 정치국 상무위원 진입의 가능성이 높다는 진단이다. 온건개혁인 그의 업무 스타일은 과묵하면서도 추진력이 강하다는 평이다. 그러나 2000년 초 처의 부패연루는 강택민의 비호에도 불구하고 그의 앞날에 좋지 않는 징조를 보이고 있다.

18) 증경홍(1936~　)은 강택민의 심복으로 가정배경, 학력과 능력이 우수하고 경력이 풍부한 차세기 지도자 후보 1순위다. 강서성 길안현(吉安縣)출신으로 양친이 다 걸출한 혁명가 원로정치인이다. 부친 증산(曾山)은 화동군정위원회 부주임을 거친 군 출신으로 상해시 부시장, 정무원 재경위원회 부주임, 상업부 부장, 내무부 부장을 역임하는 등 생전에 화동지구와 중국공산당의 핵심에 있었다. 모친은 건국 전 당고급 간부의 자녀(현재의 태자당)들을 가르쳤던 등육금(鄧六金)이다. 증경홍은 북경공업대학 자동제어과를 졸업(공정사)했고, 그 후 문혁 중 잠시 하방되어 노동개조를 받은 것을 제외하고는 줄곧 국방관련 공업계통 및 국가계획위원회, 국가에너지위원회, 석유부 등에서 주로 엔지니어 및 비서공작을 담당했다. 이에 1983~1984년 중국해양석유총공사 연락부 부주임, 석유부 외사국 부국장, 남황해석유공사 당위 서기로 승진하는 등 국가에너지 부문에서 80년대 초기를 보냈다. 1984년 아버지의 정치적인 지반이었던 상해시 당위 조직부 부부장·부장, 시당위 상위·비서장을 거치면서 당대의 실력자 예행문(당위 서기)과 강택민(시장)을 가장 가까운 거리에서 보좌하였고,

그 덕분에 예행문이 중앙서기처로 진출하자 강택민이 상해시 당위 서기가 되었고, 증경홍도 1986년 상해시 당위 부서기로 승진하였다. 6·4사태 후 강택민이 당 중앙총서기로 발탁되자 증경홍도 당 중앙판공청 부주임(전임, 包彤), 정치국 상위 비서(1989~1993년)가 되어 강택민의 그림자가 되었고, 1993년 당 중앙판공청 주임(전임, 온가보), 중앙직속기관공작위원회 서기가 되어 당 중앙의 인사·기밀 등 주요 업무를 요리하였다. 1997년 9월 당 15대1중전회에서 중앙위원 및 중앙정치국 후보위원에 당선되고 중앙서기처 서기에도 선임되었다. 그리고 1999년 3월, 당의 인사권을 장악하고 있는 당 중앙조직부장을 겸직하게 되었다. 당 중앙판공청 주임을 부주임이던 왕강(王剛)에게 물려주는 것으로 보아 그의 역량이 범상치 않음을 엿볼 수 있다. 강택민의 신임이 가장 두터운 중국정계의 실세중의 실세다. 증경홍은 비록 다른 중국의 고급 엘리트처럼 비교적 자주 언론에 노출될 기회는 없지만, 중국권력의 핵심부에 자리잡고 있기 때문에 중국 정국의 변화 속에서 그의 역할은 결코 가벼이 보아 넘길 수 없다. 중국 정가 소식통들은 강택민이 2002년 물러서면서 호금도를 전면에 내세우더라도 실권은 증경홍에게 줄 가능성이 크다고 점치고 있다.

19) 정관근(1929~   )은 강소성 무석시(無錫市) 중산계층의 출신으로 강택민이 모교인 상해교통대학 운수관리과를 졸업했다. 졸업 후 바로 철도부에 배치되어 문혁기간(1969~1972년) 중 철도부 五·七간부학교에 하방되어 노동에 종사한 것을 제외하고는 1985년 철도부장이 될 때까지 철도부문에서 일한 테크노크라트다. 철도부장이 된 후 그가 채택한 '철도대포간(鐵道大包幹)'은 철도관계의 각종 부조리와 비리를 척결하고 철도행정의 체계화에 기여한 바 크다. 그로 인해 1985년 9월 당 제12기 중앙위원, 1987년 당 제13기 중앙정치국 후보위원이 되었다. 등소평과 직속 상관이었던 만리(전 철도부장)의 지지와 이붕의 제청으로 국가계획위원회 제1부주임(주임, 요의림)에 임명되었고, 국무원타이완판공실 주임으로 발탁되었다. 1989년 6·4사태 이후 정관근은 이서환과 함께 조자양계 급진개혁파의 퇴진으로 공석이 된 중앙서기처 서기에 보임되었다. 그리고 이어 염명복의 당 중앙통전부 부장직을 승계, 교석의 직접 하급이 되어 당의 통일전선공작을 지휘하게 되었다. 1992년 10월 당 14대1중전회에서는 중앙정치국 위원으로 승진, 중앙서기처 서기와 당 중앙선전부장을 겸임, 당 중앙의 당기(黨紀) 이데올로기 부문을 책임지게 되었다. 당 14대 후 정관근은 한 편의 정치보고(<心得體會>)를 통하여 '오른손을 높이 들어 시장경제 노선을 관철하고, 왼손을 높이 들어 자산계급의 자유화에 저항해야 한다'는 등소평 사상의 재현을 강조했다.

20) 온가보(1842~   )는 천진시 북교(北郊)생으로, 1960~1968년 북경지질대학 및 동 대학원에서 지질구조학을 전공(공정사)하였다. 간부 4화정책에 가장 잘 부합되는 중국이 자랑하는 대표적 테크노크라트다. 온가보는 대학원 수료와 동시에 감숙성으로 배치되어 감숙성 지질국 지질역학대 기술원, 지질국 부처장·부국장을 거치면서 기층경험을 쌓았다. 1982년 국무원 지질광산부 부장 孫大光에 의해 동 부 정책법규연구실 주임·부부장에 발탁되어 중앙에 진출했고, 1985년 당 중앙판공청 부주임을 거쳐 1986년 당 중앙판공청 주임(전임, 王兆國) 및 당 중앙위원으로 기용되었다. 당 중앙판공청 주임이 될 당시 그의 나이 44세, '중남해의 최연소 떠오르는 별'이 되었다.

당 중앙위원은 물론 후보위원도 아닌 그가 중앙판공청의 주임이 된 것은 아주 이례적인 일로 세인들의 주목을 끌지 않을 수 없었다. 1987~1992년 당 중앙판공청 주임 겸 중앙서기처 후보서기, 중앙직속기관공작위원회 서기를 겸직하였고, 1992~1997년 당 제14기 중앙위원·중앙정치국 후보위원 겸 중앙서기처 서기에 올랐다. 그리고 1997년 15대1중전회에서 중앙정치국 위원에 발탁됨과 동시에 당 중앙서기처 서기에 유임된 엘리트 당료다. 1998년 3월 국무원 부총리(농업담당)까지 겸직, 당·정을 잇는 주요 포스트로서 당·정 양 날개에 더욱 힘이 주어졌다. 따라서 그는 현재 권력 정상의 한 계단 아래에 와 있다. 그는 전문지식과 행정경험이 풍부하고, 대세를 읽는 정치감각 등에서 탁월하다. 중국인들은 21세기 중국의 당·정·군 가운데 '정'의 한 축을 이끌 지도자로 그를 꼽는데 주저하지 않는다. 온가보는 3명의 총서기를 보좌하였다. 권력투쟁이 격렬한 중국정치사회에서 호요방, 조자양, 강택민 총서기 등 3대에 걸쳐 이른바 그들의 비서실장(중앙판공청 주임)을 역임한 것으로 보아 그의 인물됨을 짐작할 수 있다. 주용기 다음 국무원 총리 0순위다.

21) 전인대 대표의 최고령자는 88세의 중국과학원 원사인 曾呈奎이며, 최연소자는 23세의 감숙성 농민 馬香梅임.『人民日報 』, 1998年 3月 1日.

22) 김정계(1994), 앞의 책, p. 57 ;『人民日報』, 1998年 3月 1日.

23) 강춘운(1930~)은 산동성 래서현(萊西縣) 출신으로, 문혁중 1970년까지 농촌과 五七간부학교에 하방되어 노동개조를 받은 것 이외는 줄곧 산동성의 기층에서 근무해 왔다. 산동성 당위 부서기가 된 후 통신대학의 일종인 중국어언문학자수대학을 졸업하였다. 문혁 후 1987년 당 제13기 중앙위원에 당선되어 중앙무대에 진출할 때까지 산동성혁명위원회 판공실 부주임(혁위 주임, 蘇毅然), 산동성 당위 부서기 겸 비서장, 제남시 당위 서기, 산동성 대리성장 - 성장, 산동성 당위 서기, 당교 교장으로 승진하게 된다. 이처럼 강춘운은 산동성에서만 재직하면서 스스로의 실력을 알차게 연마해간 자수성가형 지방간부다. 1992년 같은 1급 지방당위 지도자 출신인 강택민에 의해 중앙정치국 위원에 발탁되었고, 이어 1995년 중앙서기처 서기(1994~1997), 국무원 부총리(농업 담당)에 기용되어, 드디어 산동을 떠나게 된다. 산동에서 익혔던 실력을 농업담당 부총리로서 전국에 확산시키는데 진력을 다했다. 강택민의 신임이 두터운 그는 1997년 중앙정치국 위원에 연임되고, 이어서 전인대 상무위원회 부위원장에 당선됨으로써 이제 지방 당료가 아닌 전국적인 정치지도자로서 자리를 굳혀가고 있다. 그는 여느 자수성가형 간부들과 마찬가지로 계파색이 비교적 옅은 것이 특징이다.

24) 사비(1932~)는 광동성 육풍현(陸豊縣) 출신으로, 광동성 당위 당교 중급반을 수료한 고졸정도의 학력을 가지고 있다. 1947년 이후 1982년 중앙위원회 후보위원이 될 때까지 광동성의 현 단위 기층근무부터 출발해 광동성 당위 부비서장 겸 판공청 주임(성 당위서기, 習仲勛), 광동성당위 부서기 겸 비서장, 당교 교장, 광주시 당위 서기, 광동성 당위 서기로 승진하는 등 광동성에서만 근무한 광동성 토착관료 출신이다. 1987년 당 제13기 중앙위원에 당선되고, 1992년 14대1중전회에서 중앙정치국 위원에 전격적으로 발탁됨으로써 중국의 최고지도층의 일원이 되었다. 15대에서도 그대로 유임되어 전인대 상무부위원장직을 겸임하고 있다. 강춘운도 비슷한 경우다.

두 사람의 공통적인 특징은 다른 정치국 위원(대졸 이상)에 비해 학력이 낮으며, 비과학기술관료 출신이라는 점이다. 그리고 두 사람 모두 비교적 계파색이 옅은 인물이다. 그러나 큰 정치적 배경도 특징(테크노크라트, 연소층)도 없으면서 중앙정치국 위원에 유임된 점으로 볼 때는 친 강택민계 인사로 볼 수 있다.

25) 김정계, 앞의 책(1994), pp. 60 - 62.

26) 전기운(1929~)은 산동성 비성현(肥城縣)의 한 혁명간부의 가정 출신이다. 1953년이래 1983년 국무원 부비서장으로 발탁되기까지, 오직 한 길 귀주성과 사천성의 재경부서에만 종사한 재정문제 전문가다. 조자양이 사천성 당위 서기로 발탁되어 사천성에서 야심적으로 중국 최초의 경제체재개혁을 추진하고 있을 즈음, 전기운은 바로 조자양의 오른팔이 되어 사천성의 재정청장으로 일했던 것이다. 그것이 그의 중앙진입의 계기가 되었다. 조자양이 사천성의 개혁정책을 인정받아 국무원총리로 입각하자 전기운도 함께 중앙무대에 진입, 국무원 부비서장 - 당 중앙위원 - 부총리 겸 비서장으로 승진하였고, 부총리로서 국무원의 일상업무 가운데 주로 재정금융·상업 대외무역부문의 업무를 관장하였다. 특히 경제특구의 관리는 그에게 부과된 가장 중요한 임무 중의 하나였다. 1985년 9월 당 12대5중전회에서 조자양이 적극적인 지지로 중앙정치국 위원 및 중앙서기처 서기로 발탁되어 오늘에 이르고 있다. 그는 현재 전인대 제1상무부원장직도 연임하고 있다. 그는 개혁주도형의 조자양파 사람이다. 전기운은 행정수단으로 경제를 관리하는 방법이 아닌 경제적 수단으로 경제를 관리하는 방법을 적극적으로 모색하고 있다.

27) 나간(1935~)은 독어, 영어, 불어에 능통한 기술형 간부다. 그의 학력과 능력이 그를 중용케한 가장 큰 요인이다. 그는 산동성 제남시(濟南市) 태생으로. 북경강철대학 압력가공과를 수학한 후, 1954년 동독에 유학 라이프찌히 칼마르크스대학과 라이프찌히 강철공장 금속주조공장 연수를 거쳐 1962년 동독 푸라이베르크대학 기계주조과를 졸업한 실무기술과 이론을 겸비한 테크노크라트다. 1962 귀국 후 문혁기간 五七간부학교에 하방되어 노동개조를 받은 것을 제외하고는 주로 제1기계공업부에서 엔지니어, 연구원 및 관리자로 근무했다. 1980년 이후 하남성으로 옮겨 수출입위원회 부주임·과학기술위원회 주임, 하남성 부성장·당위 서기, 당 제12기 중앙후보위원으로 승진하는 등 지방 지도자로서의 자질을 함양해 갔다. 1983년 다시 중앙으로 자리를 옮겨 전국총공회 부주석·당 제13기 중앙위원, 노동부장, 국무원비서장(총리, 이붕)·국무원기관당조 서기·당 중앙국가기관공작위원회 서기(이상 연임)·중앙정법위원회 부서기·국무위원 등을 겸임하면서 국무원의 안 살림꾼이 되어 이붕 총리를 보좌하였다. 1997년 9월 당 15대1중전회에서 중앙정치국 위원·중앙서기처 서기로 승진하였다. 이는 10여 년간 국무원 비서장(실질상 2인자)으로서 무리 없이 이붕 총리를 보좌해온 결과라 평가된다. 1998년 3월 국무위원에도 연임되어, 당과 정부의 행정을 연계하는 역할을 담당하게 되었다. 나간의 경력은 화려하다. 그러나 그의 경력은 일관성이 없다. 이것은 그가 능력은 있지만 당·정 군내의 어느 파벌에도 의탁하지 못했기 때문이다.

28) 오의(1938~)는 호북성 무한(武漢)의 지식인 서향문재(書香門第) 출신으로 양즈강 물을 마시면서 성장하였다. 그녀는 젊은 시절 전형적인 낭만주의 문학소녀였다. 소

런 소설을 좋아했고, 『모스크바로부터 멀리 떨어진 곳』을 읽고 감명을 받아 석유공업에 일생을 바치기로 결심을 굳혔다고 전한다. 그는 아직 미혼이며, 정치적 배경이 별로 없는 단창필마(單槍匹馬)로 스스로 노력한 결과 오늘에 이른 것이다. 그녀는 1962년 북경석유대학 석유제련과(煉油공정 전공)를 졸업했으며, 재학중인 1962년 공산당에 입당했다. 졸업 후 난주연유창(蘭州煉油廠)과 석유공업부, 북경동방홍연유창(紅煉油廠), 북경연산(燕山)석유화공공사 등 주로 석유관련 부서 및 국유기업의 엔지니어에서 관리자로 성장했다. 1988~1991년 북경시 대외무역담당 부시장과 당 제13기 후보중앙위원에 발탁됨으로써 중앙정계진출의 문이 열렸다. 북경시 대외무역담당 부시장으로서의 능력을 인정 받은 오의는 1991~1993년 대외경제무역부로 옮겨 부부장, 당조 부서기가 되고, 1993~1998년 대외경제무역부가 대외무역경제합작부로 개편되자 부장·당조 서기로 승진한다. 그녀가 부장이 된 후 중국의 대외무역은 획기적인 성장을 가져왔다. 따라서 15전대 전후 한때 그녀의 외교부장 발탁설이 언론에 회자되기도 했다. 중앙정치국 구성원 중 유일한 여성위원이다.

29) 오방국(1941~)은 안휘성 비동현(肥東縣)에서 출생하여 북경에서 성장하였다. 그의 아버지는 중국인민해방군측회(測繪)학원 고급교관이었다. 1980년대 초 성실성과 치밀성, 그리고 조직영도력을 인정받아 '간부의 4화정책'에 따라 청년기술간부로 발탁되어 고속승진의 기회를 맞게 된다. 오방국은 1967년 명문 청화대학 무선전자학계를 졸업했다. 졸업 후 전공에 따라 상해전자관 제3공장, 상해시 전자진공부품공사, 상해시 의료기기전신공업국 엔지니어, 관리책임자 등을 거치면서 생산현장에서 조직관리와 지도력을 연마하였다. 1982년 당 후보 중앙위원에 당선된 후 시정부로 자리를 옮겨 상해시 당위 겸 시정부 과기공작 당위 서기를 거쳐 상해시 당위 부서기로 승진한다. 이 때 강택민과 주용기를 상사로 받들었고, 1991년 전임자인 주용기가 국무원 부총리로 입각하자 1994년까지 상해시 당위 서기(시장, 황국)로서 중국 최대의 도시를 이끌었다. 당시 그의 나이는 49세였다. 따라서 이미 그때 사람들은 그의 중앙정치국 입국을 점쳤다. 상해시의 비중에 걸맞게 1949년 이래 상해시의 최고지도층은 거의 다 중앙에서 낙하산식으로 임명되는 것이 관례임에도 오방국의 경우 상해시 당위 부서기에서 직선으로 승진한 케이스다. 그 이유는 당시 상해시민들은 주용기가 떠나면 상해에 대한 정책이 크게 바뀔 것이라고 술렁거리고 있었기 때문에, 자체 승진시킴으로 상해의 안정을 기하자는 데 목적이 있었던 것으로 볼 수 있다. 1992년 당 14대1중전회에서 중앙정치국 위원에 기용되었고, 1994년 '특정 지방 사람만 쓴다'는 비판을 무릅쓰고 강택민은 그를 북경으로 불러 중앙서기처 서기에 임명하였다. 1995년 3월 전인대에서 '상해방'이라는 핸디캡에도 불구하고 국무원 부총리(기업관리 담당)에 선임되어 강택민·주용기의 경제개혁정책을 뒷받침하고 있다. 그는 국유기업 문제와 낙후된 공업 분야의 개혁을 맡아 주용기 총리와 함께 '개혁 스캐쥴'을 잘 수행하고 있다는 평가를 받았다. 그는 청화대학 졸업 후 17년간 오로지 상해에서 기업 및 기술관련 업무에만 종사했기 때문에 기업관리에 조예가 깊고 지나치게 중앙집중적으로 운영되는 계획경제체제의 폐단을 누구보다 잘 알고 있다. 온가보와 함께 차기 총리 1순위의 반열에 있다.

30) 『廣州日報』, 1998年 3月 18日.

31) 『聯合早報』, 1998年 3月 17日.

32) "자치구·자치주·자치현의 人大 주임 또는 주석 및 현장은 구역자치를 실시하는 민족의 공민이 담임한다." (현행 <中華人民共和國憲法> 제113조 2항 , 114조)

33) 項退結,『中國民族性研究』(臺北, 臺灣商務印書館, 1977), p. 30.

34) 1948년~1949년 중공군은 遼瀋·淮海·平津 3대 전역에서 국민당군 154만 여명을 섬멸하여 대승리를 거둠으로써 장강 중하류 이북의 광활한 국토를 점거하고 전선을 장강 북안으로 진격할 수 있는 계기를 마련하였다(李谷城, 앞의 책, pp. 471 - 472).

35) 『聯合早報』, 1997年 9月 21日.

36) 부전유는 산서성 출신으로 1946년 하룡 장군이 이끄는 제1야전군 입대하였다. 1947년 중국공산당 가입한 후, 서북야전군에서 초급 장교 시절을 보내고, 건국 후 왕진 장군 휘하에 배속되어 대대 참모장을 거쳐 대대장으로 한국전쟁에 참가했다. 귀국 후 1960년~1985년 중국인민해방군 남경고등군사학원을 졸업하고, 제1군단 대대 참모장, 사단 참모장, 사단장, 군단 참모장, 군단장을 거치는 동안 중월전쟁에도 참가했다. 1985년 성도군구 시령관에 승진함과 동시에, 당시 제12기 중앙위원에 기용되어 중앙 진출의 문이 열렸나. 1988년 소장(한국 계급, 준장) 계급을 수여받고. 1990년 난주군구 사령관을 이동, 1992년 10월 당 중앙군사위원회 위원에 발탁되었다. 이어 1993년 3월 제8기 전인대 제1차 회의에서 강택민에 의해 국가중앙군사위원회 위원 겸 중국인민해방군 총후근부 부장을 맡음으로써 중국 군부의 최고지도층이 되었다. 1993년 6월 상장(한국 계급, 중장)에 진급하였다. 1995년 장만년에 이어 군의 최고 전략 지휘부인 총참모장에 올랐으며, 1998년에도 강택민의 신임으로 유임되었다. 부전유는 참모출신으로 전장규율의 연구에 조예가 깊으며, 현대적 전략연구에 일가견이 있다. 그는 국공내전, 한국전쟁 및 중월전쟁에 참가하여 현대전에 대한 이해와 경험이 풍부하다. 그는 일찍이 "현대전은 과학기술전이요, 지식의 전쟁이며 지능전이며 책략전"이라는 내용의 논문을 발표하는 등 현대전쟁의 전략전술에 대한 풍부한 지식을 갖고 있다.

37) 우영파는 요령성 출신으로 만주족이다. 1947년 고향에 주둔하고 있던 임표계의 동북민주연합군에 참가함으로써 그의 군 생활이 시작되었다. 1948년 중국공산당 가입한 후 건국 시까지 주로 제4야전군 연대 선전부대장으로, 요심(遼沈), 평진(平津), 서남 등 전투에 참가했고, 한전이 발발하자 인민지원군 연대 선전간사로 한전에 참가하였다. 1954년 귀국 후 중국인민해방군 사단 선전과장, 연대 정치위원, 사단 부정치위원 겸 정치부 주임, 사단 정치위원, 군단 정치위원, 남경군구 정치부 주임(사령원, 向守志) 등 주로 군의 정치군인으로 활동했다. 그러나 그는 문혁 때 임표나 강청호에 탑승하지 않았고 정치적으로 비교적 청결하였기 때문에 문혁 후에도 별무리 없이 성장할 수 있었다. 1987년 당 제13기 중앙위원에 당선되고, 이어 1988년 중장에 진급하였다. 오늘의 그가 있게 된 데는 남경군구 정치부 주임 시절 사령관이었던 향수지에 힘입은 바 크다고 전한다. 향수지는 등소평 및 진기위(전 국방부장)와 밀접한 관계에 있는 제3야전군 계통의 실력자였다. 1989년 6·4사태 이후 우영파는 1개 지역 군구 정치부 주임에서 해방군 총정치부 제1부주임(주임, 양백빙)으로 승진하였다. 따라서 양씨 형제와 가까운 인맥이 아닌가 하는 의구심을 일으키기도 했으

나, 1992년 10월 당 14전대회에서 양씨 형제의 추락과는 상관 없이 오히려 중앙군사
위원에 발탁되었다. 나아가 1993년 3월 제8기 전인대 제1차 회의에서 강택민에 의해
국가중앙군사위원회 위원 겸 해방군 총정치부 주임으로 승진 군내 정치공작의 1인
자가 되었다. 1993년 6월 상장에 진급하고, 1997년과 1998년 강택민의 신임에 의해
당 및 국가중앙군사위원회 위원과 총정치부 주임에 유임되었다.

38) 조강천(1935~)은 하남성 무강(舞鋼) 출신으로 현재 인민해방군 내에서 군수 장비
계통에 밝은 테크노크라트로 알려져 있다. 1953년 해방군 제3포병학교에서 러시아
어를 공부한 뒤 1957~1963년 소련 포병군사공정학원에 유학, 군사과학기술 분야를
본격적으로 공부하였다. 귀국 후 제1포병 군사기술학교 교관·총후근부 장비부 조
리원, 총참모부 장비부 참모·부처장·부부장·총참모부 군무부장(1963~1979), 중
앙군사위원회 군수품무역판공실 주임(1979~1990), 1988년 소장 진급, 해방군 부총참
모장(1992~1993), 중장 진급(1993), 국방과학기술위원회 부주임(1993~1998) 등을 거
치는 등 주로 무기와 군사 장비 부문에서 일해왔다. 특히 군수품 무역에 관여한 경
험으로 보아 차세기 무기 및 군수 장비의 도입 및 현대화의 중심 인물임을 알 수
있다. 차세대 군사기술에 누구보다 조예가 깊은 조장천은 군의 전쟁개념을 근본적
으로 바꾸고 낙후한 군의 경영에도 새 바람을 불어넣을 것으로 기대를 모으고 있
다.

39) 『聯合早報』, 1997年 9月 30日.

40) 駱柯稻, “石落江更平.” 『九十年代』(1997, 10), p. 54.

41) 본절의 모든 <표>의 당 14기 이전 통계는 金楨桂, “現 中國 最高指導層의 實體
와 政策展望”, 『中國硏究』제2권 1호(1994년 봄), pp. 170 - 178의 표를 수정 보완한
것임.

42) 徐鎭英, “中國政治에서 上海인맥의 역할: 王洪文에서 江澤民까지,” 『中國硏究』제1
권 1호(1993 봄) p. 67.

43) 이들 중 주용기, 오방국, 황국은 청화대학을 졸업한 후 상해시장 - 상해시 당위 서
기 - 중앙정치국으로 진입한 트리오다. 이밖에 호금도, 오관정은 비록 상해는 거치지
않았으나 청화대 졸업 테크노크라트 - 지방당위 서기 - 중앙정치국으로 성장한 인물
이다.

44) 이태환, “개혁을 둘러싼 중국지도부의 갈등과 정치변동 전망”, 김동성 외, 『중국의
개혁과 정치변화』(세종연구소, 1996), pp. 63 - 64.

45) 지호전과 장만년의 프로필은 何頻·高新 合著, 『中共新權貴』(香港, 勵志出版社,
1993), pp. 345 - 374 ; 본장 제2절 각주 참조.

46) 1991년 3월 등소평이 이붕 총리하에 주용기를 제1부총리로 기용했던 것도 이러한
성향조화의 배려가 깔려 있었던 것이었다. 즉 이붕은 개혁·개방에 있어 온건형 간
부이기 때문에 과단성이 있는 주용기를 기용함으로써 이들의 조화를 꾀했던 경험이
있다. 김정계(1994), 앞의 책, pp. 172 - 173.

47) 関琦, 『中國政治文化』(昆明, 雲南人民出版社, 1989).

48) 중국인민은 인민의 민주적 권리의 보장과 정치안정 중 후자를 더욱 중시하고 있다.
정치의 민주화에 대해 가장 민감하고 또 그것을 가장 강렬하게 바라고 있는 지식분

자들도 평등·안정·자유·민주·질서·공정·효율의 7개 발전목표 중에서 안정을 최우선으로 여기고 있으며, 그 비율은 24.28%이다. 다음은 자유로써 21.82%이며, 그리고 평등(16.85%), 질서(14.08%), 민주(9.39%), 공정(7.64%), 효율(7.49%)의 순으로 선호하고 있다(『北京日報』, 1987年 12月 11日). 중국 인민들이 민주적 권리보다는 정치안정을 더욱 더 절실히 바라고 있는 것은 10년에 걸친 문혁의 대동란을 경험했기 때문이다.

49) "우리는 국가의 주인이며, 국가의 대·소사에 모두 반드시 관심을 가져야 한다"는 설문에 83.51%가 동의(부동의, 16·49%)했으며, "우리는 국가의 주인이며, 국가의 대·소사 모두에 관여할 권한이 있다"는 설문에 44.69%가 부동의(동의, 55.31%)했다. 또 "당과 정부가 국가를 능히 잘 관리하므로 우리는 과다하게 참여할 필요가 없다"는 질문에 55.7%가 동의(부동의, 44.3%)했다(関琦, 앞의 책, p. 408).

50) 정치적 사건을 분석할 때 가끔 人的 요소를 너무 중시하고 제도 혹은 체제적 요소를 무시하거나 경시한다. 예를 들어, 문화대혁명의 원인을 규명함에 있어서 49.42%의 국민들은 지도자의 판단잘못과 林彪와 四人幇의 책동에 의해 야기되었다고 여기며, 또 문혁 10년 동안의 대혼란은 지도사 개인의 정치적 자질 혹은 인식상의 책임과 야심가에 의해 조성된 파괴활동이라고 여기고 있는 반면, 체제상의 폐단은 단지 13.05%에 불과하다(위의 책).

51) 김정계, "개혁기 중국인민의 계층구조와 정치의식,"『경남정치학회보』창간호(경남정치학회, 1996), p. 31.

제5장
21세기 중국의 선택

본 장에서는 이상에서 분석한 등소평 사후 중국공산당의 지도이념 및 권력구조, 그리고 최고지도층의 성분과 그들간의 역학관계 변화 등을 총결하여 등소평 사후 21세기 중국의 체제 및 정책의 변화방향을 전망해보기로 한다.

제1절 중국체제의 방향
- 정치적 좌경과 경제적 우경 노선의 지속

1. <당장>과 <정치보고>에서 등소평노선 강조

중국체제의 거시적인 방향은 당의 최고 행위규범인 <당장>과 최고지도자의 <정치보고> 및 <헌법>에 명시된다.[1] 15전대의 <당장>은 제4장에서 언급한 바와 같이 '등소평이론'을 명문화한 것 외에는 구체적으로 15대 <당장>은 총강에서 "마르크스·레닌주의 및 모택동사상과 더불어 등소평이론을 중국공산당의 행동지침"으로 삼았다.[2] 그리고 강택민은 <정치보고>를 통해 향후 국정목표와 문제점을 제시하고 국정운영의 방침을 천명한 바, 그중 가장 관심을 끈 부분은 국정전반에 걸쳐 '등소평이론'을 계승·발전시킨다는 것과 '사회주의 초급단계론'을 내세워 이념적 제한 없이 대담한 개혁방식을 도입한다는 것이다.

다시 말해 첫째, 강택민은 정치보고의 제목을 <등소평이론의 위대한 기치를 높이 들어 중국 특색의 사회주의 건설사업을 21세기를 향해 전면적으로 밀고 나가자>고 함으로써 국정전반에 걸쳐 등소평노선을 계속 유지할 것을 명확히 했다. 이는 등소평 사후에도 개혁·개방 및 사회주의 시장경제체제의 정책노선을 지속시켜 나갈 것임을 천명한 당 지도부의 의지라 보겠다.

둘째, 등소평이론의 기치아래 '사회주의 초급단계론'을 내세워 현재 중국은 아직 사회주의 기초단계에 있으므로 이념적 제한 없이 자본주의 체제에서 운용되는 대담한 개혁방식을 도입할 수 있다고 규정함으로써 그동안 좌파(보수파) 및 기득권층의 저항으로 지지부진했던 소유제 및 국유기업의 개혁을 과감하게 추진할 방침을 밝혔다. 조자양이 시장경제를 실험하기 위해 사회주의 초급단계론을 원용한 이유는 두 가지를 들 수 있다. 하나는 정치적으로 개혁의 기수로 자처해 온 교석의 명분을 빼앗는 반면, 소위 좌파 이데올로기를 주장하며 정부의 국유기업개혁안에 반대하는 보수파에 대한 반격을 가하기 위한 것이다.3)

1987년 10월 13전대에서 조자양이 <중국식 사회주의 노선을 따라 전진하자>라는 정치보고를 하면서 '사회주의 초급단계론'을 금후 모든 개혁·개방정책의 이론적 근거로 삼는다고 밝혔던 이유는 중국공산당이 개혁·개방정책을 실시함으로써 직면한 방해(보수)세력을 견제하기 위한 것이었다. 즉 중국이 자본주의의 성숙한 발전단계를 거치지 않고 사회주의의 길에 들어설 수 없다는 '우'파의 기계론과 생산력의 대규모 발전을 거치지 않고 사회주의 초급단계를 뛰어넘을 수 있다는 '좌파'의 공상론에 반대하는 것이었다.4) 구체적으로 말해서 당시 당 지도부는 개혁·개방정책이 사회주의를 지향하는 것인가, 혹은 자본주의를 지향하는 것인가에 대해 의문시하고 있었다. 그래서 조자양은 <정치보고>에서 좌파의 '경직된 점'과 우파의 '자유화된 관점'을 동시에 반대해야 한다고 주장했으며, 특히 좌파의 관점을 극복해야 한다는 것을 더욱 강조하였다. 이것은 바로 1992년 등소평이 <남순강화>에서 강조한 "우파는 사회주의를 멸망하게 할 수 있으며, 좌파도 사회주의를 멸망하게 할 수 있다. 중국은 우파를 경계해야 하나 더욱 중요한 것은 좌파를 방지하는 것이다(14기 <당장> 총강에 명시)”라고 한 말과 일맥상통하는 것이며,5) 강택민의 15전대 국정보고 역시 맥락을 같이 하는 것이라고 보겠다. 강택민은 사회주의 초급단계에서 당의 기본노선을 확고부동하게 견지하되 ‘경제 발전(생산력 발전)’을 ‘중심’으로 한 중국적 특색을 지닌 사회주의를 건설해야 한다고 강조하고, 이를 위해 ‘우(右)’를 경계해야 하지만, 주로 ‘좌(左)’를 방지해야 하고 그들의 각종 획책을 극복해야 한다고 했다.6)

2. <헌법>에 등소평이론을 국가정치의 지도사상으로 명문화

1998년 3월, 제9기 전인대에서 수정 통과된 <헌법> 역시 ‘등소평이론’을 국가정치의 지도사상의 하나로 삼고, 중국은 ‘장기적으로’ 사회주의 초급단계에 처해 있으며, ‘사회주의 시장경제를 발전시키는 것’을 서언에 새로 포함시켰다. 구체적으로 ‘등소평이론’을 국가의 지도지침으로 삼은 외에, “중국은 현재 사회주의 초급단계에 처해 있다”는 내용을 “중국은 앞으로 장기적으로 사회주의 초급단계에 처할 것이다”로 수정하였다. 이는 사회주의 초급단계가 당분간이 아닌 장기간에 걸쳐 지속해 나갈 것을 헌법에 명시함으로써 ‘사상의 동요’를 막았다는 점에 큰 의의가 있다. 즉 현시점에서 생산력의 발전(경제발전)이 국가발전 전략의 기본목표라는 논리가 앞으로 1백년간은 불변할 것이라는 전망으로, 당분간 보수로의 회귀 가능성은 없을 것이라는 믿음을 인민들에게 심어주었다는 것이다.

이상 <당장>과 <정치보고> 및 <헌법>의 내용을 통해 21세기 중국체제의 방향을 요약해보면, 먼저 이데올로기 면에서 등소평이론을 <당장>과 <헌법>에 명문화하고 사회주의 초급단계론을 다시 강조한 것은 개혁·개방의 기조에 변화가 없음을 의미한다. 그리고 최고지도자의 <정치보고> 제목을 <등소평이론의 위대한 기치를 높이 들어 중국 특색의 사회

주의 건설사업을 21세기를 향해 전면적으로 밀고 나가자>고 한 것은 국정전반에 걸쳐 등소평노선을 계속 유지할 것을 명확히 한 것이다. 또 강택민은 보고에서 "경제체제개혁과 사회주의 현대화 건설은 우리에게 4항 기본원칙(사회주의, 공산당 영도, 인민독재, 마르크스 레닌 모택동사상 견지)의 전제하에 정치체제개혁을 계속 추진하여 사회주의 법치국가를 건설할 것을 요구하고 있다"고 한 것[7]으로 보아 등소평의 '경제우경'(軟經濟)과 '정치좌경'(硬政治)이라는 발전전략에 변화가 없음을 확인하였다.

제2절 21세기 중국의 정책전망

현 중국 지도부는 대내외적인 안정 속에서 중국의 고속성장을 지속시켜 2000년대 중반경에는 선진문명의 신중국을 건설하여 세계 속에서 중화민족의 위상을 확고히 한다는 신념에 찬 목표를 갖고 국가건설에 매진중이며, 세계의 많은 중국전문가들은 중국이 이러한 추세로 매진할 경우 21세기 초중반에는 미국과 쌍벽을 이루는 초강국이 될 것이라고 전망하고 있다.

중국의 지도자 강택민도 개혁·개방은 중국적 특색을 지닌 사회주의 실현을 위한 새로운 혁명이었다고 정의하고, 15대 <정치보고>를 통해 다음과 같은 국정목표를 제시했다. 첫째, 2010년의 GNP를 2000년 대비 2배로 증가시켜 비교적 완비된 사회주의 시장경제체제를 건설한다. 둘째, 2021년 공산당 창건 100주년에는 국민경제를 보다 발전시키고 각종제도를 보다 완비한다. 셋째, 건국 100주년이 되는 21세기 중반에는 현대화를 기본적으로 실현하고, 민주적인 사회주의 국가를 건설한다.[8]

그러나 강택민은 이러한 목표를 달성함에 있어 중국이 당면한 문제점으로써 국민경제의 전체적인 질과 효율의 저하, 경제구조의 비합리와 모순을 지적하고, 특히 일부 국유기업의 활력 저하, 당과 정부 및 사회기강에 대한 국민들의 불만, 부정 부패·사치낭비 풍조의 만연, 관료주의와 형식주의의 심각성, 비합리적인 수입분배관계, 지역간의 발전격차 심화, 일부 주민의 어려운 생활, 인구증가와 경제발전의 환경에 대한 부(負)의 효과 등을 지적하면서 이들이 바로 중국경제발전의 장애요인이라고 지적했다.9)

따라서 강택민을 비롯한 중국지도부는 이러한 장애를 극복하기 위한 발전전략으로써 체제의 안정과 개혁·개방의 심화를 꼽고 있다. 중국지도자들은 11대3중전회 이후 지금까지의 경제발전의 원동력이 무엇보다도 사회의 안정과 주변정세의 안정 및 중국지도자들의 일관된 개혁·개방정책에 기인했다고 보고, 21세기에도 지금까지의 성취가 지속될 수 있게 하기 위해서는 대내외적 안정과 정책의 연속성이 필수적이라 믿고 있다. 특히 강택민 정권은 그 존립의 정당성을 지속적인 경제성장과 시장화 개혁의 심화에서 찾을 수밖에 없기 때문에, 중국의 정치현실주의는 정치와 대외관세를 증대하는 경제적 상호의존에 의해서 묶어둘 수밖에 없을 것이다. 따라서 향후 중국정치는 지속적인 경제발전을 보증하기 위한 정치적 안정에 바탕을 둘 것이며, 대외관계는 역시 수용과 협력의 관계로 진전될 것이다.

1. 정치면

중국은 1949년 10월 1일 중화인민공화국 수립 이후 반세기가 지난 지금까지 국가와 시장, 국가와 사회간의 관계에 있어 그 역할과 범위는 지속적인 관심과 논쟁의 대상이 되어왔다. 개혁·개방이전 중국의 국가권력은 '전'과 '홍'의 대결 구도 속에서도 대약진, 문화대혁명 등 모택동사상의 실험과 실천을 통하여 일로 확대·강화되는 추세에 있었다. 그 결과 중국의 정치·경제·사회 등 모든 영역은 일원화된 체제가 구축되었으며, 이러한 일원화체제는 정치·경제·사회 등 모든 영역의 경직성과 낙후성을 가져왔다.

모택동 사후 1978년 12월, 당 11대3중전회를 전환점으로 등소평에 의해 주도된 정치개혁은 이러한 일원화된 체제의 해체를 통하여 경제와 사회의 영역에 활기를 불어넣어 사회주의 현대화에 박차를 가하기 시작하였다. 정치개혁의 핵심은 공산당에 과도하게 집중된 권력의 분산에 맞추어졌다. 즉 당과 정부의 분리(黨政分開)와 당과 기업의 분리(黨政分開)가 그 대표적인 내용이다.10) 특히 집권세력인 호요방과 조자양 등 이른바 급진개혁세력은 자유주의사상을 수용하고 정치체제를 민주화하는 것이 중국의 사회주의 현대화를 앞당길 수 있다고 보고, 경제는 물론 정치체제의 개혁까지 광범위하게 추진해갔다.

그러나 이러한 정치개혁은 민주화와 정치불안이라는 부작용을 초래하였고, 급기야는 소련과 동구의 몰락과 더불어 체제위협론까지 대두되게 되었다. 따라서 1989년 6월 천안문사태를 계기로 중국의 개혁은 정치·경제 등 총체적인 개혁으로부터 경제중심의 개혁으로 그 폭을 한정하였다. 그리하여 정치개혁은 경제개혁의 추진에 있어 그 장애를 제거하는 수준의 정부관리체제의 전환, 즉 행정체제의 개혁으로 그 범위가 제한되었다. 기구의 정간(精簡), 간부인사제도의 개혁, 정부기능의 전환 등이 그 대표적인 예다. 비록 제한적이긴 하지만 이러한 개혁은 기대 이상의 성과를 가져왔다.

그러나 근본적인 정치개혁이 이루어지지 않는 상황에서 인치에 바탕을 둔 권위주의 유산은 부패와 비효율성을 더욱 가중시켜 경제개혁의 걸림돌로 작용할 수밖에 없었다. 따라서 1997년의 15전대와 1998년의 15대3중전회에서는 경제개혁에 부응하는 법률 및 제도 - 사회주의 민주제도와 사회주의 법치국가 - 의 개혁(중국특색을 지닌 사회주의 헌정민주)이 현재는 물론 금후 일정기간 동안의 정치개혁의 중요한 목표임을 천명하였다. 즉 건전한 민주제도, 법제건설의 강화, 시장에서의 정부기능 축소, 민주적 통제(監督)기능의 강화, 정치적 안정의 유지 등을 정치개혁의 주요 임무로 삼았다.11) 특히 제도화와 법규화를 통하여 국가의 통치패턴을 권위에 기초한 인치에서 예측 가능한 법치주의로 전환하는 것을 주요 과제로 삼았다.

1) 인치에서 법치주의로

이를 위해 1998년 3월 15일 제9기 전인대에서 헌법 수정안이 통과되었다. 정치적 측면에서 1998년 수정헌법의 주요내용은 '등소평이론'을 국가정치의 지도사상의 하나로 삼고, '사회주의 시장경제를 발전시키는 것'을 서언에 새로 포함시킨 외에, 의법치국(依法治國)의 기본을 확립하고, 전인대가 그동안 꾸준히 주장해온 '사회주의 법치국가의 건설'을 명문화했으며, 인권탄압에 악용되어온 것으로 비난받은 '반혁명 활동'이라는 비민주적 독소구절을 완화한 것을 특징으로 하였다(<표 5 - 1> 참조).

구체적으로 헌법 제5조에서 "중화인민공화국은 의법치국을 실행하여 사회주의 법치국가를 건설한다"는 것을 헌법에 처음으로 명시하였다. '법제'보다도 진일보한 '법치'는 '인치'에 대응하는 개념으로 인민주권과 법률에 의한 통치를 강조하는 것이다. 중국은 역사적으로 권력지상의 전통과 인치의 관습이 지배해온 사회다. 그러한 전통 속에서 '법치'를 헌법에 명시한 것은 개인의 전횡독재나 소수권력자의 자의적 통치를 반대하고, 모든 정치·경제·사회생활을 반드시 법에 의거하여 통치하겠다는 의지의 표명이다. 이와 같은 헌법규정은 문화대혁명과 같은 그러한 동란의 재발을 방지하며, 보수로의 회귀를 차단하겠다는 뜻으로도 받아들일 수 있다. 현대정치에 있어 법치의 개념은 법률의 최고권위, 법률집행의 공정성·안정성·보편성·공개성과 평등성은 물론, 법률의 권력에 대한 통제와 인권의 보장 등 일련의 원칙과 기본적 요구를 포괄한다. 따라서 법치는 시장경제와 민주정치의 기초조건이며, 법치의 성공여부는 중국식 사회주의 시장경제와 민주정치발전의 척도 역할을 할 것이다.

그리고 제28조에서 과거 국사범으로 다루어오던 '반혁명 활동'이라는 비민주적 독소구절을 '국가안전 위해 활동'으로 그 표현을 완화한 것은 무분별한 사상논쟁을 차단하겠다는 의지의 표명이라 보겠다.

<표 5 - 1> 제9기 전인대 헌법수정 내용(정치관련)

조 문	수 정 전	수 정 후
서 언	중국신민주주의 혁명의 승리와 사회주의사업의 성취는 모두 중국공산당이 마르크스 레닌주의·모택동사상의 인도 하에 중국 각 민족 인민을 지도하여 진리를 견지하고, 착오를 수정하고, 수많은 곤란과 장애를 이겨내어 획득한 것이다. 우리 나라는 **현재** 사회주의 초급단계에 처해 있다. 국가의 근본 임무는 **중국특색사회주의 건설 이론에 근거하여** 역량을 집중시켜 사회주의 현대화 건설을 추진하는 것이다. 중국 각 민족 인민은 중국공산당의 지도하에 계속하여 마르크스 레닌주의·모택동사상의 인도 하에 인민민주독재정치를 견지하고 사회주의의 길을 견지하며, 개혁·개방을 견지하고, 부단히 사회주의 각종 제도를 개선하며, 사회주의 민주를 발전시키고, 사회주의 법제를 건전화하며, 자력갱생, 간고 분투하여 점차적으로 공업·농업·국방과 과학기술의 현대화를 실현시켜 우리 나라를 부강하고 민주적이고 문명된 사회주의 국가로 건설해 나가는 것이다.	중국신민주주의 혁명의 승리와 사회주의사업의 성취는 모두 중국공산당이 마르크스 레닌주의·모택동사상의 인도하에 중국 각 민족 인민을 지도하여 진리를 견지하고, 착오를 수정하고, 수많은 곤란과 장애를 이겨내어 획득한 것이다. 우리 나라는 **장기적으로** 사회주의 초급단계에 처할 것이다. 국가의 근본 임무는 **중국특색사회주의 건설의 길을 따라** 역량을 집중시켜 사회주의 현대화 건설을 추진하는 것이다. 중국 각 민족 인민은 중국공산당의 지도하에 계속하여 마르크스 레닌주의·모택동사상·**등소평이론**의 인도 하에 인민민주독재정치를 견지하고 사회주의의 길을 견지하며, 개혁·개방을 견지하고, 부단히 사회주의 각종 제도를 개선하며, **사회주의시장경제를 발전시키며,** 사회주의 민주를 발전시키고, 사회주의 법제를 건전화하며, 자력갱생, 간고 분투하여 점차적으로 공업·농업·국방과 과학기술의 현대화를 실현시켜 우리 나라를 부강하고 민주적이고 문명된 사회주의 국가로 건설해 나가는 것이다.
제5조		**중화인민공화국은 의법치국을 실행하며, 사회주의 법치국가를 건설한다.**
제28조	국가는 사회질서를 유지하고 반국가·기타 반혁명적인 활동을 진압하며, 사회치안을 위해하고 사회주의경제를 파괴하는 활동 및 기타 범죄활동을 제재하며, 범죄자를 징벌·개조한다.	국가는 사회질서를 유지하고 반국가·**기타 국가안전을 위해하는 범죄활동**을 진압하며, 사회치안을 위해하고 사회주의경제를 파괴하는 활동 및 기타 범죄활동을 제재하며, 범죄자를 징벌·개조한다.

2) 정부기능의 축소로 시장경제 활성화

따라서 중국정치개혁의 방향은 공식적인 법제화를 통해 현대 시장경제의 조건에 부합되게 정부의 역할과 기능을 지속적으로 전환시켜 나가는데 초점이 맞추어지고 있다. 비록 중국이 이미 '국경기업'을 '국유기업'으로 전환시키긴 했으나, 기업과 정부의 관계가 순조롭게 정리되지 않아 정치개혁의 주요 난점으로 존재하고 있다. 때문에 사회주의 시장경제의 수요에 따라 정부의 국유자산 소유자의 직능과 전체 사회 경제관리자의 직능을 분리하고, 국유 자산의 행정관리 직능과 자산 운영 직능, 출자자 소유권과 기업의 재산권을 분리하며, 종합경제부문을 거시조정부문으로 개조하고, 정부의 경제전업부문을 대폭적으로 축소 조정히고 중개조직을 육싱하여 정부의 시장에 대한 개입의 범위와 정도를 엄격히 제한하는 방향으로 정부와 시장의 관계를 재정립해 나가고 있다.

요컨대 정부의 조직과 역할 범위 등은 엄격히 법제화하고, 기구의 축소와 간부의 감원 등은 업무의 전문화를 통해 효율을 제고시키는 방향으로 나아가고 있다. 1998년 3월 이미 국무원의 각 부와 위원회를 40개에서 29개로 줄였고, 국무원의 공무원도 약 20% 감원하였다. 구체적으로 전력공업부·석탄공업부·야금공업부·기계공업부·전자공업부·화학공업부·국내무역부·우전부·노동부·라디오 영화 TV부·지질광산부·입업부·국가체육운동위원회·국방과학기술공업위원회·국가경제체제개혁위원회 등 주로 경제 전업분야 15개 부·위를 폐지하였다. 반면 국방과 기술공업위원회(재편)·정보(信息)산업부·노동과 사회보장부 그리고 국토자원관리부를 신설하였다. 인사부·노동부·민정부는 인사부·민정부·노동과 사회보장부로 업무를 조정통폐합하고, 전자공업부·우전부·라디오 영화 TV부는 정보산업부로 통합하였다. 그리고 지질광산부와 임업부는 국토자원관리부로 통합하고 기계공업부·화학공업부·야금공업부·석탄공업부와 국내무역부는 그 기능을 국가경제무역위원회의 국으로 이관하고, 그 조직은 공사(公司)화 하였다. 반면 거시경제조정관리부문(국가발전계획위원회, 국가경제무역위원회, 재정부, 중국인민은행)은 그 기능을 강화시켜 나가고 있다. 국가고유의 행정부문은 그대로 존치시키는 방향으로 이루어 졌다. 그리고 국무원의 직속기구는 종전(13)보다 늘어난 17개, 국무원판사 기구도 판공청(비서장)을 포함해 종전(6)보다 1개가 늘어난 7개로 조정되었 다. 그리고 종래의 부·위급 및 직속기구에 속하던 행정기구(중국과학원 ·중국사회과학원·국무원발전연구중심, 국가행정학원, 중국지진국, 중국 기상국, 중국증권감독관리위원회 등)를 국무원 직속 사업단위로 전환시켰 다. 이는 사회주의 시장경제체제와 정부기능의 전환에 따라 정부와 기업의 분리를 실현하고, 행정의 통일성과 효율성을 제고하기 위한 정부기구개혁 의 불가피한 선택이었다고 보겠다.

3) 민주적 통제기능 강화와 전인대 기능 제고

또한 당의 내부적 통제 강화와 법률 통제기능의 강화 및 대중참여에 의 한 통제강화, 그리고 여론기능의 강화 등 다양한 통제체제의 발전을 통하 여 민주적 통제기능을 강화하여 나갈 것이다. 특히 인민대표대회의 역할 강화를 통해 인민대표대회가 보다 실질적으로 인민대중의 요구를 반영하 도록 하고, 기타 국가기관에 대한 통제기능을 강화하도록 함으로써 인민대 표대회가 실질적인 주권기구로서 역할을 다하는 방향으로 개혁의 가닥을 잡고 있다. 나아가 사법권의 독립과 강화를 통해서 법 집행의 공정성을 확보하는 동시에 변호사제도 등 사법 중개제도의 정돈과 법률대리인의 질 을 제고시키는 방향으로 민주적 통제제도를 정비해 가고 있다.

이상과 같이 중국의 정치개혁은 21세기를 향해 당과 국가 주권기구(전 인대), 정부, 사법부간의 관계를 법률에 기초한 권력관계로 전환하고자 하 며, 법제화를 통해서 1당 지배체제 하에서 쉽게 나타날 수 있는 관료주의 를 방지하는 동시에 정치·경제·사회 각 영역간의 자율성과 활력 그리 고 효율성을 제고시키는 방향으로 나아가고 있다. 물론 법치주의와 인민대 표대회의 강화 등 사회주의 민주를 부르짖는 것은 이처럼 한편으로는 효율성 제고에 걸림돌이 되는 인치주의와 권위주의적인 유산을 청산하고자 하는 순수한 목적도 있지만, 다른 한편으로는 경제발전과 더불어 인민의 분출되는 참여 욕구를 정치적으로 흡수·완화하겠다는 의도 또한 크다고 보겠다.

21세기를 향해 중국이 추구하는 정치개혁은 이상과 같은 취지에 부응하여 다음과 같은 방향으로 추진될 것으로 전망된다.12)

① 당 15대에서 제기한 "인권의 보호와 존중"을 헌법에 규정하고, 공민권의 개념을 인권의 개념으로 대치시켜 갈 것이다.
② 선거제도의 개혁을 통해서 직접선거의 범위13)를 확대시키는 동시에 경선제를 실시하며, 인민의 참정권 및 통제권이 국가권력으로부터 침해받는 것을 방지하는 방향으로 나갈 것이다.
③ 정부와 의회가 결합(議行合一)된 인민대표대회제도를 개혁하여 인민대표대회의 입법권과 대정부 통제기능을 강화시켜 나갈 것이다.
④ 권력의 분산을 통한 통제 메커니즘을 정립해 나갈 것이다.
⑤ 국가의 군대에 대한 지도를 더욱 강화시키고 개선해 나갈 것이다.
⑥ 중국공산당으로 일원화된 통치주체와 민주당파를 포함하는 다양한 정당이 공존하는 국가체제를 건립하여 국가의 통일과 민족의 단결을 강화해갈 것이다.

4) 21세기 초에도 정치안정이 최우선
- 공산당 1당 독재 유지

그러나 <당장>상 엄연히 중국공산당의 최종목표는 중국에서 공산주의 사회를 건설하는 것이라고 못박혀 있고, '4항 기본원칙'을 당의 노선으로 견지하고 있으며, 현실적으로도 체제를 위협하는 정치적 불안만은 용납하지 않겠다는 온건개혁 성향의 정치지도자들이 권력의 최상층에 포진(급진개혁세력을 차단)하고 있는 한, 중국이 추진하고 있는 정치개혁은 본질적으로 중국 체제내에서 민주화를 부르짖는 지식인들이 요구하고 있는 정치민주화, 즉 공산당 일당독재를 폐지하고 다당제를 채택하자는 것 혹은 서구와 같은 완전한 언론·출판·집회·결사의 자유의 보장 등과는 거리가 멀 것이다.[14] 따라서 당분간은 시장경제체제의 정착에 장애가 되는 행정관리체제를 개혁한다는 수준 이상의 정치개혁을 기대하기는 어려울 것이다. 강택민이 15전대회 <정치보고>에서 '정치제도의 개혁'보다 '경제체제개혁과 경제발전전략'을 앞세운 소이도 여기에 있다.[15] 다만 인민의 불만을 해소하기 위한 차원에서 당풍쇄신 및 공무원의 부정부패 척결운동을 더욱 강력히 전개할 것으로 보인다. 인민들의 의식 역시 72.25%가 현행 정치체제의 폐단을 감지하고 있고, 비교적 강렬하게 정치체제의 개혁을 요구하고 있는 것(66.74%)으로 나타나고 있긴 하지만, 개혁의 범위는 행정체제의 개혁에 맞추어지고 있는 것으로 조사된 바 있다.[16]

한편, 군대의 경우 강택민은 <정치보고>에서 "1980년대에 100만 명의 병력을 감축한 기반 위에 우리 군은 향후 3년내 다시 50만 명의 병력을 감축할 것이라고 하고, 반면 과학기술에 의존하는 군비강화를 중시해야 한다"고 한 점으로 보아,[17] 군대의 양적 팽창보다 질적 현대화에 더욱 진력할 것으로 보인다. 특히 당 중앙정치국 상무위원회에 군 대표가 빠진 것이나 유화청·장진·양백빙 등의 퇴진으로 군부내 압도적 실력을 지닌 인물을 찾아볼 수 없다는 점 등으로 보아 군의 정치력 감퇴 및 군의 전문화가 더욱 빠르게 진전될 것임을 시사한다. 군사 장비 현대화의 전문가인 조강천의 중앙군사위원 발탁은 군대의 질적 변화를 뒷받침하는 것이다.

5) 호금도·온가보·증경홍, 차세대 지도부로 부상

20세기의 마지막 중앙위원회인 15대4중전회(1999년 9월)에서는 중국의 차세대를 이끌 '영도소조'를 구성하였으며, 또 이들이 차세대 지도부를 구성할 것으로 전해지고 있다. 영도소조는 조장 호금도(현 국가부주석 중앙군사위원회 부주석), 부조장 온가보(국무원 부총리, 서기처 서기)·나간(국

무위원, 서기처 서기)·증경홍(당조직부장 겸 서기처 서기) 등 3명과 왕강
(王剛, 당 중앙판공청 주임)·왕조국(당 중앙통전부장 겸 정협 부주석)·
왕충우(국무원 비서장)·하춘림(전인대 비서장)·하용(당 중앙기율검사위
부서기 겸 감찰부장) 등 모두 9명으로 구성되었다. 이들 영도소조는 성급
의 당과 정부 및 전인대 기구의 사무일체를 책임지게 되었다. 북경의 관
측통들은 이들이 2002년의 당 16전대회와 2003년의 제10기 전인대에서 4
세대 지도부를 구성, 국정 전반을 장악하게 될 것이라고 전망하고 있다.
이들은 개혁·개방 이후 간부 4화정책에 따라 고위직에 발탁되었으며, 등
소평이론에 충실한 온건 개혁성향의 정치지도자들이다. 따라서 등소평의
'새장정치체제'를 벗어나는데는 상당한 시간이 필요하리라 본다. 호금도는
15대4중전회에서 중앙군사위원회 주석까지 승계한 것으로 보아 강택민의
후계자가 될 것이 확실시되며, 온가보는 농업담당 부총리로서 착실히 총리
수업을 받고 있다. 증경홍은 조직력이 뛰어난 강택민의 최측근 참모로 당
조직부장을 맡게 되어 폭넓게 자파세력을 심을 수 있는 위치에 서게 되었
다.

2. 경제면

정치면에서 언급한 바와 같이 이데올로기 면에서 등소평이론을 <당장
>과 <헌법>에 명문화하고 사회주의 초급단계론을 다시 강조한 것은 개
혁·개방의 기조에 변화가 없음을 의미한다. 이는 바로 경제정책 면에서
도 개혁·개방 및 사회주의 시장경제체제의 정책노선을 지속적으로 관철
시켜 나갈 것임을 나타낸 것이다. 또 등소평이론의 기치아래 '사회주의 초
급단계론'을 내세워 현재 중국은 아직 사회주의 기초단계에 있으므로 이
념적 제한 없이 자본주의 체제에서 운용되는 대담한 개혁방식을 도입할
수 있다고 규정한 것은 그동안 지지부진했던 소유제 및 국유기업의 개혁
을 과감하게 추진할 것이라는 전망을 낳게 한다.

1) 중앙집권적 계획경제의 병폐 제거

중국경제체제는 공산정권 수립 이후 1978년 12월 11대3중전회 이전까지 비록 부분적인 변화는 있었으나 원칙적으로 중앙집권적 계획경제체제를 유지해왔다. 그 체제의 특징은 '소유'에 있어서 '공유제,' '운영'에 있어서 '계획'을 원칙으로 하는 제도였다. 따라서 그것은 먼저, '소유'구조에 있어서 획일적이며 유일한 전민소유제 국영경제체제로 여타의 소유형식이 배척되었기 때문에 기업과 개인의 생산에 대한 적극성과 능동성 및 창의성이 크게 위축되었다.

다음, '경제운영'상 첫째, 의사결정 구조에 있어 경제계획이나 운용에 대한 모든 결정권은 정부에 고도로 집중되어 있었으며, 기업은 경영자주권이 없는 행정 주무부서의 예속물에 불과하였기 때문에 기업은 스스로 생산에 대한 인센티브를 제공할 필요도 확대재생산을 위한 기술개발에 대한 의욕도 없었으며, 손해와 도산에 대한 위기의식도 없었다.

둘째, 규제구조에 있어 정부는 기본적으로 단일성 행정지령을 통한 계획에 의해 기업을 직접 획일적으로 규제함으로써 상품생산이나 가치규율, 시장메커니즘과 같은 경제수단에 의한 수평적 조정은 배척되었다. 따라서 생산된 상품이 진정한 사회의 수요에 부응할 수 없음은 물론 자원이용의 비효율성으로 사회생산은 생산가능곡선을 밑돌았다.

셋째, 분배구조에 있어 정부의 통일적인 임금체계에 의해 국가의 일방적인 이익만 강조한 나머지 기업과 개인의 이익은 무시되었다. 기업은 국가라는 '큰솥밥(大鍋飯)'을 먹고, 개인은 기업이 제공하는 '큰솥밥'을 먹는 평균주의적 분배방식(노동의 가치나 양과는 관계없는 임금제도)을 채택하였다. 따라서 근로자는 적극적이고 능동적으로 생산력을 발전시키려는 열의와 창의력을 상실했음은 물론 무사안일주의적 풍조가 만연하게 되었다.

넷째, 조직구조에 있어 모든 경제조직은 국가의 행정체계 내지 행정구역에 따라 행정지령에 의하여 수직적으로 조직된 정사합일(政社合一, 인민공사가 그 대표)체였으며, 경제적 메커니즘에 의한 수평적 경제조직은 불허되었다. 따라서 부처독점, 지역분할로 국민경제의 수평적 연계의 곤란과 국민경제의 불균형적인 발전은 물론, 지역간 건설과 생산이 중복되어, 인력·물자의 낭비를 초래하고 경제의 효율성을 저하시켰다.[18]

이상과 같이 중국의 중앙집권적 계획경제체제는 지나친 국가의 통제로 생산력의 발전을 속박하는 폐해를 노정하였다. 그러나 1978년 12월 11대3중전회 이전까지의 경제관리체제개혁은 주로 '홍(紅)'과 '전(專),' '생산관계(평등)'와 '생산력 발전(능률)'의 우선 순위에 따라 중앙과 지방 부서간에 권한(기능)을 조정(放·收)하고 기구를 증감(팽창·精簡)하는 일 이상이 아니었으며, 행정조직에 예속된 기업에게는 하등의 변화를 주지 못하였다. 대약진·문혁 등을 통한 이들 개혁은 지방에 행정권을 분산시켜 지방에 활기를 불어넣어 균형적인 발전을 유도하려 했으나, 지역간의 균형이 고르지 못하고 지역간의 연계가 취약한 중국에 있어서는 오히려 지방정부의 할거주의와 독립왕국화 현상을 더욱 조장시켜 자원배치의 중복, 경제발전의 불균형, 생산력의 저발전을 초래하였다. 이는 경제에 관한 결정권을 더욱 중앙집중화 시키는 결과를 빚었다. 따라서 생산력 발전의 돌파구로 기업과 시장기능의 활성화를 위한 개혁을 모색하기에 이른다.

2) 생산력 발전에 바탕을 둔 시장화 정책

모택동 사망 후 당 11대3중전회는 이러한 중국경제체제의 방향을 전환하는 획기적인 계기가 되었다. 즉 이때부터 등소평은 중국의 모순은 생산관계의 불평등에 있는 것이 아니고 생산력의 저발전에 있다고 보고, 상품생산의 발전과 시장경제의 필요성에 대한 인식을 심화시키며, '전통적 사회주의 모델과 관념'으로부터 '사회주의 시장경제체제'로의 개혁을 추진하기 시작했다. 11대3중전회 이후 지금까지 중국의 경제체제개혁은, 운영에 있어 '계획'과 '시장'의 관계, 그리고 소유제도의 변화(공유제 원칙→다종 소유제)에 대한 이론정립과정을 기준으로 볼 때 다음과 같은 몇 단계

를 거치면서 발전해왔다[19]

첫째 단계는 11대3중전회~12대3중전회(1984. 10)로 이 시기 이후 중국이 처한 현실에 착안하여 사회주의 현대화 건설 - 개혁·개방을 정책기조로 삼았다. 나아가 비록 '계획경제를 주(主)로 하고 시장경제를 보조로 하는 원칙'이긴 하나, 사회주의경제를 발전시키기 위해서는 상품생산의 발전과 시장의 작용을 중시하여야 한다는 것을 체제개혁의 목표로 확정하였다(12전대 결정). 따라서 사회주의경제와 시장제도의 불상용(不相容)이라는 사회주의경제의 전통적 관념을 깨게 되었다.[20] 이에 부응하여 필연적으로 '생산력 발전'에 부적절한 생산관계 및 상부구조, 관리방식의 변화와 개혁이 요청되었다.[21] 특히 농촌을 중심으로 '정사합일(政社合一)'체인 인민공사를 해체하고 향(鄕)정부를 설치하여 '정사(政社)분리' 정책을 견지해 나간 것도 이 시기다. 결과 농촌경제에 평균주의적 분배제도의 결함을 제거하고, 기업의 경영자주권을 확대해나가는 기초적인 여건이 조성되었다.

둘째 단계는 12대3중전회부터 1987년 10월에 소집된 13대까지다. 이 시기에는 중국의 사회주의경제는 '공유제에 기초한 계획적 상품경제'이며, 모든 경제활동은 가치규율에 기초하여 운용되어야 한다는 사실을 명확히 하여, 12대 정신을 진일보시켰다. 즉 계획경제와 상품경제가 상호 모순된다는 사회주의경제의 전통적 관념에 대한 첫 돌파였다. 이른바 '계획적 상품경제론'이란 종래의 '계획경제'를 '주(主)'로 하고 '시장기능'을 '종(從)'으로 한다는 관념을 역전시켜, 시장조절을 주로 하고 계획경제를 종으로 한다는 것이라고 말할 수 있을 정도로 상품경제의 위치가 강조되었다. 이로부터 중국의 체제개혁은 새로운 국면을 맞이하게 되었다. 이 시기 경제체제개혁의 중심고리는 농촌으로부터 도시 공업부문 기업의 활력을 증강시키는데 두었으며, 개혁의 방향은 미시경제기제로부터 거시관리기제로 발전되었다.[22] 따라서 정부와 기업의 관계에 대해 금후 각급 정부부문은 원칙상 직접 기업을 경영관리하지는 말아야 한다고 하여 행정수단에 의한 기업관리를 지양하는 방향으로 정부기능을 전환시켜 나갔다. 소수 부득이

한 경우도 정부경제부문은 간정방권(簡政放權)의 정신에 따라 권력집중에 따른 폐해를 줄이고 기업과 기층의 자주경영과 활력을 증강시키도록 했다.[23]

셋째 단계는 1987년 10월에 개최된 당 13대로부터 1992년 등소평의 <남순강화>까지다. 13대는 조자양의 <중국적 특색을 지닌 사회주의의 길을 따라 전진하자>라는 보고를 통하여 사회주의 초급단계론을 천명하고, 사회주의 상품경제를 발전시키기 위한 기능적 메커니즘으로써 '국가는 시장을 조정하고 시장은 기업을 유도하는 것임'을 구체적으로 제기하여 시장경제체제로의 전환을 진일보시켰다. 그러나 1989년 6월 천안문사건은 국민경제의 과속개혁에 제동을 걸고, 치리정돈(治理整頓)을 통한 조정정책으로 보수화로의 복귀 움직임까지 보였다. 즉 천안문사건 이후 득세한 보수파 그룹은 시장경제를 자본가계급의 자유화와 연계하여 시장조정이 바로 자본주의라는 등식을 제기한 것이다. "시장경제는 자본주의와 같은 것이지 뭐냐, 사회주의국가가 어떻게 시장경제를 실시할 수 있는가"라는 논법으로 시장경제를 사유와 자본주의와 동등시하면서 개혁에 이의를 제기했다.

그러나 1992년 봄 등소평은 <남순강화>를 통하여 이러한 보수파의 주장을 거부하면서 사회주의 시장경제체제 건립의 이론적 근거와 개혁의 내용, 목표를 명확히 했다. "계획경제=사회주의가 아니고 자본주의도 계획이 있으며, 시장경제=자본주의가 아니고 사회주의에도 시장이 있다. 계획과 시장은 모두 경제수단이다.[24] 사회주의냐, 자본주의냐는 '공유제'냐 '사유제'냐에 의해 결정되는 것이지 경제수단으로써의 계획이나 시장에 의해서 좌우되는 것은 아니다"라고 했다. 이 담화는 11대3중전회 이후 10수년간 논란이 되어온 '계획'과 '시장'을 놓고, 성(姓) '사(社)'냐, 성 '자(資)'냐의 문제를 해결해주었을 뿐 아니라, 사상해방을 더욱 진일보시키고, 계획경제와 시장경제에 대한 부정확한 인식을 불식시켰다.

따라서 그동안 중국의 경제체제는 계획경제를 주로 하고 시장경제를 종적인 것으로 인식했던 12대, 사회주의 상품경제론을 강조했던 12대3중전회, 그리고 계획과 시장기능의 조화론을 추진했던 13대3중전회를 거치면서 단계적으로 확대·발전해온 시장경제기능이 <남순강화>를 통하여 비로소 중국경제체제개혁의 핵심개념으로 굳혀지게 된 것이다. 이에 따라 1992년 14전대 <당장>과 1993년 3월에 개최된 8전인대에서는 시장경제체제의 건립을 국시로 수용하고 이를 제도적으로 보장하는 장치를 구축하기 위하여 헌법개정을 단행하였다. 즉 '중국적 특색을 지닌 사회주의 건설,' '개혁·개방 견지' 등을 헌법전문에 삽입하고, 계획경제체제로부터 사회주의 시장경제체제로의 전환을 명백히 하였다. 그리고 모든 경제조항에서 '국영'은 '국유'로, '국가의 통일적 지도'는 삭제하고 '법률에 근거하여'로 고쳤으며, '국가의 시장조절기능의 보조작용'을 '국가의 거시적 조정'으로 바꾸고, '인민공사·농업합작사'를 폐지하는 대신 '농촌의 가정생산청부제(책임생산제) 실시'를 도입하는 등 경제운영, 조직 및 의사결정구조, 규제구조, 분배구조 등에 있어서 근본적인 전환을 촉구하였다.[25]

따라서 정부의 기능은 직접적인 통제에서 간접적인 거시조정관리의 역할로 전환되며, 간접조정은 주로 시장 메커니즘을 통하여 기업의 생산활동을 유도하는 것이 되었다. 정부의 경제관리체제 역시 사회주의 시장경제체제 건립의 요구에 따라 거시적 조정통제와 감독부문을 한층 더 강화하고 사회기능부문을 견고히 하는 반면, 구체적인 경제규제부문과 기업에 대한 직접적인 규제부문을 약화시키는 방향으로 개혁이 추진되고 있다. 따라서 정부경제관리기구의 개혁은 정기(政企)분리의 원칙에 따라 첫째, 정부부처를 경제실체(公司)로 전환시키는 것. 둘째, 정부경제부처를 사업총회로 전환시키는 것. 셋째, 경제부처를 존치 또는 신설하되 그 기능을 규제관리에서 서비스·협조체계로 전환하는 유형으로 진행하였다.[26]

1997년 당 15전대 <정치보고>에서도 강택민은 소유제 구조의 조정과 개선, 국유기업 개혁의 쾌속화, 분배구조와 방식의 개선, 시장기제의 활성화와 건전한 거시조정체계의 완비, 농업의 기초적 지위강화와 경제구조조정의 합리화, 대외개방 수준의 제고, 인민의 생활수준의 제고 등을 경제정책과제로 제시하고 있다.[27] 이들의 정책은 14대와 대동소이하나,[28] 특히

주목을 끄는 것은 사회주의 초급단계론을 내세워 경제체제의 최대과제인
소유제 및 국유기업의 획기적인 개혁을 추진하겠다는 점이다.

3) 대대적인 소유제 개혁 : 국유제→다종 소유제로 전환

1992년 14대에서 당은 소유에 있어 '공유제'만 유지되면 되는 것이지
운용에 있어서 '시장기제'는 문제가 아니라는 논리하에 사회주의시장경제
체제를 건립한다고 하고, 모든 국영기업을 국유(공유)기업으로 전환시켰다.
그런데 이제는 '국유' 자체에 대한 대대적인 개혁을 시도하고 있다. 소유
제 구조조정에 있어 '세 가지 유리(생산력 향상에 유리, 국력발전에 유리,
인민생활의 향상에 유리)'에 부합되는 모든 소유제는 사회주의하에 빌진될
수 있다고 한 것이나, 주식제는 공유 또는 사유라고 단정할 수 없으며 중
요한 것은 누가 주주권을 장악하고 있는가에 있다고 강조한 점 등으로 보
아 다양한 소유제 경제를 가일층 발전시켜 나갈 것을 결의했다. 1998년 제
9기 전인대 수정 <헌법>은 이러한 정신을 살려 소유제 구조에 관한 조항
에 수정을 가하였다(<표 5 - 2> 참조). 첫째, 소유와 분배에 있어 개정헌
법 제6조는 공유제를 위주로 다양한 형식의 소유제 경제의 공동발전을 명
기했으며, 노동에 따른 분배를 위주로 하되 다양한 분배방식의 병존을 명
문화했다. 이는 사유재산제, 재산상속, 주식배당 등 다양한 형태의 소득원
을 공식 인정한 것으로 사회공평과 시장효율이라는 두 마리 토끼를 모두
잡겠다는 뜻이다.
　둘째, 제8조에서는 과거 농촌의 가정생산청부제를 위주로 한 책임제에서
가정청부생산경영을 기초로 하는 책임경영체제로 바뀌었다. 따라서 농촌
집단 소유경제에 더 많은 자율권이 보장되었다.
　셋째, 제11조는 자영업이나 사기업의 경제행위를 사회주의시장경제의
중요 구성부분으로 격상시켰다. 과거 자본주의의 퇴폐적인 산물로 간주되
었던 사영경제의 중요성을 헌법에 명문화함으로써 그동안 국유기업들에
밀려 경영에서 여러 가지 불이익을 받아왔던 사영기업들이 활기를 띨 수

<표 5 - 2> 제9기 전인대 헌법수정 내용 (경제관련)

조 문	수정 전	수정 후
제6조	중화인민공화국 사회주의 경제제도의 기초는 생산수단의 사회주의적 공유제, 즉 전민소유제와 노동대중 집단소유제이다. 사회주의 공유제는 인간이 인간을 착취하는 제도를 소멸시키고, 능력에 따라 일하고 노동에 따라 분배하는 원칙을 실행한다.	중화인민공화국 사회주의 경제제도의 기초는 생산수단의 사회주의적 공유제, 즉 전민소유제와 노동대중 집단소유제이다. 사회주의 공유제는 인간이 인간을 착취하는 제도를 소멸시키고, 능력에 따라 일하고 노동에 따라 분배하는 원칙을 실행한다. **사회주의 초급단계에 있어 국가는 공유제를 주체로 하고 각종 소유제 경제가 공동으로 발전하는 기본경제제도를 견지하고, 노동에 따라 분배하는 원칙을 주체로 하고 각종 분배방식을 병존하는 분배제도를 견지한다.**
제8조	농촌의 가정 생산청부(聯産承包)를 위주로 한 책임제와 생산·구매와 판매·신용·소비 등 각종 형식의 합작경제는 사회주의 노동대중의 집단소유제 경제이다. 농촌의 집단경제조직에 참가하는 노동자는 법률이 규정하는 범위 내에서 자류지(自留地)·자류산·가정부업을 경영하고 자류가축을 사육할 권리가 있다.	농촌의 집단경제조직은 가정 **청부생산(承包) 경영을 기초로 통분(統分)결합한 쌍층 경영체제를 실시한다.** 농촌의 생산·구매와 판매·신용·소비 등 각종 형식의 합작경제는 사회주의 노동군중의 집단소유제 경제이다. 농촌의 집단경제조직에 참가하는 노동자는 법률이 규정하는 범위 내에서 자류지·자류산·가정부업을 경영하고 자류가축을 사육할 권리가 있다.
제11조	법률이 규정하는 범위 내에서의 도시와 농촌의 노동자 개체경제는 사회주의 공유제 경제의 보충이다. 국가는 개체경제의 합법적 권리와 이익을 보호한다. 국가는 행정관리를 통하여 개체경제를 지도·방조 및 감독한다. 국가는 법률이 규정하는 범위 내에서 사영경제의 존재와 발전을 허락한다. 사영경제는 사회주의 공유제 경제의 보충이다. 국가는 사영경제의 합법적 권리와 이익을 보호하고, 사영경제에 대해 지도·감독 및 관리한다.	법률이 규정하는 범위내의 **개체경제·사영경재 등 비공유경제는 사회주의 시장경제의 중요 구성부분이다.** 국가는 **개체경제·사영경제의 합법적 권리와 이익을 보호하고, 개체경제·사영경제에 대해 지도·감독 및 관리한다.**

있는 계기를 마련했다. 소규모 상점이나 개체호(자영업)는 2,851만 호에 종업원 5,442만 명, 사기업은 130만여 개로 전체 산업생산의 30%이상을 담당하고 있다. 지금까지 개체호나 사기업은 은행대출 제한 등 각종 불이익을 받아야했고 그래서 국유기업 형태를 취하는 편법을 사용하며 경제활동을 해왔다. 그러나 앞으로는 법적 보호를 받게돼 사기업이 급속히 활성화될 것으로 보이며 중국경제는 빠른 속도로 자본주의 방향으로 전환될 전망이다.

4) 국유기업의 획기적인 개혁으로 중국식 자본주의 지향

강택민은 15대 <정치보고>에서 국유기업의 개혁은 사회주의 시장경제체제를 구축하고 사회주의 제도를 공고히 하는데 중요한 관건이라 하고 현대 기업제도(주식회사)를 건립하는 것은 국유기업 개혁의 기본 방향이라 하였다.[29] 중국의 국유재산은 전체 부동산의 70%를 차지하고 있다. 중국의 국유기업의 사유화는 1,000개 정도의 전략산업만 남기고 99,000개 나머지 모두를 사유화한다는 방침이다.

1999년 9월 15대4중전회에서도 당중앙은 국유기업개혁은 사회주의 시장경제체제개혁의 목표라 전제하고, 중국의 국유기업이 당면하고 있는 문제점을 다음과 같이 지적하였다. 중국의 국유기업은 전통경제의 영향과 중첩적인 투자로 인하여 경영기제의 소극성, 기술혁신 능력의 저하, 채무와 사회부담 심각, 유휴인력의 과다 등으로 생산경영이 곤란하고 경제적 효율이 저하되어 급변하는 시장경제의 요구에 적응할 수 없다는 것이다. 따라서 4중전회는 국유기업개혁의 성패가 바로 중국전체 경제체제개혁의 성패를 좌우한다고 보고, 최소한 2010년까지는 국유경제를 전략적 구조조정과 개조를 통해 비교적 합리적으로 정리·배치하며, 비교적 완벽한 현대기업제도로 개혁해 나가야 할 것을 결의하였다.

4중전회에서 결의한 국유기업의 개혁 방향은 크게 3가지로[30] 첫째, 전체 국유기업 가운데 국가안전 및 천연자원, 그리고 공공민생부문 및 고도의 신기술과 관련된 기간산업은 공사화를 추진하되 정부가 자본을 집중 투자하여 국가통제를 계속한다. 둘째, 정부가 지분을 소유한 대형 국유기업과 경쟁력이 있는 중형 국유기업에 대해서는 정부가 주주의 지위를 유지하되 투자를 민간에게까지 개방하고 대출금을 주식으로 전환, 외국인에게도 지분 소유를 허용한다. 또 이들 기업은 대대적인 통폐합을 통해 문어발식 경영 대신 업종 전문화 전략으로 승부를 걸 방침이다. 이는 대외적 경쟁력을 제고시키기 위한 전략이다. 과잉중복투자의 전형이었던 석유화학산업에서 대담한 합병을 통해 세계 6위 업체(한국 SK정유는 세계 9위)로 도약한 중국석화집단(석유화학그룹)은 앞으로 약 2조원(145억元)을 투입하여 국내시장 방어망 구축에 나설 방침이다. 셋째, 국유기업 가운데 식품, 방직 의류산업 및 영리성 공공시설 등과 국가경제에 중대한 영향을 미치지 않는 업종은 민영화를 추진, 국유경제에서 완전 퇴출시킬 방침이다. 이들 산업은 노동집약적 산업으로 노임을 현 상태로 유지한다면 시장개방에 따라 경제력 있는 산업이 되어 2010년까지 국내에 540만 개의 새로운 일자리를 창출할 것이라는 전망이다.

이처럼 강택민 정권이 국유기업의 사유화를 강조하게 된 현실적인 이유는 두 가지로 요약할 수 있겠다. 먼저 정치적으로 등소평 사후 개혁 지지의 조류에 편승하면서 정치적 지지기반을 넓히기 위해서이며, 둘째 경제적으로 생산력 발전의 가장 큰 저해요인이 국유기업이라고 보았기 때문이다. 특히 WTO에도 가입하였기 때문에 경쟁력 강화를 위해서는 주요 산업에의 기술투자가 필수적이므로, 그것의 개혁 없이 현 상태에서 투자를 하게 되면 기업을 회생시키지 못하면서 국고보조만 계속 투자하는 악순환이 되풀이될 것이다. 따라서 중국은 향후 국유기업을 포함한 경제체제 전반의 시장화 개혁과 구조조정이 강화될 것으로 전망된다.

그러나 헌법상 "공유제를 주체로 하고 각종 소유제 경제가 공동으로 발전하는 기본경제제도를 견지"하고 있는 한, 동구권 국가에서 추진하고 있는 전면적인 민영화는 아직도 시간이 요할 것이며, 중국적 특색을 지닌 소위 점진적이며 단계적인 개혁의 틀이 유지될 것으로 본다. 왜냐하면 현재의 중국지도부는 급작스러운 국유기업의 민영(주식제도)화는 대량실업과 같은 사회불안을 발생시킬 위험이 있다는데 공감하기 때문이다. 지방정부 소속이거나 규모가 소형이며, 비전략적 산업이면서 수익성이 낮은 것일 수록 빨리 민영화될 것이며, 중앙정부 소속으로 이와 반대인 경우 민영화의 속도가 느릴 것이다.

이상의 변화를 볼 때, 21세기 중국은 중국식 사회주의 시장경제체제를 완비해 개혁·개방정책을 더욱 가속화할 전망이다. 북경의 관측통들은 1998년 헌법수정으로 그동안 사회주의 시장경제로의 이행과정에 관해 제기되었던 사회주의와 자본주의의 대립론 같은 논쟁은 일단락되었으며, 중국특유의 자본주의가 탄생했다고 분석했다.

5) 21세기 초 세계 최대의 경제대국으로

상술한 바와 같은 경제체제개혁에 힘입어 중국경제는 1952～1998년 연평균 7.7%로 성장, 세계경제 평균성장률 3%보다 현저히 높은 성장을 보여 건국 이후 50여 년간 경제규모가 30배로 확대되었으며, 경제구조도 공업화 중기단계에 진입하였다. 그리고 빠른 속도의 도시화로 주민생활도 빈곤을 탈피하고 중류생활(小康)단계로 진입하고 있다. 경제 총 규모면에서 1998년 기준 약 9,600억 달러로 세계 7위, 주요 공농산품 생산량 세계 제1위, 외환보유고 세계 제2위, 외자투자유치액 세계 제2위를 기록하는 등 국력이 현저히 증가하였고, 이에 따라 국제적 지위도 크게 향상되었다. 따라서 대다수의 학자들은 21세기에도 중국경제가 지속적으로 고도성장 추세를 유지할 것으로 전망하고 있다.[31] 세계의 많은 경제 전문가들도 중국이 이러한 성장추세를 지속할 경우, 2020～2030년경에는 경제규모면에서 미국을 추월하여 세계 최대의 경제대국이 될 수 있을 것으로 전망하고 있다.[32] 하버드대학 출신으로 중국 국가계획위원회 경제정보센터(經濟信息中心) 상무부주임이며 저명한 경제학자인 유학(劉鶴)은 그 잠재력을 도시화, 시장화 및 국제화에서 찾을 수 있다고 주장하고 있다. 즉 이 3대 추세가 객

관적 수요와 공급의 잠재력을 창조하여 장기적 고속성장의 동인을 제공할 것이라는 주장이다.[33]

이처럼 새로운 세기를 맞는 중국의 전도가 매우 밝음에도 불구하고 중국은 대내적으로 불균형성장 전략에 따른 빈부격차와 지역간 발전격차의 심화, 국유기업 구조조정으로 인한 실업문제, 부의 추구(경제 제1주의)로 인한 이데올로기의 갈등과 개인주의의 확산, 부패와 인플레이션 등 난제가 겹치고 있다.

3. 대외관계

중국은 1978년 12월 11대3중전회에서 대외개방과 경제개혁을 결정한 후 시장경제 메커니즘을 도입하고 대외경제교류를 크게 확대하고 있다. 그러나 1978년 이전까지 중국외교는 자력갱생의 경제입국을 표방하는 대 원칙 아래, 강한 이데올로기적 요소와 함께 국제사회의 현상타파와 관련된 혁명 지향적인 도전성과 모험주의적 성격을 띠었다고 볼 수 있다. 2개 진영론에 입각한 강력한 반서방적 성향은 물론, 중간지대론에서부터 3개 세계론에 이르기까지 일관되게 중국외교는 제3세계와의 연대의식을 강조해왔고, 반식민, 반제국주의의 강렬한 욕구를 대변하는데 앞장섰다고 볼 수 있다.

즉 1949년 건국 이후 안으로 정치·경제·사회적 안정의 회복에 주력하면서 밖으로 2개 진영론에 입각한 국제정세에 따라 소련과의 유대관계를 다지고 한국전쟁에도 개입하는 등 이데올로기에 바탕을 둔 경성 이미지를 부각시키면서 국제사회에서 자기 위치를 굳혀갔다. 한국전쟁 이후에는 냉전구조가 고착화되고 제3세계가 국제적 변수로 등장하게 되자 중국은 국가이익에 바탕을 둔 평화공존외교를 전개한다. 그러나 다른 한편으로는 이와 더불어 스탈린의 사망 등으로 야기된 중·소 이념분쟁으로 소련과의 관계가 악화되고, 심지어 국경충돌까지 야기되었다.

1966년 문혁의 발발은 모택동을 정점으로 하는 강경파와 유소기·등소평 등 실무파와의 연대를 결렬시키고, 대외정책기구도 마비되어 중국의 대외정책은 국제관계의 기본적 궤도를 크게 이탈하는 비타협적 과격행위로 표출되었다. 미·소와의 적대관계는 물론, 심지어 제3세계 국가와의 관계도 악화되는 등 극도의 국제적 고립으로까지 이어졌다. 그러나 문혁의 대혼란을 어느 정도 매듭지은 1960년대 말과 1970년대 초반에 들어 중국외교에도 변화의 조짐이 일기 시작하였다. 소련과의 관계악화가 지속되자 제3세계 제국(3개 세계론 제기), 동구와의 관계개선 뿐만 아니라, 미일과의 관계개선을 시도하는 새로운 움직임이 나타났다. 1971년 UN총회에서 '중국 초청, 대만 추방' 결의, 1972년 미중간 '상해 공동성명' 발표, 중일국교 정상화 등이 그 대표적 예다. 주은래에 의해 주도된 온건하고도 실용주의적인 외교노선이 중국외교의 새로운 모습으로 나타나게 된 것이다. 중국의 UN복귀는 제3세계의 맹주로시 미소 양국의 반목과 내립에 조정적 억할을 하는 3각관계의 당사자적 위치를 굳히게 하였다. 이후 중국외교는 점차 3개 세계론을 표방하면서 대소견제와 친서방의 방향으로 전환하게 되었다.

1) 경제발전에 바탕을 둔 실용주의 외교노선

모택동 사망 후 등소평을 필두로 한 중국의 지도층은 모택동 시대의 경직된 이데올로기적 시각과 자력갱생적 개발전략에서 탈피하여 보다 실용주의적인 접근을 강조하는 정치 패러다임을 확립하는 한편, 중국의 발전전략을 과감한 대외개방과 4개 현대화의 추진에 두는 일대전환을 단행하게 된다. 이에 따라 중국외교도 실용주의 - 대외개방과 현대화 - 외교로 일대전환을 시도하게 되고, 서방세계와의 보다 긴밀한 협조체제를 모색하게 되었다. 등소평 체제가 내세운 이른바 '개방외교'는 외국의 투자와 기술도입에 관련되는 모든 정책적 장애물을 제거함으로써 경제발전에 필요한 국내외의 자원을 최대한으로 동원한다는 내용에 역점을 둔 것이다. 이러한 정책취지에 따라 외자유치와 기술도입이 본격화되고, 합작투자, 경제특구 건설 등이 과감하게 추진되어 괄목할 만한 결실을 맺었다.

그러나 1978년부터 1982년까지 발빠르게 조성되었던 실용주의 외교 -

미·중화해와 협력무드 - 는 레이건 행정부의 출범과 더불어 대만문제 등을 둘러싼 알력[34]으로 다소 냉각되기에 이른다. 이러한 미·중관계의 새로운 전기를 계기로 중국은 '자주독립외교'를 표방하게 되는데, 그 기본취지는 미·소와의 관계를 원만히 유지하면서도 그 어느 쪽에도 치우치지 않는 자주노선의 표방이라 풀이된다. 특히 '독립자주외교노선'의 표방은 1982년 당시의 국제적 상황에 대한 중국의 인식변화에 기인하였던 것으로 볼 수 있다. 무엇보다도 소련의 위협을 재평가해본 결과 소련은 중국을 공격하지 않을 것이라는 판단에 도달하였기 때문인 것으로 보겠다.[35] 1982년의 '자주독립외교'의 천명[36] 이후 중국은 비록 두 강대국을 패권주의로 비난하면서도 실제로는 미·소 양국에 대해서 신축성 있는 대응으로 나오게 되었다. 그리고 3개 세계론의 주제(반소통일전선의 형성)보다는 평화의 옹호, 인류진보의 촉진과 같은 보편적 과제의 실현을 위하여 중국의 민족적 존엄과 이익을 옹호하면서 타민족의 존엄과 이익을 침해함이 없는 자주독립의 대외정책을 강조하였다. 이를 위하여 중국 대외정책의 일관된 원칙인 주권과 영토보전의 상호 존중, 상호 불가침, 상호 내정 불간섭, 평등, 호혜 평화공존이라는 평화 5원칙을 새삼 강조하게 되었다.[37] 이러한 중국의 대외정책은 1989년 천안문사태로 서방세계와 일시적 마찰과 긴장국면을 수반하게 되지만, 냉전체제의 종식 및 정치적 다극화와 경제적 세계화의 추세에 따라 자국의 이익이 전 인류의 공통이익과 밀접히 관련되어있다는 동반자(partner) 관계 구축으로 발전하고 있다.

2) 반패권주의와 전략적 동반관계 구축

1997년 당 15전대회에서 강택민은 <정치보고>를 통하여 등소평의 외교사상을 견지해야할 것을 강조했고, 나아가 등소평이론을 15전대 <당장>의 행동지침으로 채택한 이상, 21세기 중국외교의 기본전략은 동반자관계 즉, 첫째 반패권주의와 평화수호, 둘째 새로운 국제 정치·경제질서의 수립에 초점이 맞추어질 것이다.[38] 그리고 "대외정책은 국내정치의 연장"

이라는 말처럼 중국의 외교정책은 결국 개혁·개방정책의 기초 위에서 그 기본방향이 설정되고 추진될 것이다. 따라서 21세기 중국외교는 경제건설을 최우선시하며 자국의 경제적 이익을 극대화하는 방향으로 그 정책이 전개될 것이다.

강택민은 <정치보고>에서 현재 세계는 평화와 발전이 시대적 주제라고 전제하고, 등소평의 외교사상, 즉 독립자주적 평화외교를 흔들림 없이 견지하여야할 것을 강조하였다. 이를 실천하기 위한 정책으로 ①패권주의에 반대하고 세계평화를 유지하여야할 것. ②평화 5원칙에 기초한 공정하고 합리적인 국제정치경제의 신질서를 건립하여야 하는 것. ③세계 각국의 다양성을 존중해야할 것. ④주변국과의 우호관계를 발전시켜 나가야할 것. ⑤제3세계국가와의 단결과 협력을 강화해야할 것. ⑥평화 5원칙의 기초 위에 발전도상국가와의 관계를 개선하고 발전시켜 나가야할 것 등을 제시하였다.[39]

이는 바로 등소평의 외교전략을 그대로 승계한 것이다. 국무원 총리 이붕이 1998년 3월 5일 제9기 전인대 제1차 회의에서 행한 <정부공작보고>에서도 대외정책노선에는 변화가 없었다. 평화와 발전, 반패권주의 등이 거듭 강조된 동반자관계 구축이 전부였다.[40]

이처럼 21세기 중국외교는 평화 5원칙에 입각, 이른바 등소평의 독립자주적 평화외교를 표방하면서 세계 각국과는 아래와 같은 동반자관계를 구축해 나가고 있다.

(1) 대미 외교전략 - 전략적 동반자관계

중미관계는 오늘날 국제관계 중 가장 중요하고 아주 복잡한 관계에 있다. 그것은 이데올로기적으로 상호 배타적이고 지정학적으로 경쟁적 위치에 있는 반면, 경제적으로는 상호보완적이며 안보상 협력관계에 있다. 때문에 역사적으로 적대관계(1949~1968), 전략적 제휴관계(1969~1980), 경제적 제휴관계(1980년대 중반~1989), 갈등관계(1990~1992), 경쟁과 협력·갈등의 이중적 관계(1993~1996) 등 우여곡절을 거치게 되었고, 오늘날에 이르러서는 보다 협력적인 전략적 동반자관계로 발전하게 된 것이다. 전략적 동반관계는 세 가지 의미를 내포하고 있는데, 첫째 양국은 적대관계가 아닌 동반자관계이다. 둘째 이러한 동반자관계는 부분적인 면보다 전체적인 면을 우선시하며 일시적인 것이 아닌 장기적인 것이다. 셋째 이러한 동반자관계는 배타적이 아닌 건설적인 것이다. 특히 패권을 추구하지 않는다. 이는 일종의 비동맹 비적대적 협력관계다.

1997년 10월 중국과 미국의 정상은 지구적인 안보문제, 동아시아의 안보, 무역장벽의 해소, 핵무기 통제, 마약과 조직범죄 퇴치, 기후변화 방지 등 6가지 주요 사안에 대해 협력을 약속했다. 그리고 1998년 클린턴의 방중시에는 핵무기를 상호 조준하지 않기로 합의하여 양국간의 적대관계를 해소하였다. 중국은 이러한 양국간의 관계를 21세기를 향한 '건설적인 전략적 동반자관계'로 규정하였다. 즉 전략적 동반관계란 중국과 미국이 의견이 일치하는 점은 추구하고 그렇지 않은 경우는 잠시 보류하며(求同存異), 협력을 증진시켜 나가는 것을 의미한다.

(2) 대소·유럽·일 외교전략 - 전략적 협조동반자관계

1994년 9월, 강택민의 러시아 방문을 계기로 중러관계는 선린우호 협력관계에서 건설적 동반관계로 발전하였다. 즉 전략 핵미사일의 상호 조준금지에 합의함으로써 적대관계를 종식시킨 것이다. 이어 1996년 4월 옐친의 방중시에는 양국간에 현안이 되어온 국경문제 등 장애물을 말끔히 제거하는 등 일련의 외교조치를 취함으로써 러시아와 전략적 협조동반관계를 건립하여 계속 지속하고 있다. 이는 중미관계가 불안정할 때 큰 역할을 할 것이다. 건설적 동반관계가 NATO의 동진에 대응하기 위한 것이었다면, 전략적 협조동반관계는 4천Km에 이르는 국경의 안전과 새로운 국제질서 형성에 있어 다극화를 촉진하기 위한 것이었다. 1997년에는 양국이 <다극화세계와 신 국제질서에 관한 공동선언>에 서명하였다. 그 결과 아시아·

태평양지역의 다자적인 경제협력과 안보협력의 분위기를 고조시켰다. 1998년 11월 강택민의 러시아 방문을 통해 전략적 협조동반관계를 재확인함과 동시에 양국관계를 더욱 심화 발전시켜 미일의 전역미사일방어(TMD) 구상에 대한 공동대응의 의지를 보였다. 20세기의 마지막 달, 옐친의 중국 방문은 중러간의 전략적 협조동반관계를 더욱 공고히 했다. 강택민과 옐친은 <공동성명>을 통해 해묵은 양국간의 국경문제는 상호 양보하면서 미국의 내정간섭(체첸과 타이완)에 제동을 걸고, 미국 주도하의 세계질서에 공동으로 대응하겠다는 의지를 강하게 표명하였다. 두 정상은 앞으로 미국 주도의 '단극 세계질서'에 대항해, '다극화되고 민주적이며 공정한 세계질서' 구축을 위해 협력을 강화할 것이라고 선언했다.[41]

한편, 1996년 5월 시라크 프랑스 대통령 방중(訪中)시 양국의 정상은 "냉전 후 다극체제를 지지하고 단일국가에 의한 지배에 반대한다"는 공동성명을 발표하고, 1997년 5월 프랑스와 '전면동반관계'를 건립한다고 선언하였다. 나아가 1998년 10월 중국은 프랑스와 '미래를 향한 전면적인 동반관계'를 시작하였다. 그리고 유럽연합 지도자들과도 1998년 4월 '장기적으로 안정적인 건설적 동반관계를 구축하였다.

또한 대일(對日)관계에 있어서도 일본의 동북아지역 내 정치·군사 대국화를 경계하는 한편, 2040년대 선진국진입을 위한 실질적인 파트너로서 경제협력 강화가 불가피한 일본과의 지속적인 유대강화에 주력하고 있다. 1996년 9월 초 하시모토(橋本龍太郎) 일본 총리의 방중시 중국지도자들은 미·일 안보지침에 강력히 반발했으나, 11월 이붕 총리는 방일(訪日) 중 이를 문제 삼지 않고 협력과 신뢰 구축에만 최선을 다했다. 양국간에는 이러한 안보문제 외에도 역사문제 및 영토(釣魚島)문제 등 이해가 상충되는 점이 많지만, 양국이 서로를 필요로 하므로 어느 정도 관계의 발전을 전망해볼 수 있다. 중국은 경제발전을 위해 일본의 자본과 기술협력을 필요로 하고, 일본도 중국시장 확보가 필요하기 때문이다. 또 일본은 정치대국화 목표 실현과 유엔 안보리 상임이사국 진출을 비롯해 한반도 및 동남아 외교에 있어서 역시 중국의 협조가 필요하기 때문에 양국은 상호 관계 악화를 바라지 않을 것이다.

어쨌든 미국을 제외한 강대국들과 전략적 협조동반관계를 건립해 나가고 있는 것은 미국의 일국 패권주의식 행동에 제동을 거는 짝짓기라 보겠다.

(3) 대아세안 관계 - 선린우호적 동반자관계

1997년 12월 아세안국가와 선린우호관계를 체결하였다. 이것은 중국과 인접한 국가들이 서로 신뢰 속에서 공동의 발전을 추구하고, 상호협력을 통해 지역경제의 안정과 강화를 목적으로 하고 있다. 1999년 11월 주용기 총리가 말레이시아의 마하티르와 양국 중앙은행간 재정업무 취급 확대, 문화협력 강화, 동물교환 등 3가지 협정에 서명하고, 두 정상은 '아시아적 가치'에 인식을 함께 했다. 국제통화기금(IMF) 지원을 거부하고 자력으로 금융위기를 극복한 마하티르는 사회주의 시장경제라는 중국의 독자적 발전전략에 동류의식을 표명했다. 이에 주용기는 말레이시아와 아주 중요한 친구가 되었다고 화답하며, 두 정상은 뜨거운 감자인 남사군도(南沙群島) 분쟁에 대해 "이미 원칙에 합의했기 때문에 서두를 필요가 없다"고 원만히 넘어갔다. 이 밖에 여타 아세안 제국과도 이러한 선린우호적 동반자관계를 맺었다. 이는 미국이 아시아 문제에 개입할 여지를 없애려는 중국의 전략으로 보인다.

(4) 대제3세계 외교전략 - 기초적 동반자관계

중국이 발전도상국가와의 관계강화를 목적으로 체결한 국제관계로, 1997년 멕시코와 체결한 관계가 이에 속한다. 한편, 냉전시대 중국외교의 기저를 이루었던 제3세계 외교는 최근 수년간 그 비중이 현저히 줄어들어 국제무대에서 대만의 활동을 제어하는 수준에 그치고 있다. 그렇다고 해서 중국은 제3세계와의 관계를 경시하는 것이 아니라, 고민과 희망을 함께 하여온 지금까지의 이미지를 계속 유지해 나가려고 할 것이다. 2000년 하반기 아프리카 외무부장관 회의를 중국에서 개최하기로 한 것도 이같은 전략의 일환으로 보인다.

(5) 중국의 대한반도정책 전망

향후 중국이 등소평노선 - 실용주의 원칙을 고수한다는 것은 한반도와의 관계에 있어서도 남북한 교차승인 구도하에 자국이익의 극대화를 도모하는 기존정책(對남북한 政經분리 정책)의 지속을 의미한다고 보겠다. 즉 중국의 한반도정책은 동반자 전략의 일환으로 나타나고 있으며, 중국과 북한의 특수한 관계 속에서 한반도정책을 조망하는 깃은 점점 과거의 일로 되어가고 있다. 따라서 중국의 대한반도정책의 기본입장과 이익의 내용은 한반도에 평화와 안정, 북한체제의 붕괴 방지, 한반도에서의 영향력확대 등으로 요약된다.[42]

첫째로 중국은 한반도에서의 안정과 평화를 원한다. 왜냐하면 중국의 경제발전을 위해서는 주변국가의 평화로운 환경이 필요하기 때문이다. 한국의 불안은 결국 동북아의 안정과 세계평화를 파괴하여 중국의 경제발전에 유익할 수 없을 것이라고 중국은 판단하고 있다.

둘째, 중국의 대한반도정책은 한국과 경제협력을 확대하는 동시에 북한의 체제붕괴를 방지하는데 초점을 맞추고 있다. 이는 북한과의 특수한 관계에서 기인한 것이라기보다는 중·미간의 완충지역으로서 북한의 존재가 필요하기 때문이다.

셋째, 신 강택민 정권 출범이후 한국과도 전략적 협력동반자관계로서 경제 외에 정치·군사·문화 전반에 걸쳐 협력을 확대해가고 있다. 그리고 4자회담을 통해 한반도에서의 입김을 증대시켜가고 있다.

한중관계는 1998년 11월 김대중 대통령의 방중을 통한 수교이후 이제까지의 선린우호협력관계에서 21세기 협력동반자관계로 격상되었다. 이처럼 한·중 양국간의 새 지도부 구성 후 교류협력이 확대되어가고 있긴 하지만, 중국의 한반도문제에 대한 기본 시각은 한반도 안정과 남북한 당사자 해결이라는 기본 입장에서 큰 변화는 없을 것이라 보여진다.

　이상과 같이 21세기 중국외교는 협력과 견제라는 두 개의 수레바퀴에 의해 추진될 전망이다. 즉 국내적 현대화 계획과 안보상 필요에 의해 한 편으로는 서방이나 소련과의 화해와 협력에 역점을 두는 방향이 불가피해 질 것이며, 다른 한편으로는 국제문제에 대해 대국으로서 당당히 참여하여 지분을 행사하겠다는 전방위 외교로 선회하고 있는 것이 최근 중국외교의 현실이다. 따라서, 먼저 외교문제가 경제건설을 방해해서는 안 된다는 방 침을 실현함에 있어 중국이 가장 비중을 두는 나라는 미국이다. 대미관계 에 있어서 중국은 미국 중심의 일국 패권주의식 국제질서 구축에 제동을 걸고, 특히 아시아 지역에서의 미·일 안보협력을 통한 미국의 독주를 경 계하면서도, 미국의 협력 없이 국제무대에서의 활동과 개혁·개방노선의 유지가 어렵다는 현실적 판단도 내리고 있다.[43)]

　그러나 1997년 7월 1일 홍콩의 반환에 이어, 1999년 마카오의 반환, 등 소평 사후 안정된 정치·지속적인 경제발전, 15전대의 성공적인 개최는 21세기 새로운 세계질서 재편에 참여하려는 중국의 외교에 자부심과 정체 성을 더해주고 있다.

제3절 21세기 초 중국체제의 전망

　세계의 많은 경제 전문가들은 중국이 2020～2030년경에는 경제규모면 에서 미국을 추월하여 세계 최대의 경제대국이 될 수 있을 것으로 전망하 고 있다. 중국지도부는 이러한 목표를 달성하고 당면한 장애점 - 국민경제 의 전체적인 질과 효율의 저하, 경제구조의 비합리와 모순, 특히 일부 국 유기업의 활력 저하·부정부패·관료주의와 형식주의 심각성·지역간의 발전격차 심화·인구증가와 경제발전의 환경에 대한 負의 효과 등 - 을 극복하기 위한 발전전략으로써 체제의 안정과 개혁·개방의 심화에 초점을 맞추고 있다. 즉 중국지도자들은 1978년 12월 당 11대3중전회 이후 지금까지 경제발전의 원동력이 된 것은 무엇보다도 사회의 안정과 주변정세의 안정 및 중국지도자들의 일관된 개혁 개방정책에 기인했다고 보고, 21세기에도 지금까지의 성취가 지속될 수 있게 하기 위해서는 대내외적 안정과 정책의 연속성이 필수적이라 믿고 있다. 특히 강택민 정권은 그 존립의 정당성을 지속적인 경제성장과 시장화 개혁의 심화에서 찾을 수밖에 없기 때문에, 중국의 정치현실주의는 정치와 대외관계를 증대하는 경제적 상호의존에 묶어둘 수밖에 없을 것이다. 그리하여 등소평 사후 처음으로 수정한 <당장>과 <헌법> 등에서는 '등소평이론' - 軟經濟, 硬政治 - 을 명문화하고 '사회주의 초급단계론'을 재확인하였으며, 지도제세도 이에 맞춰 재편하였다. 즉 강택민을 축으로 주용기 총리 중심의 경제체제(軟經濟 - 개혁)와 이붕 전인대 위원장 중심의 정치체제(硬政治 - 보수)의 구성이 그 예이다. 따라서 향후 중국정치는 지속적인 경제발전을 보증하기 위한 정치적 안정에 바탕을 둘 것이며, 대외관계는 수용과 협력의 관계로 진전될 것이다. 즉 단기적으로 강택민을 중심으로 하는 집단지도체제는 경제적으로 등소평이 제창한 경제발전 제일주의의 입장에서 개혁·개방을 계속 추진하면서도 정치적으로는 보수적인 입장(4항 기본원칙 견지)을 견지할 것이다.

그러나 21세기 중국체제가 당면한 주요 문제는 한마디로 정치개혁이 경제개혁에 미치지 못한다는 모순이다. 따라서 장기적으로는 정치가 경제에 발맞춰 민주화될 것이라는 견해도 있고, 계속 공산당 1당 독재체제를 유지할 것이라는 견해도 있다. 여기서 특히 가장 우려하는 것은 경제적 자유의 증대가 정치변화에 대한 폭발적인 요구를 일으키지 않을까 하는 것이다. 따라서 경제체제가 급속도로 자본주의 체제로 전환되고 발전할 향후 10~20년간은 중국 정치체제의 변화에 가장 주목해야 할 시점이다.

이미 이데올로기로서의 공산주의, 즉 무산계급자의 승리라는 붉은 이데올로기는 중국에서 회생불능 상태이다. 그러나 공산당이 집권당으로서의 일당국가체제는 일반적인 관측보다는 오래 지속될 것으로 보인다. 왜냐하면 중국대륙에서 한 세기 동안 뿌리내려진 중국공산당과 경쟁할 수 있거나 공산당을 대체할 만한 국민의 지지를 받는 정치세력의 부상은 현재로서는 상당히 요원하기 때문이다. 그렇다고 해서 '좌'로의 복귀는 있을 수 없다. 왜냐하면 1979년의 정치체제와 2000년의 정치체제 가운데 1979년 쪽을 택할 국민은 한 사람도 없을 것이며, 중공 지도부 역시 '우파'도 경계하지만, '좌'로의 복귀를 더욱 엄중히 경계하고 있기 때문이다. 따라서 향후 10~20년 중국의 정치체제는 현 체제(공산당) 내에서의 점진적 개혁과 다원주의가 진행될 것이며, 그것도 '정치안정＝경제발전'이라는 전제하에 개혁의 완급이 조정될 것으로 전망된다. 국민들 역시 정치발전보다는 경제발전에 우선 순위를 두고 있고, 경제발전을 저해하는 정치불안을 바라지 않고 있는 것이 대세이다. 따라서 정치개혁은 경제발전에 따른 국민의 욕구분출의 정도에 따라, 직접선거의 범위를 확대하고 인민대표대회의 기능을 제고시키며, 군소정당의 역할을 조정해가는 방향으로 추진될 것이다. 물론, 중국이 러시아처럼 해체, 분열될 것이라는 주장은 중앙정부가 통제력을 잃거나 붕괴될 여지가 조금도 없는 상황에서는 현실성이 없다.

요컨대, 중국식 사회주의 체제의 미래는 다원화된 경제(軟經濟)를 일당체제(硬政治)가 어떻게 컨트롤해 나가느냐에 따라 그 성패가 결정될 것이며, 그것은 21세기 초 10~20년 중국이 시험하고 해결해야할 가장 중요한 과제이다.

▫ 5장 주석 ▫

1) 현행 <중국공산당장정>은 그 총강에서 국가체제는 물론 "공산당은 헌법과 법률의 범위 내에서 활동하여야 한다"고 규정하고 있다. 그리고 현행 <중화인민공화국 헌법> 역시 모든 국가기관과 무장력, 각 정당과 각 사회단체, 각 기업과 사업체 등은 헌법과 법률의 범위 내에서 활동하도록 규정하고 있다. 그리고 모든 법률, 행정법규, 지방 법규는 헌법에 저촉되지 않아야 한다고 규정하고 있다(<中華人民共和國憲法> 第5條 참조). 따라서 중국의 현행 헌법은 최고 정책규범이라 하겠다. 그래서 헌법규정의 변화를 보면 거시적인 정책변화의 틀과 방향을 이해할 수 있다.
2) 등소평이론과 사상에 대한 상세한 설명은 본서 제4장 참조.
3) 이태환, "중국의 제15차 당대회 - 지도부 개편과 정책변화 전망", 세종연구소, 『정세와 정책』 97 - 06(1997. 10. 25), p. 22.
4) 吳家安, "論中國社會主義初級段階論", 『中國大陸硏究』 第31卷 第3期(1988), p. 9.
5) 김정계 · 정차근, 앞의 책, pp. 350 - 352.
6) 江澤民, 앞의 보고, pp. 19 - 20.
7) 위의 보고, pp. 33 - 38 참조.
8) 위의 보고, p. 4.
9) 위의 보고, p. 8
10) 1982년 개정된 헌법은 '당기(黨企)분리'의 원칙을 관철시키기 위하여 각급 정부의 '행정수장(首長)책임제'와 기업의 생산과 경영에 대한 '공장장 책임제'를 명문화하였다(1982년 <中華人民共和國憲法>, <國營工業企業職工代表大會暫行條例>, 吳國衡, 앞의 책, pp. 127 - 128). 그리고 1982년 문혁 종결 후 개혁 · 개방정책의 추진으로 극도로 팽창된 행정기구를 과감히 정간하였다. 정간의 목적은 기구의 비대, 복잡한 계층구조, 위인설관(爲人設官), 기능의 중첩 등을 지양하여 업무의 질과 효율을 제고시켜 4개 현대화의 건설과 경제체제개혁을 효율적으로 추진하는데 있었다(張云倫, 『中國機構的沿革』, 北京, 中國經濟出版社, 1988, pp. 61 - 62).
11) 江澤民, 앞의 보고, pp. 33 - 34.
12) 白鋼, "21世紀 中國政治: 回顧與 展望", 계명대학교 중국학과, 『계명대학교 중국학과 20주년 기념 한 · 중국제심포지엄 발표 자료집 - 21世紀의 중국』(계명대학교, 1999), p. 20.
13) 현재는 "구를 두지 않는 시, 시직할 구, 현, 자치현, 향, 민족향, 진의 인민대표대회 만이 선거민이 선거한다." 그 외 전인대 대표, 성, 자치구, 직할시, 구를 둔 시, 자치주의 인대 대표는 1급 낮은(차하급) 인대가 선거한다. (<中華人民共和國全國人民代表大會和地方各級人民代表大會選擧法> 제2조).
14) 중국의 국민들 역시 이 수준에 머물고 있다. 중국인민이 인지하고 있는 민주관념을 묻는 질문에 대해 "권력분립"에 동의한 중국인민은 겨우 3.35%에 불과했다. "인민은 주인이다", "소수는 다수에 복종한다," "인민은 능히 정치지도자를 선거할 수 있다,"

"인민은 사회를 관리하는 활동에 능동적으로 참여한다"는 등의 말은 모두 현대적 의미에서의 인민민주의 관념을 담고 있다. 그런데 이에 대한 반응은 각각 11.5%, 5.17%, 6.55%, 10.85%였다. 『北京日報』, 1988年 2月 12日.

15) 江澤民, 앞의 보고, 목차 참조.

16) 閔琦, 앞의 책, p. 59.

17) 江澤民 앞의 보고, pp. 42 - 43.

18) 陳國恒, 『經濟運行機制改革硏究』(北京, 經濟管理出版社, 1992), p. 108; 李忠凡, 『中國經濟改革理論與實際』(北京, 企業管理出版社, 1993), p. 40; 肖灼基, 『中國經濟槪論』(北京, 經濟日報出版社, 1992), pp. 706 - 713; 劉國光 · 汝信, 『有中國特色社會主義』(北京, 中國社會科學出版社, 1993), pp. 142 - 143; 高尙全, 『中國經濟制度的創新』(北京, 人民出版社, 1993), p. 8.

19) 肖灼基, 앞의 책, pp. 144 - 146.

20) 김정계(1994) 앞의 책, pp. 184 - 185.

21) 劉國光 · 汝信, 앞의 책, pp. 463 - 464.

22) 肖灼基, 앞의 책, p. 145.

23) 吳國衡, 앞의 책, pp. 150 - 152.

24) 柯明中, 『建設中國特色社會主義槪論』(北京, 中國政法大學]出版社, 1993), p. 148.

25) 『人民日報』, 1993年 3月 30日, pp. 1 - 2; 『中國靑年報』, 1993年 3月 30日, p. 2; 김정계(1997) 앞의 논문, pp. 233 - 23; 본서 제2장 제2절에 그 내용을 상세히 설명하고 있음.

26) 당 14전대 이후 중앙과 지방의 정부경제조정관리체제의 구체적인 개혁내용은 김정계(1997), 앞의 논문, pp. 236 - 239 참조.

27) 江澤民, 앞의 보고, pp. 21 - 33 참조.

28) 『人民日報』, 1992年 10月 19日; 김정계 · 정차근, 앞의 책, p. 412 참조.

29) 江澤民, 앞의 보고.

30) "中共中央關於國有企業改革和發展若干重大問的決定," 『人民日報』, 1999年 9月 27日.

31) 주요 연구기관(자)들의 2001~2010년 중국경제성장률 예측은 다음과 같다. 중국사회과학원 - 연평균 7.5% 성장, 중국과학원 - 연평균 8.5% 성장, 미국 스탠퍼드대학 劉遵義 교수 - 8.5% 성장, 중국국가계획위원회 거시경제연구소 - 7% 성장(范劍平, "邁向21世紀的中國經濟", 계명대학교 중국학과, 앞의 책).

32) 예일대학 출신 경제학박사인 胡鞍鋼은 그의 저서 『중국의 발전전망』에서 중국이 미국을 어떻게 따라잡을 수 있는지를 수치로 설명해 놓았다. 1994년의 중국 1인 GDP를 2,100달러로 잡고, 연평균 7.6%의 성장을 할 경우 오는 2013~2015년이면 전체 GDP규모가 미국을 추월할 수 있으며, 세계 최대의 경제규모와 최대 무역거래국이 될 수 있다는 것이다(『조선일보』, 1999년 11월 30일).

33) 위의 논문.

34) 미국의 대만에 대한 무기판매문제가 도화선이 되고, 미 · 중의 무역상 제한조치문제,

기술이전문제 등으로 양국간에 이견이 표면화된 데다가, 테니스 선수 고향 망명사건 등이 겹치면서 미·중관계는 냉각되기 시작하였다.

35) 朴斗福 외, 앞의 책, p. 199.

36) 1982년 9월, 당 12전대 <정치보고>에서 호요방은 중국이 어떠한 강대국이나 국가군에도 밀착되지 않을 것이며, 어떠한 강대국의 압력에도 굴하지 않을 것을 밝혔고, 또 이러한 입장은 1983년 6월 제6기 전인대에서 조자양 총리의 <국정보고>에 의해 재천명되었다.

37) 田克勤·于文藻, 앞의 책, pp. 572 - 573.

38) 등소평의 중국외교의 기본전략에 대한 자세한 분석은 Yu Xiaoqiu, "An Initial probe into Deng Xiaoping's Grobal strategic thinking," *Contemporary International Relations*, Vol. 7, No. 4(April 1997) 참조.

39) 상세한 내용은 江澤民, 앞의 보고, pp. 47 - 49 참조.

40) 『人民日報』, 1998年 3月 21日 참조.

41) 『北京日報』, 1999年 12月 11日.

42) 이태환, "중국 지도부의 변화와 동북아 정책," 최신근 편, 『주변4강 1997~1998, 리더십 변화와 동북아 정책』(세종연구소, 1999), pp. 98 - 102.

43) 1997년 10월 강택민의 방미와 반체제인사인 위경생(魏京生)의 보석결정 등은 천안문 사태 이후 냉각되어온 대미관계를 정상궤도로 올려놓으려는 중국외교전략의 노력이라고 할 수 있다.

평민신서 · 10

21C 중국의 선택

초판 1쇄 발행일   2000년 5월 30일

지은이   김정계
펴낸이   이정옥
펴낸곳   **평민사**

주소   서울특별시 서대문구 남가좌2동 370-40
전화   375-8571(영업) 375-8572(편집)
팩시밀리   375-8573
E - mail   yeeuny@unitel.co.kr
등록번호   제10-328호
ISBN 89-7115-314-8 33350

값 12,000원

★ 잘못 만들어진 책은 바꾸어 드립니다.
ⓒ 2000, 김정계